Kathrin Benz
Antoni Gaudí

Ant.° Gaudí

# Kathrin Benz

## Antoni Gaudí
## Der Architekt Gottes

HERDER

FREIBURG · BASEL · WIEN

wbg Theiss ist ein Imprint der Verlag Herder GmbH


www.herder.de

Lektorat: Christina Kruschwitz
Satz: ZeroSoft SRL
Covergestaltung: Jens Vogelsang, Aachen
Coverbild: Fassade Sagrada Familia: © mauritius images / Sérgio Nogueira / Alamy / Alamy Stock Photos; Gaudí: © mauritius images / GL Archive / Alamy / Alamy Stock Photos.
Herstellung: GGP Media GmbH, Pößneck

Printed in Germany

ISBN Print: 978-3-534-61037-2
ISBN E-Book (E-Pub) 978-3-534-62408-9
ISBN E-Book (PDF): 978-3-534-61058-7

# INHALT

Vorwort 7

I. VOM SCHMIEDEHAMMER ZUR ARCHITEKTUR 13
1. Das langsamste Fahrzeug der Welt 13
2. Stahlblaue Augen 18
3. Der schlaue Buchhändler von Barcelona 31
4. Gott ist tot 38
5. Genossenschaften und Wasserspeicher 45
6. Die Welt geht unter 56
7. Spinner oder Genie 66
8. Imperium eines Gentlemans 75
9. Das erste Haus 83

II. DIE SAGRADA FAMÍLIA 95
1. Tausend und eine Nacht 95
2. Musische Kaprize 102
3. Mit dem Nimbus des Auserwählten 108
4. Von der Hölle zu den Sternen 119
5. Modernisme 127
6. Astorgas Fluch und Ávilas Segen 137
7. Im bittersüßen El Dorado 151
8. Die Casa Botines fällt um 155
9. Da kommst du nicht hin 161

III. AM ZENIT 167
1. Durch die psychische Wüste 167
2. Die Versuchung des Judas 177
3. Kathedrale der Armen 186
4. Die perfekte organische Architektur 194

5. Bellesguard 199
6. Hänsel und Gretel 206

IV. GLANZ DER WAHRHEIT 213
1. Strumpfhalter 213
2. An der Grenze des Erträglichen 224
3. Zankapfel und Sparschwein 232
4. Duell der Giganten 247
5. Von New York, Hundehütten und Neandertalern 252
6. Die tragische Woche 261
7. Der ist am Ende 267

V. ZURÜCK ZUM URSPRUNG 279
1. Letzte Jahre im Park 279
2. Partituren über die Dächer der Stadt 288
3. Wie alte Eunuchen 296
4. Vom Bauhaus zu Gaudí 303
5. Die vierte Säule 311
6. Ein paar schöne Dinge 321

VI. WIE ES WEITERGING 325

Dank 345
Chronologie 349
Anmerkungen 355
Literaturverzeichnis 367
Abbildungsnachweis 378
Farbtafeln: 378
Namensindex 379

# VORWORT

Als die Hochschule für Architektur in Barcelona im Jahr 1878 dem Sohn eines Kesselschmieds aus der Provinz endlich das Abschlussdiplom ausstellte, meinte der Rektor zu den anderen Professoren, er sei sich nicht sicher, ob dieser Antoni Gaudí ein Genie oder ein Spinner sei. Ein Genie war Antoni Gaudí (1852–1926) allemal, und vermutlich auch ein bisschen verrückt. Er verbiss sich in alles, was ihn faszinierte, ob Architektur, Kunst, Technik, Musik, Poesie, Religion, Heimatliebe, Naturheilkunde, und besonders in seine geliebte katalanische Sprache. Mit seiner Kompromisslosigkeit brachte er alle um ihn herum auf die Palme, so dass sich sogar ein katholischer Priester resigniert zu dem etwas unchristlichen Ausruf hinreißen ließ: *Mit Gaudí kann man nicht diskutieren. Entweder man gibt ihm Recht*[1]. Er selbst gab zu:

> »Um nicht in falsche Demut zu verfallen, hat uns der Herr den kleinen Wurm aufbrausender Selbstsucht hinterlassen. Ich bin vom Temperament her ein Mann, der kämpft. Ich habe ohne Unterlass gekämpft und alles erreicht, außer, meinen schlechten Charakter zu besiegen«.[2]

Gaudí ist der berühmteste Vertreter des katalanischen Jugendstils, der *Modernisme* genannt wurde. Jedes seiner Gebäude, von denen die meisten in Barcelona stehen und fast alle zum Unesco-Weltkulturerbe gehören, ist ein Gesamtkunstwerk und erzählt eine Geschichte. Seine architektonischen Konstrukte sind mathematische und technische Pionierleistungen, dabei behauptete Gaudí stets, nichts Neues erfunden zu haben, im Gegenteil, man brauche bloß die Natur zu beobachten, denn diese habe für alles die perfekte Lösung bereits vorgesehen. Sein berühmtester Satz lautet:

»Originalität ist die Rückbesinnung auf den Ursprung.«

Am Ursprung stehen die Naturgesetze. Deshalb war sein größter Lehrmeister der Baum, wie er sagte, und deshalb führt die Natur zu Gott, der ihre Gesetzmäßigkeiten geschaffen hat. Gerade unsere flatterhafte Zapping-Generation stellt erstaunt fest, dass ausgerechnet die tiefe Erdung dieses Architekten ihm ermöglichte, über alle Kategorien hinauszuwachsen und sich weit in andere Sphären zu strecken, bis hin zum Göttlichen. Man nennt Gaudí deshalb den Architekten Gottes. Sein Gott war der zärtliche Gott der Schöpfung und besonders der Schönheit, die das Herz des Menschen berührt. *Schönheit wird die Welt retten*, ließ der russische Schriftsteller Fjodor Dostojewski (1821–1881) seinen *Idioten* sagen. Es klingt wie das Lebenslied Gaudís.

Seine eigenen Wurzeln, auf die er sehr stolz war, reichen sieben Generationen zurück, in denen die Gaudís als Kupfer- oder Kesselschmiede ein untrügliches Auge für Volumen und Perfektion entwickelt hatten. Antoni wird der Letzte sein, der mit diesen handwerklichen Tugenden aufwächst, aber er wird sie in seine Architektur übertragen. Er war nicht nur ein großartiger Handwerker, Beobachter, Statiker und Mathematiker, sondern vor allem eines: ein Erzähler. Seine Bauwerke sind Geschichten aus der Mythologie und der Bibel, wie das Drachenhaus des Batlló, der Märchenpark Güell, der höhlenartige Klotz der Pedrera oder das Palais seines großartigen Mäzens Eusebi Güell (1846–1918). Güell ist der wichtigste Name an seiner Seite. Der weitgereiste, sensible und hochgebildete Großindustrielle gehörte zu den reichsten Männern Spaniens und teilte die visionäre Kraft und Religiosität seines Freundes. Anders lässt sich nicht erklären, warum er ihm geschlagene zehn Jahre lang ein ganzes Team von Spezialisten einzig für das Basteln eines Hängemodells finanzierte.

Auch die Sagrada Família in Barcelona, diese noch immer unfertige, gigantische, faszinierende, lichtdurchflutete Kirche mit ihrem Baumkronen-Gewölbe und dem Wald aus angeschrägten Säulen, ist ein Bilderbuch aus Stein. An der Fassade hängen Skulpturen von guten und bösen Menschen, Heiligen und Soldaten, Kriechtieren, Bomben, Kinderleichen, Engeln und Dämonen. Sie ist übersät mit Blütenteppichen, riesigen Getreidesamen, Kleinvieh, flatternden Vögeln und Szenen aus der Heilsgeschichte, die jedes Jahr Millionen Besucherinnen und Besucher zum Staunen bringen. Auch wer nicht spirituell unterwegs ist, hält den Atem an.

Gaudí brach ständig Tabus und erntete für seine neuen ästhetischen Wege grenzenlose Bewunderung oder abgrundtiefen Spott. Ein *wahnwitziges Gebräu*[3] nannte der deutsch-britische Kunstgeschichte-Papst Nikolaus Pevsner (1902–1983) die Architektur Gaudís, der er zwar Kühnheit beschied,[4] ihr aber lange Zeit die kalte Schulter zeigte, bis er sich eines Besseren besann. Der spanische Kunsthistoriker Juan Antonio Gaya Nuño (1913–1976) nannte Gaudís Werke *steinerne Missgeburten* und *obszöne Knollen.*[5]

Andere hingegen waren des Lobes voll. Der exzentrische Surrealist Salvador Dalí (1904–1989) rief begeistert aus: *Das letzte große Genie der Architektur war Gaudí, dessen Name auf Katalanisch* Geniesse! *bedeutet (...) Der Genuss und die Sehnsucht, die für den Katholizismus und die mediterrane Gotik charakteristisch sind, wurden von Gaudí neu erschaffen und in einen Freudentaumel versetzt.*[6] Auch der Schweizer Kultarchitekt und Großmeister der strengen Geometrie Le Corbusier (1887–1965) nannte ihn einen *Mann von außergewöhnlicher Kraft, mit einem starken Glauben und technischen Fähigkeiten (…) Gaudí war ein großer Künstler. Nur jene, die zum empfindsamen Herzen der Menschen sprechen, bleiben und werden bleiben.*[7]

Ein wichtiges Merkmal seiner kulturellen Identität war die katalanische Sprache, die bei seiner Geburt noch verboten war. Gaudís Lebenszeit war geprägt von der politischen Frage nach der Eigenständigkeit Kataloniens, die ja bis heute nicht geklärt ist, und die damals immer wieder zu Blutvergießen führte. Die spanische Zentralmacht versuchte wiederholt, der katalanischen Bevölkerung ihre Sprache zu verbieten, und so steigerte sich Gaudís Heimatliebe mit den Jahren in unbändigen Trotz gegen die Obrigkeit, der ihm sogar eine Nacht im Gefängnis einbrachte. Zwar hielt er sich von der Politik fern, weil er nach eigenen Worten nicht das Zeug zum Politiker hatte, aber er wurde mitgerissen vom Strudel der ideologischen Umwälzungen, die damals ganz Europa überrollten. Barcelona war eine reiche Stadt mit einer boomenden Industrie, doch die meisten Menschen lebten im Elend, und Kirche und Politik mussten wohl oder übel nach Antworten suchen. Besonders ab den 1890er Jahren forderten staatliche Repression und linker Gegenterror einen hohen Blutzoll, so dass Barcelona die *Bombenstadt* genannt wurde.

Zehn Jahre nach Gaudís Tod erfasste die Gewaltwelle auch die Sagrada Família, und viele von Gaudís Freunden wurden von den radikalen Aktivisten wegen ihrer Verbindung zu dem verstorbenen katholischen Architekten und dem Kirchenbau getötet. Alle schriftlichen Zeugnisse Gaudís, seine Zeichnungen und Modelle, sein ganzes Erbe, wurde 1936 von den Anarchisten verbrannt und zertrümmert. Was geblieben ist, sind seine Bauwerke und der Versuch der Nachwelt, die Sagrada Família in seinem Sinne zu vollenden.

Die katholische Kirche ist auf dem besten Weg, den katalanischen Architekten selig zu sprechen. 1992 gründeten fünf Architekten und Künstler in Barcelona einen zivilen Verein zur Seligsprechung von Antoni Gaudí, der Ende 2023 in eine kanonische Vereinigung umgewandelt wurde. Beim Dikasterium für die Selig- und Heiligsprechungsprozesse im Vatikan liegt die offizielle, über 2000 Seiten zählende »positio« die Sammlung aller Dokumente zum Leben und Wirken Gaudís, vor. Sie enthält auch Zeugenberichte über die vorbildliche Gottessehnsucht und den unerschütterlichen Glauben des Schöpfers der vielleicht letzten Kathedrale der Menschheit und über wundergleiche Ereignisse nach seinem Tod.

Zu Lebzeiten Gaudís entstanden viele Biografien von Menschen, die später selig- oder heiliggesprochen wurden. Gaudí kannte mehrere von ihnen. Es waren Ordensgründer, Missionare oder Christen, Männer und Frauen, die Opfer des Hasses auf die Religion wurden. Das 19. Jahrhundert war in Katalonien bekannt für seinen *Durchmarsch der Heiligen.*[8] Kritische Stimmen monieren, die katholische Kirche wolle Gaudí für ihre Zwecke vereinnahmen, indem sie ihn nun heiligspreche. Doch Gaudí hatte nun einmal ein inniges Gottvertrauen und lebte mit zunehmendem Alter wie ein Asket, nahm täglich die Eucharistie zu sich und beichtete jeden Abend. Als Kind war er oft einsam gewesen, in der Jugend ein unternehmungslustiger Lebemann, der sich ein paar Mal unglücklich verliebte und später irgendwie keine Zeit zum Heiraten fand. Allmählich verschmolzen Glaube und Arbeit immer stärker, er selbst versank immer tiefer im Gebet und in der Betrachtung der Schöpfung, die ihm die Antworten auf alle architektonischen, moralischen und ästhetischen Fragen und letztlich auch auf den Sinn seines Lebens lieferten.

Zuletzt lebte Gaudí nur noch für die Sagrada Família, die von der ersten Stunde an einzig und allein durch private Spenden finanziert wurde. Er war überzeugt:

> »Nur eine Kirche kann das Empfinden eines Volkes auf würdige Weise ausdrücken, da die Religion das Höchste im Menschen ist.«[9]

Er wusste sehr wohl, dass er die fertige Sagrada Família nie sehen würde. Die Nachwelt wollte sie 2026 zu seinem hundertsten Todesjahr eigentlich fertigstellen, aber die Corona-Epidemie machte diesem Vorhaben einen Strich durch die Rechnung. Wer weiß. Gaudí hatte längst keine Eile mehr. Die Sagrada Família war ja nicht sein Werk, sondern das Werk eines Anderen. Getrost konnte er sagen:

> »Die göttliche Vorsehung wird für alles Weitere sorgen.« [10]

# I. VOM SCHMIEDEHAMMER ZUR ARCHITEKTUR

## 1. Das langsamste Fahrzeug der Welt

Als Antoni Gaudí seine Sagrada Família zum letzten Mal sah, existierte von ihr erst die Fassade eines Seiteneingangs, die sich wie eine wuchtige Tropfsteinhöhle aus der Erde erhob und wie ein Wimmelbild mit steinernen Skulpturen und Ornamenten übersät war. Darüber ragten vier schlanke konische Türme in den Himmel. Von dreien fehlte noch die Spitze, nur auf dem Barnabas-Turm ganz links prangte weit oben ein riesiges perlengesäumtes Medaillon. Rechts der Grotte reckten sich die schlanken Zinnen der Apsis wie ein Skelett dem Himmel zu, davor ließen sich ein paar Meter des Kreuzgangs erkennen. Das war's. Der Rest der berühmten Kirche Sagrada Família in Barcelona bestand nur aus Gipsmodellen und Zeichnungen.

Am Montagabend, dem 7. Juni 1926, erhob sich der weißhaarige Architekt etwas unsicher von dem Arbeitstisch in seinem überfüllten Atelier, griff nach seinem Gehstock und setzte sich den alten Hut auf. Er drehte sich zu dem Bildhauer Vicenç Vilarrubias Valls (1891–?) um, der noch mit der liebevollen Ausgestaltung eines Lampenhalters beschäftigt war, durchbohrte ihn mit seinen stahlblauen Augen und sagte in seiner geliebten katalanischen Sprache und mit der gewohnt freundlichen und festen Stimme den Satz, der sein ganzes Leben zusammenfasste: ein Leben der innigen Hinwendung zur Schönheit, die sein Herz erfüllte und die er allen schenken wollte, denn er glaubte an ihre sinngebende, göttliche Kraft:

»Komm morgen frühzeitig, Vicenç, dann machen wir ein paar schöne Dinge.«[11]

Vorsichtig stieg der 74-Jährige die Treppe hinunter und machte sich auf den Weg in die Altstadt, wo er wie jeden Abend in der kleinen Philipp-Neri-Kirche seinen Beichtvater treffen und eine Weile still beten würde. Er ging langsam, aber bestimmt, mit gebücktem Körper, an dem ein ausgeleierter Anzug schlotterte. In der Jackentasche tastete er an seinem Rosenkranz, seine Gedanken schweiften ab.

Der Tramführer sagte später aus, er sei mit einer Geschwindigkeit von etwa zehn Kilometern pro Stunde gefahren. Es war kurz nach sechs Uhr. Die Tramlinie Nummer 30 führte die breite Allee Gran Via de les Corts Catalanes entlang, vorbei an hohen Bäumen und schlanken Strommasten, und mit der Hupe verscheuchte der Tramführer Frauen in langen Röcken, eilende Männer mit Hüten, knatternde Automobile, klapprige Pferdedroschken und flinke Fahrräder von den Geleisen. Kurz vor dem Tetuan-Platz zwischen den Kreuzungen Girona und Bailèn habe er einen offensichtlich betrunkenen Landstreicher mit weißem Bart und Hut gesehen, der auf einen Stock gestützt, ohne nach rechts oder links zu blicken, die Geleise überquerte. Er habe zwar gehupt, aber nicht rechtzeitig abbremsen können, und daher habe er den Weißhaarigen gerammt.

Der vermeintliche Landstreicher wurde zu Boden geschleudert, prallte mit dem Kopf gegen einen Strommast und blieb am Boden liegen. Als der Wagen endlich zum Stillstand kam, stieg der Tramführer aus, hievte den Verletzten von den Geleisen, kletterte in den Führerstand zurück und setzte die Fahrt fort. Von den Passagieren hatte sich keiner bewegt. Dabei trug die Tramlinie 30 bei den Barcelonern ausgerechnet den Spitznamen *Rotes Kreuz.*

Natürlich war die Szene den vielen Passanten nicht entgangen, aber da es sich offensichtlich bloß um einen armen Penner handelte, gingen sie weiter. Zwei Männer allerdings hatten Erbarmen mit dem Verunfallten. Es handelte sich um den Hafenbeamten Antonio Roig und den Taubenzüchter Antonio Noria.[12] Die beiden kauerten sich beim Umfallopfer nieder und stellten fest, dass der alte Mann das Bewusstsein verloren hatte und aus einem Ohr blutete. In seinen Taschen fanden sie keine Hinweise auf seine Identität, sondern lediglich 25 Cèntims, eine Handvoll Nüsse und getrocknete Korinthen, ein Taschentuch, ein paar Schnüre, ein abgegriffenes Gebetsbüchlein sowie eine kleine Bibel. Der Hut war von der Straßenbahn mitgerissen worden und irgendwo liegen geblieben.

Die Helfer versuchten ein Taxi anzuhalten, um den Schwerverletzten in ein Krankenhaus zu transportieren. Vier Taxis fuhren rasch weiter, als sie erkannten, dass der Passagier ein Landstreicher war, der ihnen die Sitze verdrecken und nicht zahlen würde. Die Fahrer wurden später von den Behörden ausfindig gemacht und wegen unterlassener Hilfeleistung verurteilt. Der Tramführer verlor nach dem Vorfall seinen Job.[13]

Ein Polizist der Guardia Civil bemerkte den Tumult. Er hieß Ramón Pérez, näherte sich den winkenden Helfern und zwang einen Taxifahrer zum Anhalten, um den Mann in eine Krankenstation einige Blocks weiter südlich zu fahren. Er selbst stieg ebenfalls in das Taxi, um sicherzugehen, dass es auch tatsächlich zur Krankenstation an der Ronda de Sant Pere Nummer 37 fuhr und den Alten nicht irgendwo am Straßenrand entsorgte.[14]

In der Krankenstation diagnostizierte ein Arzt drei gebrochene Rippen sowie eine Gehirnerschütterung und stellte fest, dass dem Patienten noch immer Blut aus einem Ohr rann. Die Pflegerinnen sahen, dass der dürre Mann unter dem ausgebeulten Anzug, dessen Hosen von Heftklammern zusammengehalten wurden, die Knie dick eingebunden hatte. Offenbar litt er an Gelenkrheuma. Der Arzt verabreichte ihm ein krampflösendes Mittel und beschloss, den Verletzten in das besser gerüstete Hospital Clínico zu überführen.

Doch das kafkaeske Trauerspiel nahm seinen Lauf. Der Ambulanzfahrer und die Sanitäter standen kurz vor Schichtende und hatten keine Lust auf die drei Kilometer lange Fahrt nach Westen zum Clínico, daher brachten sie den Landstreicher ins mittelalterliche Heiligkreuz-Hospital in der Innenstadt, das näher an ihrem Heimweg lag und das von Klosterfrauen geführt wurde. Heute ist dort eine Bibliothek untergebracht. Dort erlangte der Mann kurzzeitig das Bewusstsein wieder und murmelte seinen Namen, den jedoch niemand richtig verstand. Die Schwestern trugen ihn unter Antoni Sandì ein und legten ihn in einem Krankensaal für vierzig Patienten ins Bett Nummer 19. Niemand erkannte ihn, dabei war er doch früher oft hier gewesen und hatte Skizzen gemacht.

Mittlerweile waren einige Menschen in Barcelona unruhig geworden, denn ihr Freund Antoni Gaudí liebte die Routine und war immer pünktlich. Er hätte in die Neri-Kirche kommen sollen und hätte dann mit der Straßenbahn einen Abstecher in ein Krankenhaus gemacht, wo gerade sein guter Freund Santaló lag, um anschließend den Rückweg zu seinem Büro bei der Sagrada Família anzutreten, wo er seit ein paar Jahren auch wohnte. Doch der Freund kam nicht. Und es wurde bereits dunkel.

Der Pförtner der Sagrada Família alarmierte den Pfarrer und Vertrauten Gaudís, Gil Parés, der sogleich in ein Taxi sprang und zum Haus des Architekten Domènec Sugrañes i Gras (1878–1938) fuhr. Dieser war eine Generation jünger als Gaudí und nicht nur beruflich seine rechte Hand, sondern auch sein Freund. Von der Wohnung der Familie Sugrañes aus wurde die Suche nach dem Vermissten geleitet.

Die beiden klapperten mehrere Polizei- und Krankenstationen ab. Im kleinen Spital Ronda de Sant Pere erfuhren sie von einem schwerverletzten Bettler, der nach einem Verkehrsunfall zu ihnen gebracht und von da aus ins Hospital Clínico überwiesen worden war. Die Beschreibung des Unfallopfers stimmte: ausgezehrter Körper, weißes Haar und Vollbart, stahlblaue Augen, eingefallene Wangen, schäbige Kleidung, pantoffelartiges, selbstgebasteltes Schuhwerk. Allerdings hatte er keinen Hut dabei. Parés und Sugrañes eilten ins Clínico, wo man ihnen sagte, da liege tatsächlich ein Toter auf dem Seziertisch. Schockiert hasteten sie in die Pathologie, und Pfarrer Parés hob das Leintuch über dem Leichnam an: Es war nicht Gaudí. Erleichtert fuhren die beiden weiter zum Armenspital Heiligkreuz, um dort auf gut Glück nachzuforschen.

Es war bereits Mitternacht, als sie ihren Freund im vollbesetzten Thomas-Saal inmitten wimmernder Patienten entdeckten. Das Personal war erschüttert, als es erfuhr, wer da bei ihnen lag: der berühmte Antoni Gaudí, den sogar der spanische König persönlich kannte. Angesichts der schweren Kopfverletzung riet der wachhabende Arzt den Freunden von einer Überstellung des Patienten in eine modernere Klinik ab, da er die Fahrt vielleicht nicht überstehen würde. Die Schwestern verlegten ihn in das einzig verfügbare und winzige Einzelzimmer.

Die Nachricht von Gaudís Unfall verbreitete sich in Windeseile in ganz Barcelona. Wie war es möglich, dass der international bekannte Stararchitekt mit dem langsamsten Verkehrsmittel der Stadt zusammengeprallt und von niemandem erkannt worden war? Die Freunde wichen nicht mehr von seiner Seite. Als der Patient zwischenzeitlich das Bewusstsein erlangte, spendete ihm Pfarrer Parés die Sakramente, nahm ihm die undeutlich gehauchte Beichte ab und spendete ihm die Krankensalbung.

Die ganze Stadt wusste, dass Gaudí im Sterben lag, nur einer wurde im Dunkeln belassen: Gaudís bester Freund, der alte Arzt Pere Santaló (1849–1931), der nach einer Prostataoperation in einer anderen Klinik lag und auf den täglichen Besuch seines Freundes wartete. Seine Tochter Francisca (gest. 1954) schwieg, vielleicht um ihn nicht aufzuregen, vielleicht aber auch, weil der Architekt sie als Kind schwer beleidigt und sie ihm noch immer nicht verziehen hatte. Dabei murmelte ihr alter Vater auf dem Krankenbett immer wieder: *Wie merkwürdig, dass der Anton nicht kommt.*[15]

Derweil füllte sich das Heiligkreuz-Spital mit allem, was Rang und Namen hatte. Nur der Bürgermeister von Barcelona, Baron Darius Rumeu i Freixa (1886–1970), bemühte sich nicht persönlich zu ihm. Er wollte nicht das Wohlwollen des herrschenden Diktators General Primo de Rivera (1870–1930) in Madrid verspielen, da Gaudí als Galionsfigur der katalanischen Autonomiebewegung galt und der spanischen Zentralmacht ein Dorn im Auge war. Immerhin schickte er einen Vertreter ins Krankenhaus mit dem Angebot, den Patienten in eine Privatklinik zu überführen. Die Freunde lehnten ab. Gaudí selbst hatte einst gesagt, er würde am liebsten in diesem Armenspital, bei »seinen Leuten« sterben.

Noch fast zwei Tage hielt er durch, offensichtlich litt er unter großen Schmerzen. Seine rechte Hand ruhte auf einem weißen Taschentuch, die Finger umklammerten ein kleines Kruzifix. Am Donnerstag, dem 10. Juni 1926, um zehn nach fünf Uhr abends, starb der Schöpfer der Sagrada Família, Antoni Gaudí i Cornet, im Heiligkreuz-Spital in Barcelona, umringt von Freunden und Verwandten. Am selben Abend sagte der noch immer ahnungslose Pere Santaló im entfernten Krankenhaus zu seiner Tochter Francisca, endlich sei Antoni zu ihm gekommen und habe ihn besucht. Dabei sei es im Zimmer so hell geworden.[16]

## 2. Stahlblaue Augen

Bis heute ist nicht geklärt, wo genau Gaudí zur Welt kam, und er selbst machte widersprüchliche Aussagen dazu. Etwa hundert Kilometer westlich von Barcelona, nur wenige Kilometer von der Mittelmeerküste entfernt, melden zwei Ortschaften Ansprüche an. Die eine ist Reus, das damals fast 27 000 Einwohner zählte, die zweitgrößte Stadt Kataloniens und ein lärmendes Handelszentrum. Die andere ist der kleine Nachbarsort Riudoms, der etwas weiter westlich von Reus liegt.

Dokumentiert ist lediglich die Tatsache, dass der kleine Junge am 25. Juni 1852 zur Welt kam und einen Tag später in der Peterskirche von Reus auf den Namen Antonio (nach der Mutter und dem Großvater Anton) Plácido (wie der Patenonkel) und Guillermo (gemäß dem Tagesheiligen) getauft wurde. Patin stand Raimun da Tarragó, Ehefrau des Paten Plàcid Gaudí, eines Drechslers aus Reus.

Es fragt sich, ob es die Eltern wirklich gewagt hätten, das Neugeborene unter der sengenden spanischen Sonne vom

Landhaus der Familie Gaudí in Riudoms vier Kilometer nach Reus zu tragen, um es dort taufen zu lassen. Wahrscheinlicher ist, dass Antoni Gaudí in Reus im Haus der Großeltern oder in der Wohnung der Familie an der Straße San Juan zur Welt kam.

*Am 26. Juni 1852 wird Gaudí in der Kirche Sant Pere in Reus getauft.*

Gaudí wird seine geliebte Heimat, die Provinz Tarragona mit ihrem gleißenden Sonnenlicht und den satten Farben, sein Leben lang vermissen. Auf der einen Seite leuchtet das Meer, über das die Schiffe exotische Kulturen aus aller Welt ins Land brachten, und auf der anderen Seite wähnen die Menschen am Horizont das bizarre, heilige Montserrat-Gebirge und das berühmte Kloster Montserrat mit seiner legendären Statue der schwarzen Madonna, zu der alle Katholiken Kataloniens mindestens einmal im Leben pilgerten.

Die Bevölkerung lebte eingezwängt zwischen üppigem Reichtum und schreiender Armut, hin- und hergerissen zwischen tiefem Volksglauben und aufkeimendem revolutionärem Gotteszweifel, zwischen der Zugehörigkeit zu Spanien mit seiner Krone sowie dem Wunsch nach mehr Eigenständigkeit. Katalonien war in der Tat anders als der Rest Spaniens, was sich in der Sprache und der Geschichte zeigte. Als die Araber im Mittelalter die iberische Halbinsel eroberten und immer weiter nach Norden rückten, errichtete der Frankenkönig Karl der Große (748–814) um das Jahr 800 bei Barcelona die sogenannte Spanische Mark als Pufferzone. Deshalb ist Katalonien als einzige Region Spaniens karolingisch. Und die Sprache ist kein spanischer Dialekt, wie man meinen könnte, sondern ähnelt vielmehr dem südfranzösischen Okzitanisch.

Als Gaudí 1852 zur Welt kam, hatte der Staat dieses Katalanisch längst verboten. Es lebte nur noch in den Familien weiter, so auch bei den Gaudís. Aber die Zeichen der Zeit standen auf Umbruch. Allmählich erwachte Katalonien aus seinem Dornröschenschlaf, und es ist für die romantische Ader der Katalanen bezeichnend, dass am Beginn ihrer Emanzipation ein Gedicht stand, dazu noch ein für moderne Ohren ausgenommen kitschiges. Es wurde zwanzig Jahre vor Gaudís Geburt von dem Ökonomen Bonaventura Carles Aribau (1798–1862) geschrieben, der in Madrid arbeitete und Heimweh hatte. Unter dem Titel *Oda a la Pátria* (Ode an die Heimat) schilderte der Hobbydichter in sechs Strophen seinen Schmerz: *Sterben möge der Undankbare, der in fremden Landen die Muttersprache vernimmt und darüber nicht in Tränen ausbricht!*[17]

Trotz des Sprachverbots druckte die beliebte freiheitlich-liberale Zeitung *El Vapor* in Barcelona die Schnulze ab. Selbst Aribau hatte sich wohl kaum träumen lassen, dass er damit eine revolutionäre Kulturbewegung lostreten würde. Die Sehnsucht nach der Muttersprache wurde zum Politikum, denn die Menschen fragten sich immer lauter, warum ihnen diese eigentlich verboten war.

Im Hause der Familie Gaudí verfolgte man dieses aufkeimende Selbstbewusstsein mit Begeisterung. Vater Francesc (1813–1906) konnte im Gegensatz zu vielen anderen Handwerkern nämlich lesen, da ihn seine weitsichtige Mutter Rosa in die Schule geschickt hatte. Die früh verwitwete Rosa Serra, verheiratete Gaudí (1786–1851), war eine imponierende Persönlichkeit gewesen, die es geschafft hatte, als Frau den Ehrentitel *La Calderera,* die Kesselschmiedin, zu erhalten, was sie als Oberhaupt des Familienclans der Kesselschmiede auszeichnete. Ihr kleines Anwesen auf dem Land vor den Toren von Riudoms hieß denn auch der Hof der Kesselschmiedin, La Mas de la Calderera. Heute ist von dem rudimentären Originalstall längst nichts mehr übrig. Gaudí war immer sehr stolz auf seine Herkunft aus einer Handwerkerdynastie und sagte:

> »Ich besitze die Gabe der räumlichen Vorstellungskraft, weil ich der Sohn, Enkel und Urenkel von Kesselschmieden bin. Alle diese Generationen von Männern mit ihrem räumlichen Empfinden haben meinen Werdegang bestimmt. Ein Kesselschmied kann aus einer flachen Platte ein Volumen erzeugen, und bevor er mit der Arbeit beginnt, hat er es sich bereits plastisch vorgestellt.«[18]

Der erste nachweislich katalanische Gaudí hieß Joan, war im 17. Jahrhundert aus Südfrankreich eingewandert und arbeitete als Weber. Seine Nachfolger sattelten auf den Beruf der Kesselschmiede um. Diese Handwerker waren für die Wirtschaft von großer Bedeutung, da sie neben Dachrinnen und Rohren auch Behälter und Kolben für die Schnapsbrennereien herstellten, in denen die Landwirte ihre Früchte zu Alkohol verarbeiteten und in die spanischen Kolonien nach Übersee ausführten.

Gaudís Vater Francesc machte seine Lehre bei einem Schmied in Reus und heiratete dessen Tochter Antònia. Das frischgetraute Ehepaar Francesc Gaudí und Antònia Cornet i Bertran (1830–1876) ließ sich in Reus nieder und eröffnete eine eigene Schmiedewerkstatt. Die erste Tochter kam 1844 zur Welt und erhielt den Namen Rosa (1844–1879). Ein Jahr später folgte Maria (1845) und drei Jahre danach Francesc (1848).

Das Familienglück währte jedoch nicht lange. Zu Beginn des Jahres 1850, zwei Jahre vor Antonis Geburt, starben sowohl Maria als auch der kleine Francesc. Die Lebensbedingungen waren ungünstig, in den Wohnungen gab es kein fließendes Wasser und keine sanitären Anlagen, Krankheitskeime konnten sich ungehindert vermehren, und an gesunde Ernährung war oft nicht zu denken. In Spanien erreichte die Hälfte der Kinder das Erwachsenenalter nicht. Bei Antònia hinterließ der Verlust ihrer beiden Kleinen eine schmerzliche Narbe, die nie heilte, auch nicht, als sie 1851 wieder einen kleinen Francesc zur Welt brachte und dann, am 25. Juni 1852, als letztes Antonio, auf Katalanisch Antoni.

Am auffälligsten an dem jüngsten Familienspross waren die Augen. Immer wieder werden Beobachter von diesen stahlblauen Augen berichten. *In keinem Blick habe ich so viel frohes Licht gesehen, von sanfter Bescheidenheit, vereint mit derart penetranten und harten Blitzen,* erinnerte sich Miquel Ferrà (1885–1947), Bibliothekar an der Universität Barcelona.[19]

Gaudís Leben fällt ausgerechnet in die komplizierteste Epoche der spanischen Politik, in der sich Dutzende von Regierungen die Klinke in die Hand drückten, ein Militärputsch den anderen jagte und in der die Königin Isabel II. (1830–1904) sowie regierende Politiker wiederholt ins Exil fliehen mussten. Das Ungemach hatte damit begonnen, dass Isabels Vater, der Bourbonenkönig Ferdinand VII., 1830 die Thronfolgeregelung änderte, um die Krone auch an weibliche Nachkommen zu vererben, denn er hatte keinen Sohn, dafür aber zwei Töchter. Damit hebelte er seinen Bruder, den Thronprätendenten Don Carlos de Borbón (1788–1855), aus, der von nun an mit seinen Anhängern immer wieder bewaffnete Auseinandersetzungen anzettelte, welche als die sogenannten Karlistenkriege über Jahrzehnte hinweg für schmerzliches Blutvergießen sorgten.

Im Laufe dieser Kriege wurde auch in Reus vor der Haustür der Gaudís gekämpft und geschossen. Als alter Mann wird Gaudí sagen:

> »Der Krieg, der alles mit Gewalt löst, führt unweigerlich zum Verlust der Moral; deshalb wurden die Kreuzzüge zum Fiasko, und deshalb kehrten sich viele Karlisten, zumindest jene mit einem gesunden Menschenverstand, vom Karlismus ab, weil sich die karlistischen Truppen so schändlich verhielten.«[20]

Antoni wohnte mit den Eltern und den beiden Geschwistern in Reus zur Miete an der Calle de San Juan über der Werkstatt des Vaters. Francesc arbeitete weitgehend allein, manchmal mit einem Lehrling und später zeitweilig mit Hilfe seiner beiden Söhne. Er galt als vertrauenswürdig und korrekt, so dass ihn die Stadtverwaltung von Reus zum Beamten für Masse und Gewichte ernannte.

Neben seinen Aufgaben für den Staat und die Werkstatt kümmerte sich Francesc auch um das Land rund um die Mas de la Calderera bei Riudoms, das er von der Mutter übernommen hatte. Weil das bescheidene Anwesen in der Nähe eines Flusses lag, konnte Francesc auf dem Gelände nicht nur Oliven und Reben anbauen, sondern er erkaufte sich auch das Pachtrecht auf stundenweise Wassernutzung, was ihm ermöglichte, Obst, Haselnüsse und sogar Gemüse zu ziehen. Die Familie Gaudí ging jede Woche von der Stadt zur Mas de la Calderera hinaus, um ihr Land zu bewirtschaften.

Schon als kleiner Junge verbrachte Antoni viel Zeit bei seinem Vater in der Schmiede, hörte das Hämmern und Klopfen auf Metall, roch den Rauch aus den Brennöfen und beobachtete, wie im flackernden Licht des Feuers und der Öllampen Gegenstände und Werkzeuge geheimnisvolle Schatten an die Wände warfen. Er sah, wie der Vater nach Augenmaß Kupferplatten zu Rohren und symmetrischen, dickbäuchigen Kolben formte, und machte die prägende Erfahrung, dass das, was ein Handwerker im Kopf hatte, durch seine Hände plastische Realität wurde, auch ohne Pläne und mathematische Berechnungen.

Aber der jüngste Gaudí-Spross mit seinen eisblauen Augen und dem rotblonden Haar schien schwächlich und litt oft an Fieber. Er erkrankte früh an einer Lungenentzündung und entwickelte daraufhin rheumatische Arthritis, die ihn bis zu seinem Tod plagen sollte, wie er selbst schilderte:

> »Ich wurde lange gestillt. Noch vor meinem sechsten Lebensjahr begann ich an Schüben von Gelenkrheuma zu leiden, die im Laufe meines Lebens immer wieder auftraten. Diese Krankheit wirkte sich stark auf meine kindliche Entwicklung aus: Immer öfter blieb ich auf der Mas (de la Calderera), und man erzählte mir später, dass ich häufig auf einem Esel transportiert wurde, weil mich die Schmerzen am Gehen hinderten.«[21]

Anton, wie er gerufen wurde, musste sich damit abfinden, dass seine Spielkameraden draußen herumtollten, während er am Wegrand oder auf der Wiese ausharrte. Das lange Harren machte aus ihm einen geduldigen Beobachter. Er bestaunte mit seinen hellen Kinderaugen die Natur, fixierte jede Faser der Gräser und Blumen, die Blätter in den Oliven- und Obsthainen und an den Rebstöcken, sah den Insekten zu, wie sie kreuchten und fleuchten, beobachtete Echsen, Hühner, Singvögel, Hunde, Kleinvieh, aber auch große Tiere wie Pferde und Esel, lauschte dem Summen der Bienen, dem Zirpen der Grillen und dem Rauschen des Wassers, und weit am Horizont sah er jene sagenumwobenen Berge, von denen die Katalanen mystische Geschichten erzählten, und auf der anderen Seite die unendliche Weite des Himmels über dem blauen Meer.

Die Bilder und Gerüche, die Texturen, die er streichelte, gruben sich tief in seine Seele ein, und immer wieder wird er sagen, die Natur sei seine erste und wichtigste Lehrmeisterin gewesen, denn alle Lösungen für architektonische Probleme ließen sich aus ihr ableiten. Er war ein intensiver Betrachter der Erde und des Sternenhimmels und mahnte:

> »Das große Buch der Natur ist immer aufgeschlagen, und man sollte sich die Mühe machen, es zu lesen.«[22]

Auf Gaudí traf zu, was der französische Nobelpreisträger für Medizin Alexis Carrel (1873–1944) so formuliert hatte: *Wenige Beobachtungen und viel Nachdenken führen zum Irrtum. Viele Beobachtungen und ein wenig Nachdenken führen zur Wahrheit.*[23] Als Gaudí Jahre später in seinem Atelier bei der Sagrada Família arbeitete, blickte er täglich aus seinem Fenster auf einen großen Eukalyptusbaum, von dem er sagte, er sei »das Modell für die gesamte Architektur«.[24] Alle seine Besucherinnen und Besucher führte er zum Fenster:

> »Dieser Baum, der da bei meinem Atelier steht, da seht Ihr meinen Lehrmeister!«[25]

Als kluge Pragmatiker erkannten die Eltern Gaudís sehr wohl, dass sich mit dem technischen Fortschritt die Welt veränderte. Katalonien gehörte dank seiner Export-Häfen zu den ersten industrialisierten Regionen Europas, dort wurde die erste Eisenbahnlinie Spaniens gebaut, und die spanischen Kolonien schwemmten reiches Kapital an. Seit den 1830er Jahren nahm in Katalonien die Zahl der Fabriken stetig zu. Man betrieb sie zuerst mit Kohle und ab den 1860er Jahren mit Dampfmaschinen, deren rauchige Kamine das Landschaftsbild prägten. Als Gaudí ein Kind war, lag die katalanische Baumwollindustrie europaweit auf dem dritten Platz hinter England und Frankreich.

Das Handwerk verlor allmählich an Bedeutung. Auch bei den Gaudís gab es immer wieder Monate, in denen die Familie kaum über die Runden kam und auf Zuwendungen besser gestellter Nachbarn angewiesen war, die ihnen Schuhe, Esswaren oder alte Kleider schenkten.[26] Die Söhne Francesc und Antoni mussten schon als Kinder nach der Schule in der Baumwollfabrik La Fabril Algodonera, genannt Vapor Nou, von Reus als Feuerentfacher etwas Geld verdienen.

Um aus der beruflichen Sackgasse auszubrechen, das wussten die Eltern sehr wohl, musste man zumindest den Söhnen Zugang zu Bildung ermöglichen. Das öffentliche Schulwesen Spaniens war aber so schlecht, dass sie die beiden in eine kleine Privatschule des Lehrers Rafael Palau schickten, der sich in einem Zimmer im Krankenhaus von Reus eingemietet hatte. Da Anton oft krank war, wurde er erst mit acht Jahren eingeschult. Der Unterricht wurde auf Spanisch abgehalten, es gab weder katalanische Zeitungen noch Bücher. Wenn Gaudí im Alter nur noch Katalanisch sprach und so tat, als verstünde er kein Spanisch, so geschah dies aus purem Trotz.

Nach drei Jahren versetzten die Eltern Antoni und Francesc in ein anderes Institut, das im obersten Stockwerk eines Reihenhauses an der Hauptstraße von Reus und damit näher bei ihrer Wohnung lag. Leiter dieser Schule war ein gewisser Francesc Berenguer, dessen Name viel später in Gaudís Leben wieder auftauchen sollte. An diesem kleinen Institut blieb er ebenfalls drei Jahre und lernte einen Freund fürs Leben kennen: Eduard Toda i Güell (1855–1941).

Toda war drei Jahre jünger als er, also damals erst acht, und Neffe eines großen republikanischen Lokalpolitikers. Sein Vater lebte nicht bei ihm, denn er hatte den Sohn zwar anerkannt, die Mutter jedoch nicht geheiratet. Seine feinen Gesichtszüge und die hohe Stirn zeugten von der gutbürgerlichen Abstammung, im Gegensatz zu dem etwas plump wirkenden Handwerkersohn Anton mit den fleischigen Lippen. Er war hochintelligent und wird bereits mit 16 Jahren Beiträge für die republikanisch-demokratische Presse in Reus schreiben, anschließend in Madrid Rechtswissenschaften studieren und mit 21 in den diplomatischen Dienst eintreten sowie als Historiker und Archäologe Karriere machen. Von Toda stammt eine kleine Episode über Gaudí aus der Grundschulzeit. Als in der Klasse das Thema Vögel besprochen wurde, die Flügel hätten, um zu fliegen, habe Gaudí eingeworfen, die Hühner auf seinem Landsitz hätten auch Flügel, aber sie könnten nicht fliegen, sondern würden diese nur schlagen, um schneller laufen zu können.

Als gewöhnliche, praktizierende und gläubige Katholiken lasen Antonis Eltern mit Sorge von den Ereignissen in Italien, das allmählich zu einer Einheit zusammenwurchs und bedrohlich den letzten Rest des römischen Kirchenstaates unter Papst Pius IX. (1792–1878) umklammerte. Die Weltkirche schien in Gefahr, das alte Wertesystem wankte, mit dem Fortschritt machten sich neue Ideen und atheistische Utopien breit.

In Katalonien fanden immer mehr Verleger den Mut, Artikel, Erzählungen, Gedichte und Theaterstücke in der eigenen Sprache zu publizieren. Madrid duldete dies einmal mehr, einmal weniger. 1862 erschien erstmals seit dem Mittelalter wieder ein ganzer Roman auf Katalanisch. Der Autor Antoni de Bofarull (1821–1892) veröffentlichte sein politisch-historisches Melodrama *L'Orfaneta de Menargues o Catalunya agonisant* (Das Waisenkind von Menargues oder sterbendes Katalonien), ganz dem Zeitgeschmack entsprechend gefühlstriefend und durchmischt mit mythischen Legenden und Fabelwesen.

Als Antoni eines Tages wieder in der Baumwollfabrik als Feuerentfacher arbeitete, erwischte ihn Fabrikdirektor Joan Tarrats (1815–1885), wie er in einer Ecke sitzend in einem Buch über Arithmetik las. Statt den Zehnjährigen auszuschimpfen, brachte er ihm am Tag darauf ein Buch über Geometrie mit. Tarrats ermutigte die Gaudís, ihre Söhne auf das Gymnasium zu schicken.[27]

Tatsächlich schrieben die Eltern die Brüder ein Jahr später in das katholische *Instituto Colegio de las Escuelas Pías* in einem mittelalterlichen Klostergebäude in Reus ein, das von Priestern des Piaristenordens geleitet wurde.

Das Institut war kostenlos, dank eines Abkommens mit der Stadt Reus und einem privaten Sponsor. Zwar hatte sich der spanische Staat offiziell verpflichtet, alle Bevölkerungsschichten zu alphabetisieren, kam der Aufgabe jedoch nicht nach, so dass die Schulbildung Spaniens noch immer weitgehend in kirchlicher Hand lag.[28] In Gaudís Klasse saßen durchwegs Knaben, denn die Mädchen wurden von den Familien nur selten ausgebildet. Im Gegensatz zu seinem Bruder Francesc wurde aus Antoni nie ein herausragender Schüler. Seine Leistungen waren bis zum Ende seines Architekturstudiums durchwachsen und hingen stark von seinen persönlichen Interessen ab. Besonders in Arithmetik, Französisch und Geografie fiel er immer wieder durch.

Auch sein bester Freund Toda wurde an die Piaristenschule geschickt. Spätenstens hier lernte Gaudí noch einen weiteren Weggefährten kennen, den gleichaltrigen und schmächtigen Josep Ribera i Sans (1852–1912), Sohn eines Pädagogen aus Reus. Der Junge mit den eingefallenen Augen wird sich später als Chirurg in Madrid niederlassen.

Sobald es seine wiederkehrenden Fieberschübe zuließen, durchstreifte Antoni mit dem Bruder und seinen Freunden die lebendigen Gassen von Reus. Jeden Montag wurde auf dem Markt ein Großteil der spanischen Haselnuss- und Mandelproduktion gehandelt. Es gab eine Bank, um die Handelsgeschäfte mit Übersee abzuwickeln, eine jüdische Gemeinde, eine blühende Alkohol- und Textilindustrie und mehrere Konsulate, sogar ein US-amerikanisches. Gleich hinter dem Wohnblock der Gaudís lag das Stadtpalais Bofarrull aus den 1780er Jahren mit seinem figurenverzierten Portal und einer Fassade aus unterschiedlich angeordneten Mauersteinen, sowie Ruinen eines alten Schlosses, die den Jungen faszinierten. Später wird der phantasiebegabte Erzähler schwärmen:

»Die höchste Ausdruckskraft erhält die Gotik als Ruine, halb von Efeu überwuchert und im Mondschein, oder wenn man fast nichts sieht.«[29]

Prägend für ihn und sein späteres Schaffen war besonders auch die Peterskirche, in der Gaudí getauft worden war, mit ihren hohen Kreuzgewölben und dem imposanten achteckigen Glockenturm, der noch immer das Wahrzeichen der Stadt ist. Seit der Antike steht die geometrische Figur des Achtecks für Vollkommenheit, weil es in der christlichen Symbolik den Neuanfang nach der siebentägigen Schöpfung bedeutet. Der Knabe stieg auf der Wendeltreppe sieben Stockwerke, jedes mit einem Kreuzgewölbe, hinauf zum Dach. Beim Herabschauen von der Treppe zeigte sich ihm eine enggewundene Spirale von Stufen bis weit nach unten. Er wird bei seinen Bauten immer wieder auf dieses Schneckenhaus zurückkommen. Die Aussicht vom Dach auf die vielen Kirchtürme der Stadt bis zum erahnten Horizont über dem Meer auf der einen und den Hügelkuppen der Sierra de la Musara auf der anderen Seite war atemberaubend. Die drei Freunde träumten von mittelalterlichen Helden und fernen Ländern, sagten Gedichte auf, schwärmten von Rittern und adeligen Damen und beschworen die sagenumwobene und glorreiche Vergangenheit des einst mächtigen Fürstentums Kataloniens herauf. Sie zeichneten, dichteten, schrieben und fabulierten.

Gaudí blieb fünf Jahre bei den Piaristen. Kurz nach seinem Weggang verstaatlichte eine neue Regierung das Institut und verjagte die Priester. Neben Griechisch, Latein und den üblichen Fächern erhielt Gaudí auch Unterricht in Religion und Liturgie und musste jeden Samstagnachmittag das lateinische *oficium parvum*, oder besser *das kleine Offizium der allerseligsten Jungfrau Maria* beten. Diese alte lateinische Tageszeiten-Liturgie war damals weit verbreitet. Der junge Gaudí stellte fest, dass ihm das Stillsitzen in der Kirche am Samstagnachmittag nichts ausmachte, sondern dass er sogar gerne betete:

> »An der Piaristenschule (…) entstand meine Zuneigung zur Liturgie durch meine ersten Gebete der Psalmen und Verse der *horetes* (des Stundenbuchs), und in ihren Hallen erlernte ich die heilige Gottesfurcht.«[30]

Für die katholische Doktrin interessierte er sich hingegen weniger, was an seinen mäßigen Noten zu erkennen ist. Überhaupt hatte er eine gewisse Abneigung gegen all jene Fächer, in denen er viel auswendig lernen musste. Und trotz einer gewissen Sympathie für die Religion zeigte er keinerlei Anzeichen für eine geistliche Berufung. Er hasste es, wenn er wegen seiner Fieberschübe den Unterricht verpasste und dann den Stoff nachpauken musste, und verbrachte seine Zeit lieber mit Toda und Ribera als am Schulpult.

Als Sprössling einer Politikerfamilie diskutierte Toda schon im frühen Teenager-Alter gern über Politik, aber Gaudí nahm kaum Anteil an diesen Gesprächen. Dafür entwickelte er eine wachsende Faszination für die bildende Kunst und steckte die Nase gern in Zeitschriften, wo er Bilder von Bauwerken aus anderen Regionen und Ländern betrachten konnte. Mit seinen Freunden teilte er auch die Begeisterung für das Theater. Toda erzählte später, sie hätten auf Dachböden oder in Innenhöfen der Häuser von Bekannten so lange Theaterstücke aufgeführt, bis man sie weggejagt habe.[31] Gaudí erschien jedoch nie auf der Bühne, nicht einmal als Statist, und blieb Zeit seines Lebens öffentlichkeitsscheu. Er kümmerte sich lediglich um das Bühnenbild, das er auf Zeitungspapier malte.

Das Trio Toda, Ribera und Gaudí verfasste auch eine eigene Schülerzeitung mit humoristisch-satirischen Beiträgen auf Spanisch. Sie nannten sie *El Arlequín.* Auch hier hielt sich Gaudí im Hintergrund, steuerte nur die Illustrationen bei, bis er nach gut einem Jahr damit aufhörte. *Von Gedichten bekommt er Kopfschmerzen,* erzählte Toda. Und er habe ihn nie auch nur eine Zeile schreiben sehen.[32]

## 3. Der schlaue Buchhändler von Barcelona

Dass heute in Barcelona die wohl letzte Kathedrale der Menschheit und die erstaunlichste Kirche der Welt steht, ist einem Buchhändler zu verdanken. Er hieß Josep Maria Bocabella i Verdaguer (1815–1892), trug einen dicken Schnurrbart und war neben seiner Buchhandlung auch Inhaber einer katholischen Druckerei. Der katalanische Autor Josep Pla (1897–1981) beschrieb Bocabella als einen *Krämer*, der keine Fremdwörter benutzte, den Banken nicht traute und alles Importierte ablehnte. Andere sagen, er habe im Nationalstolz der Katalanen ein Alibi für seinen offenkundigen Rassismus gefunden.[33]

Bocabellas Vater war früh gestorben, und von der Mutter erbte er den Fleiß, die Intelligenz und den Duchhaltewillen, den er im Leben oftmals brauchen sollte. Josep lebte in einem patriotischen Umfeld, das den Franzosen nie verzieh, dass sie 1812 unter Napoleon (1769–1821) in Katalonien eingefallen waren und die Region zwei Jahre lang beherrscht hatten. Nach eigenen Aussagen machte er nie Geschäfte mit den Franzosen und aß keine importierten Lebensmittel, schon gar nicht solche aus Frankreich, weil von dort aus auch republikanisch-atheistische Ideen seine Heimat überschwemmten.[34]

Er war katholischer Traditionalist, Monarchist und Pragmatiker. Als guter Unternehmer lieferte er seine katholischen Printwaren bis nach Amerika und in die Philippinen und stand im Briefverkehr mit großen katholischen Intellektuellen und Würdeträgern seiner Zeit. Papst Pius IX. erteilte ihm den Titel des Druckers für den Vatikan. Diese Auszeichnung brachte Bocabella allerdings eher Nachteile ein, denn der Wind drehte sich zunehmend gegen die Religion. Mit dem sozialen Elend und den neuen politischen Strömungen stieg der Hass gegen die Kirche, die als Kollaborateurin der privilegierten Oberschicht und des dekadenten Adels angesehen wurde. Unter den verschiedenen fortschrittlich-liberalen und antiklerikalen Regierungen wurden immer wieder adelige Großgrundbesitzer und besonders auch die Kirche enteignet und Priester und Ordensleute verjagt oder gar getötet.

Als der gewiefte Bocabella gegen seinen Willen in die Armee eingezogen wurde, schaffte er es, sich als Bläser in die Militärkapelle einteilen zu lassen, obwohl er noch nie im Leben eine Flöte in der Hand gehalten und im wahrsten Sinne des Wortes keine Ahnung von Tuten und Blasen hatte. Nach seinem Tod wurde bekannt, dass er jede Woche Gefangene besuchte sowie den Kranken im Militärhospital Geschenke brachte.[35]

Trotz seines Misstrauens gegen alles Fremde unternahm er Pilgerfahrten ins Ausland, so auch nach Italien. Besonders der Wallfahrtsort Loreto in der Gegend von Ancona mit seiner imposanten Basilika hinterließen in ihm einen bleibenden Eindruck, denn dort befindet sich ein wichtiges Heiligtum der Christenheit: eine Nachbildung des Wohnhauses von Maria von Nazareth, in dem ihr der Erzengel Gabriel erschienen war. Der Legende nach soll es sich sogar um das Originalhaus handeln, das auf wundersame Weise von Nazareth nach Loreto gelangt war. Reich mit Reliquien bepackt, kam Bocabella von seiner Italienreise zurück und war von nun an fest gewillt, dieses Wohnhaus der Maria in Barcelona nachzubauen.

Als die italienischen Nationalisten unter dem Freimaurer und Guerillageneral Giuseppe Garibaldi (1807–1882) nach Rom vorrückten, um auch den letzten Rest des Kirchenstaates zu erobern, beschloss Bocabella zu handeln. Seine Waffe war das Gebet, und so gründete er 1866 die Gebetsvereinigung der Anhänger des Heiligen Josef, *Asociación Espiritual de Devotos de San José.* Josef war der Vater oder streng genommen der Stiefvater von Jesus, der seine Anverlobte Maria nicht verjagte, als sie ihm eröffnete, dass sie schwanger war, und zwar nicht von ihm. Die Christen verehren ihn für seine demütige Mitwirkung am göttlichen Heilsplan. Er war ein Familienvater und somit Oberhaupt der Heiligen Familie, der *Sagrada Família.*

Die Mitglieder der Josefsvereinigung verpflichteten sich unter anderem, für die christlichen Werte der Familie einzustehen und durch ihr Gebet die Anliegen des Papstes mitzutragen. Nach dem Vorbild einer französischen Publikation gründete Bocabella die Zeitschrift *El probagador de la devoción de San José,* sinngemäß übersetzt *Zur Verbreitung der Verehrung des Heiligen Josef.* Schon bald zählte das Heft eine Auflage von 25.000 Exemplaren. Der Verein wuchs mit den Jahren zeitweise gar auf 600.000 Mitglieder an, von denen auch viele außerhalb Kataloniens wohnten. Selbst Papst Pius IX. und die Mitglieder des spanischen Königshauses traten der Josefsvereinigung bei. Da in den Straßen Barcelonas immer wieder Tumulte aufflackerten und Geschäfte und Kirchen geplündert wurden, versteckte Bocabella die Spendengelder in seiner Buchhandlung unter den Backsteinen, die den Ladentisch abstützten.

Im September 1868 wurde Königin Isabel II. aus dem Land gejagt. Sie hatte mit ihrer autoritären und konservativen Regierung alle progressiven, demokratischen oder republikanischen Kräfte Spaniens gewaltsam unterdrückt und wurde nun von einigen Generälen unter der Führung des populären Katalanen Joan Prim (1814–1870) gestürzt. Seinen Ruf als Nationalheld hatte Prim einem wichtigen militärischen Sieg in Marokko gegen die Berber zu verdanken. Nach seinem Putsch kehrten viele Oppositionelle aus dem Exil zurück, aber Spanien kam nicht zur Ruhe. Zwar ging seine Machtergreifung als die *Glorreiche Revolution* in die Geschichte ein, doch sollte sie Europa in einen Krieg reißen und sechs Jahre später durch die Rückkehr der Bourbonenmonarchie beendet werden.

Auch die Eltern Gaudís vollzogen im Revolutionsjahr einen folgenschweren Schritt: Sie schickten ihre Söhne schweren Herzens in die Großstadt Barcelona. Nach sieben Generationen war also Schluss mit der Kesselschmiede-Dynastie Gaudí. Der 16-jährige Antoni sollte sich in Barcelona auf das Abitur und die Aufnahmeprüfung für die Universität vorbereiten, wobei er noch nicht wusste, was er eigentlich studieren wollte, während der ältere Bruder Francesc zum großen Stolz der Familie mit dem Medizinstudium begann. Die Tochter Rosa, die acht Jahre älter als

Antoni war, lebte bereits in der Metropole und stand kurz vor der Hochzeit, und auch andere Verwandte der Familien Gaudí und Cornet waren im Zuge der Landflucht vieler Katalanen bereits in der Großtadt angekommen. Mit ihrer Hilfe fanden die Gaudí-Brüder eine bescheidene Bleibe in einer Kammer über einer Wurstwarenhandlung an der Plaça de Montcada 12 im Altstadtviertel Ribera beim Hafen, genauer im Quartier Born mit seiner gleichnamigen alten Markthalle.

Barcelona platzte aus allen Nähten, Wohnraum war teuer, die Menschen lebten zusammengepfercht in stickigen Wohnungen, und wer ein paar Meter Raum übrig hatte, vermietete ihn an Familienangehörige oder Bekannte. Antoni trug sich im Institut d'Ensenyament Mitjà für die Vorbereitung auf das Abitur ein. Bei seiner Ankunft wurde gerade die verhasste Zitadelle, ein Symbol spanischer Vorherrschaft über Katalonien, eingerissen. Auf dem Gelände sollte ein öffentlicher Park entstehen, an dem Gaudí später sogar als studentischer Assistent mitarbeitete. Er war noch ein Kind gewesen, als die Stadtregierung beschlossen hatte, die alten Stadtmauern einzureißen und gegen Norden hin neue Siedlungsgebiete zu erschließen. Die neuen Quartiere wurden L'Eixample genannt, was in etwa *Aschampla* ausgesprochen wird und auf Katalanisch Erweiterung bedeutet. Noch heute ist das urbanistische Konzept des fortschrittlichsten aller europäischen Stadtplaner, Ildefons Cerdà (1815–1876), weltberühmt und gilt je nach Sichtweise als Meisterstück oder ideologische Katastrophe.

Cerdà zeichnete ein streng geometrisches Raster bestehend aus breiten Straßen und 625 angewinkelten Häuserblocks mit Innenhöfen. Er hatte bereits an Stromversorgung, öffentliche und private Mobilität und Kanalisation gedacht, obwohl die entsprechenden technischen Kenntnisse für solche Infrastrukturen noch in den Kinderschuhen steckten und es noch Jahrzehnte dauern sollte, bis sie auch tatsächlich gebaut wurden. Außerdem war Cerdà ein sozialer Utopist, der von einer harmonischen Durchmischung der verschiedenen Gesellschaftsschichten träumte. Aber seine revolutionären Visionen fanden in der rigiden barcelonischen Klassengesellschaft kaum Resonanz, so dass letztlich nur ein Teil seiner Ideen umgesetzt wurde.

Ohnehin galt Antonis Interesse der Altstadt, wo er wohnte und studierte. Erst später wird er im Eixample tätig werden und dort einige seiner wichtigsten Privathäuser und die Sagrada Família bauen. Das Stadtleben war für die meisten Menschen eine Qual. Der Chefingenieur für die Sanierung Barcelonas, Pere Garcia Fària (1858–1927), beschrieb Ende der 1880er Jahre die prekären Wohnverhältnisse der Arbeiterfamilien und klagte die Behörden an, weil sich besonders bei den unteren Bevölkerungsschichten durch Hygienemangel und Platznot Krankheiten wie Typhus, Tuberkulose und Cholera ungehindert verbreiten konnten.[36] Er schilderte die engen, dunklen und muffigen Eingänge zu den Treppenhäusern, die zugemüllten Korridore, den Schimmel an den Wänden und die Holzbretter am Boden, mit denen die Latrinenlöcher zugedeckt waren, aus denen ein pestilenzialischer Gestank aufstieg.

In den überfüllten Wohnungen der oberen Geschosse fehlte es an Luft und Licht, denn um Platz für weitere Mieter zu schaffen, wurden die Räume durch zusätzliche Trennwände aufgeteilt, die keine Öffnungen gegen außen hatten. In einem einzigen Zimmer lebten bis zu drei Familien. Die dreckigen Wände hätten undefinierbare Farben, steht in Garcias Bericht, und die Innenhöfe seien nichts weiter als übelriechende Müllhalden, aus denen der Gestank bis zu den Wohnungen aufstieg. Im Eixample sei die Situation nicht viel besser, da die Abwässer in Sickergruben endeten und das Trinkwasser verseuchten. Später wird Gaudí ganz klar unterscheiden zwischen Armut und Elend. Armut führe zu Eleganz und Schönheit, und sie sei nicht zu verwechseln mit dem Elend.[37]

Im Straßenlabyrinth lebten auf engem Raum Gerber, Schuhmacher, Zimmerleute, Gewürz-, Fisch- und Kleintierhändler, Metzger, Sattler, Goldschmiede, Geldwechsler, Handwerker und Verkäufer mit ihren Familien. Trotz der schlechten Wohnverhältnisse und der unangenehmen Gerüche befand sich der Teenager aus der Provinz plötzlich in einem der schönsten mittelalterlichen

Stadtteile Europas hinter der gotischen Monumentalbasilika Santa Maria del Mar, die sich ausnahm wie eine mittelalterliche Festung. Die Einheimischen nannten sie auch *Kathedrale des Meeres, Kirche der Armen* oder *Kirche des Volkes*, denn im 14. Jahrhundert war der Prachtbau nicht etwa von Adligen, sondern von den einfachen Stadtbewohnern oder besser den Zünften gebaut worden, ähnlich wie der Mailänder Dom. Wer sich am Kirchenbau beteiligte, konnte sich sogar aus der Sklaverei freikaufen.[38] Den Grundgedanken, dass das Volk aus eigenem Antrieb seinem Erlöser in liebevoller Hinwendung einen Raum schenkte, um von ihm Gnade für die eigene Seele zu erlangen, wird Gaudí viele Jahre später bei der Sagrada Família wiederfinden. Dort hat dieses Prinzip bis in unsere Tage überlebt, da die Kirche auch heute noch ohne staatliche Hilfe ausschließlich durch Spenden- und Eintrittsgelder finanziert wird.

Als der Teenager aus Reus zum ersten Mal die Santa Maria del Mar betrat, machte er eine nachhaltige Erfahrung. Seine Augen wurden wie von selbst in die Höhe gezogen, entlang der achteckigen Säulen, die weit oben in ein atemberaubendes filigranes Deckengewölbe ausästelten. Beim Hinaufschauen hatte er das Gefühl, als tue sich der Horizont über ihm auf, als geleiteten ihn die Säulen zum Himmel oder zum Allmächtigen hin. In diesem Meisterwerk der katalanischen Gotik mit ihrer kraftvollen Weite erfuhr Gaudí, dass das Gottesverständnis der Katalanen alles andere als bedrückend und moralisch einengend, sondern erhebend, herzergreifend, beinahe romantisch war. In Barcelona entdeckte er, dass Architektur nicht nur einschüchtern, sondern auch erheben konnte.[39]

Die Streifzüge durch die Gassen Barcelonas interessierten Gaudí weit mehr als die Schule. Er stieß auf architektonische und kunsthandwerkliche Meisterwerke des Spätmittelalters mit unzähligen baulichen und dekorativen Details und Ornamenten. Über die Jahrhunderte hatten die verschiedenen Generationen die Häuser aufgestockt und ihnen ihren eigenen Stempel aufgedrückt. Auf romanischen Säulen waren neoklassizistische Balkone abgestützt, hinter modernen Fassaden versteckten sich einstige Gebetshallen der Tempelritter, römische Granitblöcke dienten als Grundfeste für gotische Kirchen. Gaudí berührte mit seinen Händen Zeugnisse einer königlichen Vergangenheit, die aber zusehends von dem wachsenden Elend der Bevölkerung überschattet wurde.[40]

Die Eltern waren allein in Reus zurückgeblieben und versuchten, sich mit ihrer Schmiedewerkstatt über Wasser zu halten. Für das Studium ihrer Söhne in Barcelona mussten sie einige Parzellen ihres Landsitzes in Riudoms verkaufen und eine Hypothek auf die Mas de la Calderera aufnehmen. Im März 1869 heiratete Antonis Schwester Rosa Gaudí in Barcelona den andalusischen Musiker José Egea i Ferrer (1845–?). Es war eine unglückliche Wahl, wie sich herausstellen sollte. Drei Monate später schloss Francesc sein erstes Studienjahr in Medizin mit Bestnoten ab, während Antoni nur einen Teil seiner Abiturprüfungen bestand. In Französisch fiel er durch, aber er wusste mittlerweile, wohin in etwa die Reise gehen sollte:

> »Wenn es mit der Architektur nicht geklappt hätte, wäre ich Schiffsbauer geworden.«[41]

Getrieben von unbändiger Neugierde und dank eines beinahe fotografischen Gedächtnisses lernte Gaudí am liebsten autodidaktisch. Zwar war er sehr wohl in der Lage, stundenlang in Büchern und Zeitschriften zu lesen, die damals noch viel weniger Bilder enthielten als heute, sondern dicht zugetextet waren, aber offenbar fiel es ihm schwer, sich auf den Unterricht zu konzentrieren. Besonders abstrakte Theorien und das Herunterrechnen von plastischen Figuren auf mathematische Formeln waren ihm ein Graus, obwohl er sich später als begnadeter Mathematiker und Statiker erweisen sollte.

Er sah sich selbst eher als Handwerker, der einen Körper zuerst in seinem Kopf erdachte und ihn dann mit den Händen auf die Wirklichkeit übertrug, wie er es von seinem Vater in der Schmiede gelernt hatte. Sein zuverlässigstes Maß war das Auge und das oberste Gesetz die Schönheit, wie er später erklärte:

> »Eine Eisenbrücke ist Mechanik, aber sie ist nicht schön. Architektur hingegen ist Kunst. Die Mechanik ist das Skelett, der Knochenbau, aber es fehlt ihm das Fleisch, das ihm Harmonie verleiht.«[42]

Gaudí war überzeugt, dass zwar nicht alle Menschen für die Wissenschaft gemacht waren, aber alle nach Schönheit strebten. Er berief sich dabei auf den heiligen Augustinus (354–430):

> »Schönheit ist der Abglanz der Wahrheit, und dieser Glanz zieht alle Menschen in ihren Bann; daher hat die Kunst diese Universalität.«[43]

## 4. Gott ist tot

Im Norden Kataloniens liegt das mittelalterliche Städtchen Tremp, in dem der junge Priester Josep Manyanet i Vives (1833–1901) lebte. Zwar hatte er eine sichere Anstellung in der Kurie, aber er gehörte zu jenem Teil des spanischen Klerus, der sich an den schlechten Lebensbedingungen der Bevölkerung störte und etwas dagegen unternehmen wollte. Manyanet hatte bereits mehrere Ordensgemeinschaften gegründet, die sich dem Schulunterricht widmeten. Alle seine Ordensmitglieder sollten sich die Heilige Familie zum Vorbild nehmen, besonders auch wegen deren demütiger Liebe zur Arbeit. Er selbst stammte aus einer Bauernfamilie, konnte schreinern und stellte sogar Möbel her. Der einfache Zimmermann Josef aus dem Neuen Testament war sein liebstes Vorbild.[44]

Obwohl die Gewalt gegen die Kirche und alle religiösen Institutionen massiv zunahm, breiteten sich Manyanets Schulen rasch über ganz Katalonien aus. Dennoch hieß der wachsende neue

Glaube Fortschritt, sein Kind war der Nihilismus, so dass 1882 Friedrich Nietzsche (1844–1900) in seinem Werk *Die fröhliche Wissenschaft* einen Verrückten ausrufen ließ: *Wir haben ihn getötet!* Damit meinte er Gott.

Die Katholiken brauchten dringend Orientierungshilfen. Bereits 1864, vier Jahre vor der Glorreichen Revolution, hatte Pius IX. mit dem *Syllabus errorum* eine Liste sogenannter ideologischer Irrtümer publiziert, die sich in seinen Augen nicht mit dem Glauben an Gott vereinbaren ließen. Er warnte darin vor dem Modernismus, vor der Gleichstellung der Kulturen, vor Kommunismus, Liberalismus, religiöser Gleichgültigkeit und anderen Formen der Einschränkung kirchlicher Vorherrschaft. Einige seiner Analysen sind noch immer nachvollziehbar, wie wenn er schreibt, es sei falsch zu behaupten, der Glaube an Christus widerspreche der menschlichen Vernunft. Andere wurden mittlerweile von der katholischen Kirche revidiert. Hundert Jahre nach dem Syllabus antwortete der spätere Papst Benedikt XVI., Joseph Ratzinger (1927–2022), auf die Frage, wie viele Wege zu Gott es gebe: *So viele, wie es Menschen gibt.*[45]

Aber seit der Glorreichen Revolution hatte die Kirche einen schweren Stand. Die neue Verfassung entzog ihr Vollmachten, viele katholische Schulen mussten schließen, darunter das Institut der Piaristen, wo Gaudí drei Jahre studiert hatte, ohne dass der Staat jedoch im Stande war, seinem Bildungsauftrag nachzukommen. Einmal mehr wurden die Jesuiten aus dem Land vertrieben, dafür hatten Arbeiterbewegungen und die Freimaurerei freie Fahrt.

Gegen die Abkehr vom Glauben und die Verdrängung des Christentums aus der Gesellschaft wollte Manyanet ein religiöses Zeichen setzten. Im Juni 1869 schrieb er seinem Bischof Josep Caixal (1803–1879) in einem Brief: *Mir kam die Idee, an den glorreichen Patriarchen, den Heiligen Josef, zu gelangen, indem wir ihm (…) eine Sühnekirche errichten, die durch freiwillige Zuwendungen der Spanier gebaut werden soll.*[46] Unter dem Begriff *Sühne* verstand er die Bitte um Vergebung für den Abfall von Gott. Bischof Caixal zeigte sich erfreut, aber es brauchte ein weiteres Jahr und einen Buchhändler aus Barcelona, um den Stein ins Rollen zu bringen.

Auch die Weltkirche wollte handeln. Am 8. Dezember 1869 eröffnete Pius IX. im Petersdom zu Rom das Erste Vatikanische Konzil mit einem Paukenschlag: Der Papst hatte zwar über tausend Teilnehmer eingeladen, alle katholischen Bischöfe sowie Vertreter der anderen christlichen Konfessionen, aber kein einziges Staatsoberhaupt. Zum ersten Mal beriet sich die katholische Kirche unabhängig von politischen Mächten. Das Erste Vatikanische Konzil dauerte Wochen, Monate, es schien nicht enden zu wollen, und es endete auch nicht wirklich, denn nach fast einem Jahr wurde es im Oktober 1870 im Trubel europäischer Kriegswirren auf unbestimmte Zeit vertagt.

In Barcelona setzte Gaudí derweil sein Abiturstudium fort. Die Eltern nahmen inzwischen auch bei Verwandten Geld auf und hofften, dass die Söhne nicht an die Front berufen wurden, denn gerade jetzt führte die provisorische Regierung Spaniens die allgemeine Wehrpflicht ein. Spanien brauchte Soldaten gegen innere Revolten, gegen die Karlisten sowie für die Kolonien, in denen immer wieder Unabhängigkeitsrevolten aufflackerten. Besonders die katalanische Bevölkerung wollte ihre Söhne aber nicht als Kanonenfutter opfern und wehrte sich mit allen Mitteln. In der Vorstadt Gràcia bei Barcelona stürmten Frauen die Büros der Stadtverwaltung, rissen die Einwohnerregister aus den Regalen und verbrannten sie auf einem Scheiterhaufen, um die Namen ihrer Männer und Söhne auszulöschen.

In den Sommerferien machte Gaudí seine erste Erfahrung als Architekt. Sein Freund Josep Ribera weilte bei Verwandten im katalanischen Mittelgebirge in den Ferien und lud ihn und Eduard Toda nach Espluga de Francolì ein. Zu dritt besuchten sie die nahegelegene Klosterruine Santa Maria de Poblet aus dem 12. Jahrhundert. Die Zisterzienserabtei war einst ein mächtiges kulturelles Zentrum gewesen, wo sogar die Könige von Aragón begraben waren. Heute gehört das restaurierte Gebäude zum Unesco-Weltkulturerbe, doch damals lag es ausgehöhlt und verlassen da, denn um die Kriege gegen die Karlisten zu finanzieren, hatte der Staat 1835 große Teile des Weltklerus und der Klöster enteignet, die Besitzungen und Ländereien verkauft und Plünderungen freie Bahn gelassen. Auch in Poblet wurden die achtzig Mönche verjagt und das Gebäude geschändet.

Als die drei Teenager ehrfürchtig die verlassenen Hallen betraten, kam ihnen eine kühne Idee: Sie würden das Kloster restaurieren und zu neuem Leben erwecken! Im Schatten der alten Mauern unter den Spitzbögen des Kreuzgangs schworen sie sich mit heiligem Eifer, Zeit ihres Lebens für diesen Plan zu arbeiten. Mit ihrem Schwur legten zwei von ihnen tatsächlich die Weichen für ihre berufliche Laufbahn: Toda wurde später Archäologe, Gaudí Architekt.

Sie teilten sich die Arbeiten auf: Gaudí sollte ein Projekt für die Restaurierung planen und die Löcher, welche die Schatzsucher gegraben hatten, wieder auffüllen. Ribera würde als Chronist die Geschichte des Klosters aufschreiben, und Toda schließlich wollte Archive und Bibliotheken durchstöbern und ein Buch über das Kloster veröffentlichen, mit dessen Erlös ein Teil der Restaurierung bezahlt werden sollte. Tatsächlich katalogisierte er daraufhin 160 Bücher und sammelte 70 Schachteln mit Dokumenten, die er in Buchantiquariaten fand. Er schrieb ein leidenschaftliches Gedicht, in dem er die Republikaner anklagte: *Infame Mörder (...) Ihr Feiglinge, die Ihr die Kunst entweiht. Wenn das Freiheit sein soll, dann stinkt sie gewaltig!*[47]

Bereits für den jungen Gaudí waren Gebäude keine starren Mauern, sondern sie lebten. Die Ruine von Poblet stellte er sich als sterbenden Mann vor, der nach Hilfe rief, die Gemäuer waren das anatomische Skelett eines menschlichen Körpers.[48] Leider ist außer einem Wappenbild von Poblet, das er von einem Kupferstich kopierte, keine Zeichnung Gaudís für die Restaurierung der Abtei erhalten geblieben.

Dafür wird sechzig Jahre später Eduard Toda tatsächlich maßgeblich am Wiederaufbau der alten Abtei beteiligt sein, als König Alfonso XIII. (1886–1941) seinen Chefdiplomaten beauftragte, die Restaurierung einzuleiten. Gaudí war damals bereits tot. 1940 siedelten erste Mönche aus Italien ins Kloster um, und 1952 wurden die Überreste der einstigen Könige von Katalonien und Aragón aus Tarragona zurück in ihre ursprünglichen Gräber nach Poblet gebracht.

Kaum zurück aus den Ferien, verliebte sich Gaudí zum ersten Mal. Zwar gibt es dazu keine direkte Aussage seinerseits, sondern nur einen Zeitungsartikel seines innigen Vertrauten, des Dichters Joan Maragall (1860–1911) aus dem Jahr 1904. Darin berichtet dieser von einem nicht namentlich genannten Architekten mit rotblondem Bart, blasser Haut und durchdringenden hellen Augen, der im Haus von Bekannten eine junge Französin kennengelernt habe. Maragall legte Gaudí folgende etwas hölzerne und daher plausible Worte in den Mund:

> »Ich hatte mich in diesen Tagen schwer verliebt, und ich besuchte sie so oft wie möglich, und sie merkte offenbar etwas und sprach sehr liebenswürdig mit mir, sehr, sehr ...; so sehr, dass ich ganz betört war; doch sie war schon vergeben in ihrer Stadt, und der Tag kam, als sie dorthin zurückkehren musste. Ich konnte mich nicht dazu aufraffen, mich von ihr zu verabschieden, und als sie abreiste, blieb ich daheim, wie tot. Ich habe nie wieder etwas von ihr gehört, außer dass sie heiratete und in ihrer kleinen Stadt wohnte.«[49]

Zu allem Ungemach musste Antoni auch noch erfahren, dass in Barcelona das Gelbfieber ausgebrochen war und die Schulen geschlossen blieben. Er konnte sich also nicht einmal von seinem Liebeskummer ablenken, sondern blieb mit dem Bruder in Reus, wo er dem Vater in der Werkstatt half, während in Barcelona über 1600 Menschen an der Seuche starben.

Immerhin unternahm er einige Ausflüge zu historischen Stätten in der Umgebung. Im nahen Küstenort Tarragona, das früher sogar die Hauptstadt des Römischen Reiches gewesen war, machte er eine nachhaltige Erfahrung. Er entdeckte im Kreuzgang der wunderschönen Kathedrale an einem Kapitell ein kurioses Relief, das eine profane Geschichte erzählte, die eigentlich gar nicht zu einer Kirche passte. Das unscheinbare Kapitell ist heute ein Touristenmagnet und zeigt eine Reihe von Ratten, die auf einer Bahre einen Kater tragen. Es ist die bekannte Legende eines Adeligen, der in seinem Palais einer Rattenplage Herr werden wollte, indem er den besten Kater von ganz Tarragona auf die Nager ansetzte. Um sie zu überlisten, stellte sich der Kater tot. Die Ratten fielen darauf herein und wollten ihn gerade im Triumph zu Grabe tragen, als der schlaue Jäger aufsprang und alle tötete.

Bei diesem Relief wurde Gaudí bewusst, dass auch Kirchen Geschichten erzählen konnten, die nichts mit der Bibel zu tun hatten. In einer seiner spärlichen Notizen wird er schreiben:

> »Ein Ornament ist interessant, wenn es etwas darstellt, das in uns poetische Erinnerungen wachruft und Motive erkennen lässt. Die Motive stammen aus der Geschichte, aus Legenden, stellen Ereingisse dar, sind rätselhaft, fabulös und widerspiegeln den Menschen und sein Leben, seine Handlungen und seine Leidenschaft.« [50]

In Europa überschlugen sich nun die Ereignisse. Das Konzil verkündete das spektakuläre Dogma der Unfehlbarkeit des Papstes. Aus Protest verließen viele Intellektuelle und Gläubige die Kirche. Bis heute wurde diese umstrittene Regelung allerdings erst ein einziges Mal angewandt, als 1950 Papst Pius XII. (1876–1958) das Dogma der leiblichen Aufahme Mariens in den Himmel verkündete. Die Kardinäle legten eine Pause ein und reisten in ihre Diözesen zurück, doch dann brach der Deutsch-Französische Krieg aus.

Im Grunde genommen, oder zumindest indirekt, hatte diesen Krieg Spanien provoziert. Da es seine Königin vertrieben hatte, brauchte das Land einen Ersatz für die verwaiste Krone, die auf keinen Fall den verhassten Karlisten oder einem sonstigen Familienmitglied aus dem Hause Borbón zufallen sollte. Als Spanien den Thron dem Deutschen Leopold von Hohenzollern-Sigmaringen (1835–1905) anbot, nahm Frankreich dies zum Vorwand, um Preußen den Krieg zu erklären, da es sich eingekesselt fühlte.

Im Laufe dieses Krieges annektierte Italien den Kirchenstaat in Rom. An eine Wiederaufnahme des I. Vatikanischen Konzils war nicht zu denken. Der Deutsch-Französische Krieg endete ein halbes Jahr später, Papst Pius IX. blieb in Rom, sah sich fortan als *Gefangener im Vatikan* und weigerte sich, die Rente anzunehmen, die ihm die Italiener anboten. Vielmehr vertraute er auf die Zuwendungen der Katholiken in aller Welt. Auch die Josefsvereinigung von Bocabella schickte von nun an einen großen Teil ihrer Spendeneinnahmen nach Rom.

*Josep Maria Bocabella (1815-1892) gründete 1866 die Josefsvereinigung und plante eine Sühnekirche zu Ehren der Heiligen Familie, der Sagrada Família. Das Gemälde von Alex Clapés entstand 1892 nach Bocabellas Tod.*

Die spanische Krone wurde schließlich an den italienischen Prinzen Amadeus von Savoyen (1845–1890) verliehen, den aber eigentlich keiner wollte, und der nach zwei Jahren entnervt abdankte. In dieser Zeit kam es zu einem tödlichen Attentat auf General Joan Prim, drei Parlamentswahlen und fünf Regierungswechseln. Für die Josefsvereinigung gab es in dieser chaotischen Zeit wenigstens einen kleinen Trost: Am 8. Dezember 1870 erklärte der selbsternannte Gefangene im Vatikan, Papst Pius IX., per Dekret den Heiligen Josef zum Schutzpatron der Weltkirche. Damit wurden die Josefisten in ihrem Vorhaben bestärkt, ihm zu Ehren eine Sühnekirche zu errichten.

## 5. Genossenschaften und Wasserspeicher

Vater Francesc Gaudí ging offenbar das Geld aus, denn die beiden Brüder blieben noch ein weiteres Semester in Reus, anstatt in Barcelona weiterzustudieren. Als Antoni die Abiturkurse wiederaufnehmen konnte, war er bereits zwanzig Jahre alt geworden. Glücklicherweise kam er mit dem Bruder in der Altstadt bei einer kinderlosen Tante mütterlicherseits unter, Ursula Cornet (1832–1879).[51] Die Wohnung lag in der vierten Etage, wo es im Sommer besonders heiß und im Winter besonders kalt war, was sich günstig auf die Mietkosten auswirkte.

In Barcelona ereigneten sich damals zwei Dinge, die das Leben aller nachhaltig beeinflussen sollten: Erstmals wagte es 1871 ein Verleger, eine Zeitung in katalanischer Sprache herauszubringen. Es handelte sich um ein unpolitisches Zwei-Wochen-Blatt mit dem Titel *La Renaixensa* (Wiedergeburt). Dieser Begriff stand fortan für die kulturelle und politische Emanzipation Kataloniens. Die zweite Neuerung war die Legalisierung von Gewerkschaften durch die spanische Regierung. Unverzüglich entsandte der in der Schweiz lebende russische Anarchist Michail Bakunin (1814–1876) Gefolgsleute in das stark industrialisierte Katalonien, wo viele Arbeiterinnen und Arbeiter lebten und für seine Ideen empfänglich waren. Bakunins Leute organisierten die Belegschaften und zettelten immer wieder Ausschreitungen an, die zu einem immer blutigeren Klassenkampf anwuchsen.

Ein weiteres Ereignis dieser Jahre sollte sich für Gaudí als Segen erweisen. In Barcelona wurde eine eigenständige Hochschule für Architektur gegründet. Die boomende Industriestadt brauchte Urbanisten und Architekten, die technisch auf dem neuesten Stand und gleichzeitig auch Künstler, Archäologen, Erfinder und Historiker waren und den ästhetischen Ansprüchen des rasch wachsenden katalanischen Großbürgertums und Industrieadels gerecht wurden. Die Möglichkeiten des elektrischen Stroms, neue Bautechniken und Beleuchtungssysteme, neue Kanalisationsanlagen und breite Verkehrsstraßen veränderten auch die Anforderungen an Architekten. Das Institut stand unter der Leitung moderner und weltoffener Professoren wie Elies Rogent (1821–1897), die in Madrid studiert hatten. 1877 gingen die ersten acht Architekten daraus hervor. Im Jahr darauf waren es vier, darunter Gaudí.

Der Student aus der Provinz wusste nun genau, was sein Ziel war. Aber das Leben in Barcelona war teuer, weshalb ihm der Vater noch während der Vorbereitungskurse für die Aufnahmeprüfung einen Studentenjob als Hilfszeichner vermittelte. Er kannte einige Architekten aus der Heimat, die sich in Barcelona niedergelassen hatten, und da man sich als Einwanderer aus der Provinz gegenseitig unterstützte, konnte er seinen Sohn 1873 im Büro von Josep Fontserè i Mestre (1829–1897) unterbringen, dessen Vater aus Riudoms stammte.

Für Gaudí war dieser Job ein Glücksfall, denn Fontserè gehörte zu den großen Namen der Branche. Er baute gerade eine riesige öffentliche Grünanlage von über 17 Hektar mit einem großen Kaskadenbrunnen samt Wasserspeicher, Skulpturen, einem kleinen See, Fußwegen, einer Milchtrinkhalle und einer Konzertbühne, so wie man es aus dem Jardin de Luxembourg in Paris kannte. Der Park hieß Ciutadella, Zitadelle, weil hier einst die Festungsmauern gestanden hatten, die im Jahr der Ankunft der Gaudí-

Brüder in Barcelona abgerissen wurden. Zum Ciutadella-Projekt gehörten auch eine Markthalle sowie mehrere Häuserblocks.

Dass ausgerechnet Fontserè den öffentlichen Auftrag erhalten hatte, stieß vielen Barcelonern sauer auf, denn er war gar kein Architekt, sondern *lediglich* Bauingenieur, und sein Projekt hatte die Ausschreibung nicht einmal gewonnen, sondern war nur als *tauglich* eingestuft worden.[52] Man munkelte, dass er den Zuschlag bloß erhalten hatte, weil er der Sohn eines bekannten Architekten und dazu noch Freimaurer war, und er habe die anonymen Bewerbunsunterlagen heimlich erkenntlich gemacht.[53] Trotzdem war er neben dem Stadtplaner Cerdà der wohl fortschrittlichste Geist Kataloniens, und sein Markt im Stadtviertel El Born wurde der erste große Stahlbau in Barcelona.

Gusseisen war gerade weltweit das neue Trendmaterial, da es wenig kostete und sich die Module beliebig oft replizieren, leicht transportieren, verbauen und reparieren ließen. Die neue Technik strahlte Modernität und Wohlstand aus. Besonders in England, Frankreich und Amerika wurde Stahl immer häufiger für monumentale Konstruktionen wie Brücken, Fabriken, Glaskuppeln, Handelsgalerien und Bahnhöfe verwendet, und nach dem Großbrand von Chicago im Jahr 1870 wurde die halbe Stadt mit Stahlrahmen-Wolkenkratzern wiederaufgebaut. 19 Jahre später sollte der Eiffelturm dieser Entwicklung auch in Europa ein Denkmal setzen. Der angehende Student Gaudí durfte als Assistent an der Metallstruktur für den Born-Markt mitzeichnen. Dieser ist somit das erste realisierte Projekt, an dem Gaudí beteiligt war.

Im November 1873 versuchte Gaudí die Aufnahmeprüfungen für die Architekturhochschule zu bestehen. Ihm wurde sogar ein außerordentlicher Prüfungszeitraum gewärt, in dem er ein Gipsmodell vorlegen sollte. Vermutlich um Geld zu sparen, zog Gaudí aber keinen professionellen Modellbauer herbei, sondern bastelte das Modell selbst. Prompt fiel er durch.

Und einmal mehr machte auch die Politik dem Studenten einen Strich durch die Rechnung. Es kam erneut zu einem Militärputsch, und die Armee brauchte Soldaten. Auch der 22-jährige

Schüler aus Reus wurde zur militärischen Musterung einberufen, trotz seines Rheumaleidens für tauglich befunden und der Infanterie angegliedert. Im Juli 1874 musste er den Dienst antreten, denn die Eltern hatten nicht genug Geld, um ihn freizukaufen. Seine Dienstzeit wird offiziell drei Jahre dauern, aber er wird nie an die Front geschickt, weder im Inland noch in den Kolonien, sondern er wird nur sporadisch in Barcelona hinter einem Schreibtisch sitzen müssen. Das Studium konnte er mit kürzeren Unterbrechungen weiterführen.

Seine Lebenslust schien ungebrochen. Gaudí trat dem Karnevalsverein *Niu Guerrer*, Neuer Krieger, bei. Die Gruppe organisierte Theaterstücke, Tanzabende und Karnevalsfeiern und engagierte sich auch wohltätig. Nach und nach legte er die fehlenden Aufnahmeprüfungen ab, auch ein verbessertes Gipsmodell, und am 24. Oktober 1874 wurde der 22-jährige Handwerkersohn Antoni Gaudí aus der katalanischen Provinz endlich offiziell in die Hochschule für Architektur von Barcelona aufgenommen. Die Eltern durften aufatmen.

Die neue Hochschule für Architektur von Barcelona wurde anfänglich in der 2. Etage der imposanten einstigen Warenbörse Llotja del Mar beim Hafen einquartiert, dann zog sie aus der Altstadt weg in ein neues Gebäude im unteren Teil des Eixample, das der Rektor der Architekturhochschule Elies Rogent entworfen hatte. Der Lehrkörper war mit wenigen Ausnahmen noch sehr jung. Professor Lluís Domènech i Montaner (1850–1923) war kaum älter als seine Studenten und nur zwei Jahre älter als Gaudí. Er hatte in Barcelona eine fulminante Karriere hingelegt und wurde später zu seinem größten Rivalen. Domènech war nicht nur ein glühender katalanischer Patriot, sondern ein Multitalent und hatte neben Architektur auch exakte Wissenschaften, Naturwissenschaften und Physik studiert.

Das junge, dynamische und fortschrittliche akademische Umfeld, das auch technische Neuerungen wie die Fotografie in den Unterricht aufnahm, erwies sich für den eigenwilligen Gaudí als Glücksfall, denn in traditionsverhafteten und akademisch festgefahrenen Strukturen wäre er wohl untergegangen. Allerdings wird er bald die Erfahrung machen, dass allzu revolutionäres Arbeiten auch an der neuen Fakultät für das Weiterkommen hinderlich sein konnten.

Begeistert vertiefte er sich in das Studium römischer Bauwerke, muslimischer Architektur aus dem Mittleren Osten, Persien und Afrika, aber auch von Gebäuden und Ornamenten aus China und Japan, bestaunte die Genialität der Maya-Indianer und bereiste in Büchern ganz Europa. Die iberische Halbinsel war durchdrungen von der Kultur der alten Griechen und Römer, von der jüdischen über die christliche bis zu der muslimisch-asiatischen Kunst. In Katalonien hatten die Mauren zwar weniger lang geherrscht als in anderen Landesteilen, dennoch hatten sie während mehrerer Generationen Formen, Farben, Material und Mauertechniken bestimmt.

Nach der Rückeroberung der Halbinsel durch die Christen entstand die typisch spanische Mischung aus europäischer und arabischer Architektur, die sich *mudéjar* nannte. Als *mudéjares* wurden im Mittelalter jene Araber bezeichnet, die in Spanien bleiben durften, weil die christlichen Herrscher nicht auf ihr Können als Handwerker und Architekten verzichten wollten. Die muslimischen Bauleute verarbeiteten gekonnt offene Ziegel, konstruierten orientalische Hufeisenbögen, formten kunstvolle Fenstergitter, malten bunte, blumige und geometrische Muster auf Kacheln und setzten Scherben zu Mosaiken zusammen. Auf diesem farbenprächtigen christlich-maurischen Mix erblühte schließlich die katalanische Form des Jugendstils, der Modernisme genannt wurde.[54]

An der Hochschule erfuhren die Studenten von zwei Autoren aus England, die Gaudí faszinierten. Zwar wurden ihre Originalwerke erst gegen Ende des Jahrhunderts übersetzt, und Gaudí konnte kein Englisch, aber mit hoher Wahrscheinlichkeit kannte er durch die Professoren und aus Fachzeitschriften die beiden Sozialtheoretiker William Morris (1834–1896) und John Ruskin (1819–1900). Als Briten stammten beide aus dem Mutterland der

Hochöfen und suchten neue ästhetische und gesellschaftspolitische Antworten auf die sozialen Folgen der Industrialisierung.

Als Gaudí erstmals von ihm hörte, wurde der Kunsthistoriker, Maler und Sozialphilosoph Ruskin gerade zum Professor des neuen Lehrstuhls für Kunstgeschichte in Oxford ernannt. Er kritisierte die freudlose Plackerei in den Fabriken und propagierte die Rückkehr zu der liebevollen Handwerkskunst des farbenprächtigen Mittelalters mit seinen Bauhütten, als die Handwerker ihre Betriebe rund um die Großbaustellen ansiedelten. Für Ruskin war Kunst keine Frage des bloßen Geschmacks, sondern sie ging einher mit dem Streben nach Wahrheit. Die Wirklichkeit erschließe sich dem Menschen nicht durch das Denken, sondern in erster Linie durch die Sinne, also durch Beobachtung. *In einer einzigen Blume gibt es genug Material, um Dutzende von Kathedralen auszuschmücken*, hatte er bereits 1851 in *The Stones of Venice* geschrieben. Von allen Lehrmeistern sei die Natur die größte. Nichts und niemand könne ihre Perfektion und ihre rationale Zweckmäßigkeit übertreffen. Damit formulierte er das, was Gaudí aus eigener Beobachtung bereits verinnerlicht hatte.

Der englische Architekt, Theologe und spätere Designer William Morris hatte 1861 mit Freunden eine Firma für kunsthandwerkliches Möbeldesign gegründet, aus der sich die Arts&Crafts-Bewegung entwickelte. Auch er wähnte in der Natur und in der mittelalterlichen Handwerkskunst seine Vorbilder, auch er sah in der maschinellen Massenproduktion eine Gefahr für den Menschen. Morris war mit der Tochter von Karl Marx (1818–1883), Eleonor (1855–1898), befreundet und im Gegensatz zu Ruskin ein linkspolitischer Aktivist,[55] der von einer klassenlosen Gesellschaft träumte, die weit ab von den Kloaken Londons im Grünen lebte und handgemachte Qualitätsware herstellte. Die Realität sah jedoch anders aus. Die Arts&Crafts-Produkte waren für die unteren Schichten unerschwinglich, und Morris' Handwerker bedienten höchstens die gesellschaftlichen Eliten, die er kritisierte.

Oft wird der Student Gaudí als ein unabhängiges Genie außerhalb jeglicher akademischen Ordnung beschrieben, doch seine

Studienprojekte zeigen, dass er seine Aufgaben meist sorgfältig erledigte und sich gewissenhaft vorbereitete. Er verbrachte unzählige Stunden in der Bibliothek, und sein Perfektionismus führte manchmal dazu, dass er die Abgabefristen überschritt oder sich in Details verlor. Dennoch nannte ihn sein erster Biograf Josep Francesc Ràfols i Fontanals (1889–1965), der selbst auch Architekt war, *das perfekte Modell des schlechten Studenten*,[56] einen notorischen Schwänzer und im Unterricht gerne zerstreut, da er sich langweilte. Gaudí selbst erzählte, er habe den Lektionen zwar aufmerksam folgen wollen, doch jedesmal hätten ihn »Gedanken zur Stabilität von Gebäuden überkommen«[57] und abgelenkt. Er habe sich nicht getraut, mit seinen Komilitonen über seine Ideen für neue statische Lösungen zu sprechen, weil er fürchtete, nicht verstanden zu werden.

Ihn interessierten nicht nur die technischen und ästhetischen Aspekte, sondern auch die Ideologien und Philosophien hinter einem Baustil. Gaudí beschäftigte sich intensiv mit dem französischen Standardwerk der Architekturgeschichte *Dictionnaire raisonné de l'architecture française du XI au XVI siècle* sowie mit den sechs Bänden des *Dictionnaire raisonné du mobilier français* von den Karolingern bis zur Renaissance, außerdem mit den *Entretiens sur l'architecture.* Autor dieser Mammut-Lexika war der Franzose Eugène Viollet-le-Duc (1814–1879), der als Wegbereiter der Architekturtheorie gilt und Experte für die Restaurierung mittelalterlicher Gebäude war.

Viollet war eine Generation älter als Gaudí, Sohn eines Konservators königlicher Residenzen und hatte sich als Autodidakt ein enormes Wissen über das Mittelalter angeeignet. Seine Restaurierungen wie jene der Kathedrale von Chartres machten ihn zwar berühmt, aber er war umstritten, weil er nicht davor zurückschreckte, moderne Elemente in die historische Bausubstanz einzufügen. Viollet sah keinen Widerspruch zwischen der rationalen Architektur gotischer Skelettbauten und den modernen Konstruktionen des 19. Jahrhunderts.[58] Im Gegenteil hinterfragte er die mittelalterliche Bauweise und wagte zu bezweifeln, ob eine Säule wirklich notwendig oder ob sie lediglich zur Vorsicht eingebaut worden war. Gaudí mochte diese Gedanken. Auch er gelangte bald zum Schluss, dass die moderne Ingenieurstechnik rationellere Lösungen anbieten konnte, trotz aller Liebe zum Mittelalter.

Wenn die Vorlesungen vorbei und alle bereits gegangen waren, blieb er oft allein im Institut zurück und vertiefte sich bis spät in die Nacht in Bücher und Zeitschriften. Dabei hatte er die unangenehme Eigenschaft, ausgeliehene Werke wie seine eigenen zu behandeln und sie hemmungslos vollzukritzeln oder zu malträtieren.[59] Manchmal zerschnitt und faltete er sie so, dass er sie in seine Taschen stopfen und mit sich herumtragen konnte. Später wird er allerdings behaupten:

> »In den Büchern findet man nur selten, was man sucht, und wenn man es findet, dann ist es oft falsch.«[60]

Obwohl er gern im Hintergrund blieb, war der junge Mann keineswegs schüchtern. Er liebte das Theater, Konzerte, Tischgespräche in Clubs und Cafés und trat der katalanistischen Studentenvereinigung bei. Diese hieß ausdrücklich katalanistisch und nicht katalanisch, womit sie eine politische Gesinnung ausdrückte. Gaudí galt als einer der idealistischsten und fleißigsten Mitglieder und übernahm schon bald kleine Ämter.

Zum Stolz der Familie schaffte Francesc die erste Stufe seines Medizinstudiums auf Anhieb. Antoni hingegen war ein Desaster. Er fiel in mehreren Prüfungen und praktischen Arbeiten durch oder sprach gar nicht erst vor. Sein Vater glaubte allerdings fest an ihn und versuchte ihn zu motivieren, indem er ihm allen finanziellen Schwierigkeiten zum Trotz in den Sommerferien eine Studienreise nach Südfrankreich organisierte. Vielleicht rührte die Begeisterung des Vaters auch daher, dass er selbst gern studiert hätte oder gereist wäre. Er konnte nicht wissen, dass sein Sohn den Ausflug nutzen wollte, um bei der schönen französischen Touristin vorbeizuschauen, in die er sich einst in Reus verliebt hatte.

Von dem heimlichen Abstecher berichtet wiederum nur der Artikel aus dem Jahr 1904 von Joan Maragall mit dem Titel *Una calaverada*, eine Eskapade. Er ließ den Architekten mit den blauen Augen selbst erzählen, wie er an einem grauen Tag einen Zug zum Dorf der Verflossenen bestieg, sie aber nicht erblickte, sondern vielmehr erfuhr, dass sie verheiratet war, und wie er schweren Herzens mit Tränen in den Augen weiterreiste.

Aufgewühlt und mit Notizen bepackt kam Gaudí von dem Ausflug nach Carcassonne und Toulouse zurück, nahm in Barcelona das Studium und die Arbeit bei Fontserè wieder auf und versuchte, die Französin zu vergessen. In der weltoffenen Metropole am Meer lockten allerlei Ablenkungen. Er freundete sich mit Männern an, die ihm ungeahnte Einblicke in neue Welten eröffneten, las mit Heißhunger die Werke klassischer Literatur, und vielleicht war es in dieser Zeit, dass er Goethes *Werther* entdeckte, in dessen Leiden er seinen eigenen Liebeskummer erkannte. Zeugen werden später in seinem Bücherregal Goethes Werke in der Originalsprache entdecken, und scheinbar konnte er ganze Passagen aus dem *Faust* auswendig auf Deutsch zitieren. Irgendwann hatte Gaudí also Deutsch gelernt.

Er kannte auch Richard Wagner (1813–1883), zumindest einzelne seiner Arien, obwohl die erste komplette Wagner-Oper erst Jahre später in Barcelona aufgeführt werden sollte. Dennoch war der deutsche Komponist vielen Katalanen ein Begriff, da einzelne seiner Arien auf den Straßen der Stadt durch Arbeiterchöre vorgetragen wurden. Solche Laienchöre war in den 1850er Jahren von dem Musiker und politischen Aktivisten Josep Anselm Clavé (1824–1874) ins Leben gerufen worden, um die Kunst allen Menschen zugänglich zu machen. Clavé führte manchmal Hunderte, ja sogar Tausende von Sängern für solche Straßenkonzerte zusammen. Auf diese Weise gerieten die Arbeiterfamilien in Berührung mit der erhabenen Welt der Musik, die für sie sonst unerschwinglich war. Clavé war ein begeisterter Anhänger Wagners und seiner Heldenmythen: *Es ist, als würde er unser Volk beseelen*,[61] pflegte er zu sagen.

Da Gaudí behauptete, er könne nicht singen, trat er bis kurz vor seinem Lebensende keinem Chor bei. Dafür wurde er Mitglied des einflussreichen Kulturvereins *Ateneu Barcelonès*. Der Verein war eine Art Debattierclub, der eine große Bibliothek besaß und Lesungen zu verschiedenen kulturellen und wissenschaftlichen Themen, Kurse und Kulturwettbewerbe anbot. Einzig das Thema Politik war Tabu. Die Mitgliedschaft im *Ateneu* war ein Muss für die Barceloner Intelligentsia und das liberale Bürgertum.

Eines Abends machte Gaudí beim Schachspielen im Ateneu die Bekanntschaft des Genossenschafters Salvador Pagès (1833–189?). Pagès war fast zwanzig Jahre älter als er und stammte aus einer Weberfamilie aus Reus. In jungen Jahren war er nach Amerika ausgewandert und hatte in New York eine Webmaschine erfunden, deren Patent ihn reich machte, so dass er als wohlhabender Mann nach Katalonien zurückkehrte. Damit gehörte er zu jener Klasse von Katalanen, die *indianos* genannt wurden: Emigranten nach Übersee, die als gemachte Leute zurückkamen. Von den USA war er sogar so sehr begeistert, dass er seinen Sohn Lincoln taufte.[62] Pagès engagierte sich in der Arbeiterbewegung und gründete 1864 in Barcelona die Genossenschaft L'Obrera als eine der ersten Textilfabriken, die von der Belegschaft selbst geführt wurden.

Pagès war ein romantischer Idealist und überzeugt, dass die Entstehung einer besseren und gerechteren Welt vom Einzelnen und von dessen gutem Willen abhing. Es brauchte in seinen Augen keinen blutigen Klassenkampf, um die Dinge zu verändern. Damit unterschied er sich vom gewaltbereiten gewerkschaftlichen und revolutionären Flügel der spanischen Arbeiterbewegung, von den *Männern der direkten Aktion*, die nicht nur streikten und boykottierten, sondern auch politische Morde begingen. Gaudí und der Genossenschafter wurden gute Freunde, und der Student ging in dessen Haus ein und aus:

> »Wenn ich Pagès zu Hause besuchte, ließ er auf seinem Tisch immer Bücher mit diesen neuen atheistischen und

anarchistischen Ideen liegen, damit sie mir ins Auge stachen. Aber ich habe sie nie auch nur im Geringsten beachtet …«[63]

Aber er war sozialen Anliegen nicht abgeneigt und willigte gerne ein, als ihn der Freund bat, ein Logo für das Textilwerk zu entwerfen. L'Obrera hatte mit 107 Genossen und zehn gebrauchten Webstühlen in einem gemieteten Lokal begonnen und nun im Küstenort Mataró, 14 Kilometer nordöstlich von Barcelona ein größeres Gelände erworben. Die Firma hieß nun *Cooperativa Mataronense*. Obwohl die Textilgenossenschaft mit den Jahren noch weiter anwuchs und sich auf dem Markt behaupten konnte, blieb sie eine Randerscheinung und wurde um die Jahrhundertwende verkauft. Für das Logo zeichnete Gaudí ein farbenfrohes Motiv mit verspielten Schriftzeichen, das aber im Grunde viel zu kompliziert war. Hinter dem Namenszug stand ein Webstuhl, an dem zwei Bienen arbeiteten. Vom Webrahmen baumelten dicht aneinanderliegende Fäden mit kleinen Fadenrollen.

Pagès war nicht der einzige Sozialist im Umfeld Gaudís. Im Ateneu und den Studententreffs verkehrte er mit Vertretern verschiedenster politischer Lager, mit Künstlern, Revolutionären, Agnostikern, Freidenkern, Anarchisten, Utopisten und Freimaurern. Bis heute hält sich das Gerücht, er sei selbst Freimaurer gewesen, weil in oder an seinen späteren Bauwerken immer wieder Symbole auftauchen, die zur Formensprache der Freimaurer gehören: Das X in der Krypta der Colònia Güell oder der Sagrada Família, das bei den Freimaurern auf den griechischen Freiheitskämpfer Xanthos zurückgeht, bei den Christen aber den griechischen Anfangsbuchstaben des Namens *Christos* bezeichnet, oder der Pelikan an der Sagrada Família, der für Christen ewiges Leben bedeutet, der aber auch ein Zeichen des 18. Grades der freimaurerischen Rose-Croix-Ritter ist, sowie das typisch gaudianische vierarmige Kreuz, das zweimal ein dreiarmiges Tau-Kreuz darstellen könnte, das wiederum bei den Freimaurern während der Zeremonie zum Grad des Meisters als Erkennungszeichen dient, und so weiter.[64] Aber Gaudí war nie in einer Loge eingetragen, und an seinem Begräbnis waren keine Logen zu sehen.

## 6. Die Welt geht unter

Die Gaudí-Brüder waren erneut umgezogen und wohnten nun etwas näher bei der neuen Universität und der verheirateten Schwester Rosa. Wenige Häuserblocks entfernt lag die Schreinerwerkstatt von Eduald Puntí (?–1889), einem Handwerker alter Schule mit unerschöpflichen Kenntnissen in der Verarbeitung von Holz, aber auch von Glas und Metall, aufwendigen Intarsien und Einlegearbeiten. Als gefragter Spezialist konnte er ein Team von zwanzig Handwerkern beschäftigen. Gaudí fühlte sich in seiner umtriebigen Werkstatt wie zu Hause. Der erfahrene Meister, der damals bereits über sechzig Jahre alt gewesen sein muss, wurde zu seinem Freund, Vorbild und später auch Zulieferer.

Der lebensfrohe, joviale Enthusiast bereiste jedes Jahr ein europäisches Land und besuchte Fachausstellungen, um mit dem neuesten technischen Stand Schritt zu halten. Er machte sich fleißig Notizen und kam jeweils vollbepackt mit neuen Erkenntnissen nach Barcelona zurück. Es war für Gaudí ein Genuss, diesem Könner über die Schultern zu blicken und ihm manchmal sogar helfen zu dürfen. Auch Gaudí war ein leidenschaftlicher Tüftler, und gemeinsam entwickelten sie technische Lösungen wie neuartige Schließmechanismen für Schiebetüren. Puntí nahm den mittellosen Studenten manchmal zu Kunstausstellungen mit und erkannte in ihm ein großes Talent. Er sagte: *Auch wenn ich es selbst nicht erleben werde, dieser Mann wird einst Großartiges leisten.*[65]

An der Hochschule schien sich Gaudí oft zu langweilen. Um seinen Wissensdurst zu stillen, belegte er auch Fächer anderer akademischer Disziplinen wie Philosophie, Ästhetik, Biologie, Militärstrategie, Kunstgeschichte und Seefahrt. Sie alle hatten mit Formen, Volumen, Raum und der Suche nach Schönheit und somit letztlich mit Architektur zu tun.

»Mein Temperament ließ nicht zu, dass ich den Vorlesungen der Professoren zuhörte, denn auf dem Lehrplan standen Unmengen von abstrakten Fächern. Ich will die Aufgabe der Professoren nicht verallgemeinern. Ich will nur sagen, dass ich nur dann zuhören konnte, wenn sie konkrete Dinge erklärten. Aus diesem Grund ging ich nur selten zu den Vorlesungen und kannte nicht einmal das Vorlesungsprogramm hundertprozentig. Ich war undiszipliniert, und es war daher nur logisch, dass meine Abschlussnoten entsprechend schlecht ausfielen.«[66]

Im Büro Fontserè führte er jedoch alle Aufgaben mit größter Sorgfalt aus. Der Meister stellte bald fest, dass er sich mit dem Studenten einen hervorragenden Rechner ins Team geholt hatte, und vertraute ihm eine ernste Aufgabe an: Gaudí sollte den Speicher für die Wasserversorgung des bootstauglichen, 60 Meter langen Sees mit einem monumentalen 24 Meter hohen Kaskadenbrunnen im Ciutadella-Park berechnen, bei dem er sich an Henri Espérandieus Château d'Eau in Marseille (1869) orientiert hatte, während er sich bei den Speicheranlagen an den hydraulischen Systemen der alten Römer, genauer an der gigantischen Zisterne der Piscina Mirabilis bei Neapel anlehnte.

Der Wasserspeicher sollte neben dem Park auf einem 19 Meter hohen quadratischen Gebäude mit einer Seitenlänge von knapp 70 Metern stehen. Das Dach hatte einen doppelten Boden, um das riesige Becken mit einem Fassungsvermögen von 13 Tonnen Wasser zu halten. Ein Labyrinth aus hohen Backsteinsäulen und Mauerbögen sollte das Dach abstützen, und die statischen Berechnungen für diese Stützelemente überließ Fontserè seinem Assistenten Gaudí, der gerade erst mit dem Studium begonnen hatte. Er hielt offenbar viel von ihm. Der Speicher funktioniert noch heute, und die darunterliegenden imposanten Räumlichkeiten dienten über die Jahrzehnte hinweg verschiedenen Zwecken: als Lagerhallen, Archiv, ein Heim für Obdachlose und Geisteskranke, und heute ist darin die Bibliothek der Universität Pompeu Fabra untergebracht.

Eines Tages schaute in Fontserès Büro Professor Joan Torras i Guardiola (1827–1910) vorbei, der an der Hochschule für Architektur über die *Tragfähigkeit von Metallgerüsten* lehrte und Inhaber eines großen Metallbauunternehmens war. 1873 war Gaudí mit einer Zeichnung bei ihm durchgefallen. Torras galt in Katalonien als unbestrittene Koryphäe und wurde später als *der spanische Eiffel* betitelt. Einige von Torras' Studenten wanderten nach dem Studium nach New York aus und beteiligten sich dort als Architekten am Aufbau der Stadt mit ihren stahlgestützten Wolkenkratzern.

Der stattliche Mann mit hoher Stirn und glattrasiertem Gesicht erblickte auf dem Reißbrett die Pläne für den Wasserspeicher. Er staunte nicht schlecht, als der Kollege ihm sagte, dass die Berechnungen hierzu von einem seiner Studenten stammten, einem gewissen Antoni Gaudí. Aber der Professor konnte sich beim besten Willen nicht an das Gesicht des jungen Mannes erinnern, weil er, wie sich herausstellte, ihn wegen häufigen Fehlens von seinem Kurs suspendiert hatte.

Torras beantragte beim Rektor, dem Studenten das Zeugnis im Fach Statik auszuhändigen, ohne dass er dafür eine Prüfung ablegen musste. Von nun an wird Torras wiederholt für Gaudí die heißen Kartoffeln aus dem Feuer holen, und er wird es sein, der am Ende das Lehrerkollegium überzeugte, dem renitenten Studenten das Architekturdiplom auszuhändigen, obwohl ihm noch ein paar Punkte fehlten. Dabei soll er ausgerufen haben: *Vielleicht wird man diesem jungen Mann ein Monument bauen oder ihn ins Irrenhaus stecken, aber seine Berechnungen werden bereits jetzt in der Bauindustrie angewandt.*[67]

Durch Fontserè lernte Gaudí auch die Bildhauer kennen, die an den Skulpturen für den Park arbeiteten. Er durfte sogar selbst einige Ornamente entwerfen, wie etwa zwei runde steinerne Reliefs, die bereits seine unverkennbare Handschrift trugen. Die Medaillons befinden sich rechts und links des Eingangs zum Aquarium, wie das kleinere Speichergebäude hinter dem Kaskadenbrunnen genannt wird. Man fragt sich, warum ihr Anblick sogleich an Gaudí denken lässt. Es liegt an der Spannung, die diese Skulpturen ausstrahlen. Gaudí hielt den Augenblick fest, in dem eine flinke Eidechse zwischen übereinanderlappenden Pflanzenblättern hervorgekrochen war und nun lauernd erstarrte, um bei der leisesten Bewegung des Betrachters blitzschnell zu entfliehen. Es ist, als würde sie atmen.

Für seine Skulpturarbeiten gab Gaudí den Künstlern präzise Anweisungen und schaute ihnen beim Meißeln über die Schulter, was vermutlich keinen geringen Stressfaktor für die Betroffenen darstellte. Auf diese Weise lernte er den vier Jahre jüngeren Bildhauer Llorenç Matamala i Pinyol (1856–1925) aus dem katalanischen Hinterland kennen, der von nun an zu seinem treuesten Weggefährten und Freund werden sollte.

Matamala besaß ein eigenes Atelier gleich neben der Werkstatt von Puntí und erstellte für Gaudí die elegante steinerne Brüstung der Konzertterasse mitten im Ciutadella-Park mit Herzen und Blumen, die Gaudí entworfen hatte. Fontserè ließ ihn auch die schmiedeeiserne Umzäunung des Parks mit sieben Eingangstoren und Gasleuchtern zeichnen, was eine große Ehre darstellte, denn der ein Kilometer lange Zaun war sozusagen die Visitenkarte des Parks. Da Gaudí noch kein Architekturdiplom besaß, musste Fontserè die Pläne für das Baugesuch bei den Stadtbehörden für ihn unterzeichnen.

Obwohl er durch den Militärdienst Zeit verloren hatte, präsentierte sich Gaudí im Juni 1875 dennoch zu der Semesterprüfung *Projekt I*. Dabei kam es zum Eklat. Die Aufgabe bestand in einem Eingangstor zu einem Friedhof, und Gaudí tat nun das, was er sein ganzes Leben lang tun wird: Bevor er das eigentliche Bauwerk zeichnete, stellte er sich die Kulisse vor. Er malte zuerst in aller Ruhe den wolkenverhangenen Himmel, im Hintergrund die Wipfel der Zypressen und die Zufahrtsstraße zum Friedhof, die Pferdekutsche des Leichenwagens, gefolgt vom Trauerzug der Angehörigen. Vom Eingangstor keine Spur. Der Professor lief zwischen den Zeichentischen umher, hielt vor Gaudí inne und monierte, das sei doch keine Art, um ein Bauprojekt zu entwerfen. Der Student erklärte, für ihn sei es aber wichtig, zuerst die Stimmung einfangen. Nach einem kurzen Wortwechsel packte Gaudí trotzig seine Utensilien zusammen und verließ den Raum.

Erst Monate später konnte er seinen Stolz überwinden, beantragte einen zweiten Prüfungstermin und wiederholte die Projektarbeit sachgemäß. Brav hielt er sich dieses Mal an die Vorgaben. Sein monumentaler Friedhofseingang war sein erstes religiöses Projekt und verriet nicht nur Gaudís künstlerisches Geschick, sondern auch eine profunde Kenntnis der Heiligen Schrift und der christlichen Symbolik. Er berief sich auf die Apokalypse, das letzte Buch des Neuen Testaments, auf das er im Laufe seiner Karriere immer wieder Bezug nehmen wird. In diesem Text beschreibt der Apostel Johannes seine Visionen, in denen ihm Gott die Endzeit offenbarte, die Rückkehr Jesu Christi auf Erden und den Anfang einer neuen, geläuterten Welt.

Gaudís massiges Backsteintor war Drama, war die Kulisse für den letzten aller Ausgänge, den Austritt aus dem Leben. Auf dem Satteldach und dem Rundbogen saß Gott Vater auf dem Thron, daneben der betende Christus, die Evangelistensymbole Mensch, Löwe, Stier und Adler sowie die zwölf Patriarchen aus dem Alten und die zwölf Apostel aus dem Neuen Testament. Prompt erhielt er die Bestnote.

Das republikanische Experiment Spaniens war gescheitert, die Königin kam aus dem Exil zurück, dafür flüchtete Thronprätendent Don Carlos nach Frankreich. In den Straßen Barcelonas feierten die Menschen erleichtert den Frieden. Der Reservesoldat Gaudí hoffte auf baldige Entlassung aus dem Dienst und ein geruhsames Studium, doch das Schicksal wollte es anders.

Immerhin durfte er vor der Katastrophe noch einen Achtungserfolg feiern: Ende Mai 1876 bewilligte die Stadt seine schmiedeeiserne Umfriedung des Ciutadella-Parks mit den wuchtigen Kandelabern. Jede Laterne ist neun Meter hoch und trägt sechs kugelrunde Lampen, die damals noch mit Gas und heute elektrisch betrieben werden. Auf der Spitze der Eisenmasten platzierte

Gaudí das Wappen Barcelonas und darüber den Kriegshelm von Jakob I. (Jaime I.), dem mittelalterlichen Grafen von Barcelona, sowie einen geflügelten Drachen. Drachen sind das Wahrzeichen Barcelonas, in der Stadt gibt es Hunderte davon. Sie erinnern an die Legende vom Heiligen Georg, der einen bösen Drachen tötete, um eine Jungfrau zu retten, und durch diese Heldentat viele Menschen zur christlichen Taufe bewegte. Georg, auf Katalanisch Jordi, ist der Schutzheilige Kataloniens.

Damit endete aber Gaudís Mitarbeit bei Fontserè. Er musste sich nach neuen Einkünften umsehen. Die Professoren an der Architekturschule wussten von Gaudís Talent, also nahm ihn einer von ihnen in sein Team auf, und zwar ausgerechnet jener Francisco de Paula del Villar y Lozano (1828–1901), der später unfreiwillig dafür verantwortlich sein wird, dass Gaudí zur Sagrada Família kam. Er war als Bistumsarchitekt beauftragt worden, die berühmte Basilika auf dem heiligen Berg von Montserrat zu restaurieren, und heuerte Gaudí an.

Die Freude über seine ersten Projekte im Ciutadella-Park, über die bestandenen Prüfungen, seinen neuen Job bei Villar und letztlich auch die Ankündigung der Schwester Rosa, dass sie ein Kind erwartete und Antoni bald Onkel sein würde, währte nur kurze Zeit. Im Sommer 1876 ging für die Familie Gaudí die Welt unter.

Es begann damit, dass Francesc zu husten anfing. Er war mit wehenden Fahnen durch das Medizinstudium gesegelt, während Antoni nur schleppend vorankam. Seit acht Jahren lebten die Brüder Seite an Seite in der Großstadt, mittlerweile an der vierten Adresse, und sie teilten neben dem Heimweh alles, vermutlich auch die Kleider. Antoni war 16, Francesc 17 gewesen, als sie das Elternhaus verließen. Der Husten wurde immer schlimmer, und plötzlich spuckte der Bruder Blut. Gaudí alarmierte die Eltern, die herbeieilten, aber die Ärzte waren machtlos. Am 1. Juli 1876 hauchte der Hoffnungsträger Francesc Gaudí mit gerade 25 Jahren in Barcelona vor den Augen der fassungslosen Familie sein Leben aus.

*1876 stirbt der Bruder Francesc Gaudí (1851-1876).*

Sie bestatteten ihn auf dem städtischen Friedhof Poblenou. Es war das dritte Kind, das die Eltern zu Grabe trugen. Vater Francesc und die verbliebenen Geschwister Antoni und Rosa mussten mit ansehen, wie Mutter Antònia in eine tiefe Depression versank. Daran konnte auch die Geburt der kleinen Enkelin nichts ändern, die ebenfalls Rosa getauft und mit dem Kosenamen Roseta gerufen wurde.

Antoni war nun allein und zog in ein Zimmer im unteren Eixample-Quartier am Rande der Altstadt, an die Adresse Consell de Cent Nummer 370. Für die Eltern gab es nun kein Zurück mehr nach Reus. Der Vater gab die Werkstatt endgültig auf und übersiedelte mit seiner Frau nach Barcelona. Mit 63 Jahren war er zu alt, um noch Arbeit zu finden, und für Kesselschmiede gab es ohnehin keinen Bedarf mehr, also nahm er Hypotheken auf seine verbliebenen Grundstücke auf und versuchte, über die Runden zu kommen.

Für Antoni bedeutete dies, dass er sich allmählich beeilen und versuchen musste, nicht nur auf eigenen Füßen zu stehen, sondern auch die Eltern zu unterstützten. Er brauchte dringend Geld und wohl auch Ablenkung, und so trat er am 5. August 1876 eine Stelle als Maschinenbauzeichner bei der Firma Padrós & Borrás in Barcelona an. Er kannte dort einen Ingenieur, der ihm vermutlich die Stelle verschafft hatte. Ende des Monats erhielt er außerdem den Bescheid, dass er aus dem Militärdienst entlassen wurde.

Aber die Mutter hatte ihren Lebenswillen verloren. Zwei Kinder lagen auf dem Friedhof in Reus, einer in Barcelona, und nur wenige Monate nach dem Tod ihres Sohnes, am 8. September 1876, starb auch Antònia Gaudí i Cornet im Alter von 63 Jahren. Die Familie bestattete sie neben ihrem Sohn auf dem Friedhof in Barcelona, wo mit den Jahren noch mehrere Verwandte Gaudís ihre letzte Ruhestätte finden werden: eine Tante, die Schwester, der Vater, der Patenonkel und seine geliebte Nichte Roseta. Er selbst wurde in der Sagrada Família beigesetzt. Nach seinem Tod kümmerte sich aber niemand mehr um die Gräber, so dass sie 1994 aufgehoben und die Überreste von sieben Mitgliedern der Familie Gaudí in ein anonymes Gemeinschaftsgrab umgebettet wurden. Nichts erinnert mehr an sie.[68]

Innerhalb weniger Monate verlor Antoni also den geliebten Bruder, die verehrte Mutter und sein Elternhaus in Reus. Um Geld zu sparen und um sich gegenseitig zu unterstützen, zog der Vater bei ihm ein und wird von nun an für die nächsten dreißig Jahre nicht mehr von seiner Seite weichen. Bis zu seinem Tod mit 93 Jahren wird er Antoni die familiäre Wärme geben, die dieser so dringend brauchte und die er nie durch eine eigene Familie zu ersetzen vermochte.

Seine Schwester Rosa war den beiden Männern mehr Last als Hilfe, denn ihr trunksüchtiger Ehemann war als Musiker nicht in der Lage, die Familie durchzubringen. Wie Gaudí später zugab, wurde er nun selbst schwermütig.[69] Aber er durfte sich nicht hängen lassen und ertränkte den Schmerz und die Sehnsucht nach der Mutter und dem Bruder im Studium und in der Arbeit.

Bereits wenige Tage nach dem Begräbnis Antònias wiederholte er an der Hohen Schule für Architektur eine Projektarbeit, die er eigentlich schon bestanden hatte, für die er aber eine höhere Note anstrebte. Es ging um eine Überdachung aus Glas und Metall, und zum ersten Mal in seiner Laufbahn zeichnete er auf das Dach eines zivilen Gebäudes ein Kreuz.[70]

Der trauernde Gaudí verbrachte Stunden mit dem Studium in einem Flügel der Universität, der *la Sibéria* genannt wurde. Früher hatte er Gesellschaft und Inspirationen gesucht, nun fand er kaum noch Zeit dafür, denn er arbeitete gleichzeitig in bis zu vier Architekturbüros. Seit einigen Jahren machte er lose Notizen in ein Heft, aber nun begann er ein eigentliches Tagebuch zu führen. Vielleicht dachte er, dass ihm das Schreiben helfen würde, die Melancholie zu überwinden, aber er wird nur zwei Monate lang durchhalten, und außerdem geben die trockenen Einträge nicht viel über sein Innenleben her. Er notierte, bei wem er wie viele Stunden gearbeitet hatte: »Eine Stunde Fontserè Detail Kandelaber und Villar, Nische, zweieinhalb« und so fort.[71]

Das kleine Wort »Nische« in Gaudís Tagebuch war in Wirklichkeit aber eine große Sache. Professor Villar restaurierte gerade die berühmte und sagenumwobene Benediktinerabtei Santa Maria von Montserrat, die im Landesinneren auf etwas über 700 Metern Höhe an den wulstigen Felsenfingern des bizarren Montserrat-Gebirges klebt. Das Herzstück des katalanischen Katholizismus war einst ein blühendes intellektuelles Zentrum und Anziehungspunkt großer Pilgerströme gewesen. 1522 hatte dort Ignatius von Loyola sein Schwert vor der schwarzen Marienstatue niedergelegt und wurde Einsiedler und später Ordensgründer der Jesuiten. Während der staatlichen Enteignungswelle von 1835 wurde die Abtei zerstört und befand sich nun im Wiederaufbau. Alle Katalanen kannten diesen mystischen Ort, und dass der Student Gaudí die Kapellnische für die heilige Wunderstatue der schwarzen Madonna *Moreneta* mitgestalten durfte, mochte für den Studenten in diesem Moment der Trauer ein gewisser Trost gewesen sein.

Aber Montserrat war noch von einem weiteren Geheimnis umnebelt. Die Katalanen waren überzeugt, dass irgendwo auf ihrem Berg der heilige Gral aus der Artus-Sage versteckt war. Dieses Gerücht hielt sich, seit der mittelalterliche Dichter Wolfram von Eschenbach (ca. 1160–1220) in seinem *Parzival* erzählt hatte, der Gral sei jener wundersame Abendmahl-Kelch mit dem Blut Jesu, das ewige Jugend spende, und er liege verborgen auf dem Berg Munsalvaesche. Wo dieser Berg war, enthüllte der Dichter nicht, aber für die Katalanen stand fest, dass das mittelalterliche Wort nur Montserrat heißen konnte. Dieser Saga spürten später auch höchst unangenehme Gäste nach. So reiste 1940 Heinrich Himmler mit zwanzig Nazi-Offizieren persönlich zu den entsetzten Benediktinermönchen, um nach dem heiligen Gral zu fragen.[72]

Professor Villar musste sich beeilen, denn das Kloster auf dem mutmaßlichen Gralsberg feierte schon bald das tausendjärige Jubiläum seit der Entdeckung der schwarzen Muttergottes durch ein paar Hirtenkinder. Gaudí durfte im Auftrag Villars bei den Plänen für die Apsis und an den Ornamenten für die Kapelle des Madonnen-Schreins mitzeichnen. Zum ersten Mal arbeitete er an einem religiösen Bauwerk.

Zu Villar hatte Gaudí ein angespanntes Verhältnis und folgte dessen Anweisungen oft nur zähneknirschend. Seinen Aufzeichnungen zufolge arbeitete er insgesamt 71,5 Stunden an dem Projekt, das am Ende jedoch nur zu kleinen Teilen umgesetzt wurde.[73] So verzichtete der Abt später vermutlich aus Kostengründen auf die reichen Verzierungen, die Gaudí vorgesehen hatte. Bereits damals zeigte sich auch sein Hang zum rechthaberischen Monologisieren, das er selbst als Dialog bezeichnete, das sein Gegenüber aber meist ermüdete oder gar verletzte, wie sein Tagebucheintrag vom 30. Dezember 1876 bestätigt:

> »Villar muss man ständig Vorträge halten, um die Leere seiner Worte zu füllen, deshalb spricht er kaum noch mit mir.«[74]

Gaudí war traurig, müde, überarbeitet, fühlte sich in der Wohnung unwohl, einsam und wurde oft krank. Vom Heimweh übermannt, notierte er im Tagebuch eine nostalgische Passage über das Elternhaus:

> »Das Zuhause ist wie eine kleine Familien-Nation. Das eigene Zuhause ist wie die Heimat. Die Mietwohnung hingegen ist wie eine Exilheimat. Daher ist das Eigenheim der Traum jedes Menschen. Ein Zuhause ohne Familie ist aber unvorstellbar.«[75]

## 7. Spinner oder Genie

Nach der *Ode an die Heimat* sorgte einmal mehr ein Gedicht für Aufruhr. Dieses Mal stammte es von einem Priester, der damit 1877 den jährlichen Dichterwettbewerb in katalanischer Sprache, die sogenannten Jocs Florals, zu Deutsch Blumenspiele, gewann. Dieser Wettbewerb wurde jedes Jahr im Mai durchgeführt, und wer eine der drei Kategorien patriotischer, religiöser und sentimentaler Texte gewann, war in Katalonien ein gefeierter Star.

Der damalige Sieger war ein Priester aus Vic mit Namen Jacint Verdaguer (1845–1902). Bereits mit elf Jahren trat der Junge aus bescheidenen Verhältnissen ins Priesterseminar ein und entwickelte dort seine Passion für die Dichtkunst. Da er stets kränkelte, rieten ihm die Ärzte zu einer Reise nach Übersee wegen der Meeresluft. Verdaguer schiffte sich nach der Priesterweihe also nach Kuba ein und schrieb während der Überfahrt auf Katalanisch ein Gedicht mit den Titel *L'Atlàntida*, zu Deutsch *Atlantis*.

In zehn Gesängen verschmolz er die keltischen und griechischen Gründermythen Spaniens und besonders Kataloniens mit christlicher Symbolik zu einem gefühlstriefenden Heldenepos. *L'Atlàntida* erzählt von Herkules, wie er die Königin Hesperis (das griechische Sinnbild des Abendlandes) rettete und mit ihr Spanien zeugte, das gottgewählte Land, weil Spanien durch Kolumbus dazu bestimmt war, die neue Welt, das neue Atlantis, zu entdecken.[76] Als Herkules sah, wie ein Drache die Pyrenäen in Brand setzte und die schöne Königin Pyrene in den Flammen umkam, kniete er auf dem Berg Montjuïc bei Barcelona nieder und versprach, eine mächtige Stadt zu gründen, gleich einem Schiff, einer Barke, von daher der Name Barce-lona.

Das Gedicht wurde sogar in andere Sprachen übersetzt und international bekannt. In diesem Erfolg sahen die Katalanen die weltweite Anerkennung ihrer Sprache und die Bestätigung ihres Anspruchs auf Unabhängigkeit oder zumindest auf größere Autonomie. Verdaguer hatte das Epos auf einem Dampfer der Compañía Trasatlántica geschrieben, die dem mächtigsten Unternehmer Spaniens gehörte. Dieser Antonio López y López (1817–1883) war ein Selfmade-Kapitalist aus Comillas im Norden Spaniens. Es hieß, seine Mutter stamme aus einem verarmten Adelsgeschlecht. Antonio wanderte als Teenager nach Kuba aus. In dieser unregierbaren, korrupten Kolonie, durch deren Gassen bewaffnete und von den USA gesteuerte Banden entflohener Sklaven und desertierter Soldaten streunten und das Land destabilisierten, eröffnete er einen Gemischtwarenladen und heiratete die Tochter seines Vermieters, oder besser er heiratete Geld in der Gestalt der reichen Exil-Katalanin Luisa Bru, die Zigarren rauchte und die Asche in ihre Schürzentasche abstreifte.[77]

Als er 1853 mit seiner Familie nach Spanien zurückkehrte, war aus dem mittellosen Halbwaisen der mächtige, selbsternannte *Don Antonio López del Piélago y López de Lamadrid*, Sohn einer adeligen Familie aus den Bergen geworden, stolzer Besitzer der Philippinischen Tabakgesellschaft, der Bank Hispano-Colonial und der Schiffsflotte Compañía Trasatlántica, die nicht nur das Monopol über das Postwesen auf dem Seeweg besaß, sondern auch Zucker, Tabak und Sklaven über den Atlantik transportierte. Im Mutterland stieg López außerdem ins Eisenbahngeschäft ein. Seine Beziehungen reichten direkt ins spanische Königshaus, da seine Banken auch die Krone beliehen. Aus Dank adelte König Alfonso XII. (1857–1885) ihn mit dem Titel *Erster Markgraf von Comillas*. López muss ein charismatischer, aber auch sehr anstrengender Charakter gewesen sein, der laut Zeugenaussagen nie lächelte.[78]

Der frischgebackene Markgraf trat als Gönner seiner nordspanischen Heimatstadt Comillas auf und rüstete diese als erste Stadt Spaniens mit Straßenbeleuchtung aus. Für sich selbst wollte er auf einer Anhöhe ein Palais mit venezianischem Flair bauen und daneben ein Seminar für die Jesuiten und eine Kirche, in der er auch seinen erstgeborenen Sohn begraben wollte, der mit nur 24 Jahren an Tuberkulose gestorben war. Für diese Projekte verpflichtete er den katalanischen Stararchitekten Joan Martorell (1833–1906), der mit seiner neugotischen Bauweise im ganzen Land als das Nonplusultra der modernen Architektur galt und heute als Wegbereiter des katalanischen Modernisme angesehen wird.

Martorell kannte Gaudí, denn er hatte mit 43 Jahren an der neuen Architekturschule in Barcelona das Diplom nachgeholt und gehörte somit zu ihren ersten Abgängern. Am 4. Januar 1877 besagt einer der letzten Einträge aus Gaudís Tagebuch, dass er und seine Mitstudenten von Martorell und anderen frischgekürten Architekten zum Essen eingeladen worden seien. Es war für den Studenten Gaudí eine große Ehre, dass ihn der berühmte Architekt als Praktikanten engagierte. Anders als Villar achtete er den 21 Jahre älteren Meister beruflich und menschlich hoch. Durch Martorell kam Gaudí also in Berührung mit einem der einflussreichsten Männer Spaniens.

Fünf Monate später bestand er das Fach Baupläne, Verträge und Baugesetzgebung, obwohl ihn der zuständige Professor gar nicht zur Prüfung zulassen wollte, weil er seine ständigen Nörgeleien und klägliche Disziplin satthatte. Gaudí beschwerte sich mit dem Argument, sein Benehmen habe nichts mit seinem Fachwissen zu tun, und außerdem leiste er in einer Nacht das, wozu andere zwei Monate benötigten. Erstaunlicherweise war es ausgerechnet Villar, der sich bei seinem Kollegen für Gaudí starkmachte, so dass der Professor ihn schließlich zur Prüfung zuließ und ihm diese prompt bescheinigen musste.[79] Aber er lud alle seine Studenten außer Gaudí zum Essen ein.

Eine andere Prüfungsaufgabe bestand in einem Brunnen für die Plaça de Catalunya. Durch seine Mitarbeit am Kaskadenbrunnen Fontserès und an einem Brunnen für den Born-Markt war Gaudí gut vorbereitet und zeichnete sein Aquarell nicht wie üblich auf Papier, sondern auf Karton. Er erhielt die Bestnote. Das Projekt wurde in den Archiven der Schule aufbewahrt und den nachfolgenden Jahrgängen als gutes Beispiel vorgezeigt.

Allmählich näherte er sich dem Ende seines Studiums. Noch vor dem Abschluss schanzte ihm sein Mentor Martorell im Februar 1878 einen Auftrag von der Stadtverwaltung zu. Gaudí sollte für einen unerwartet verstorbenen Architekten einspringen und für die neuen Eixample-Quartiere die Straßenbleuchtung mit gasbetriebenen Kandelabern projektieren. Der Student dachte, er könne nun das ganze Eixample mit Straßenlaternen ausstatten, und zeichnete massive schmiedeeiserne Leuchter mit Ornamenten in Gold, Grün und Blau auf Marmorsockeln. Doch schon bald wurde er mit der schmerzlichen Realität konfrontiert: Er musste die Arbeitgeber von seinen hohen ästhetischen Ansprüchen überzeugen, die Kosten rechtfertigen und am Ende gar um seine Entlohnung bangen.

Die Modelle für den Bleiguss wollte Gaudí unbedingt in der Schreinerei seines erfahrenen Freundes Puntí herstellen lassen, der damals die beste, aber auch teuerste Holzwerkstatt Barcelonas betrieb. In einem seitenlangen Brief an die Stadtverwaltung rechtfertigte er selbstbewusst und kategorisch jedes Detail seines Konzepts und die Wahl der Materialien. Er schrieb auf Spanisch, der Stil war schnörklig und streckenweise etwas holprig, schließlich war er Architekt und kein Schriftsteller. Der handwerkliche Anspruch auf Perfektion bis ins letzte Detail wird immer seine Grundeinstellung bleiben:

> »Ein Projekt kann noch so gut sein, die Kombination der Materialien, die man einsetzen will, noch so perfekt, aber

> es nützt alles nichts, wenn die Ausführung nicht mit gebotener Sorgfalt und Intelligenz erfolgt. Die leiseste Abweichung von einem Profil kann die konstruktive Gesamtidee über den Haufen werfen oder zumindest die Harmonie stören (…) so dass die zarte Einheit, welche die erste Bedingung für Schönheit ist, verlustig geht.«[80]

Der Bürgermeister gab Gaudi gegenüber zwar klein bei, doch am Ende ließ die Stadt nur zwei sechsarmige Straßenlaternen produzieren und auf der Plaça Reial aufstellen, wo sie noch heute zu sehen sind. Jahre später wurden noch vier weitere gegossen, von denen zwei mittlerweile wieder entfernt wurden. Aber mit der Bezahlung des Architekten tat sich die Stadt schwer, und Gaudí musste monatelang um sein Honorar kämpfen, um letztlich nicht einmal ein Viertel der geforderten Summe einzufahren. Der Kampf mit den Behörden wird Gaudí teuer zu stehen kommen, denn von nun an wird er lange Zeit keinen öffentlichen Auftrag mehr erhalten. In sein Tagebuch notierte er trotzig:

> »Bei der Suche nach Kundschaft ist es richtig, eine Bezahlung zu fordern, die dem Wert der Arbeit entspricht.«[81]

Endlich durfte Gaudí seine Diplomarbeit in Angriff nehmen, die in einem Krankenhaus bestand. Aber wie gewohnt verlor er sich in Details, verpasste um ein Haar die Abgabefrist und zeichnete am Ende hastig ein Projekt, das prompt wegen ungenügender Präzision abgelehnt wurde. Erst beim zweiten Anlauf, dieses Mal für einen Monumentalbrunnen, klappte es. Gaudí bestand durch Mehrheitsentscheid des Lehrerkollegiums. Es stellt sich die Frage, wer von den Professoren ihn hatte durchfallen lassen. Fast alle hatten Gaudí als Assistenten in ihren Büros beschäftigt. Fontserè und Torras standen klar auf seiner Seite, auch Villar hatte sich im Vorfeld schon für ihn starkgemacht, obwohl er ihn wegen seines süffisanten Auftretens wohl kaum besonders gern mochte. Vielleicht hatte der fast gleichaltrige und strenge Domènech gezögert, denn er musste gespürt haben, dass ihm Gaudí zu einem ernsthaften Rivalen werden konnte, und er versuchte Jahre später, ihn zu diffamieren.[82]

Tatsache ist, dass Gaudí am 4. Januar 1878 die Nachricht erhielt, dass er bestanden hatte. Die Legende will, dass Rektor Rogent gegenüber seinen Kollegen den berühmten Satz gesagt haben soll: *Heute haben wir einen zum Architekten gemacht, der entweder ein Spinner oder ein Genie ist.* Gaudí selbst meinte an diesem Tag lakonisch zu seinem Freund Matamala:

»Llorenç, offenbar bin ich jetzt Architekt.«[83]

Zuerst musste der Titel aber noch von Madrid validiert werden. Das offizielle Diplom trägt das Datum vom 15. März 1878. Gaudí war 26 Jahre alt und während des Studiums insgesamt fünfmal durch einzelne Prüfungen gefallen. Der frischgebackene Architekt verlor keine Zeit. Als Erstes mietete er ein eigenes Büro an der Carrer del Call 11 im gotischen Stadtkern und nur wenige Häuserblocks von seiner kleinen Wohnung entfernt. Er trat der Berufsgilde bei, die ihren Mitgliedern juristischen Beistand bot, das Tarifsystem für die Honorarrechnungen verwaltete, die Projekte registrierte und eine große Bibliothek zur Verfügung stellte.[84] Dann entwarf er eine eigene Visitenkarte in seiner Jugendstil-Schrift und projektierte einen eigenen Arbeitstisch, den er in der Schreinerwerkstatt seines Freundes Puntí herstellen ließ.

Wie alle persönlichen Gegenstände des Architekten wurde auch dieses Pult im Spanischen Bürgerkrieg von 1936 bis 1939 zerstört. Aber ein Foto zeugt noch von dem klobigen Gebilde, das auf den ersten Blick aussieht wie eine massige Schatzkiste auf vier dünnen Beinen. Dieser multifunktionale und verschließbare Tisch mit viel Stauraum steht für den typisch gaudianischen Mix aus Rationalität und überbordender Phantasie. Der Architekt wird sich bis zum Tod nie von diesem Pult trennen. Das Interessante an dem Konstrukt sind die Gedanken dazu, die der Architekt in sein privates Notizheft schrieb. So können wir heute nachvollziehen, wie er beim Projektieren vorging, wie er jedes einzelne dekorative Element genau abwog, wie jeder Zentimeter etwas erzählte. Er dachte an alles, und so wie er sein eigenes Pult konzipierte, so konzipierte er später Gebäude.

*1878 wird Antoni Gaudí Architekt.*

Es ist erstaundlich, wie viel Zeit und letztlich auch Geld er für die Eisenbeschläge, Schnitzereien und Intarsien seines Arbeitstisches aufwendete. Für ihn gab es keinen Gegenstand, der nicht das Maximum an Aufmerksamkeit verdient hätte:

> »Man sollte die Verzierung im unteren Teil durch Objekte an der Decke ergänzen, die einen Bezug zu ihnen haben. Lasst uns mal sehen, welche sich am besten eignen würden: Auf einer wilden Wiese (…) leben Vierbeiner, doch sie ha-

ben den Nachteil, dass sie zu schwer und voluminös sind. Höchstens Frettchen oder Marder kämen in Frage; am besten geeignet wären Vögel. Doch die Materialstruktur passt nicht sehr gut. (…) Keine Idee aus der bewegten Natur eignet sich wirklich für den Kontrast. Wir können ihn aber in der unbewegten Natur finden, (…) wie eine seltene Blume oder eine wertvolle Frucht.«[85]

Als Kind hatte Gaudí stundenlang Tiere und Pflanzen beobachtet, manche kannte er nur mit ihrer katalanischen Bezeichnung. Er wusste auch, dass die Natur zwar schön, aber nicht heil war. Sie konnte grausam sein und war voll von Gegensätzen, so wie die Plastizität erst aus Licht und Schatten entstand und Architektur das Zusammenspiel von Drucklast von oben und Tragfähigkeit von unten war. Das Leben selbst war von Widersprüchen gezeichnet, daher sah er keinen Grund, diese nicht auch in seinen Ornamenten für sein Pult auszudrücken:

»Manchmal ist es eben erforderlich, dass ein Stelzvogel eine Wasserschlange tötet. (...) Beim Querbalken der Tischbeine entsteht eine Szene mit Reptilien, die der Mensch mit seinen Füßen zertritt und so Gewalt über sie ausübt.«[86]

Gaudís Perfektionismus brachte die Handwerker an ihre Grenzen. Ein Möbelschreiner beklagte sich denn auch einmal bei einem Kunden, Gaudí würde die Dinge immer komplizierter als nötig machen: *Wenn man von ihm eine Waschschüssel verlangt, macht er einen Wäschekorb.* Sein Gegenüber meinte daraufhin: *Ja, aber der ist wasserdicht.*[87]

Seinen ersten Auftrag als Architekt erhielt Gaudí von Salvador Pagès. Dieser wollte bei der Genossenschaft Mataronense eine Arbeitersiedlung bauen, aber anders als in England oder Frankreich, wo die Siedlungen zu den Fabriken gehörten, sollten seine Genossenschafter die Möglichkeit haben, die Liegenschaften zu erwerben. Gaudí sollte ihm einen Überbauungsplan für drei Reihen freistehender Häuschen mit Keller, Giebeldach und Garten auf 200 Quadratmeter großen Parzellen zeichnen.

Pagès ging mit gutem Beispiel voran und war der Erste, der sich auf eigene Kosten ein Wohnhaus bauen ließ, gezeichnet von Neuarchitekt Antoni Gaudí. Der Enthusiasmus der Genossen hielt sich jedoch in Grenzen. Es meldete sich nur ein einziger weiterer Käufer mit Namen Josep Munné. Abgesehen von diesen beiden heute nicht mehr existierenden Wohnhäusern wurde das Arbeiterquartier nie umgesetzt. Die Pläne Gaudís werden aber noch heute im Stadtarchiv von Mataró aufbewahrt.

Eines Tages wurde der Jungarchitekt von einem Händler mit Namen Enrique Girossi de Sanctis angesprochen, der eine Geschäftsidee hatte: Er wollte in Barcelona an zwanzig Standorten auf eigene Rechnung öffentliche Toilettenanlagen bauen und auf dem Dach Schaufenster für Werbeplakate anbringen, die er mit Gaslampen ausleuchtete. Diese Werbeflächen wollte er vermieten. Gleichzeitig sollte bei den Toiletten jeweils ein kleiner Kiosk angebaut sein, wo man wohlriechende Blumen kaufen konnte. Seine Idee war spektakulär und hochmodern. Sanitäre Anlagen, besonders solche für Frauen, waren in Barcelona ein echtes Problem. Öffentliche Toiletten wären hochwillkommen gewesen. Sie mit Blumen zu verbinden, konnte vielleicht den Geruch etwas mindern und den Eindruck von angenehmer Atmosphäre und Sauberkeit vermitteln. Girossi ließ sich von Gaudí ein Projekt zeichnen und reichte bei der Stadtverwaltung das Baugesuch ein, das jedoch aus unerfindlichen Gründen in einer Schublade verschwand. Als es Jahre später endlich hervorgeholt und bewilligt wurde, war Girossi längst bankrott. Die Toiletten wurden nie gebaut, aber Gaudís Zeichnung und die Pläne der schlanken Eisenkonstruktion mit den Blumenvasen existieren noch. Das Projekt ist auch deshalb interessant, weil sich Gaudí dafür ein Bewässerungssystem ausgedacht hatte, um die Pflanzen durch ein feines Tropfsystem zu befeuchten.[88]

## 8. Imperium eines Gentlemans

An einer der vornehmsten Adressen Barcelonas, Ecke Avinyó und Ferran, lag das noble Handschuhgeschäft von Esteban Comellas. Seit der Erfindung der Nähmaschine boomten in Barcelona die Modegeschäfte und exklusiven Boutiquen, wohlhabende Frauen zwängten sich in Korsetts und schwere Stoffe und setzten sich große Federhüte auf die Hochsteckfrisur, Männer trugen vermehrt Krawatte statt Fliege, Jacketts und Hüte. Und besonders schick waren Handschuhe. Comellas wollte seine Produkte bei der anstehenden Weltausstellung in Paris präsentieren und brauchte dafür einen möglichst auffälligen Schaukasten. Vermutlich stieß er über Puntí, der ihm die Innenausstattung seines Geschäfts geschreinert hatte, auf den jungen Architekten aus Reus. Von der Vitrine existiert nur noch eine vage Zeitungsillustation, aber dieser scheinbar banale Auftrag wird Gaudí mit einem Mann zusammenbringen, der zur wichtigsten Schlüsselfigur seines Lebens werden sollte.

Dieser schlanke, elegante Herr mit hoher Stirn und Vollbart wandelte 1878 in Paris durch die Hallen der Weltausstellung und blieb fasziniert vor der Vitrine der Firma Comellas aus seiner Heimatstadt Barcelona stehen. Natürlich kannte er die noble Adresse des Handschuhproduzenten, dessen Kunde er war, und begutachtete den gläsernen Schaukasten mit Metallrändern, einem Parkettboden und einem spitzen Giebeldach, das von einer Stange mit Pflanzenmustern abgeschlossen wurde. Tatsächlich gewann Gaudís Vitrine in Paris eine Silbermedaille.

Zurück in Barcelona erkundigte sich der Industrielle bei Comellas, wer diesen originellen Schaukasten entworfen habe, und der Fabrikant begleitete ihn zur Werkstatt von Puntí. Dort wurde ihm Gaudí vorgestellt. Es ist davon auszugehen, dass Gaudí den Namen des Interessenten sehr wohl kannte: Eusebi Güell i Bacigalupi (1846–1918) war 32 Jahre alt und gehörte zu den reichsten Männern Spaniens. Von seinem Vater hatte er die mächtige Samt- und Cordfabrik Vapor Vell und mehrere andere Unternehmen geerbt, er saß als Abgeordneter im Stadtparlament von Barcelona und wurde im Jahr der Weltausstellung sogar in die Provinzregierung gewählt. Güell war nicht nur ein gewiefter Geschäftsmann, sondern auch ein hochgebildeter Intellektueller mit auserlesenen Interessen, dazu überzeugter katalanischer Patriot, er liebte den Dichterwettbewerb Jocs Florals, die katalanisch-vaterländischen Bewegungen und aus tiefster Religiosität heraus auch die katholische Kirche.

*Eusebi Güell i Bacigalupi (1846-1918), einer der reichsten Unternehmer Spaniens und Gaudís zukünftiger Mäzen.*

Am Ursprung des Güell-Imperiums stand sein Vater Joan Güell (1800–1872), der sich in Kuba mit einem Handelsunternehmen ein immenses Vermögen erwirtschaftet hatte. Zurück in Barcelona heiratete Joan die Adelige Francesca Bacigalupi (1824–1847) mit genuesischen Vorfahren, doch sie starb kurz nach der Geburt ihres einzigen Sohnes Eusebi. Der Vater gründete in Spanien mehrere Firmen, stieg in die Politik ein, war begeisterter Anhänger der katalanischen Vaterlandsbewegung *Renaixença* und forderte protektionistische Maßnahmen zum Schutz der einheimischen Textilindustrie. Seinen Sohn schickte er an die renommiertesten Universitäten in England und Frankreich und überschrieb ihm bald sein Imperium.

Eusebi sammelte in seinen Wanderjahren ein großes Wissen in verschiedenen humanistischen und ökonomischen Disziplinen an, malte überdurchschnittlich gut und unterstützte zahlreiche Kunstschaffende und Kulturinitiativen. 1871 heiratete er die Tochter des Markgrafen von Comillas Luisa Isabel López Bru (1851–1924). Sie war fünf Jahre jünger als er und besaß einen robusten Körperbau, der es ihr ermöglichte, unbeschadet zehn Kinder in die Welt zu setzen, fast alle an einem anderen Ort, da sie viel reiste, manchmal auch im Versuch, Epidemien aus dem Weg zu gehen. Eusebi Güell gefiel Gaudí auf Anhieb:

> »Vom ersten Treffen mit Senyor Güell an erkannte ich in ihm einen wahrhaften Edelmann. Er ist ein echter Aristokrat. Ich begriff, dass ich einer jener Personen gegenüberstand, die einem Land durch ihr Wissen, ihre Initiativen und ihre Geisteshaltung alle Ehre machen, und die auf die gesellschaftlichen Klassen Einfluss ausüben können, weil sie von allen geachtet und respektiert werden.«[89]

Von seinem Vater hatte Güell die typisch katalanischen Tugenden Fleiß, Aufrichtigkeit, Treue, Heimatliebe, Familiensinn und Gottesfurcht geerbt. Er lernte, dass harte Arbeit zu Wohlstand und Faulheit oder das Ausruhen auf fremden Lorbeeren zum Untergang führten. Eusebi Güell war einer von Spaniens letzten Vertretern der wohlmeinenden kapitalistischen Unternehmensführer mittelalterlicher Prägung.

Neben der Begegnung mit Güell machte Gaudí in jenem Jahr eine weitere wichtige Bekanntschaft, dieses Mal im Café Pelayo, wo viele Künstler und Intellektuelle verkehrten. Das Café befand sich im nördlichen Teil der langen Geschäftsstraße Ramblas und besaß sogar einen Billiardsaal. Es war ein begehrter Treffpunkt für Debattierclubs, den sogenannten *tertulias*. Stararchitekt Domènech i Montaner und andere katholisch-patriotische Anhänger der Kulturbewegung *Renaixença* gingen dort ebenso ein und aus wie antiklerikale Republikaner. An den Tischen wurde über Kunst, Politik, Stadtklatsch und das Leben diskutiert. Gaudí mischte kräftig mit, denn er redete und scherzte gern. Er gestikulierte beim Sprechen nicht, aber seine stahlblauen Augen blitzten bedrohlich, wenn er sich erhitzte, und auch wenn er bei seinen langen Reden immer wieder vom Thema abschweifte, verlor er den Faden nie.[90]

Im Café Pelayo lernte er den Arzt Pere Santaló (1849–1931) kennen, der nur drei Jahre älter war als er und sich bald auch mit seinem Vater Francesc anfreundete. Santalò war zwar ausgebildeter Mediziner, lebte aber mit seiner Frau und den beiden Kindern von einer kleinen Pension. Nach nur zwei Jahren Berufstätigkeit war er in Rente gegangen und arbeitete von da an nur noch ehrenamtlich einige Stunden die Woche in der Verwaltung einer Geburtsklinik. Als Kind hatte Santaló in einer Choleraepidemie die ganze Familie, beide Eltern und alle acht Geschwister, verloren und als Einziger überlebt.

Dank Gaudí trat der neue Freund auch dem Wanderverein *Excursionistas* und dem Kulturverein *Ateneu Barcelonès* bei. Bald gingen der Architekt und sein Vater im Hause Santalò ein und aus. Auch umgekehrt besuchte der Arzt die beiden Gaudís jeden Sonntag und begleitete sie auf ihren Spaziergängen. Eines Tages stand Gaudí in der Wohnung der Familie Santaló und unterhielt sich mit dem Hausherrn, als die kleine Tochter Francisca ins Zimmer platzte und etwas dazwischenrief. Da fuhr Gaudí das Mädchen scharf an, sie solle gefälligst nicht so schwatzhaft sein, und überhaupt sollten Kinder die Gespräche der Erwachsenen nicht unterbrechen. Francisca erschrak sehr und vergaß ihm diese Abfuhr nie wieder. Vielleicht war diese Episode der Grund, warum sie 1926 ihren Vater im Krankenhaus nicht von Gaudís Unfalltod unterrichtete. Als erste Stimmen die Seligsprechung des Architekten forderten, soll sie giftig ausgerufen haben: *Natürlich wird Gaudí heiliggesprochen, als Schutzheiliger der Jähzornigen!*[91]

Dafür kam Gaudí nun zu seinem ersten größeren Auftrag. Der Genossenschafter Pagès bat ihn, auf dem Fabrikgelände in Mataró ein altes Gebäude zu ersetzen und neue Gemeinschaftsräume und insbesondere eine große Halle für das Bleichen und Färben der Baumwolle zu bauen. Am Ende wurden zwar nur diese Bleichhalle und die Toiletten realisiert, aber bereits mit diesem ersten Großauftrag setzte sich Gaudí ein Denkmal.

Er suchte nach einer Konstruktionsform, mit der er einen weiten Raum ohne störende Tragpfeiler schaffen konnte, nach einer Idee, um auf rationale Weise die größtmögliche Tragkraft für das Dach zu erzeugen und dabei Material und Kosten zu sparen. Dafür eignete sich das Bauprinzip des sogenannten Kettenlinienbogens, den er bei Professor Torras i Guardiola an der Architekturhochschule kennengelernt hatte. Die Kettenlinie sollte in Zukunft Gaudís Architektur in neue Sphären erheben.

Eine Kettenlinie entsteht, wenn ein Seil an beiden Enden locker gehalten wird und sich eine schlaffe Seilkurve bildet, auch Katenoide genannt, die bei genauem Hinsehen nicht streng halbkreisförmig, sondern etwas länglich ist. Wenn man diese Form umdreht, entsteht ein Kettenlinienbogen mit den idealen statischen Eigenschaften, um ein bestimmtes Gewicht von oben zu halten, weil die einwirkende Drucklast den natürlichen Erdanziehungskräften entsprechend entlang des Kettenbogens auf die Erde geleitet wird. Gewölbe mit solchen Formen kommen ohne Querbalken und ohne zusätzliche Stützpfeiler aus.

Die mathematische Formel für die Meridiankurve von Kettenlinien oder besser die hyperbolische Cosinusfunktion war bereits seit dem 17. Jahrhundert bekannt,[92] und die Form wurde in der Architektur auch schon lange verwendet, jedoch vorwiegend bei militärischen Gebäuden, denn sie galt als unschön. Gaudís Lehrer Torras entwickelte die mathematische Berechnung von solchen Tragstrukturen weiter.[93]

Die Kettenlinie wird zu einem Markenzeichen Gaudís werden, mit ihr wird er die Architektur revolutionieren. Die Form gefiel ihm nicht nur aus ästhetischen Gründen, sondern auch aus rein praktischen. Eine Kettenlinie entsteht von allein durch die Anziehungskraft der Erde. Sie war damit das natürlichste aller Bauprinzipien und als solches das stabilste und billigste.

Für Architekten und Statiker, aber auch für die Handwerker waren Kettenlinien eine eher unbeliebte Herausforderung. Sie bevorzugten bei weitem euklidisch berechenbare halbrunde Gewölbe[94]. Durch die wissenschaftliche Forschung von Torras wurde der Kettenlinienbogen in Barcelona aber akademisch geadelt, und Gaudí nutzte ihn in Mataró als überzeugende Lösung bei seinem ersten großvolumigen Bauwerk und setzte damit gleich zu Beginn seiner beruflichen Karriere neue Maßstäbe. Er ließ 13 parabolförmige Holzbögen aus dreilagig verschraubten Sichtbalken konstruieren und stellte sie parallel zueinander auf. Darüber legte er das leicht angeschrägte Holzdach. Mit diesem Trick schuf er einen fast 600 Quadratmeter großen offenen Raum von einer überraschenden und zweckmäßigen Schönheit. Die Seitenwände ließ er mit einfachen flachen Sichtbacksteinen vermauern.

Heute kann dieses Schiff, das *Nau Gaudí* genannt wird, in seiner restaurierten Form besichtigt werden, ebenso zwei angrenzende säulenförmige Latrinen mit einem abgesetzten Kuppeldach und einem damals innovativen Belüftungssystem, das Gaudi selbst ausgetüftelt hatte und das er später in anderen Bauwerken wiederverwenden sollte. Die Toiletten verzierte er mit bunten Emaille-Kacheln. Für Gaudí sollte es nie ein Objekt geben, das es nicht wert war, schön zu sein.

Schönheit brauchte Farbe. Aus der Architekturgeschichte wusste Gaudí, dass bereits die Griechen ihre Tympana, die dreieckigen Giebel über dem Tempel, bunt angemalt hatten. Auch in der Natur gab es kein einziges monochromatisches Objekt. Spätestens beim Alterungsprozess der Materialien setzte die Witterung Farbnuancen. Gaudí liebte Farben:

»Das Volk lässt sich nicht täuschen: Wenn man eine blasse Person sieht, sagen die Leute, er sehe aus wie eine wandelnde Leiche. Und wenn sie einen Leichnam mit rosa Wangen sehen: Der sieht ja ganz lebendig aus!«[95]

Ausgerechnet der verehrte Professor Torras i Guardiola bot ihm nun eine Zusammenarbeit an. Torras stammte aus Sant Andreu de Palomar, das heute zu Barcelona gehört. Dort hatten sich die Klosterfrauen des Jesus-Maria-Ordens angesiedelt, um Kinder aus unteren Schichten zu unterrichten. Sie beauftragten Torras mit dem Bau einer Kirche, und dieser bot seinem ehemaligen Schüler an, die Innenausstattung zu übernehmen. Die Kirche war dem Heiligen Pacian von Barcelona aus dem 4. Jahrhundert gewidmet, der als Bischof die Doktrin verteidigte, dass alle Sünden vergeben werden konnten, außer jenen gegen den Heiligen Geist, also alle Sünden außer der unbeugsamen Verstocktheit eines Menschen, der die Rettung seiner Seele wissentlich und willentlich ablehnt.

In seinem Notizheft hatte Gaudí bereits als Student über Verzierungen nachgedacht und kritisiert, dass die modernen Architekten nicht mehr Kirchen bauten, um Gott zu huldigen, sondern dass sie »Sklaven einer profanen Idee« geworden seien, sprich der Kunst um der Kunst willen, oder des Historismus als dem unkritischen Kopieren vergangener Baustile:

»Ein religiöses Gebäude strebt immer nach etwas Grandiosem, weil es im Dienst des Mysteriums steht (…) Heute erwartet man von einer Kirche aber nicht mehr, dass sie einen furchterregenden Gott, der sich für den Menschen opfert, oder die Allmacht von Tausenden von Milliarden von Sonnensystemen widerspiegelt, und sie braucht auch nicht mehr nach dem erhabenen Sieg, genauer dem Sieg durch das unblutige Opfer, zu streben, sondern man begnügt sich damit, Formen vergangener Zeiten nachzuahmen.«[96]

Diese kritischen Worte zeugen von einer eigenen Religiosität oder zumindest vor einem großen Respekt vor dem Glauben. Trotzdem wurde später das Gerücht gestreut, Gaudí habe sich in dieser Zeit einem antiklerikalen und blasphemischen Zirkel rund um das Café Pelayo angeschlossen und an kirchenfeindlichen Demonstrationen teilgenommen. Er habe sich sogar vor Kirchenportale gestellt und die Gottesdienstbesucher als *llanuts*, Hinterwäldler, beschimpft.

Diese Information stammte von Gaudís Rivalen, dem mürrischen Lluís Domènech i Montaner.[97] Aber seine Aussagen enthalten Widersprüche. So behauptete Domènech, Gaudí sei 1878 mit seinem Jugendfreund Eduard Toda im Pelayo gewesen, doch das kann nicht stimmen, denn Toda war damals Konsul in Shanghai, lebte also schon längst nicht mehr in Barcelona.[98] Es sieht vielmehr danach aus, als habe Domènech versucht, seinen Konkurrenten gezielt zu verunglimpfen.

Fast ein ganzes Jahr lang arbeitete Gaudí an dem Projekt für Palomar und reichte 1879 die Pläne für den herrlichen, warmtönigen Mosaikfußboden mit geometrischen und floralen Mustern ein. An die äußeren Enden des Bodens setzte er die Initialen für Alpha und Omega sowie Jesus und Maria in einer trendigen Jugendstil-Schrift. Torras war sehr angetan von dem Muster und verpflichtete für die mühselige Fliesenarbeit den italienischen Fachmann Luigi Pellarin.[99] Dieser setzte unter dem wachsamen Auge Gaudís Tausende winziger Fragmente aus farbigem Marmor, Perlmutt, Muscheln und Kristallen zu einem bunten Musterteppich zusammen.

Von den Möbelstücken wie den Kirchenstühlen und den vergoldeten Holzleuchten, die Gaudí in der Werkstatt von Puntí herstellen ließ, ist leider nichts mehr vorhanden, da sie im Spanischen Bürgerkrieg von 1936 bis 1939 verbrannt wurden, aber der Mosaikboden wurde 1988 liebevoll restauriert. Dennoch gehört dieses Anfangswerk zu den unbekannten Arbeiten Gaudís.

Auch der Industrielle Eusebi Güell bewegte sich für seinen jungen Bekannten. Er konnte seinen Schwiegervater, den Markgrafen von Comillas, überzeugen, die Innenaustattung der Jesuitenkirche neben seinem Prunkpalais Gaudí anzuvertrauen. Dieser Auftrag war ein Segen, denn anders als bei den Arbeiten für die Genossenschaft Mataronense und die Klosterfrauen in Palomar musste er beim reichsten Mann Spaniens nicht auf das Geld achten, im Gegenteil: je protziger, desto besser. Gaudí hielt sich in nichts zurück, sondern wählte für sein Kirchengestühl feinstes Walnussholz mit opulenten viktorianischen Intarsien und Schnitzereien aus. Damit handelte er sich in den kommenden Jahren die Bewunderung der Markgrafen von Comillas und noch weitere Aufträge ein.

## 9. Das erste Haus

Erneut war es im Pelayo, wo Gaudí 1878 eine wichtige Bekanntschaft machte. Er lernte dort den Börsenmakler, Devisenhändler und Kunstliebhaber Manuel Vicens i Montaner (1836–1895) kennen. Von diesem ist nur wenig bekannt. Lange glaubte man, dass Vicens auch Inhaber einer Ziegel- oder Fliesenbrennerei gewesen sei, aber heute geht man davon aus, dass er lediglich Teilhaber an der Keramikfirma Pujol i Bausis war, bei der sich auch Gaudí bunte Kacheln herstellen ließ.

Vicens' Mutter besaß im Stadtviertel Vila de Gràcia an der heutigen Carrer de les Carolines Nummer 24 ein Stück Land, das an einen Bach grenzte. Überall wo Wasser floss, wurden Fabriken gebaut, um die Dampfmaschinen zu betreiben, so auch in der Gegend rund um Gràcia. Der Vorort war eine Arbeiterhochburg, in der viele Republikaner und Anarchisten wohnten und deren Straßen vielversprechende Namen trugen wie *Freiheit, Brüderlichkeit* oder *Gleichheit.*[100]

Ausgerechnet in dieser antikapitalistischen und antiklerikalen Gegend wollte der wohlhabende Vicens nach dem Tod seiner Mutter eine prunkvolle Sommerresidenz bauen. Zwar war er längst nicht so reich wie die Güells oder der Markgraf López, aber er durfte durchaus von einer dreistöckigen Luxusvilla mit den neuesten technischen Errungenschaften des Alltagslebens wie funktionierende Toiletten und gute Belüftung träumen. Der junge Gaudí schien ihm für dieses Vorhaben kühn genug.

Endlich durfte Gaudí also ein Wohnhaus bauen, und zwar kein bescheidenes Arbeiterhäuschen wie in Mataró, sondern etwas Großes und Extravagantes. Er war Feuer und Flamme und wollte nichts falsch machen. Mit diesem Haus musste er punkten, es würde seine Visitenkarte werden, und offenbar war Vicens dieser Eifer mehr als recht. Er konnte nicht ahnen, dass der junge Architekt die Geduld und die Finanzen der Familie arg strapazieren sollte.

Mit seinem ersten Haus begab sich Gaudí auf einen Weg, den er nie mehr verlassen wird: Er wird mit Materialien aus der Region arbeiten, akademische Denkmuster sprengen und etwas Neues schaffen, das sich stilistisch nur schwer einordnen lässt. Der amerikanische Kunsthistoriker George R. Collins beschrieb es so: *Als er aus der Architekturschule von Barcelona kam, verwendete er eine Art blumig viktorianischen Stil, aber kurz darauf entwickelte er eine Bauweise der Gegeneinanderstellung geometrischer Massen. Eine bis dahin einmalige Methode. Verziert wurden die Obeflächen der Körper mit Steinen und Ziegeln, mit Keramikkacheln und geschmiedetem Eisen in Reptil- oder Blumenformen. Im Ganzen gesehen – aber nicht im Detail – erinnert es an den Mudejar-Stil.*[101]

Was jedoch bei Gaudí wirklich überrascht, ist nicht nur seine Innovationsfreude, sondern die Tatsache, dass er seine Arbeitgeber mit wenigen Ausnahmen jahrelang bei Laune halten konnte. Er schaffte es, dass sie ihm alle erdenklichen Freiheiten gewährten und ihm schier unendlich viel Zeit und Geld zur Verfügung stellten. Auch bei Vicens bestanden die Gemäuer zwar aus günstigen Materialien wie Ziegelsteinen, aber die aufwändige Verarbeitung und die opulente Innenausstattung mit ihren unzähligen Details brauchten Jahre und hatten einen hohen Preis.

Kurz nach Vicens' Tod 1895 veräußerte die Witwe die exzentrische Sommerresidenz wieder. Die Nachfolger bauten das Haus noch zu Lebzeiten Gaudís aus, wobei dieser keine Einwände vorzubringen hatte, und später wurden Teile des Gartens für Straßenerweiterungen geopfert. Heute ist der auffällige Touristenmagnet noch immer in Privatbesitz und kann nur zu Teilen besichtigt werden.

Der erste Schritt des Jungarchitekten bestand darin, das brache Gelände zu inspizieren. Er wollte wissen, was auf der Wiese wuchs, welche Blumen, welche Insekten und welche Vögel dort lebten, denn die Natur war vor ihm da gewesen und bewohnte den Ort seit ewigen Zeiten. Er wollte sie nicht verjagen, sondern in sein Haus überführen, denn die Natur war die eigentliche Königin dieses Raumes.

> »Als ich die ersten Vermessungen des Grundstücks vornahm, war der Boden vollständig von denselben gelben Blumen bedeckt, die ich dann als Schmuck für die Keramikfliesen verwendete. Eine üppige Palme gab es dort auch, die mich zu den gusseisernen Motiven an Tor und Hauseingang inspirierte.«[102]

Mit diesen Palmenblättern am Eisengitter ist er berühmt geworden. Bei den gelben Blumen auf den Kacheln handelte es sich um die Studentenblume der Gattung Tagetes. Die bunte, merkwürdige Casa Vicens ist eine Zeitreise, eine Collage unterschiedlicher Stile. Die einzige Konstante war der Stilbruch.[103]

Eigentlich war die Casa Vicens kein besonders kompliziertes Gebäude, aber Gaudí schaffte es, durch die unterschiedliche Anordnung einfacher Baumaterialien und einer sehr rationellen Geometrie eine raffinierte Optik zu zaubern, die das Haus und den Garten größer erscheinen lässt, als sie tatsächlich sind. Die dreistöckige Residenz war klassisch aufgeteilt: Im Erdgeschoss lagen Küche und Wirtschaftsräume, auf der ersten Etage der Eingangsbereich und ein großer, üppig geschmückter Speisesaal mit einem durch eine Glasscheibe abgetrennten Fumoir im orientalischen Stil sowie einer Veranda nach Süden hin. Darüber befanden sich die Schlafgemächer. Die ganze Struktur mit ihren seitlich auskragenden Ecktürmen bestand aus einfachen Mauern mit Quer- und Tragbalken aus Holz. Das Hauptelement der Außenmauern waren die raffiniert angeordneten Mauersteine mit den bunten Kacheln, die Gaudí eigens brennen ließ.

Das Innere sollte ein Feuerwerk an Eindrücken werden und alle visuellen Gewohnheiten sprengen. Bei aller Hinwendung zum Skurrilen blieb Gaudí aber stets Pragmatiker und tüftelte an trickreichen Lösungen, um den Bewohnern den Alltag zu vereinfachen und ihnen Bequemlichkeit, sauberes Wasser und moderne Technik zu bieten. Sorgfältig entwarf er Möbel mit Schiebetüren oder Schließmechanismen aus vergoldetem Messing für die Schränke, und da die Luft im Gràcia-Quartier von den umliegenden Fabriken verschmutzt war, erfand er eigene Luft- und Lichtfiltersysteme.

Fumoirs waren ein Statussymbol. Das exotische Raucherzimmer der Casa Vicens gehört zu den originellsten Winkeln des Gebäudes und versprüht eine geheimnisvolle Atmosphäre, denn von der Decke hängt Stuckwerk wie Stalaktitentrauben in der Form von Honigwaben im Stil der maurischen Nasriden von Granada, und mitten im Raum stand, umgeben von Sitz- und Liegepolstern, eine riesige Wasserpfeife. An den Wänden und Decken brachte Gaudí aus Holz, Pappmaché, durch Bemalung, Intarsien und Kachelung unzählige Tier- und Pflanzenmotive an und arbeitete auch mit Trompe-l'œil. Die Decke einer Galerie neben dem Essraum sieht aus, als würde der zarte Himmel durch ein Dach aus Palmblättern scheinen. Und er baute erstmals eine seiner berühmten Dachterrassen.

Es war typisch für Gaudí, dass er sich während des Projekts eng mit der Familie des Auftraggebers anfreundete und bis 1890 fast jeden Sommer als Gast ein paar Tage in ihrer Sommerresidenz in Alella auf der anderen Seite der Stadt verbrachte. Bei diesen Aufenthalten konnte er in gemeinsamen Gesprächen, bei denen vermutlich vor allem er selbst redete, seine ästhetischen und technischen Entscheidungen erklären. Als Gegenleistung entwarf er für die Familie einige Möbelstücke sowie einen Altaraufsatz für die Pfarrkirche Sant Feliu. Dieser wurde zwar nie gebaut, aber das Projekt ist insofern interessant, als seine damaligen Gedankengänge später in der Sagrada Família wieder auftauchen, wie die Berufung auf die Apokalypse mit ihrer Zahlenmystik oder die Schriftform.

*1881: Fumoir und Theaterkulisse für den Markgrafen von Comillas.*

Mit seinem charismatischen Elan trat Gaudí 1879 dem jungen patriotisch-katalanischen Verein für wissenschaftliche Ausflüge bei, kurz *La Catalanista.* In ganz Europa schossen solche Wandervereine aus dem Boden. Die Mitglieder zelebrierten auf ihren Streifzügen durch Berge und Täler eine beinahe religiöse Huldigung der Natur und den Glauben an einen gesunden Geist in einen gesunden Körper.[104] In Katalonien verfolgten die Wanderfreunde aber auch gesellschaftspolitische Interessen, denn sie erkundeten auf ihren Ausflügen die historischen Zeugen ihrer eigenen Geschichte und beschwörten die glorreiche Vergangenheit herauf, als Katalonien ein mächtiges Königreich und eine Wirtschaftsmacht war, bevor ihm das neu entdeckte Amerika die Show stahl.

Die Catalanistas besuchten zerfallene Ruinen und mittelalterliche Kulturstätten und gaben sich naiv einem gefühlstriefenden nostalgischen Patriotismus hin. Gaudí schaute oft im Clubhaus des Wandervereins vorbei, das unweit seines Büros lag. Nach ihren Ausflügen erstellten die Mitglieder jeweils einen Bericht zu Händen der zuständigen Behörden oder Pfarreien, in dem sie sich über den schlechten Zustand der historischen Bauten beklagten und Vorschläge für eine bessere Konservierung unterbreiteten. Auf diesen kulturellen Streifzügen entstanden viele wertvolle Männerfreundschaften, und Gaudí schöpfte aus ihnen nicht nur Kontakte mit potentiellen Kunden, sondern auch Inspirationen für sein Schaffen. Sein berühmtes Lebens- und Arbeitsmotto wird lauten:

> »Originalität ist die Rückbesinnung auf den Ursprung.«

Auf Spanisch funktioniert der Satz als Wortspiel, denn Ursprung heißt *origen* und steckt im Wort *originalidad.* Am Ursprung der Dinge lag die Natur, die Schöpfung mit ihrer unvergleichlichen Logik und Schönheit. Aber auch die Kultur war ein wichtiger Humus. Man brauchte nichts zu erfinden, sondern lediglich weiterzuentwickeln, was schon existierte:

»Originalität läuft keinen Extravaganzen nach. Es genügt, die alltäglichen Dinge zu kennen und sie stetig zu verbessern.«[105]

Die Mitglieder des Wanderclubs wählten ihn einstimmig in den Vorstand und ernannten ihn zum Direktor des vereinseigenen Archäologischen Museums. Der hochtrabende Name ließ nicht erkennen, dass das Museum nur gerade aus sechs römischen Säulen und einer Handvoll kleiner Objekte bestand.

Einmal nahm Gaudí an einer Expedition in das grenznahe Toulouse teil. Offenbar gefiel es ihm dort aber nicht, sondern die Reise bestärkte ihn in der Auffassung, dass die katalanische Kunst jener von Frankreich weit überlegen sei. Er wird sich nie ändern. Wer ihn im Laufe seines Lebens fragte, warum er nicht häufiger reise, bekam zur Antwort:

»Warum sollte ich? Die Ausländer sollen zu uns kommen, erst recht die Nordeuropäer.«[106]

Patriotismus lag ohnehin gerade im Trend. 1879 erchien erstmals eine katalanischsprachige Tageszeitung, das *Diari Català,* und man las wieder einheimische Werke wie die *Grabinschrift eines Säufers, der an Gicht gestorben ist* des Priesters Francesc Vicent Garcia i Torres (1582–1623), der unter dem Beinamen *Rector de Vallfogona* bekannt war, und den die spanische Zentralregierung immer wieder verboten hatte.

In ihrem typisch chaotischen Übereifer organisierten die Catalanistas eine pompöse Jubiläumsfeier zum 250. Todesjahr des Rectors, obwohl sie damit sechs Jahre zu spät waren, aber egal, echte Patrioten ließen sich nicht von Kalendermathematik abhalten. Für die Pilgerfahrt nach Vallfogana, 115 Kilometer nördlich von Barcelona, staffierte Gaudí fünf allegorische Kutschen aus. Allerdings schlossen sich der Prozession viel weniger Mitglieder an als erwartet, und die Einwohner schüttelten spöttisch den Kopf, als die Catalanistas nicht nur zum falschen Zeitpunkt antrabten, sondern sich auch noch an der falschen Grabstätte versammelten.[107]

Gaudís pathetische Ader zeigte sich auch, als er drei Jahre später mit den *Excursionistas* einen Ausflug zu der verlassenen Abtei Poblet unternahm, die er als Teenager mit seinen Freunden Toda und Ribera restaurieren wollte. Vierzig Künstler aus Valencia, Katalonien und Mallorca nahmen daran teil, und als berühmtester Gast der Dichterpriester Jacint Verdaguer.

Die Ausflügler fuhren mit der Eisenbahn, übernachteten in Poblet, verköstigten sich gediegen im Zeichen der Brüderlichkeit und begaben sich dann zu Fuß, mit klapprigen Droschken oder auf Maultieren zum verlassenen Kloster. Gaudí hatte für die Gruppe eine Überraschung vorbereitet. Als die Dunkelheit einbrach, drückte er einigen jungen Burschen aus der Gegend bengalische Fackeln in die Hand und ließ sie durch die Gänge, auf die Türme und über die Mauern des Klosters eilen. Erschrocken sahen *Excursionistas*, wie im Dunkel plötzlich die Klostermauern erleuchteten. So schauerlich musste es ausgesehen haben, als das Kloster 1835 von den Feinden der Kirche niedergebrannt wurde und die Mönche ermordet wurden. Ergriffen stimmte Priester Verdaguer ein *Salve Regina* an, in das bald alle Anwesenden leidenschaftlich einfielen. Die Szene war hoffnungslos rührselig, aber ein durchschlagender Erfolg.[108]

Auch Eusebi Güell war Mitglied des Wandervereins Catalanista, er und Gaudí trafen sich also ab und zu bei Ausflügen. Güell war mit dem Botaniker Joan Gibert i Soler aus Barcelona bekannt, der am belebten Passeig de Gràcia eine Apotheke besaß, und von dem er wusste, dass er diese umbauen wollte. Güell konnte ihn von Gaudí überzeugen. Bereits im Studium hatte dieser eine Anrichte für eine Apotheke zeichnen müssen, das Thema war also nicht neu. Er entwarf ein farbenfrohes Projekt mit geometrischen Mustern und symbolischen Komponenten, das tatsächlich gebaut wurde, von dem aber leider nur noch eine Schwarz-Weiß-Fotografie übriggeblieben ist, da die Apotheke zehn Jahre später aufglöst wurde.

Im Zusammenhang mit diesem Auftrag wurde Gaudí bei der Fliesenfirma Pujol i Bausis im Westen Barcelonas vorstellig, an der Manuel Vicens Anteile besaß, und ließ sich dort Kacheln mit besonderen Farbmischungen und Musterungen brennen. In den Archiven der Barceloner Firma existierten bereits 1879 die Rezepturen für spezielle Farben, die als *Gaudí Gelb*, *Gaudí Hellblau* und *Gaudí Grün* registriert waren[109] und die er auch für das Vicens-Haus benutzen sollte.

Am 17. Oktober 1879 starb seine älteste Schwester Rosa mit nur 34 Jahren. Sie hinterließ eine kleine Tochter mit einer leichten Wachstumsbehinderung sowie einen alkoholsüchtigen Ehemann, der kurz darauf das Weite suchte. Die Familie Gaudí i Cornet war nun auf drei Personen geschrumpft. Dem Großvater und Onkel Antoni blieb nichts anderes übrig, als die kleine Roseta bei sich aufzunehmen.

Gaudí mochte seine Nichte zwar sehr, aber er verbrachte den ganzen Tag im Büro, bei Kunden, in Werkstätten oder auf den Baustellen. Vater Francesc kam bei der Betreuung der Dreijährigen schnell an seine Grenzen. Eine Lösung zeichnete sich ab, als die Jesus-Maria-Schwestern von Palomar die Kapelle mit Gaudís Mosaikboden einweihten, obwohl dieser noch nicht ganz fertig verlegt war. Die Feier vollzog der neue Generalvikar des Erzbistums Tarragona, der energische und bodenständige Joan Baptista Grau i Vallespinós (1832–1893).

Grau stammte ebenfalls aus Reus und war genau zwanzig Jahre älter als Gaudí. Der kunsthistorisch versierte und geistreiche Intellektuelle mit seinem gesunden Menschenverstand faszinierte ihn. Der Kleriker ermutigte die Gaudís, die kleine Nichte in die Obhut der Klosterfrauen von Palomar zu geben, ohne sich deswegen schuldig fühlen zu müssen. Ein lebendiges Umfeld mit anderen Kindern und Frauen war für das Mädchen besser als das abgeschiedene Leben in einer stickigen Wohnung mit dem Großvater und einem Onkel, der ohnehin kaum da war. So kam es, dass Roseta die nächsten neun Jahre im Internat der Ordensschwestern in Tarragona verbrachte.

So oft er es einrichten konnte, und vermutlich in Begleitung des Vaters, fuhr Gaudí mit der Bahn die 95 Kilometer die Küste entlang nach Tarragona, um seine Nichte zu besuchen oder sie für ein paar Tage nach Hause zu holen. Bei diesen Aufenthalten schloss er Freundschaft mit der Oberin der Jesus-Maria-Schwestern. Man sah die beiden in Gespräche vertieft im Klostergarten flanieren, und die Diskussionen mit der Oberin waren ein wichtiger Schritt für Gaudís religiöse Entwicklung. Als Gegenleistung für die Aufnahme von Roseta zeichnete Gaudí ihnen einen Altar und eine Monstranz für ihre neue Kirche Unsere Liebe Frau des Heiligen Herzens. Es sind die einzigen Werke, die er in seiner Heimatprovinz Tarragona hinterlassen wird, wobei nur der Alabasteraltar den Bürgerkrieg von 1936 bis 1939 überstand. Die Kapelle liegt mitten in der Stadt hinter der unscheinbaren Fassade eines Reihenhauses, das damals das Kloster war. Den Altar schmückte Gaudí mit drei wunderschönen Medaillons, welche Engelsbüsten vor einem sternenübersäten nachtblauen Hintergrund zeigen. Zum ersten Mal benutzte er als Vorlage für diese Figuren Fotografien von Menschen.[110]

Im Laufe seines Lebens zeichnete Gaudí insgesamt etwa zwanzig Auftragsarbeiten, die am Ende nicht umgesetzt wurden. Dazu gehören auch üppige Laternen für die elektrische Beleuchtung der Strandpromenade. Aber es kam auch vor, dass er selbst ein Mandat ausschlug, so wie 1880, obwohl er als Jungarchitekt eigentlich Arbeit brauchte. Doch er hatte seinen Stolz. Es ging damals um die Gestaltung eines neuen Theaters in Reus, für das die Stadt alle einheimischen Architekten zu einem Wettbewerb einlud. Das Theater trug den Namen des verstorbenen Kunstmalers Marià Fortuny (1838–1874), den Gaudí seit seiner Jugend bewunderte und von dem er sagte, dass er die Farben sicherer beherrschte als die großen Meister wie Velázquez und Rafael, und fast so gut wie Veronese oder Goya.[111] Fotos und Berichte über den Playboy, der in Rom gelebt hatte, zierten regelmäßig die katalanische Klatschpresse.

Bei dem Theaterprojekt von Reus war Gaudí der Meinung, dass die Stadt das Budget viel zu tief angesetzt hatte, und begründete in einem bissigen Brief an die Behörden seinen Verzicht auf die Teilnahme am Wettbewerb:

> »Als Sohn dieser Stadt wurde ich von Ihnen auserkoren, zur Verschönerung meiner unvergesslichen Heimat beizutragen, doch leider sind meine Fähigkeiten nicht größer als das verfügbare Geld.«[112]

Damit machte er sich in Reus bestimmt keine Freunde. Der weltberühmte Antoni Gaudí wird in seiner Heimatstadt Reus kein einziges Werk hinterlassen. Nach der Jahrhundertwende, als er bereits international bekannt war, gab es zwar einen Versuch, der sogar beinahe geglückt wäre. Die Stadt bat ihn, gemeinsam mit anderen Architekten die Fassade der Kirche Nostra Senyora de la Misericòrdia zu restaurieren, aber nach Einsprüchen der Anwohner wurde das Projekt fallengelassen.

Im Gegensatz zu seinen Konkurrenten vermied Gaudí jegliche Art von Publikationen. Es gibt von ihm keine Presseartikel, außer einem Beitrag auf Katalanisch in der *Renaixensa* von 1881 anlässlich einer Ausstellung über Kunsthandwerk und Design in Barcelona, die von dem neugegründeten Unternehmerverband *Fomento del Trabajo Nacional* organisiert wurde, und deren Organisationskomitee Gaudí angehörte.

In diesem Artikel zeigt sich, wie selbstsicher er zumindest in fachlichen Belangen war und wie undiplomatisch er sein konnte. Als Erstes bemängelte er in seinem Beitrag, dass sich so wenige Firmen beteiligt hätten, weil die Unternehmer immer nur Geschäfte im Kopf hätten. Die Besucher würden sich fragen: »Ist das alles, was Spanien an dekorativer Kunst zu bieten hat? Wird in Barcelona tatsächlich nichts anderes gemacht als das hier?« Zwar lobte er das Ausstellungskonzept und das solide Handwerk, schrieb aber, die Produkte seien phantasielos und meist nur Imitationen von längst überholtem französischem Design, das man habe verschönern wollen und dabei nur verschlimmert habe. Die Unternehmer seien sich offenbar auch nicht bewusst, dass Katalonien eine reiche Tradition an bunten Keramikfliesen habe, die man endlich aus der Versenkung hervorholen sollte. Der Artikel schloss mit einem prophetischen Aufruf: »Eigentlich sollte man eine gute Schule für Industriedesign gründen.«[113] Dazu wird es 1915 tatsächlich kommen.

# II. DIE SAGRADA FAMÍLIA

## 1. Tausend und eine Nacht

Mit einer pompösen Feier wollte der erste Markgraf von Comillas Antonio López sein neues Luxuspalais einweihen. Zu den illustren Gästen gehörte niemand Geringeres denn König Alfonso XII. höchstpersönlich, schließlich kannte er die Königsfamilie, da seine Banken die Krone regelmäßig beliehen. Der Markgraf wollte im großen Garten ein Theaterstück aus Tausend und einer Nacht aufführen lassen und brauchte dazu eine angemessene Requisite. Da ihm die üppige Ausstaffierung seiner Jesuitenkapelle durch den jungen Architekten aus Barcelona so gut gefallen hatte, gab er ihm den Auftrag dafür.

Gaudí freute sich über die Ehre und entwarf eine schmucke sechseckige Bühne aus Holz, Eisen und Glas, die auch als Raucherpavillon dienen sollte. Er rauchte selbst ab und zu gern eine Zigarre. Die Seiten maßen je zwei Meter und ließen sich mit Vorhängen schließen. Die Herausforderung lag im sechseckigen gewölbten Dach. Der kleine Pavillon sah aus wie ein Turban mit Windspielen aus kugelförmigen Glocken. Jede der sechs Seiten besaß eine Überdeckung, wie das aufklappbare Sonnendach eines Kinderwagens.

Im Innern des Fumoirs sollte eigentlich ein kunstvoller Tisch aus Kristallglas stehen. Alle Einzelteile der komplizierten Konstruktion wurden in Barcelona in der Werkstatt von Puntí gefertigt und dann von den Handwerkern mit einem Spezialtransport per Eisenbahn, die übrigens Comillas gehörte, nach Nordspanien verfrachtet, wo das katalanische Handwerkerteam unter der Leitung von Gaudís Freund Llorenç Matamala die Elemente zusammensetzte.

Tatsächlich brachten die Handwerker den Tisch unbeschadet nach Comillas bis zum Garten, ja sogar bis in das Fumoir hinein. Dort sollte er am Vortag des königlichen Besuchs vorsichtig installiert werden, doch plötzlich stolperte einer der Arbeiter und stürzte mitten auf die Platte, die zerschellte. Rasch improvisierten die Katalanen eine neue Lösung und zimmerten einen Holztisch. Comillas lieh ihnen eine wertvolle Stoffdecke, die sie darüberlegten. Gaudí war in Barcelona geblieben und wusste noch nichts von dem Missgeschick.

Trotz des Zwischenfalls war die Familie des Markgrafen mit dem Team aus Barcelona sehr zufrieden, die Feier war ein großer Erfolg. Als Dankeschön für ihre Dienste wollte der Markgraf den Handwerkern aus Katalonien auf der Rückreise einen Zwischenhalt in Madrid spendieren, aber erstaunlicherweise lehnten sie ab, obwohl sie vermutlich nie wieder eine solche Gelegenheit erhielten. Sie wollten direkt nach Barcelona zurückfahren, um den zerschlagenen Glastisch neu zu konstruieren und zu ersetzen. Diese Episode sagt viel über die Arbeitsmoral des Teams von Puntí aus. Als Gaudí von dem Sturz des Arbeiters erfuhr, sagte er:

> »Natürlich ist das ein sehr bedauernswerter Zwischenfall, doch er lässt sich beheben. Es wäre schlimmer gewesen, wenn ein Mensch zu Schaden gekommen wäre, denn das hätte man nicht reparieren können.«[114]

Kurze Zeit später schickte die Werkstatt Puntí eine neue Glasplatte nach Comillas. Der Markgraf war von dieser Geste schwer beeindruckt und sandte den Beteiligten eine Belohnung. Nach dem Tod des Markgrafen zwei Jahre später ließ sein Schwiegersohn Eusebi Güell das orientalische Fumoir auf seinen eigenen Landsitz nach Katalonien bringen. Heute zeugt von ihm nur noch eine Fotografie in Schwzarz-Weiß.

Derweil schien es mit der Sühnekirche in Barcelona endlich einen Schritt weiterzugehen. Eine Adelige aus dem Hause der Herzoge von Almenara Alta versprach der Josefsvereinigung ein

Grundstück mitten in der Stadt, doch sie verstarb unmittelbar vor der Unterzeichnung der Schenkungsurkunde. Bocabella musste sich allmählich mit dem Gedanken abfinden, dass die Sagrada Família wohl nicht im Stadtzentrum stehen würde, und als er von einer Parzelle in einer Gemeinde am Nordrand Barcelonas namens Sant Martí de Provençals erfuhr, für die seine Spendengelder ausreichten, schlug er ein.

Am 31. Dezember 1881 unterzeichnete er den Kaufvertrag über 172.000 Peseten für das 12.800 Quadratmeter große Grundstück Camp de l'Arpa zwischen den Straßen Mallorca, Marina, Provença und Sardenya. Damals standen dort erst wenige Gebäude auf weiter Flur, aber Bocabella vermutete richtigerweise, dass sich Barcelona irgendwann ausweiten und das Gebiet schlucken würde. Tatsächlich wurde die Gemeinde Sant Martí de Provençals sechzehn Jahre später mit Barcelona zusammengeführt. Heute steht die Sagrada Família mitten in der Stadt. Gaudí meinte dazu:

> »Bei der Sagrada Família ist alles Vorsehung. Sie steht genau im Zentrum der Stadt und des neuen Siedlungsplans. Die Distanz von der Kirche zum Meer ist exakt gleich lang wie jene zu den Bergen, zu Sants und zu Sant Andreu sowie zu den Flüssen Besòs und Llobregat.«[115]

Auch der Bauplan für die Kirche stand bereit. Schon vier Jahre zuvor hatte Bocabella in seiner Zeitschrift *El Propagador de la Devociòn a San José* einen Artikel veröffentlicht, in dem es hieß, dass sich der Diözesanarchitekt und Architekturprofessor Francisco de Paula del Villar y Lozano bereit erklärt habe, unentgeltlich ein Projekt für die Sühnekirche zu Ehren der Heiligen Familie zu entwerfen.[116] Diesen Artikel wird Bocabella später nach einem Streit um angeblich ausstehende Honorarzahlungen als Beweis anführen.

Eigentlich hatte Bocabella vor, das Heiligtum von Loreto mit dem Wohnhaus Mariens in Barcelona nachzubauen, aber Villar konnte sich mit dieser Idee nicht anfreunden. Bei seinen ersten Entwürfen nahm er zwar Loreto noch zum Vorbild, kam aber immer mehr davon ab und ließ es am Ende ganz bleiben. Seine Sagrada Família war, dem Zeitgeschmack und den knappen Finanzen entsprechend, eine neugotische, dreischiffige Kirche in der Form eines lateinischen Kreuzes, maß 97 auf 44 Meter, hatte einen schlanken, 85 Meter hohen und mitten auf dem Dach einen niedrigen viereckigen Turm.

Am Josefstag, dem 19. März 1882, versammelten sich der Bischof von Barcelona, kirchliche Würdenträger, Armeeführer, Politiker und hohe Beamte sowie viele festlich gekleidete Menschen mit großen Hüten und aufgespannten Sonnenschirmen auf dem Gelände vor der Stadt und beobachteten, wie unter Begleitung von Musik, Weihrauch und kirchlichen Gesängen der erste Stein in ein Erdloch abgesenkt wurde. Zwei Monate später arbeiteten bereits fünfzig Maurer mit acht Pferden und Wagen am Aushub.

*Am 19. März 1882 beginnt der Bau der Sagrada Família nach Plänen von Francisco de Paula del Villar.*

Aber die Weltwirtschaftskrise machte sich auch in Katalonien bemerkbar. Zuerst platzte die Blase in Frankreich: 1882 brachen die Großbanken Union Générale und Crédit Lyonnais zusammen. Ein bekanntes Opfer des Börsensturzes in Paris war der Kunstmaler Paul Gauguin (1848–1903), der auf einen Schlag sein gesamtes Vermögen verlor. Der Bankencrash weitete sich rasch auf ganz Europa und Übersee aus, und auch in Barcelona brach die

Börse ein. In Katalonien kam erschwerend hinzu, dass die eingeschleppte Reblaus nach und nach die Pflanzungen zerstörte. Viele Weinbauern gaben auf und folgten dem Exodus der Handwerkerfamilien in die Stadt, um sich dort in das Heer der Arbeitssuchenden einzureihen.

Obwohl die Finanzkrise viele Bauinvestitionen lahmlegte, beschloss der Multimillionär und Bankier Manuel Girona (1817–1905) aussgerechnet jetzt, aus eigener Tasche die Restaurierung der Kathedrale von Barcelona zu finanzieren. Diese gab in Barcelona viel zu reden, denn die Wettbewerbsprojekte wurden im Kreuzgang der Kathredrale öffentlich ausgehängt. Zwei Architekturbüros zogen gegeneinander ins Rennen: Gaudís ehemaliger Arbeitgeber und Freund Joan Martorell und ein Kollegium aus namhaften Architekten. Von den 50 akkreditierten Architekten in der Stadt unterzeichneten 28, darunter Gaudí, eine Petition zugunsten von Martorell, allerdings vergebens. Dafür stellte Gaudí sein beinahe fotografisches Gedächtnis unter Beweis, indem er dessen Pläne mit einer erstaunlichen Präzision kopierte und in der Zeitung veröffentlichte.

Wie aus heiterem Himmel erhielt Gaudí im März 1882 einen erfreulichen Brief aus dem südspanischen Andalusien. Die Benediktinermönche von Almerìa schrieben, sie hätten in Villaricos einen neuen Sitz eröffnet und benötigten eine Kirche, ob er nicht in aller Eile eine solche entwerfen könne. Sie gaben Gaudí zwei Monate Zeit für das Projekt, er beantragte vier.

Dieser Auftrag erfüllte ihn mit Enthusiasmus. Erstmals durfte er in Eigenregie eine Kirche bauen. Zärtlich nannte er sein Projekt die »Kathedrale von Villaricos«. Da die Bewunderung für sein Vorbild Martorell ungebrochen war, ließ er sich für sein Projekt von einer Klosterkirche inspirieren, die dieser gerade für die Salesianerinnen in Barcelona baute. Gaudí kannte die Pläne aus seiner Studentenzeit als Hilfszeichner bei Martorell und ließ sich für sein eigenes Projekt sogar von diesem beraten. Termingerecht schickte er den Benediktinern die Pläne, aber die Kirche wurde nie gebaut, denn aus unerfindlichen Gründen verließen die Mönche ein Jahr später unvermittelt die Stadt. Das einzige Zeugnis des Kirchenprojektes sind Beschreibungen der Zeichnungen durch den späteren Biografen und Assistenten Ràfols, die im Bürgerkrieg verbrannten.

Auch das nächste Projekt verlief im Sand, dabei handelte es sich ausgerechnet um den ersten Auftrag seines wohlhabenden Freundes Eusebi Güell. Der Großindustrielle besaß in der Provinz Garraf südwestlich von Barcelona zwischen der Küste und dem gleichnamigen Kalkgebirge ein großes Stück Land, das er als Jagdrevier nutzte und auch an andere Jäger verpachtete. Gaudí sollte ihm dort einen Jagdpavillon bauen. Aus einer Kopie der Projektzeichnung, die den Bürgerkrieg überlebt hat, lassen sich deutliche Parallelen zu der Casa Vicens erkennen, die noch immer nur auf dem Papier existierte. Güell verzichtete am Ende auf den Jagdpavillon, aber die Pläne hatten ihm sehr gut gefallen.

Endlich war der Perfektionist Gaudí mit seinen Plänen für das Vicens-Haus zufrieden genug, um das Baugesuch einzureichen. Im Grunde hasste er Baupläne. Bei all seinen künftigen Projekten nutzte er diese nur für die behördliche Bewilligung. Kaum hatte er diese in der Tasche, arbeitete er fast nur noch mit Gips- oder Holzmodellen, die er im Laufe der Arbeiten immer wieder abänderte und sich nicht um Bewilligungen scherte. So auch bei der Casa Vicens, bei der er sich manchmal im Garten unter einen Baum setzte, den Arbeitern Anweisungen erteilte und alles, was ihm nicht gefiel, wieder abreißen und neu aufrichten ließ. Damit trieb er seine Mitarbeiter zur Verzweiflung und die Kosten in die Höhe.

Mehr als Pläne zählten für ihn das Auge und die Intuition des Augenblicks. Beim Vicens-Haus überwachte er jeden Stein der minarettartigen Türme und Spitzbogenfenster, jedes Teilchen der römischen Mosaikböden und venezianischen Terrazzos, jedes der Tausende von Ornamenten aus Sichtbackstein, Holz, Eisen, bunten Keramikplatten, Gips und Pappe. Für die berühmte schmiedeeiserne Umzäunung mit den rundfächrigen Blättern der Zwergpalme musste ihm der Bildhauer Matamala aus Tonerde unzählige Gipsmodelle formen, bis der Architekt endlich zufrieden war. Gaudí wollte, dass sich die Blätter leicht nach vorne neigten, gekringelte Ränder hatten und dennoch steif aussahen wie in der Natur. Erst als ihn das Modell überzeugte, brachte er es zur Schmiede von Joan Oñós (?–1918).

*Casa Vicens*

Oñós galt als einer der besten Kunstschmiede Barcelonas und war, obwohl vermutlich nur wenige Jahre älter als Gaudí selbst, ein Handwerker alter Schule. In seiner Werkstatt arbeiteten auch die Brüder Josep und Lluís Badia i Miarnau. Immer wenn sich Gaudí der Schmiede näherte, tat Oñós so, als sei er beschäftigt, weil er keine Lust auf die ermüdenden Diskussionen mit dem Architekten hatte. Gaudí hatte stets neue Gips- und Pappmodelle oder Zeichnungen dabei, um Änderungen an den Schmiedearbeiten zu fordern. Oñós ärgerte sich darüber und beklagte sich, dass er nie zweimal dasselbe konstruieren durfte, auch wenn es sich bewährt hatte, als würde sich Gaudí sogleich langweilen, wenn etwas abgeschlossen war. Aber der wahre Grund lag anderswo: In der lebendigen Natur gab es nirgends zwei identische Dinge.

Statt mit dem Chef verhandelte Gaudí also stets mit den Badias. Kaum war der Architekt wieder weg, fragte Oñós seine Mitarbeiter, ob sie die Anweisungen verstanden hätten und sie ihm erklären könnten. Obwohl ihm Gaudís Perfektionismus auf die Nerven ging, meinte er später: *Niemand von uns, der mit Gaudí gearbeitet hat, konnte sich seinem Einfluss entziehen. Seite an Seite mit seinem Überschwang an Ideen zu leben, führte dazu, dass sie zu unseren eigenen wurden.*[117]

## 2. Musische Kaprize

Kaum hatten die Bauarbeiten zum Vicens-Haus begonnen, erhielt Gaudí einen Brief von einem Verwandten des Markgrafen von Comillas. Der Absender Máximo Díaz de Quijano y Fernández de San Juan (1838–1885) hatte einen klingenden Namen, eine klingelnde Geldbörse und einen sehr exzentrischen Lebensstil, über den in der puritanischen Gegend von Comillas nur hinter vorgehaltener Hand getuschelt wurde.[118] Quijanos Schwester hatte in die Familie des Markgrafen eingeheiratet, er selbst blieb Single. Der attraktive 45-jährige Anwalt mit dem gewellten Haar und dem keck gezwirbelten Schnurrbart war ein *indiano,* der in Amerika sein Glück gefunden hatte. Als Bohémien liebte er die Musik, umgab sich mit Tänzerinnen und Kunstschaffenden, schrieb ein Buch über Musik und komponierte eigene Stücke.

Quijano besaß in der Gegend der Comillas-Villa ein Terrain in einem Kastanienwald, wo er sich eine extravagante Residenz bauen wollte. Natürlich waren ihm die üppigen Innendekorationen der Jesuitenkirche und das orientalische Fumoir des jungen Architekten aus Katalonien bei der Einweihungsfeier des Palais nicht entgangen. Díaz war genau die Art von Kunde, die Gaudí brauchte: großzügig, unkonventionell und wohl wissend, dass wahre Qualität und Originalität ihren Preis hatten.

Da Gaudí die Gegend um Comillas bereits kannte, fuhr er vorerst nicht nach Kantabrien, denn er hatte mit der Vicens-Villa alle Hände voll zu tun. Das Díaz-Haus und die Casa Vicens waren in vieler Hinsicht Zwillingsbauten, aber es gibt dennoch wesentliche Unterschiede. Im Gegensatz zur Casa Vicens bestand die Villa Quijanoaus Rundungen, Halbkreisen und einem etwas gewöhnungsbedürftigen zylinderförmigen und futuristischen Aussichtsturm über einem Eingangsportal mit vier dicken Säulen und einem kleinen Ziegeldach, das auf dünnen Säulen abgestützt ist und von weitem aussieht, als würde es schweben.

Die Verkleidung der 36 Meter langen und 145 Meter breiten Außenwände ist etwas symmetrischer und besteht aus fünf Querbahnen mit Keramikfliesen aus gelben Sonnenblumen, mit denen Gaudí Notenlinien suggerieren wollte. Ähnlich wie bei der Villa Vicens brachte Gaudí im Hausinnern Trompe-l'œil Deckenbemalungen in Form von Pseudokuppeln an, verzierte eine Raucherecke mit arabischem Stuck und verkleidete die Wände mit bunten Strukturen aus Pappmaché. Das Haus verfügte über mehrere Schlafzimmer und einen Salon mit doppelter Deckenhöhe. Und natürlich baute Gaudí technische Tricks und Spielereien ein, wie metallene Glockenspiele an den Schiebefenstern, die beim Öffnen melodiös klingelten.

Das schrille Gebäude war der perfekte Ausdruck einer Grille oder Kaprice, zu Spanisch *capricho*, eines sehr reichen Mannes.

Der Name El Capricho blieb denn auch an der Villa hängen. Alles ging erstaunlich schnell, die Pläne für seinen Klienten und die Baubehörden wurden in Windeseile gezeichnet, abgesegnet, eingereicht, und noch im selben Jahr konnte mit den Bauarbeiten begonnen werden. Gaudí drückte seinem Assistenten Cristòfor Cascante i Colom (1851–1889) ein detailliertes Modell aus Holz und Gips in die Hand und schickte ihn als Bauleiter nach Comillas.

Cascante war ein Jahr älter als Gaudí und hatte im selben Jahr die Architekturschule abgeschlossen, die beiden kannten sich also schon lange. Cascante war nicht nur Architekt, sondern auch Bildhauer, und während des Studiums hatte er gemeinsam mit Gaudí im Büro von Fontserè am Ciutadella-Park und später unter Villar im Kloster Montserrat ausgeholfen, und er hatte sogar bei Gaudís Lieblingsschreiner Puntí gearbeitet. Da er oft in Kantabrien zu tun hatte und viele Arbeiter und Spezialisten vor Ort kannte, war er für Gaudí der ideale Mann, um den Bau für die Quijano-Residenz zu leiten. Cascante war so häufig vor Ort, dass die Einheimischen die Quijano-Villa lange als *El Capricho de Cascante* bezeichneten.[119]

Der Bau kam zügig voran, denn Gaudí war weit weg und pfuschte den Arbeitern nicht ständig mit neuen Ideen und Änderungen ins Handwerk. Der spätere Biograf Joan Matamala schrieb, Gaudí habe ihm erzählt, dass er während der Bauarbeiten, also irgendwann zwischen 1883 und 1885, einmal inkognito eine Reise zum nordspanischen Wallfahrtsort Santiago de Compostela unternommen und dabei in Comillas das Capricho besichtigt habe.[120]

Für den Garten ließ Gaudí das Gelände aufschütten. Bei späteren Arbeiten wird er versuchen, Eingriffe in die natürliche Beschaffenheit der Gelände möglichst zu vermeiden. Die Innenwände der Villa wurden mit Sonnenblumen tapeziert, an den Schiebefenstern Röhrchen installiert, die beim Öffnen melodiös anklangen. Bunte Glasfenster zeigen einen Vogel, der Klavier oder eine Biene, die Gitarre spielt. Innen wie außen ist die Villa Quijano eine Ode an die Musik, die Farben, die Natur.

Der Hausherr hatte es eilig und zahlte ein Heer von Fliesenlegern, Malern, Stuckateuren, Zimmermännern, Möbelschreinern, Tapezierern, Gärtnern und Bildhauern, um schnellstmöglich einziehen zu können. Zwei Jahre später stand das orange-grün gekachelte Wunder El Capricho fertig im Wald. Der schöne Máximo Dìaz de Quijano bezog im Juni 1885 seine märchenhafte Residenz mit den vielen Gästezimmern und einem riesigen Essbereich für rauschende Feste, legte sich mit einem Leberleiden nieder und war eine Woche später tot.

In Barcelona kam der Großindustrielle Eusebi Güell mit einer neuen Idee auf Gaudí zu. Er besaß ein Landgut, zu Deutsch Finca, am Stadtrand von Barcelona in Les Corts de Sarrià an der Avinguda de Pedralbes. Auf dem Gelände stand bereits ein Gebäude aus dem 18. Jahrhundert, das von großen Pinien, Eukalyptusbäumen, Eichen und Ulmen umgeben war. Daneben hatte sich Güells verstorbener Vater von Architekt Martorell eine neugotische Kapelle und ein Haus in karibischem Stil errichten lassen, welches ihn an seine frühere Heimat Kuba erinnerte. Eusebi hatte weitere Grundstücke hinzugekauft und wollte sich nun von seinem jungen Freund Pferdestallungen, eine Reithalle, ein Pförtnerhaus und eine französische Parkanlage errichten lassen.

Heute ist Gaudís Finca Güell bei Barcelona-Reisenden vor allem für das Drachentor berühmt, das damals noch golden und blau angemalt war. Aber das Tor ist nicht bloß eine witzige Eisenkonstruktion, sondern Gaudí erzählte damit wie immer eine Geschichte, und auch hier stammte sie aus Verdaguers berühmtem Heldenepos *L'Atlàntida*. Es ist die Szene, als der feuerspeiende Drache Ladon das Maul weit aufriss, um die Pyrenäen in Brand zu setzen, und als der Halbgott Herkules die süßen Früchte, die vom Drachen bewacht wurden, erobern und mit ihnen das Herz der Königin Hesperis gewinnen wollte. Bei den Griechen war noch von Äpfeln die Rede gewesen, aber als Katalane hatte Verdaguer Orangen bevorzugt. Gaudís Drache wartete mit weit aufgerissenem Maul auf die heranfahrenden Droschken und hatte Krallen, die sich beim Öffnen des Tors dank eines raffinierten Mechanismus klimpernd bewegten. Bei der Einweihung der Finca von 1885 fand diese Drachenszenerie in der Presse großen Anklang.

*1884–1887: das berühmte Drachentor der Finca Güell in Pedralbes/Barcelona.*

Für die Stallungen suchte Gaudí wie bei all seinen Konstruktionen nach größtmöglicher Funktionalität. Er brauchte die besten Materialien, um die Tiere vor Hitze und Kälte zu schützen:

> »Da die Gebäude niedrig sind, beschloss ich, sie aus Lehm zu bauen, das am günstigsten ist und am wenigsten Wärme leitet. Dazu holten wir einige Arbeiter aus Sucs.«[121]

Die Ortschaft Sucs liegt fast zweihundert Kilometer von Barcelona entfernt im Landesinnern. Güell besaß dort ein Unternehmen für die Herstellung von Lehmziegeln und beschäftigte Handwerker, die noch die alte Tradition der katalanischen Mauersteine aus gepresster Roherde beherrschten, wie sie heute noch in Jemen oder Marokko anzutreffen sind. Diese Technik ging bis aufs Mittelalter oder sogar bis auf die Antike zurück, und das Handwerk wurde in den Familien seit Generationen weitergegeben.

Mit den schlanken Ziegeln und schnell trocknendem Mörtel konnte man ohne aufwändige Lehrgerüste die sogenannten katalanischen Mauergewölbe aufschichten. Diese Schichtungstechnik ist romanischen Ursprungs und wurde in Katalonien seit dem späten Mittelalter angewendet, außerdem war sie einfach und günstig. Gaudí setzte diese Technik fortan bei seinen Gebäuden konsequent ein.

Auch die Umfassungsmauern der Finca bestanden aus Lehm, den Gaudí durch vorgefertigte Betonkacheln mit Reliefmustern verschalte. Für stärker belastete Mauerteile und die Ecken benutze er katalanische Tonziegel in Rot- oder Gelbtönen und verband die Sichtbacksteine durch Mörtelfugen, denen er bunte Glasscherben beimischte, wodurch sie im Sonnenlicht glitzern und lebendiger wirken. In der romantischen Parkanlage in Pedralbes mit ihrem Springbrunnen ließ er zusätzlich zahlreiche mediterrane Bäume wie Eukalyptus, Magnolien, Pinien, Zypressen und Palmen pflanzen.

Und zum ersten Mal wandte er eine Ornamentik an, die fortan ebenfalls zu den unverkennbaren Merkmalen seiner Architektur gehören wird: die arabische Mosaiktechnik Trencadís. Der Name leitet sich aus dem katalanischen Wort *trencar* für *brechen* ab und bedeutet, dass ein Mosaik nicht aus regelmäßigen Steinchen gelegt wird, sondern aus unregelmäßigen Scherben bunter Fliesen, so wie es die iberischen Handwerker im Mittelalter von den arabischen Eroberern gelernt hatten. Beim Kirchenboden von Sant Pacià in Palomar hatte der italienische Fliesenleger einzelne Teile in einer ähnlichen Technik ausgekleidet, doch hatte er die Steinchen vermutlich extra zugeschnitten, während Trencadís stärker von den zufällig zur Verfügung stehenden Scherben oder Resten abhängt. Es war Recycling.

Ein weiteres prominentes Element der Finca war der Kettenlinienbogen, den Gaudí dieses Mal für Fenster und Tore nutzte, die auch von der Straße aus gut sichtbar waren. Er erhielt diese Bogenform durch einfaches Aufschichten der flachen Ziegel, ohne zusätzliche Gerüste. Die Lösung war raffiniert, simpel, tragfähig und schön.

Gaudí arbeitete vier Jahre an der Finca und stellte sie 1887 fertig. In den 1950er Jahren verkauften die Güells die Liegenschaft an die Universität Barcelona, die dort den botanischen Garten und den königlichen Gaudí-Lehrstuhl einrichtete. Auf dem Gelände steht auch ein kleiner Brunnen, der lange Zeit wenig Beachtung fand. Die Kunsthistoriker ordnen das reich verzierte Rohr des Brunnens in Form eines Drachens aber Gaudí zu, denn 1884 hatte Verdaguer in einem Brief an einen befreundeten Priester geschrieben: *In diesem Landhaus von Senyor Güell steht ein Brunnen mit viel Wasser, darauf eine römische Büste. Könntest Du nicht einen schönen lateinischen Namen dafür finden? Gaudí hat mich gefragt, aber mir will einfach nichts Gescheites einfallen.*[122] Offenbar fiel aber auch dem Priester nichts Gescheites ein, denn die Büste blieb unbeschriftet, und der Brunnen wird heute einfach Herkules-Brunnen genannt.

## 3. Mit dem Nimbus des Auserwählten

Die Josefsvereinigung drängte zur Eile, aber das Arbeitstempo bei der Sagrada Família schwankte mit den eingehenden Spenden. Außerdem hatte Bocabella mit dem Papst ein Abkommen geschlossen: Pius IX gab ihm das Imprimatur für seine religiöse Zeitschrift *Propagador*, dafür floss die Hälfte der Spenden für die Sagrada Família als Peterspfennig direkt nach Rom. Der Spardruck belastete auch das Verhältnis zwischen der Bauherrin und dem Architekten. Villar wurde vorgeworfen, die Säulen seiner Krypta seien zu dick und damit zu kostspielig und das Baumaterial zu teuer. Als sich die Josefisten von Architekt Joan Martorell eine Zweitmeinung einholten und dieser ihnen Recht gab, platzte Villar der Kragen, und er legte sein Mandat nieder.

In Barcelona wurde erzählt, Villar habe zu Beginn tatsächlich unentgeltlich an der Sagrada Família gearbeitet, aber dann habe es auf offener Straße einen wüsten Streit mit unflätigen Beschimpfungen zwischen ihm und Bocabella gegeben, und Villar habe die

Zahlung seiner Honorare eingefordert.[123] In der Tat existiert eine notarielle Akte vom 30. Mai 1884 aus einem Rechtsstreit, in der Bocabella beschwört, Villar habe ihm am Anfang hoch und heilig versprochen, die Projektierung und die architektonische Leitung in Fronarbeit zu leisten, was auch in den Zeitungen so geschrieben worden war.

Die Josefisten brauchten also dringend einen neuen Architekten. Bocabella bat Martorell, die Arbeiten weiterzuführen, doch dieser lehnte ab. Er wollte es nicht so aussehen lassen, als habe er nur darauf gewartet, den Zuschlag zu erhalten. Aber er dachte an seinen Schützling Gaudí. Vermutlich wurde Bocabella durch ihn auf den jungen Architekten aus Reus aufmerksam gemacht, doch bald geisterte in katholischen Kreisen ein anderes Gerücht umher. Es hieß, eine fromme Tante Bocabellas habe geträumt, dass ein blauäugiger Architekt die Sagrada Família weiterbauen würde. Als Bocabella im Büro Martorells einen Mann gesehen habe, der über Pläne gebeugt war und dann seine stahlblauen Augen anhob, habe er instinktiv gewusst, dass hier der neue Architekt der Sagrada Família vor ihm stand.

Diese Geschichte kam Gaudí gelegen, er dementierte sie nie. Umnebelt vom Nimbus des Gotterwählten konnte er sich von der Josefsvereinigung viel mehr Freiheiten ausbedingen denn als gewöhnlicher Architekt. Allerdings schrieb Ràfols in seiner Biografie, der Schwiegersohn Bocabellas habe ihm erzählt, dass sich Bocabella und Gaudí bereits vorher gekannt hätten, weil Bocabella oft nach Montserrat pilgerte und der junge Gaudí dort, übrigens ausgerechnet für Villar, an der Nische für die schwarze Madonna gearbeitet hatte.[124] Fakt ist, dass Gaudí am 3. November 1883 offiziell das Mandat für den Weiterbau der Sühnekirche Sagrada Família erhielt.

Dass sich Gaudís Schicksal so eng mit den Josefisten und einer Persönlichkeit wie Bocabella verflocht, mag erstaunen. Der Journalist Josep Pla wunderte sich: *Wie konnte diese kleinkarierte, von der reaktionärsten Frömmlerei geprägte Gruppe von der allgemein bekannten Mittelmäßigkeit des Architekten Villar dazu über-*

*schwenken, Gaudí die Bauleitung zu übertragen? (…) Blättern Sie mal in den gesammelten Heften des Propagador de la Devoción a San José. Sie werden (…) auf eine der ausuferndsten Anhäufungen von Nichtigkeiten, Phrasen und apologetischen Vulgaritäten stoßen, die dieses Land je hervorgebracht hat! Aber an den Tatsachen lässt sich nicht rütteln: Es war im Umfeld des Propagador, in dem Gaudí sein Vorhaben umsetzen konnte, und das ist wirklich unglaublich.*[125]

Ebenso erstaunlich mutet es an, dass die Vereinigung ihm über vierzig Jahre lang blind vertraute und dass ausgerechnet auf diesem laut Pla rückständig-konservativen Humus die merkwürdigste, fortschrittlichste und modernste Kirche aller Zeiten entstehen konnte. Bocabella soll anfangs denn auch einige Zweifel geäußert haben: *Um eine Kirche zu bauen, sollte man doch eigentlich katholisch sein, und dieser Gaudí… ich weiß nicht recht…*[126] Auch Gaudí selbst wird sagen, es sei ein Wunder des heiligen Josefs gewesen, dass die Sagrada Família ausgerechnet ihm anvertraut wurde. Allerdings war er damals zumindest in einschlägigen Kreisen bereits kein Unbekannter mehr. Der Zeitzeuge Cèsar Martinell (1888–1973) schrieb, der Architekt sei schon bekannt gewesen, bevor er bei der Sagrada Família eingestiegen sei: *An der Architekturfakultät galt die Architektur Gaudís bei fast allen Professoren als revolutionär.*[127]

Beim Umgang mit den Josefisten zeigte sich, dass Gaudí nicht nur ein Künstler, sondern auch ein gewiefter Taktiker war. Seine Strategie bestand darin, die Krypta schnellstmöglich fertigzustellen, damit die Josefisten ihren langersehnten Kirchenraum für Gottesdienste und Pastoralarbeit erhielten und ihn anschließend in Ruhe ließen, während er die banale neugotische Zeichnung seines Vorgängers Villar über den Haufen warf.

In Bocabella erkannte er einen enthusiastischen Visionär, der mit dieser Kirche einen Bezugspunkt und ein Fanal mit großer Leuchtkraft in einer Welt im ideologischen Umbruch setzen wollte, und der sich bewusst war, dass die katholische Weltkirche an einem historischen Wendepunkt stand. Deshalb hatte er seine Gebetsvereinigung gegründet, damit Gott nicht aus der Gesellschaft und aus dem Leben der Menschen verdrängt wurde. Gaudí ahnte, dass sich mit diesem in großen Kategorien denkenden Mann reden ließ.

Die Krypta war bereits ausgehoben und zehn Meter tief, 30 Meter breit und 40 Meter lang. Die Säulen waren etwa vier Meter hoch. Aber Gaudí wollte und brauchte Licht:

> »Die Herrlichkeit ist Licht, das Licht verleiht Frohsinn, und der Frohsinn ist die Freude des Geistes.«[128]

In der Bibel fängt alles damit an, dass Gott sagte: *Fiat lux*, es werde Licht. Gott selbst war Licht, und erst mit dem Licht erhielten die Dinge Konturen, Dreidimensionalität, Farben und Schönheit. Um Licht und Luft in den Untertagebau eindringen zu lassen, ließ Gaudí daher als Erstes rund um die Krypta einen Graben anlegen. Das Deckengewölbe der Krypta würde er anheben, um ganz oben Seitenfenster anzubringen, die zwar bloß in den Innenraum der Hauptkirche führten, doch auch von dort Licht eindringen ließen.

Gaudí sah in der Krypta nicht nur das architektonische Fundament der Hauptkirche, sondern im übertragenen Sinne auch das Fundament der Weltkirche. Während der Christenverfolgungen im Römischen Reich wurden die Überreste der getöteten Märtyrer in unterirdischen Kirchen versteckt. Bei der Sagrada Família sollte das tragende Element die heilige Zahl Zwölf sein. Gott benutzte die Zahl Zwölf, um sein Volk zu ordnen: Israel beruhte gemäß dem Alten Testament auf zwölf Volksstämmen, die aus den zwölf Söhnen Jakobs entstanden sind, und nach dem Tod Jesu führten zwölf Apostel die Kirche weiter. Im Brief des Paulus an die Epheser (Eph 2, 20-21) steht: *Ihr seid auf das Fundament der Apostel und Propheten gebaut; der Schlussstein ist Christus Jesus selbst. Durch ihn wird der ganze Bau zusammengehalten und wächst zu einem heiligen Tempel im Herrn.*

Deshalb wollte Gaudí zwölf Altäre aufstellen. Villar hatte aber nur sieben Absidenkapellen mit je einem Altar vorgesehen, was zusammen mit dem Mittelaltar acht ergab. Die vier fehlenden Altäre erhielt Gaudí, indem er rechts und links neben dem Hauptaltar noch je eine Nische anbrachte und daneben Platz für je einen weiteren Altar ließ.

Alle diese Altäre sollten Mitgliedern oder Verwandten der Heiligen Familie zugeordnet werden. Der Hauptaltar gehörte der Heiligen Familie selbst. Die gegenüberliegende Absidenkapelle sollte Josef, dem Zimmermann und Namensgeber der Josefsvereinigung, gewidmet sein. Neben dem großen Altar lagen die Gebetsnischen von Jesus sowie von dessen Mutter in Gestalt der katalanischen Madonna von Montserrat, außen rechts stand der Altar für den Heiligen Christus, wo heute Bocabella begraben ist, und links außen die Kapelle für die Jungfrau vom Karmel, wo heute Gaudís Grab liegt. Die Kapellen im Halbrund waren für die Eltern Marias Anna und Joachim bestimmt sowie für den Verwandten Jesu Johannes den Täufer, für die Mutter Jesu und die Unbefleckte Empfängnis, eine Kapelle für das Herz Jesu sowie ein Altar für Marias Cousine Elisabeth mit ihrem Mann Zacharias, den Eltern von Johannes dem Täufer.

Da er die Krypta ausschließlich der Familie Jesu widmen wollte, lehnte Gaudí das verlockende Angebot einer vermögenden Dame ab, die dem Josefsverein satte zweitausend Peseten in Aussicht stellte, wenn einer der Altäre ihrer Namenspatronin, der Heiligen Elisabeth, geweiht würde. Bocabella hätte das Geld nur allzu gerne angenommen, aber Gaudí wollte das ikonografische Programm seiner Kirche nicht stören und lehnte ab.

Die Josefisten waren von Gaudís Ideen vorsichtig angetan. Im März 1885 reichte der neue Architekt bei der Stadtverwaltung von Sant Martí, das damals noch nicht zu Barcelona gehörte, sein erstes Baugesuch für die Sagrada Família ein. Er beantragte die Anhebung der Krypta und präsentierte den Querschnitt der Gebetsnische mit dem Josefsaltar. Kurios ist die Tatsache, dass die Stadtverwaltung das Bewilligungsverfahren verschlampte. Die berühmteste Baustelle der Welt erhielt sage und schreibe erst 2018 die offizielle Baubewilligung, 136 Jahre nach dem ersten Spatenstich.

Der Kostenvoranschlag, den Gaudí der Josefsvereinigung vorlegte, war mit 720.000 Duros mehr als gesalzen und lag zwanzigmal höher als die Ausgaben für eine gewöhnliche Kirche. Bei Bocabellas Leuten regte sich Widerstand. Das Projekt sei überdimensioniert, viel zu teuer und würde zu viel Bauzeit beanspruchen. Aber während Villar an der Kostenfrage gescheitert war, konnte Gaudí die Vereinsleitung von seinen Plänen überzeugen und zu einem Kompromiss gelangen: Die Josefisten würden das Geld auftreiben, dafür garantierte er ihnen die Fertigstellung der Kirche innerhalb von zehn Jahren. Der Deal war gut, denn bei Abschluss der Bauarbeiten würde Gaudí nicht einmal Mitte vierzig sein und sich einen Namen machen, und er würde sich weitere lohnende Aufträge einhandeln.

Aus den zehn Jahren sind inzwischen über 140 Jahre geworden, und der Bau ist immer noch nicht abgeschlossen, aber das konnte damals keiner wissen. Im *Propagador* rief Bocabella seine Anhänger zu vermehrten Spenden auf, weil der Architekt die baldige Fertigstellung versprochen habe, und trotz gemischter Reaktionen wurden in ganz Spanien Spendeaktionen organisiert. Gaudí kam dem Gebetsverein bald mit einer weiteren schlauen Initiative entgegen. Er stellte genau gegenüber des noch unüberdachten Hautaltars der Krypta die Josefskapelle fertig. Am 19. März 1885, am Hochfest des Heiligen Josef, konnte die Vereinigung vor dieser Seitenkapelle in der Baugrube erstmals eine Messe feiern, wenn auch zu großen Teilen unter freiem Himmel. An der Wand stand auf Lateinisch geschrieben *Sancte Ioseph* und zweimal *Ora pro nobis*, Heiliger Joseph bete für uns, an den Mauern waren Familienwappen aus der Verwandschaft Bocabellas angemalt worden, und der Boden war mit romanischem Mosaik bedeckt. Die Josefisten hatten also bereits jetzt eine eigene Stätte für Gottesdienste.

Architekt Villar beklagte sich im *Diario de Barcelona*, dass die Krypta Gaudí zugeschrieben werde, obwohl eigentlich er der Autor sei. Man habe alles darangesetzt, um ihn herauszuekeln. Gaudí regte sich über diese Aussagen fürchterlich auf und konnte von seinem Mentor Martorell nur mit Mühe davon abgehalten werden, eine öffentliche Replik zu verfassen. Später sagte er, er würde wieder auf eine eigene Stellungnahme verzichten, wenn Martorell ihn darum bitten sollte.[129]

Mit zunehmenden Aufträgen konnte sich der Architekt endlich einen feinen Lebensstil leisten. Er kaufte sich maßgeschneiderte dunkle Anzüge und Hüte, ließ sich den Bart trimmen und elegant überpudern und das rotblonde Haar sorgfältig schneiden, er konnte sich im Restaurant gediegen verköstigen, Havanna-Zigarren rauchen und sich Theaterbesuche und Debattier- oder Schachabende in den angesagtesten Salons der Stadt gönnen, zu denen ihn manchmal auch sein Vater begleitete. Er schien auf dem besten Weg, ein Snob zu werden. So fuhr er manchmal mit der Droschke hinauf zur Baustelle der Sagrada Família und sprach mit den Arbeitern aus dem Kutschenfenster, ohne auszusteigen, denn er wollte seine modischen braunen Lederschuhe nicht schmutzig machen.[130]

Die katalanischen Unternehmer hatten schon lange genug von der Ineffizienz und Korruption des Zentralstaates und wollten nicht länger tolerieren, dass Katalonien zwar der Wirtschaftsmotor des Landes war, zugleich aber in seiner Identität und seinen Rechten eingeschränkt wurde. Wie ein rettendes Omen tauchte im März 1885 ein Galizier und Karlist mit Namen Eugenio Serrano de Casanova (1841–1920) bei der Stadtregierung in Barcelona auf. Er hatte in Frankreich ein Tourismusjournal gegründet und als administrativer Leiter Spanien bereits mehrmals auf Weltausstellungen vertreten.[131] Serrano ersuchte bei den Behörden um die Erlaubnis, auf dem Gelände des Ciutadella-Parks im Jahr 1888 große Pavillons zu errichten und darin *Produkte aus aller Herren Länder* auszustellen. Er hatte sogar bereits einige Investoren gefunden.

Die Stadtregierung witterte einen Coup: Die Weltausstellung war eine private Initiative, keine staatliche, so dass Madrid nichts dagegen tun konnte. Serrano war sogar nicht einmal Katalane. Barcelona würde sich in den Mittelpunkt der Welt manövrieren und ein weiteres Zeichen für seine Initiativkraft setzen können. Bereits drei Monate nach der Anfrage Serranos erteilte das Stadtparlament dem Mann aus dem Nichts die Bewilligung für die nötigen Infrastrukturen im Ciutadella-Park. Unverzüglich begannen die interessierten Unternehmer mit der Vorbereitung ihrer Pavillons. Das Projekt war gigantisch, und die erste spürbare Folge davon war eine erneute Einwanderungswelle von Arbeitssuchenden aus der Provinz.

Aber keine vier Monate später brach erneut die todbringende Cholera aus. Wer konnte, floh aus der Stadt. Güell reiste mit seiner Familie fluchtartig nach Frankreich, wo sein achtes Kind zur Welt kam. Gaudí hingegen, der mit dem Ausland nichts anzufangen wusste, fuhr ins Landesinnere in die katalanischen Berge, wo er mit Vater und Nichte im kleinen Dorf Sant Feliu de Codines im Sommerhaus seines Bekannten Francesc Ullar Roca (1851–1919) unterkam.

Es war die schlimmste Choleraepidemie Spaniens aller Zeiten, allerdings auch die letzte, denn in jenen Jahren entdeckten die Forscher den Zusammenhang zwischen verseuchtem Trinkwasser und der Krankheit und ergriffen Präventivmaßnahmen. Erst am 1. November war die Todesseuche vorbei, und Gaudí reiste nach Barcelona zurück, um endlich eine junge Dame wiederzusehen, die er eine Woche vor Ausbruch der Epidemie kennengelernt hatte, und die ihm nicht mehr aus dem Kopf ging.

Es war Pagès zu verdanken, dass er am Stadtfest von Mataró auf die schöne Pepeta gestoßen war. Gaudí hatte anlässlich des Festes für die Mataronense die Bleichhalle ausgeschmückt, und wie immer gestaltete er den Raum als üppige Theaterbühne. Er stellte einen Kaskadenbrunnen auf sowie Bäume wie einen Wald. Mitten in die Halle pflanzte er die Fabrikstandarte mit seinem komplizierten Bienenlogo. Mit einem Generator wurde der große Raum farbig ausgeleuchtet. Viel Publikum und Presse strömten herbei, mitten unter ihnen stand der Architekt mit den blauen Augen und den eleganten Schuhen. Die Kinder der genossenschaftseigenen Schule sangen die Hymne *Ehre dem Fortschritt* und wurden dabei von ihrer Lehrerin Josepa Moreu (1857–1938) am Klavier begleitet.

Die stattliche Josepa, kurz Pepeta, mit dem hochgesteckten Kraushaar war fünf Jahre jünger als Gaudí. Ihr Vater Antoni Moreu war sehr groß gewachsen, laut Pepetas Bruder war er der größte Einwohner von Mataró. Als junger Mann hatte er die Seifenfabrik seines Vaters übernommen, aber als er in der Lotterie eine große Summe Geld gewann, kaufte er ein Segelschiff und bestritt seinen Lebensunterhalt fortan mit Handelsfahrten zwischen Spanien und Kuba. Aus dieser Zeit kannte er auch den Textilunternehmer Pagès und teilte dessen sozialistisch-utopische Weltanschauung.

Das Ehepaar Moreu hatte vier Kinder: Pepeta, Magdalena (1861–1913), Agustina (1864–1954) und Josep Maria (1873–1961). Als Gaudí die Moreus kennenlernte, war der Vater bereits gestorben. Pepeta war selbstsicher, politisch interessiert, eine antiklerikale Freidenkerin, stand den Idealen der Arbeiterbewegung nahe, und sie ging jeden Morgen ohne Hemmungen im Meer baden, was von den Leuten als Ungeheuerlichkeit empfunden wurde. Sie unterrichtete Französisch an der fabrikeigenen Schule in Mataró.

Mit nur 18 Jahren hatte sie den radikalen Karlisten und Nichtsnutz Joan Palau geheiratet. Mit der Aussteuer kauften sich die beiden ein Boot und fuhren die Mittelmeerküste entlang. Ihr Mann entpuppte sich allerdings als Alkoholiker, und als Pepeta schwanger wurde, ließ er sie mutterseelenallein in Algerien sitzen. Zuvor teilte er ihr noch mit, dass er in Buenos Aires bereits eine andere Ehefrau hatte. Sie war also einem Heiratsschwindler auf den Leim gegangen.

Die junge Katalanin musste sich in Marokko allein durchschlagen und spielte in Bars Klavier, um sich das Geld für die Rückfahrt nach Mataró zu verdienen. Ihr wurde später nachgesagt, sie habe sich sogar prostituiert, aber der Historiker und Nachfahre Agustí Soler i Regàs (geb. 1946) zweifelt daran, weil sie trotz ihrer unkonventionellen und freiheitlichen Ideen eine Frau mit Prinzipien gewesen sei.[132] Die Familie schickte ihr schließlich das Geld für die Rückfahrt, und sie konnte ihren Sohn Antoni zu Hause gebären. Das war Anfang 1881 gewesen, und nur einen Monat später starb der Vater. Nach seinem Tod nahm Großvater Agostí die Zügel des Unternehmens wieder in die Hand und bemühte sich auch um die Auflösung der Ehe zwischen der Enkelin und dem Heiratsschwindler Palau. Der Knabe hingegen erlag zwei Jahre später der Diphterie.

Pepeta gehörte zu den Näherinnen, die Gaudís komplizierte Zeichnung des Firmenlogos auf die Standarte übertragen und sich beschwert hatten. Übrigens war die fertige Standarte am Ende so schwer, dass es zwei Männer brauchte, um sie zu tragen. Als Gaudí die faszinierende junge Frau kennenlernte, war sie offiziell noch immer verheiratet und wohnte in ihrem Elternhaus in Mataró. Nach dem Cholera-Exil Ende 1885 sah er sie wieder und reiste von nun an vier Jahre lang fast jeden Sonntag mit der Bahn nach Mataró, um die Moreus zu besuchen. Manchmal brachte er auch seine Nichte Roseta mit, die noch immer bei den Klosterfrauen in Tarragona lebte.

Der jüngere Bruder von Pepeta, Josep Maria, erinnerte sich in seinen Memoiren an seine erste Begegnung mit Gaudí, unterschätzte jedoch das Alter von Roseta um drei Jahre. Er war zwölf, sie erst neun: *Eines Tages war im großen Speisezimmer des Hauses ein junger Architekt zu Gast, gebürtig aus Reus, mit Namen Gaudí. Er kam in Begleitung einer Nichte in meinem Alter, Rosita. Gaudí war blond, seine Nichte war eher dunkelhaarig, und vielleicht ein bisschen hässlich, aber ich fand sie ganz sympathisch. Gaudí fühlte sich sehr wohl an diesem Ort.*[133] Seine Schwester habe ihm allerdings anvertraut, dass sie Gaudí zwar als genialen Geist bewunderte, ihn aber ansonsten nicht besonders mochte, obwohl er ihr mit seinen für die Region Tarragona typisch römischen Zügen, dem rötlichen Haar und den auffallend blauen Augen, die ruhevoll und intensiv alles einsaugten, was um sie herum geschah, eigentlich ganz stattlich erschien.[134]

Pepeta selbst erzählte: *Wir spielten Klavier und sangen, und er kam auf Familienausflüge mit.* Gaudí sei immer sehr elegant gekleidet gewesen, mit einem grauen Anzug.[135] Er pflegte ein stilsicheres Auftreten und stellte seinen wohlgenährten Bauch zur

Schau, sein Wesen war höflich und diskret, die Stimme meist leise, konnte aber sehr scharf werden. Es irritierte sie allerdings, dass er am Tisch ungehemmt mit der Gabel Essensreste aus seinem Bart stocherte, und durch seine häufigen Erkältungen war der Schnauzer fast immer etwas angefeuchtet. [136]

Bei den Moreus gingen linke und antiklerikale Intellektuelle ein und aus, mit denen Gaudí gerne diskutierte. Ihn faszinierten die sozialen Utopien ebenso wie die christlich-sozialen Antworten seiner Freunde aus dem Klerus. Da er schon lange ohne Mutter und Schwester lebte, fühlte er sich in dem Frauenhaushalt Moreu gut aufgehoben, wagte es aber nicht, offen um Pepeta zu werben. Züchtig wollte er die Annulierung ihrer Ehe abwarten.

Im Jahr der Begegnung mit Pepeta 1885 klopfte ein junger Mann bei ihm an, dessen Name ihm den Geruch von Heimat vermittelte, und den er sofort und für immer ins Herz schloss: Francesc Berenguer i Mestres (1866–1914). Er war der Sohn von Gaudís ehemaligem Grundschullehrer in Reus, der inzwischen nach Barcelona übergesiedelt war. Francesc war noch keine zwanzig und wie sich herausstellte ein hervorragender Zeichner und Künstler. Tatsächlich studierte er neben Architektur auch Kunstgeschichte, doch schon ein Jahr nach seiner Ankunft in Gaudís Büro heiratete er seine Freundin Adelina Bellvehí und zeugte mit ihr in den kommenden sieben Jahren sieben Kinder. Die wirtschaftliche Situation der jungen Familie Berenguer war katastrophal, an ein normales Studium, dazu noch in zwei Fächern, war nicht zu denken. Die Eltern konnten ihm kaum helfen, der Vater hielt sich in Barcelona mit Privatunterricht selbst gerade eben über Wasser.

Vermutlich rettete die Anstellung in Gaudís Büro dem schüchternen und fleißigen Berenguer die Existenz, denn dank guter Referenzen konnte er später auch als Gemeindearchitekt für den Distrikt Gràcia tätig werden, obwohl er seinen Abschluss in Architektur nie machte und deswegen seine Baugesuche nie selbst unterzeichnen durfte. Kritiker werden behaupten, Gaudí habe Berenguer ausgenutzt und dessen Werke für seine eigenen ausgegeben, aber das ist Unsinn, denn Gaudís Unterschrift unter den Bauplänen war eine notwendige Formalität, damit Berenguer überhaupt als Architekt arbeiten konnte.

## 4. Von der Hölle zu den Sternen

Eusebi Güell wohnte mit seiner Frau Isabel und den acht Kindern in einem für seine Verhältnisse unspektakulären Reihenhaus an den unteren Ramblas dels Caputxins. Er hatte zuvor versucht, ein prukvolles Palais zu erwerben, und war dafür bis vor ein Gericht in Madrid gezogen, dort aber trotz seiner guten Beziehungen abgeblitzt. Vielleicht verzieh man ihm in Madrid seinen demonstrativen katalanischen Nationalismus nicht, immerhin hatte er einen wirtschaftsliberalen Unternehmerverband für mehr politische Rechte Kataloniens gegründet, war Mitglied im Kulturverein Centre Català, der sich politisch immer stärker radikalisierte, und nicht zuletzt hatte er an der 162 Seiten langen Beschwerdeschrift *zur Verteidigung der moralischen und materiellen Interessen Kataloniens* mitgeschrieben, die eine Delegation aus seiner Heimat soeben im Königshaus abgeliefert hatte. Diese Schrift ging als *Memorial de greuges* in die Geschichte ein.

Der Unternehmer mochte gemeinhin als sanftmütiger Feingeist gelten, aber er war auch gewieft. Als in Barcelona ein Monument zu Ehren seines Schwiegervaters Markgraf López eingeweiht werden sollte, kam ihm zu Ohren, dass ein politischer Gegner unmittelbar zuvor ein Buch herausgeben wollte mit dem Titel *Das wahre Leben des Antonio López y López*, in dem er ihn als Sklavenhändler anklagte. Obwohl Güell zwar selbst ein Gegner der Sklaverei war, wollte er die Verunglimpfung seiner Familie verhindern und ließ das Datum der Einweihungsfeierlichkeiten vorverlegen. Der ausgetrickste Autor schrieb daraufhin, Güell sei *ein honigsüßer Heuchler*, der hinter seiner *vorzüglichen Liebenswürdigkeit* und *einem unschuldigen und gutmütigen Erscheinungsbild das Wesen eines Stieres verberge.*[137]

Bis zur Weltausstellung fehlten noch drei Jahre. Güell brauchte unbedingt eine repräsentative Residenz, um Prominenz aus dem In- und Ausland und vermutlich sogar die spanische Regentin Maria Cristina höchstselbst, die seit dem Tod des Königs 1885 stellvertretend für ihren neugeborenen Sohn Alfonso XIII. regierte, in Barcelona zu empfangen und der Welt zu beweisen, wie fortschrittlich, intellektuell und raffiniert die Katalanen waren.

An einer engen Seitenstraße zu den Ramblas besaß er ein kleines Grundstück, hinter dem sein ehemaliges Elternhaus stand. Damals hieß die Straße Conde del Asalto, heute Nou de la Rambla. An dieser Straße wohnte auch Gaudís Freund Doktor Santaló, und weiter hinten lag das stadtbekannte Hutgeschäft Arnau, in dem auch Gaudí verkehrte. Allerdings grenzte die Straße an ein Rotlichtviertel. Gleich gegenüber nahm noch vor der Weltausstellung das berüchtigte und zwielichtige Varieté-Theater Eden Concert den Betrieb auf, in dem die betuchten Sprösslinge der Barcelonerr Bourgeoisie ein und aus gingen. Und im Nachbarhaus Nummer 10 sollte sechs Jahre später der junge Kunststudent Pablo Picasso (1881–1973) mit anderen Künstlern ein Atelier beziehen und nicht nur viel studentischen und provokativen Unsinn treiben, sondern auch die Kupplerin Carlota Valdivia kennenlernen, die ihm 1903 für das berühmte Bild *Celestina* in seiner blauen Phase Modell stand.[138]

Dennoch wollte Güell hier sein Palais bauen. Obwohl er sich noch drei Häuser dazukaufte, maß das Anwesen am Ende kaum 400 Quadratmeter Grundfläche. Ein Laubengang verband es mit dem dahinterliegenden Elternhaus. Die Fassade war 22 Meter lang, gegen hinten waren es 18 Meter. Für das Herrenhaus eines der reichsten Wirtschaftskapitäne Spaniens fielen die Dimensionen also eher bescheiden aus. Die wahre Größe des Bauwerks musste daher anderswo liegen, in der Szenerie, den Materialien, den architektonischen und technischen Tricks und der handwerklichen Exklusivität. Für diese schwierige Aufgabe kam in Güells Augen nur einer in Frage: Gaudí.

Mit Unterstützung seines neuen Assistenten Berenguer zeichnete dieser erste Entwürfe und entwickelte allein für die Fassade 22 Versionen. Leider sind all diese Skizzen und Vorprojekte im Bürgerkrieg in Flammen aufgegangen. 1886 erhielt er die Baubewilligung für das Haus mit fünf teilweise versetzten Stockwerken, einer begehbaren Dachterrasse und einem Untergeschoss. Gaudí kannte Güell gut genug, um zu wissen, wie er das Gebäude auf ihn abstimmen konnte. Das Haus des patriotischen Katholiken sollte eine Reise durch die christliche Heilsgeschichte werden.

Das ganze Gebäude ist von der heiligen Zahl Sieben bestimmt. Sie steht als Primzahl für Vollkommenheit und die sieben Tage der Schöpfung. Es gibt sieben Todsünden (Hochmut, Neid, Zorn, Trägheit, Geiz, Völlerei, Wollust) aber auch sieben Gaben des Heiligen Geistes (Weisheit, Rat, Verstand, Stärke, Frömmigkeit, Erkenntnis und Gottesfurcht), und sieben Sakramente (Eucharistie, Taufe, Firmung, Ehe, Priesterweihe, Krankensalbung, Beichte). Die jüdischen Leuchter haben sieben Arme, der Tempel Babylons hatte sieben Stufen. Die Zahl 14, zwei Mal Sieben, ist der jüdische Zahlenwert des Namens David. Der Stammbaum Jesu betrug gemäß Matthäus drei Mal 14 Generationen, von Abraham bis David, von David bis zum babylonischen Exil, und dann bis zu Jesus selbst.[139]

Von den Pferdestallungen im Untergeschoss über die Gemeinschafts- und Wohnräume der Familie und die Wirtschafts- und Schlafräume des Personals bis hinauf zur Etage mit der Küche und den Vorratsräumen und zur Terasse unter freiem Himmel durchschreitet man im Palais Güell (katal. Palau Güell) sieben Ebenen, und Gaudí arbeitete mit sieben Stilrichtungen. Auf dem Dach stehen 14 unterschiedliche Schornsteine.

Im biblischen Psalm 127 steht geschrieben: *Wenn nicht der HERR das Haus baut, mühen sich umsonst, die daran bauen.* Zur Erinnerung an diesen Vers verteilte Gaudí im Haus 127 Säulen mit insgesamt 40 verschiedenen Formen und Mustern.[140] Die Zahl 40 erscheint in der Bibel immer bei radikalen Umbrüchen. So währte die Sintflut 40 Tage, Moses weilte 40 Tage auf dem

Berg Sinai und empfing dort die Gebote Gottes, 40 Jahre dauerte es, bis die Israeliten endlich das Gelobte Land erreichten, und 40 Tage verbrachte Jesus einsam fastend und von Satan versucht in der Wüste, ehe er in die Öffentlichkeit trat und sich als Messias zu erkennen gab.

Da die Vorfahren von Güells verstorbener Mutter Francesca Bacigalupi aus Italien stammten, ließ sich Gaudí bei der Fassade von einem venezianischen Palazzo inspirieren und kleidete ihn mit Marmor aus, der aus Güells Steinbruch in Garraf stammte. Er hatte für Güell bereits bei der Finca in Pedralbes mit Kettenlinien gearbeitet, nun setzte er diese ungewöhnliche Form prominent ein, besonders bei den beiden riesigen Eingangstoren. Dazwischen ließ er eine zwei Meter große, etwas klobige Laterne anbringen und malte sie in den katalanischen Farben mit roten Streifen an, darüber schlug ein kaiserlicher Jungadler mit den Flügeln, als würde er zum ersten Flug Kataloniens in triumphale Höhen ansetzen. Als die Arbeiter diese Eisenkonstruktion montierten, standen Güell und Gaudí auf dem Bürgersteig und schauten zu. Ein Passant sagte zu seiner Begleitung: *Welch merkwürdige Fabelwesen die doch anbringen!* Da umarmte Güell Gaudí und rief aus: *Jetzt gefällt es mir erst recht!*[141]

Die Besucher würden mit den Kutschen durch die fast fünf Meter hohen Eingänge fahren, im Innenhof absteigen und dann über eine Treppe hinauf in den Wohnbereich gelangen, während die Kutscher die Gefährte im Hinterhof parkten und die Pferde über Rampen in die Stallungen hinabgeleiteten. Dieser Kellerraum besteht aus einem niedrigen byzantinischen Ziegelgewölbe mit massigen Säulen, die sich nach oben wie enorme Trichter ausweiten und bereits das erahnen lassen, was Gaudí in der Sagrada Família weiterentwickeln wird: der Raum als Wald.

Trotz eines ausgeklügelten Lüftungssystems wirkt das niedrige Untergeschoss gewollt erdrückend, schließlich sollte es die Hölle darstellen. Zynischerweise bewahrheitete sich diese Symbolik später, denn im Spanischen Bürgerkrieg von 1936 bis 1939 wurde dieser Keller als Gefängnis und Folterkammer benutzt.[142]

Im Hochparterre gelangte man in eine prächtige Eingangshalle neben den Arbeitsräumen und der Bibliothek mit einer imposanten Treppe, die zur Beletage führte, wo die Familie wohnen sollte. Dort gab es sogar einen Billardsaal. Und hier lag das Herzstück und Highlight des Hauses, der Salon. Der Raum war 17 Meter hoch und reichte bis unter das Dach. Von den anderen Etagen konnte man durch Innenfenster auf den Salon hinunterblicken. Ganz oben mündete der Raum in eine Laternenfiale mit einem runden Mittelfenster und vielen kleinen Fensterluken aus, wie man sie von den Bädern von Alexandria kannte. Kleine Lokuli in der Kuppel ließen das Tageslicht wie Sterne einfallen, und nach Einbruch der Dunkelheit wurde der Effekt von Nachthimmel durch künstliche Lichter erzeugt.

Gaudí gehörte noch zu der Generation Mensch, die den Blick anhoben, um den Sternenhimmel zu betrachten, und die sich Fragen stellten, was hinter dieser Unendlichkeit wohl sein könnte, wo in diesem Meer von Galaxien der winzige Mensch einzureihen ist und welchen Sinn alles hat. Der Himmel war für ihn das perfekte Maß an Schönheit und Logik. Wenn wir heute von Kosmetik sprechen, um uns schön zu machen, nehmen wir unbewusst das Wort Kosmos in den Mund.

Zu Schönheit gehörte auch Musik. Auf der Höhe der dritten Etage sparte Gaudí Platz für Orgelpfeiffen aus, damit sich der Klang von oben herab auf die Zuhörenden senken konnte. Das Instrument selbst wurde später von Güells ältester Tochter Isabel (1872–1956) bespielt, die beim Einzug in das Palais 17 Jahre alt und bereits eine begnadete Pianistin war. Als die Familie 1888 das Haus bezog, gab es allerdings noch keine Orgel. Der Kontakt für ein geeignetes Instrument entstand erst während der Weltausstellung, als Gaudí viele Konzerte besuchte und dabei den berühmten Orgelbauer Aquilino Amezua (1847–1912) kennenlernte.[143] Dieser hatte für die Weltausstellung die größte elektrische Orgel der Welt außerhalb einer Kirche gebaut, die leider nicht mehr existiert.[144] Auch das Instrument für die Güells wurde im Bürgerkrieg vernichtet.

Güell ermutigte Gaudí, hochwertige Materialien einzukaufen und die besten Handwerker anzuheuern für aufwändige Kandelaber, Intarsien und schmiedeeiserne Verzierungen, Schnitzereien, Vergoldungen und die Mosaike. Ebenholz und Elfenbein, Buchenholz oder Eukalyptus, Parkettböden aus kunstvoll aneinandergelegten exotischen Hölzern, silber- und goldverkleidete Deckenverzierungen: kein Luxus war zu viel.

Die Werkstatt von Puntí arbeitete auf Hochtouren. Auch der bekannte Metallkonstrukteur und Gaudís ehemaliger Professor an der Hohen Schule für Architektur Joan Torras i Guardiola mit seiner Firma oder der Kunstschmied Oñós wurden verpflichtet. Der Innendekorateur Antoni Oliva war sehr geschickt bei der Nachahmung teurer Materialien. Eines Tages wollte er seinen Chef mit einer Marmor-Imitation überraschen. Als Gaudí eintrat, fragte er ihn, ob ihm etwas auffalle. Gaudí schaute sich um und verneinte. Da sagte Oliva stolz: *Wenn Sie auf diese Marmorverkleidung klopfen, klingt es hohl, denn es ist gar kein Marmor, sondern Holz!* Gaudí staunte und lobte seinen Handwerker, tadelte ihn aber sogleich, solche Imitationen seien zu unterlassen, denn Kunst sei eine sehr ernste Sache.[145]

Für die Wandgemälde engagierte Gaudí auf Empfehlung von Eusebi Güell den Kunstmaler Aleix Clapés i Puig (1850–1920). Der kleine Mann mit großen, verängstigten Augen, einem buschigen Schnurrbart und einer hohen Stimme besaß zwar ein gewisses Renommée, das durch die Zusammenarbeit mit Gaudí noch stieg, und zwischenzeitlich verdiente er sogar gutes Geld, doch der Exzentriker wusste seinen Wohlstand nicht zu halten und starb schließlich in bescheidenen Verhältnissen.[146]

Sein düsterer Stil bewegte sich im Umkreis des Symbolismus, läßt sich aber nicht wirklich einordnen, die Bilder waren getränkt in dunkle Rot-Gelb-Schwarz-Töne und schattige Umrisse, als stünde die Welt hinter einem Nebelschleier. Clapés war ein individualistischer Sonderling, der sich nie unter die Künstlergruppen mischte und dem es die Barceloner Gesellschaft übelnahm, dass er sich kaum öffentlich blicken ließ. Vermutlich hatten sich Güell und Clapés im Wanderverein kennengelernt, und Gaudí dürfte es gefallen haben, dass der Maler teilweise in Reus aufgewachsen war und eine Witwe aus dem Ort geheiratet hatte. Gaudí ließ ihn das Esszimmer mit großen Wandgemälden aus Verdaguers patriotischem Heldenepos *Atlantis* auskleiden. Manchmal schaute Verdaguer sogar persönlich im Palais Güell vorbei, um die Bilder zu bewundern.

Im Salon steht ein riesiger Wandschrank mit goldenen Flügeltüren, die zu einem versenkbaren Altar führen, mit dem man den Raum in eine Kapelle umwandeln konnte. Auf Anregung Gaudís bemalte Clapés die Innenseite der Flügeltüren mit zwölf Tafeln mit den Aposteln, wobei er es sich nicht verkneifen konnte, ganz unten bei Johannes sein Selbstportrait anzubringen. Rechts vom Schrank prangt an der Wand ein großes und wiederum etwas nebelhaftes Gemälde der heiligen Elisabeth von Thüringen, die einem armen Mann ihre Krone darreicht. Sie war Namenspatronin von Güells Frau Isabel, dem spanischen Namen für Elisabeth. Gaudí entwarf für das Palais auch die Möbelstücke wie einen Schminktisch mit einem schrägen Spiegel für die Senyora oder eine Chaiselongue im Schlafgemach. Die schweren Bilder, die grauen Marmorwände und die schattigen Nischen nahmen dem Salon aber die Lebensfreude, trotz Holzparkett und Sternenfiale. Tatsächlich traute sich später Güells Frau Isabel nachts nicht allein aus dem Zimmer.[147]

Gaudí wusste immer genau, was er tat. Als die Arbeiter am Kapitell einer Säule Risse entdeckten, blieb er ganz gelassen, und um zu beweisen, dass keinerlei Einsturzgefahr herrschte, hieß er einen Maurer mit einem Fausthammer gegen das Kapitell schlagen. Zwar lösten sich noch einige Splitter, aber sonst geschah nichts.[148] Auf Kritik konnte er sehr empfindlich reagieren. Als einst der Architekt Camil Oliveras (1840–1898), der mit ihm am Palais Güell arbeitete, an einem Detail etwas auszusetzen hatte, erwiderte Gaudí sarkastisch:

> »O Pardon, ich werde es nie wieder tun. Und wenn ich das nächste Mal ein Projekt mache, dann frage ich zuerst dich.«[149]

Güells Buchhalter Ramón Picó Campamar (1848–1916) war entsetzt über Gaudís ungehemmten Umgang mit Geld. *Ich fülle Güells Taschen, nur damit Gaudí sie gleich wieder leert*, soll er sich beklagt haben. Als der Bauherr eines Tages von einer seiner vielen Auslandreisen zurückkam, hielt ihm Picó absichtlich einen Stapel Rechnungen unter die Nase, doch Güell meinte lediglich: *Ist das alles, was Gaudí ausgegeben hat?*[150]

Obwohl sich der Architekt und sein Team beeilten, wurde das Palais bis zur Eröffnung der Weltausstellung 1888 nicht ganz fertig. Trotzdem zog die Familie mit den mittlerweile neun Kindern und einem Heer an Bediensteten ein und empfing wie vorgesehen mit großem Pomp berühmte Gäste, auch die spanische Regentin sowie den italienischen König Umberto I. (1844–1900) oder den Präsidenten der Vereinigten Staaten von Amerika Grover Cleveland (1837–1908).

Gaudís Gestaltungskraft machte international Furore, aber auch ein anderer Architekt hatte einen Geniestreich geschafft: Sein größter Rivale Lluís Domènech i Montaner baute kurz vor Ausstellungsbeginn an einer breiten Strandpromenade innerhalb von sage und schreibe nur 53 Tagen ein riesiges Luxushotel mit 600 Zimmern, das nach der Weltausstellung wieder abgetragen wurde.

Es gab allerdings auch Kritik am Palais Güell. Der Bau sei *babylonisch*, schrieb die *Vanguardia*, und bei seiner krampfhaften Suche nach den katalanischen Wurzeln sei Gaudí bis auf Nebukadnezar zurückgegangen.[151] Mit den vielen Säulen habe er sich zu sehr an die Alhambra angelehnt, hieß es, und man warf ihm und Güell vor, mitten in einem bescheidenen Arbeiterviertel einen demonstrativen Protzbau hingeklotzt zu haben.

Güell wird das Haus mit seiner Frau Isabel López und den zehn Kindern fast zwanzig Jahre lang bewohnen. Die ältesten Kinder waren beim Einzug bereits Teenager, das jüngste kam nach dem Einzug zur Welt. 1910 zog das Ehepaar aus und überließ das Palais einer Tochter. Kurz vor Ende des Zweiten Weltkrieges wollte ein Millionär aus den USA das Palais kaufen, abtragen und in Amerika originalgetreu wieder aufrichten lassen. Im letzten Moment konnte sich die Stadt mit der Eigentümerin einigen und das Gebäude übernehmen. Es gehört heute zum UNESCO-Weltkulturerbe und kann besichtigt werden.

## 5. Modernisme

Ausgerechnet am Tag vor Weihnachten 1886 brach im Städtchen Astorga im Norden Spaniens ein Feuer aus und brannte den Bischofssitz nieder. Dabei war der neue Bischof gerade eben eingezogen. Die charmante Ortschaft lag am beliebten Jakobsweg nach Santiago de Compostela, und das Bistum Astorga gehörte zu den größten des Landes. Bei dem neuen Bischof handelte es sich um Joan Baptista Grau, den Gaudí sieben Jahre zuvor kennengelernt und der ihm geraten hatte, seine Nichte den Klosterfrauen in Tarragona anzuvertrauen.

Da das Bistum gerade keinen Diözesanarchitekten hatte, schlug der neue Bischof vor, seinen Landsmann Gaudí mit dem Wiederaufbau zu betrauen. Diese Idee stieß bei der Bevölkerung und auch bei den städtischen Behörden und dem Klerus auf Unmut. Sie hätten lieber einen Architekten aus den eigenen Reihen berufen, doch das zuständige Ministerium in Madrid, das den Bau finanzierte, ließ Grau seinen Willen. Man hätte wohl besser auf die Einheimischen gehört.

Äußerlich entsprach der mondgesichtige Bischof Grau dem Bild des wohlgenährten Prälaten. Er liebte ausgedehnte Tafelrunden, war ein Menschenfreund, volksnah, leidenschaftlich und aufbrausend, und er gründete mehrere Schulen für Arbeiterkinder. Vor seinem Amtsantritt in Astorga verkaufte er seinen gesamten Privatbesitz und verschenkte das Geld an karitative Werke. Sein Anliegen war es auch, die Liturgie zu reformieren und die Laien vermehrt in den Gottesdienst einzubeziehen. Der Visionär wurde von seinem klerikalen Umfeld misstrauisch beobachtet und oft ausgebremst.[152]

Vorerst freute sich Gaudí noch über den neuen Auftrag. Er schrieb Grau einen Dankesbrief und entschuldigte sich, dass er nicht persönlich anreisen könne. Er legte einen Fragenkatalog bei und bat um Fotos und Pläne des abgebrannten Bauwerks und der Umgebung. Aufgrund dieses Materials zeichnete er ein Projekt, das er dem Bischof im Juli 1887 schickte.

Grau antwortete umgehend mit einem Telegramm: *Gefällt sehr, Glückwunsch, erwarten Brief.* Und er reichte bei den Behörden das Baugesuch ein, aber da es sich um ein öffentliches Gebäude handelte, mischte sich die königliche Baukommission Real Academia de Bellas Artes de San Fernando in Madrid ein, und es begann ein zweijähriger bürokratischer Marathon, im Laufe dessen Gaudí die Pläne zähneknirschend mehrmals abändern musste. Endlich bewilligte die *Academia* ein gotisch anmutendes schlossähnliches Gebäude mit einigen barocken Elementen, das der angrenzenden historischen Kathedrale irgendwie die Show stahl und nicht so recht ins Bild passen wollte.

Mitten im Trubel der Weltausstellung nahm sich Gaudí die Zeit, um zum ersten Mal mit der Eisenbahn in die Provinz León zu fahren und sich den Standort in Astorga anzusehen, und was er antraf, erschütterte ihn. Er hatte sich das mächtige Bistum als einen erhabenen Ort mit monumentalen Gebäuden und majestätischen Zeugnissen der spanischen Geschichte vorgestellt. Stattdessen traf er auf eine kleine Stadt, deren historische Größe längst verblasst war. Sein heller Marmorpalast würde eingepfercht zwischen einem alten Römerwall und einer Renaissance-Kathedrale aus rötlichem Sandstein liegen.

Etwas konsterniert machte er sich nach seiner Rückkehr in Barcelona an die Überarbeitung des Projektes und versuchte dabei einmal mehr auf die Wünsche der Madrider Academia einzugehen, indem er die Säulen und Treppen verbreiterte und Holz durch feuerfeste Materialien ersetzte.[153] Nach etlichen ärgerlichen Anpassungen konnten im Sommer 1889 endlich die Bauarbeiten beginnen. Gaudí reiste erneut nach Astorga und nutzte die Zeit, um die Stadt und die Umgebung auf der Suche nach den geeigneten Baumaterialien zu durchstreifen.

Seine Bewunderung für Bischof Grau war ungebrochen. Die beiden Katalanen in fremden Landen waren wie Pech und Schwefel und gaben ein unvergessliches Bild ab, wenn sie in lebhafte Diskussionen vertieft durch die Straßen spazierten. Grau machte sich in Astorga keine Freunde, weil er sogar im Beisein des lokalen Klerus mit Gaudí nur Katalanisch sprach.[154] Und Gaudí eckte an, weil er für einige Arbeiten Handwerker aus Barcelona herbeirief. Aber er litt unter der kühlen Feindseligkeit der Einheimischen und der Behörden, deren stiefmütterliche Behandlung sich auch in der schlechten Zahlungsmoral zeigte. In einem Brief an Bischof Grau beklagte er sich, in vier Jahren habe er noch kein Honorar erhalten, weder für die Vorarbeiten, die Studien, die Pläne noch für die Bauleitung:

> »Ich kann nur peinlich berührt feststellen, wie eklatant der Unterschied ist zwischen dem Staat und solchen, die sehr wohl wissen, dass es Menschen gibt, die von ihrer Arbeit leben und denen man ihr Honorar auszahlen muss, und die auch wissen, dass es respektlos ist, von den Leuten zu verlangen, um Dinge betteln zu müssen, die ihnen von Rechts wegen zustehen.«[155]

Kurz danach starb Bischof Grau, und Gaudí warf entnervt den Bettel hin. Er zog 1893 mit seinem Team ab und hinterließ seinem Nachfolger keinen einzigen seiner Pläne, sondern schmiss sie alle ins Feuer. Dabei prophezeihte er:

> »Die werden weder in der Lage sein, den Palast fertig zu bauen, noch ihn unfertig stehen zu lassen.« [156]

Jahre später gelangte ein Nachfolger des Bischofs an Gaudí und bat ihn zurückzukommen. Aber er lehnte ab. Der Palast wurde schließlich 1914 durch einen anderen Architekten fertiggestellt, aber inzwischen war der Bischofssitz nach Salamanca verlegt und das Gebäude somit hinfällig geworden. Aus Verlegenheit richtete die Stadt irgndwann nach dem Zweiten Weltkrieg darin ein *Museum der Wege* ein, das *Museo de los Caminos*, in Anlehnung an den berühmten Jakobsweg nach Santiago de Compostela.

Für Gaudí blieb Astorga ein dunkler Fleck in seiner Laufbahn. Als einst die korpulente und beliebte spanische Infantin Isabel de Borbón (1851–1931), die den Beinamen *la Chata* (Plattnase) trug, die Sagrada Família besuchte, fragte sie den Architekten, warum er denn Astorga aufgegeben habe. Die Antwort lautete:

»Senyora, ich bin nicht gegangen, ich wurde verjagt.«[157]

Während sich Gaudí noch mit Astorga herumschlug, kamen wenigstens die Arbeiten an der Krypta der Sagrada Famíla gut voran, und das Deckengewölbe stand vor dem Abschluss. Gaudí hatte einen runden Schlussstein entworfen und von seinem Freund, dem Bildhauer Joan Flotats i Llucià (1847–1917), meißeln lassen. Das Medaillon, wo zwölf markante Rippenbögen zusammenlaufen, befand sich über dem Hauptaltar der Krypta. Die Zahl Zwölf war die Multiplikation der Zahl Drei, Symbol des dreieinigen Gottes, mit Vier als Zeichen für die Welt, denn es gibt vier Himmelsrichtungen, vier Jahreszeiten, vier Elemente. Damit war die Zahl Zwölf Ausdruck für das Vollendete, die Perfektion, das absolute Glück. Das Jahr ist in zwölf Monate und Tierkreiszeichen eingeteilt, der Tag besteht aus zwölf Stunden Licht und zwölf Stunden Dunkel. Zwölf Tore führen zum himmlischen Jerusalem, Zwölf mal Zwölf mal Tausend – sinnbildlich für die unendliche Zahl – sind die erlösten Seelen. Zwölf steht für die Früchte des Heiligen Geistes: Liebe, Freude, Friede, Geduld, Milde, Güte, Langmut, Sanftmut, Treue, Bescheidenheit, Enthaltsamkeit, Keuschheit. Und zwölf Sterne befinden sich in der Strahlenkrone der Muttergottes.

Das Medaillon liegt über dem Hauptaltar der Krypta und unter dem Hauptaltar der Hauptkirche, exakt unter dem Stern des Marienturms. Dieses Relief ist der symbolische Schlüssel zur ganzen Sagrada Família, denn es stellt die Verkündigung des Erzengels Gabriel und den Moment der Unbefleckten Empfängnis dar, also den präzisen Moment der Menschwerdung Gottes. Es symbolisiert auch das Wohnhaus von Maria in Nazareth, das Bocabella in Loreto gesehen hatte und gern nachgebaut hätte.

Der Schlussstein in der königlichen Farbe Gold zeigt jenen Moment in der Geschichte der Menschheit, der sich in der katholischen Kirche jeden Tag am Altar nicht nur geistig und mystisch wiederholt, sondern auch materiell, im Sinne von *wahrhaft, wirklich und substanzhaft* durch die reale Gegenwart Christi in der konsekrierten Hostie und im Wein. Jesus sagte: *Ich bin das lebendige Brot, das vom Himmel herabgekommen ist. Wer von diesem Brot isst, wird in Ewigkeit leben. Wer mein Fleisch isst und mein Blut trinkt, hat das ewige Leben. Er bleibt in mir und ich bleibe in ihm.* (Joh 6, 51, 54, 56)

Es ist dieses Ereignis der liebevollen Menschwerdung Gottes, welches das Christentum von allen anderen Religionen unterscheidet, das alles verändert und das dem Menschen die Hoffnung auf Erlösung von allem Elend und auf ewiges Glück ermöglicht. Dieses kleine Medaillon erzählt den Anfang der christlichen Heilsgeschichte, und auf ihm ruht die ganze Sühnekirche Sagrada Família.

Die künstlerische Ausfertigung verlief nicht reibungslos. Gaudí hatte das Rundrelief so gezeichnet, dass die Taube, der Heiligenschein und ein Fuß des Engels über den Goldrand hinausragten, was dem Bild die steife Statik nahm. Flotats und sein Mitarbeiter, Bildhauer Lluís Puigjaner (1851–1918), waren aber der Meinung, dass bei gotischen Medaillons die Figuren nie über den Rand hinausgingen. Nach einer kurzen Diskussion erklärte Gaudí salomonisch und nicht ohne Ironie:

> »Es wird entweder so gemacht, wie ich es will, oder dann eben so, wie es den Künstlern genehm ist.«[158]

Da die Josefsvereinigung fest damit rechnete, dass der Bischof der Sagrada Família bald einen eigenen Priester zuweisen würde, beauftragte sie Gaudí noch vor der Weltausstellung mit dem Bau eines Pfarrhauses neben der Kirche. Bisher hatte Gaudí in seinem kleinen Büro in der Altstadt gearbeitet und war zwischen den Werkstätten seiner Bildhauer, den Baustellen und seinem Büro hin und her gependelt. Nun sah er die Gelegenheit gekommen, einen größeren Arbeitsraum für sich zu schaffen. Er projektierte neben der Baustelle der Sagrada Família ein einfaches zweistöckiges Haus aus Backstein und Holz. Im Erdgeschoss sollte der Pfarrer wohnen, darüber wollte er sein eigenes Büro mit viel Stauraum einrichten.

Kurz vor der Weltausstellung kam auch der mächtigste Unternehmer Spaniens Claudio López Bru auf ihn zu. Natürlich würde auch er seine Firmen der Weltöffentlichkeit vorstellen. Sein Transportunternehmen Compañía Trasatlántica war gerade im südspanischen Cádiz an der internationalen maritimen Ausstellung mit einem Pavillon präsent. López bat Gaudí nun, den Pavillon nach der Veranstaltung abzubauen und nach Barcelona zu überführen.

Die Lebensdaten von Claudio López Bru (1853–1925) decken sich praktisch mit jenen Gaudís. Er war der Sohn des ersten Markgrafen von Comillas, wohnte in Barcelona und Madrid und gehörte wie Eusebi Güell zu den Unternehmern katholisch-sozialer Prägung. Wegen seines Katholizismus wurde er von den Linken und wegen seines sozialen Engagements von den konservativen Rechten gehasst. Eigentlich wäre Claudio López gern Priester geworden, doch als 1876 sein älterer Bruder und sieben Jahre später der Vater starb, blieb die Verantwortung für das mächtige Familien-Imperium an ihm hängen. Er heiratete die 17-jährige María Gayón Barrie (1864–1938), von der es hieß, sie sei die schönste Frau Spaniens. Auch Claudio selbst mit der hohen Stirn und den aristokratischen Gesichtszügen war eine stattliche Erscheinung, litt allerdings an einer Lungenkrankheit. Da die Ehe kinderlos blieb, ging das Gerücht um, dass das Ehepaar ein Keuschheitsgelübde abgelegt habe.

Die Unternehmensführung des zweiten Markgrafen von Comillas war im rauen spanischen Klima starker Klassengegensätze ungewöhnlich fortschrittlich. Lange bevor der Staat den Werktätigen gewisse soziale Rechte einräumte, führte Claudio López in seinem Kohlebergwerk *Hullera Española* im nordspanischen Asturien eine Kranken- und Rentenversicherung für die Belegschaft ein und baute für ihre Familien Wohnungen und Schulen. Er förderte die katholische Laien- und Arbeiterbewegung, orginisierte 1894 eine Wallfahrt von rund 16.000 Arbeiterinnen und Arbeitern nach Rom, und er beteiligte sich an der Schaffung kirchlicher Kreditinstitute, um der spanischen Landbevölkerung die Möglichkeit zu geben, sich von den Großgrundbesitzern loszukaufen, ohne dafür Wucherzinsen zahlen zu müssen. Im Sinne seines verstorbenen Vaters gründete er in Comillas eine päpstliche Universität und engagierte sich für die Katholische Aktion, eine Laienbewegung im Dienste der Diözesen. Heute liegt im Vatikan ein Antrag auf die Seligsprechung von Claudio López Bru vor.

Die beiden Männer reisten 1887 unter der brütenden Augustsonne in das faszinierende Cádiz an der Atlantikküste. Zur großen Freude Gaudís lud ihn Claudio López während seines Aufenthalts zu einem Abstecher nach Marokko ein. Zum ersten Mal betrat Gaudí den afrikanischen Kontinent. Marokko war zwar ein souveräner Staat, aber der regierende Sultan hatte sich 1880 mit den europäischen Großmächten auf eine *Politik der offenen Tür*, oder besser der offenen Handelshäfen, geeinigt und Marokko damit faktisch zu einer Beinahekolonie von Spanien und England gemacht. Ausländer durften in Marokko Boden erwerben, einheimische Arbeitskräfte beschäftigen und ihre eigene Kultur und Religion leben.

Die islamische Bauweise faszinierte Gaudí. Schon als Student hatte er Bücher über die arabische Architektur, von der Spanien durchdrungen war, verschlungen. Nun durfte er sich alles aus nächster Nähe selbst ansehen. Befeuert von seinen Eindrücken verwandelte er in Barcelona den Pavillon von López in einen arabisch-orientalischen Palast mit Spitzbogenfenstern und vielen Fahnenstangen. Er setzte ihm eine Kuppel auf und verkleidete die Wände mit Gipsabdrücken von Ornamenten der berühmten spanischen Alhambra-Moschee. Das Eingangstor in Hufeisenform, blendend weiße Wände und blühende Vorgärten ließen den kleinen Palast unter dem blauen Sommerhimmel erstrahlen. Während der Weltausstellung wurde er in der Presse als *zweifellos eines der schönsten und elegantesten Bauwerke der Ausstellung* bezeichnet.[159]

Als Architekt eines Ausstellungsobjektes brauchte Gaudí für den Zugang zum Gelände einen Ausweis und für diesen wiederum ein Passfoto. Dieses Bild ist eines der seltenen Fotos des Architekten, der sich nur ungern ablichten ließ, und es zeigt den hell gekleideten 36-jährigen Gaudí aus einer seitlichen Vorderansicht mit seiner griechischen Nase, etwas fleischig und beinahe kahlrasiert. Er trägt einen dichten Schnauzer und einen lockigen Bart und lächelt verschmitzt, den Blick schüchtern von der Kamera abgewandt.

Gaudí war auf der Weltausstellung nicht nur mit dem Pavillon von López vertreten, sondern auch mit dem orientalischen Fumoir aus Comillas, und er beteiligte sich mit Plänen und Zeichnungen an einer Architekturausstellung, wobei er, wen wundert's, seine Beiträge zu spät einreichte, so dass er es nicht in den Ausstellungskatalog schaffte.

Auch die Familie Vicens bezog nun endlich ihre einzigartige arabeske Villa mit den grellbunten Kacheln im Gràcia-Quartier, und die Familie Güell richtete sich in ihrem exklusiven Palais ein, obwohl noch nicht alle Arbeiten ganz abgeschlossen waren. Die erste Weltausstellung auf spanischem Boden dauerte von Mai bis Oktober 1888 und war ein phänomenaler Erfolg. 12.000 Austeller aus 25 Ländern präsentierten ihre Produkte vor 400.000 Besucherinnen und Besuchern. Barcelona hatte sich herausgeputzt, an den wichtigsten Verkehrsachsen Straßenbeleuchtungen eingerichtet und zeigte den auswärtigen Gästen stolz sein modernistisches Gesicht.

Was in anderen Ländern als Jugendstil oder Belle Époque in die Kunstgeschichte einging, hieß in Katalonien Modernisme. Der Begriff tauchte erstmals 1884 auf, als die Zeitschrift für Literatur, Kultur und Wissenschaft *L'Avens* den neuen Ausdrucksformen zwischen Romantizismus und Fortschritt einen Namen geben wollte. Dabei berief sie sich auf einen elfseitigen Artikel von Lluís Domènech i Montaner mit dem Titel *Auf der Suche nach einer nationalen Architektur* in der Zeitschrift *Renaixensa* vom 28. Februar 1878. Dieser Text gilt als das erste Manifest des katalanischen Modernisme.

*Gaudís Passbild für die Weltausstellung von 1888 in Barcelona.*

Bereits bei der offiziellen Eröffnungsfeier vom 20. Mai 1888 setzten die Katalanen ein symbolträchtiges politisches Zeichen. In Anwesenheit von Baby-König Alfonso XIII., der erst zwei Jahre alt war, und der von seiner Mutter Maria Cristina vertreten wurde, sowie dem spanischen Ministerpräsidenten Práxedes Sagasta (1825–1903) sang der junge katalanische Tenor Francesc Viñas i Dordal (1863–1933) einige Passagen aus Wagners *Lohengrin* in der deutschen Originalsprache, aber im Begleitheft lasen die Barceloner die Übersetzung von Gaudís Freund Joan Maragall auf Katalanisch.

Für die Katalanen, die sich nach einer mythologischen Legitimation ihrer ästhetischen und ideologischen Selbstinszenierung sehnten, war Wagner ein idealer Katalysator.[160] Offenbar ging der geniale Deutsche sogar davon aus, dass ausgerechnet bei ihnen in Katalonien auf ihrem sagenumworbenen Berg Montserrat der legendäre Gral versteckt lag, jener heilige Kelch, aus dem Jesus Christus beim Abendmahl getrunken haben soll, und der die begehrteste Reliquie der Christenheit war. Erstaunt hörte das Publikum im dritten Akt Lohengrin singen:

*In fernem Land, unnahbar euren Schritten*
*liegt eine Burg, die Montsalvat genannt*
*ein lichter Tempel steht dort inmitten*
*so kostbar, als auf Erden nichts bekannt*
*drin ein Gefäß von wundertät'gem Segen*
*wird dort als höchstes Heiligtum bewacht.*

Montsalvat konnte nichts anderes heissen als Montserrat. Sogar die *Encyclopedia Britannica* fiel anfänglich darauf herein und verwechselte die beiden Namen in ihrer Ausgabe von 1911. Später wurde der Fehler dann korrigiert.[161] Unter den frenetisch Applaudierenden saß auch der Architekt mit den eisblauen Augen.

Die Weltausstellung hatte noch ein weiteres erfreuliches Nachspiel. Der Musikstudent Lluís Millet i Pagès (1867–1941) lauschte fasziniert einem Konzert der russischen Nationalkapelle unter freiem Himmel und wusste sofort, dass Barcelona etwas Vergleichbares brauchte. Zusammen mit dem jungen Komponisten und Schriftsteller Amadeu Vives (1871–1932) gründete er 1891 den Volkschor Orfeó Català, der zuerst nur Männern, später auch

Frauen und Kindern offenstand. Das Orfeó wurde mit der Zeit zum wohl wichtigsten internationalen Botschafter der katalanischen Kultur und war und blieb für Gaudí ein wichtiger Bezugspunkt. Er war der Meinung, dass die Musik der Verrohung durch soziales Elend, Terrorismus und staatliche Gewalt entgegensteuern konnte:

> »Wenn das Volk keine patriotischen Hymnen singt, dann singt es revolutionäre; wenn es keine religiösen singt, dann blasphemische und obszöne. (...) Wir brauchen keine Streikposten und keine Truppenabzeichen, sondern an jeder Straßenecke einen Chor.«[162]

## 6. Astorgas Fluch und Ávilas Segen

Im Westen Barcelonas wiederholte sich nun das, was sich bereits bei der Sagrada Família abgespielt hatte, und Gaudí musste in die Fußstapfen eines Vorgängers treten und ein angefangenes Bauwerk vollenden. Dieses Mal ging es um ein Mädcheninternat von Klosterfrauen, welches der Priester Enric d'Ossó (1840–1896) in Auftrag gegeben hatte, doch auch hier verließ der ursprüngliche Architekt die Baustelle kurz nach Baubeginn. Auf Anregung von Bischof Grau klopfte d'Ossó bei Gaudí an. Obwohl der Priester mit dem verschmitzten Lächeln in Reus aufgewachsen war, kannte er Gaudí nicht, denn er war zwölf Jahre älter und früh ins Seminar eingetreten.

D'Ossó hatte neben Theologie auch Physik und Chemie studiert und war überzeugt, dass das beste Mittel gegen Säkularisierung und Glaubensverlust die Bildung war. Im Gegensatz zu der vorherrschenden Menatlität hielt d'Ossó Frauen nicht für intellektuell minderbemittelt, sondern wollte gerade diese fördern. Sein berühmter Ausspruch lautete: *Einen Jungen zu erziehen heißt, einen Mann heranzubilden. Ein Mädchen zu erziehen, heißt, eine ganze Familie heranzubilden.*[163]

Sein Vorbild war die Heilige Teresa von Ávila (1515–1582), ein humorvoller intellektueller Vulkan aus dem 16. Jahrhundert, gebildete Tochter eines bekehrten Juden, die zu den größten Mystikerinnen aller Zeiten gehört und wie viele Heilige oft im Konflikt mit der Kirchenführung stand. An sie dachte d'Ossó, als er eine weibliche Klostergemeinschaft gründete, die dem Gebet und der Schulbildung für Mädchen verpflichtet war.

Mit seinen Theresianerinnen gründete er zahlreiche Institute auf drei Kontinenten. Zu einer Zeit, da die Familien ihre Kinder anstatt zur Schule in die Fabriken schickten, wo sie als billige Arbeitskräfte ausgenutzt wurden, wollte er selbstbewusste und in Literatur und Wissenschaften bewanderte junge Frauen fördern, die sich auch körperlich fit hielten und in gut durchlüfteten Klassenzimmern und sonnigen Gärten groß werden sollten. Er selbst hatte unter seinen Erziehern gelitten, daher lag ihm besonders am Herzen, dass die Kinder keine Prügel bezogen, sondern mit Respekt und Liebe aufwuchsen. Damit war d'Ossó seiner Zeit definitiv einen Schritt voraus.

In Barcelona sollte ein neues Mutterhaus für die Theresianerinnen und ein Mädcheninternat entstehen. Der Standort im Westen der Stadt hatte den Vorteil, dass sich die Nonnen an der nahegelegenen Universität weiterbilden konnten. Als Gaudí das Mandat im Januar 1889 übernahm, ragte das Erdgeschoss des Theresianums etwa 80 Zentimeter aus dem Boden.

Die Zusammenarbeit mit d'Ossó und besonders die Auseinandersetzung mit der kraftsprühenden, kompromisslosen, aber auch humorvollen und pragmatischen Mystikerin Teresa von Ávila war ein weiterer Meilenstein in der spirituellen Entwicklung Gaudís. Sein Vorgänger hatte ein banales byzantinisches Gebäude von 18 Metern Breite und 58 Metern Länge gezeichnet, an dessen Grundfesten Gaudí nichts mehr ändern konnte, aber nun wollte er mit möglichst wenig Geld auf diesem Fundament einen Raum schaffen, der dem kontemplativen Wesen der Ordensfrauen Rechnung trug und den Mädchen einen angenehmen Schul- und Lebensalltag ermöglichte.

Er musste also etwas nach innen Gerichtetes schaffen. Zuerst setzte er sich intensiv mit der Lehre der Heiligen Teresa von Ávila auseinander. Teresa wurde 1515 im kastilischen Ávila in eine adelige Familie mit konvertierten jüdischen Vorfahren hineingeboren. Sie war sehr fromm, und schon mit sieben wollte sie mit ihrem Bruder zu den Arabern reisen und dort als Märtyrerin sterben, wie sie in ihren Memoiren schrieb. Der Vater wollte sie standesgemäß verheiraten, doch sie, die inzwischen die Mutter verloren hatte, verspürte keine Lust auf eine eheliche Bindung und trat gegen den Willen des Vaters in ein Karmelitenkloster ein, wo sie aber nach eigenen Aussagen sehr unglücklich war und nur überlebte, weil sie durch ihre Visionen ein machtvolles Gefühl der inneren Befreiung erfuhr. An ihrer religiösen Berufung zweifelte sie trotz ihrer Krisen keine Sekunde.

Teresa musste sich im Laufe ihres Lebens als Ordensschwester in der männerdominierten Gesellschaft und Kirche ständig durchsetzen und litt am rigiden Unverständnis und Moralismus des Klerus. Sie gründete mehrere Klöster, sogar einen männlichen Zweig, und war viel unterwegs. Der Apostolische Nuntius nannte sie denn auch ein *vagabundierendes, ungehorsames und dickköpfiges Weib*[164], aber sie konnte sich immer an der lauernden Inquisition vorbeischlängeln. Teresa von Ávila hinterließ drei große geistliche Werke, darunter *Die innere Burg*, sowie eine Autobiografie, mehrere kürzere Schriften, und von ihren Briefen sind über 400 erhalten.

*Wer Gott sucht, braucht keine Flügel. Er soll nur still in sein Inneres schauen*, schrieb sie und nannte dieses Innere die *Seelenburg*. Ihre Mitschwestern lehrte sie: *In die innere Burg eurer Seele könnt ihr ohne Genehmigung der Oberen zu jeder Stunde hineingehen.* Dort fände man eine Freiheit, die viel größer sei als das, was die Kirche und die Gesellschaft den Frauen gewährten.[165] Diese Seelenburg wollte Gaudí nachbauen. Die Klosterschule sollte aus dem Boden ragen wie die *innere Burg* der Teresa von Ávila, und die Geldnot seines Arbeitsgebers würde ihn nicht davon abhalten, etwas Einmaliges zu schaffen.

D'Ossó ermahnte ihn hin und wieder: *Senyor Gaudí, bitte vergessen Sie nicht, unser Anliegen ist große Bescheidenheit, halten Sie sich bitte daran.* Und Gaudí erwiderte:

> »Jedem das Seine, Pfarrer Enric. Ich mache Häuser, und Sie lesen die Messe und predigen.«[166]

Aber er hatte das Anliegen des Ordensgründers sehr wohl verstanden. Auf den Grundmauern seines Vorgängers gestaltete er seine mystische Burg zurückhaltend mit sandfarbenen und roten Backziegeln, Natursteinen aus der Region und nur wenigen dekorativen Keramikelementen, so dass sich der kompakte Bau in der Tat wie eine Festung ausnimmt. Durch die unterschiedliche Anordnung der Mauersteine schuf er eine dynamische Größe, und innen wie außen arbeitete er mit Spitz- und Parabolbögen, was den Bau optisch streckte.

Die Stockwerke wurden gegen oben immer niedriger, dadurch schien das Gebäude von unten betrachtet viel höher. Mit der Aufwärtsbewegung der Gemäuer spielte Gaudí auf die mystischen Entrückungen Teresas an. Gekrönt wurde der Bau durch einen Kranz spitz auslaufender Zinnen, auf denen kronenähnliche Gebilde aus roter Keramik prangten, die sich bei genauerem Hinsehen als Doktorhut entpuppten.

Mit diesen Doktorhüten setzte Gaudí ein prophetisches Zeichen. D'Ossó war der Erste, der in Rom beantragte, Teresa von Ávila als erste Frau überhaupt zur Kirchenlehrerin zu ernennen. Es dauerte hundert Jahre, bis die Kirche reagierte, aber 1970 ernannte der Papst Paul VI. (1897–1978) die spanische Mystikerin tatsächlich zur Kirchenlehrerin, lateinisch *doctor ecclesiae*. Die ursprünglichen Doktorhüte auf den Zinnen wurden im Bürgerkrieg von 1936 bis 1939 zerstört und später durch ein anderes Design ersetzt.

Zum ersten Mal brachte Gaudí ein Symbol an, das von nun an fast alle seine Bauwerke prägen sollte, ob religiös oder nicht. Auf die vier Eckzinnen setzte er ein Kreuz mit vier Armen, die in alle

Himmelsrichtungen zeigen. Solche vierarmigen und kugelförmigen Kreuze mit bunten Mosaikverkleidungen wurden zu seinem Wahrzeichen.

Weitere dekorative Elemente bestanden aus Symbolen des Ordens wie der Berg Karmel, das dornengekrönte Herz der Jungfrau Maria und das pfeildurchbohrte Herz der Heiligen Teresa. Er brachte Schriftzüge an wie *Todo se pasa* (alles vergeht) aus ihrem berühmten Gebet: *Nichts soll dich verstören, nichts dich erschrecken, alles vergeht, Gott ändert sich nicht. Geduld erlangt alles; wer Gott hat, dem fehlt nichts. Gott allein genügt.*

Die spanische Mystikerin eröffnete Gaudí neue Perspektiven auf seinem architektonischen und besonders auf seinem spirituellen Weg. Wie beim Palau Güell nutzte er auch hier die Zahl 127, in Anlehnung an den Psalm 127 und der Mahnung, dass sich die Arbeiter umsonst mühen, wenn nicht der Herr das Haus baut. 127 Mal ließ er am Gebäude das mittelalterliche Monogramm JHS für *Jesus Hominum Salvator* (Jesus Erlöser der Menschen) in Keramik anbringen, um zu zeigen, dass Jesus der Schlossherr war, weitere 35 Mal in den Eisengittern. 35 ist sieben Mal die vollkommene Primzahl Sieben.

In ihrem wichtigsten Werk *Die Seelenburg* beschrieb Teresa von Ávila die Seele als eine gläserne Festung mit sieben Wohnungen, die man auf dem spirituellen Weg zu Gott durchschritt. An verschiedenen Stellen des Gebäudes brachte Gaudí sechsmal das Wappen des Ordens an, sechsmal die Initialen der heiligen Teresa in schmiedeeisernen Gittern. Sechs ist zwei Mal die vollkommene Zahl der Dreifaltigkeit.

D'Ossó war sehr angetan von Gaudís Lösungen, aber er wusste oft nicht, wie er die Rechnungen für die fast siebzig Arbeiter bezahlen sollte. Merkwürdigerweise war es Gaudí, der sich nicht aus der Ruhe bringen ließ und dem Priester sagte, Gott werde es schon richten.[167] Er versuchte derweil, mit den spartanischsten Mitteln zu arbeiten. Dafür eignete sich der Kettenbogen besonders gut, der innen wie außen zum prägenden Stilelement des Theresianums wurde. In den Korridoren reihte Gaudí weiß verputzte Parabolbögen auf schmalen Sockeln dicht aneinander. Auf diese Weise konnte er Material für dicke Mauern sparen, zwischen den Bögen Fenster anbringen und die Gänge mit Licht fluten. Diese hellen Flure sind von bestechender Schönheit und strahlen eine kontemplative Stille aus, wie sie die Heilige Teresa bei der Gründung ihrer Orden im 16. Jahrhundert gewollt hatte. Leider ist das Theresianum nicht öffentlich zugänglich, da es noch immer als Schule genutzt wird.

Im Erdgeschoss lagen die Schulzimmer sowie eine Kapelle, die zu Gaudís Zeiten nur provisorisch war, die Kantine und die Küche. Dank hoher Decken und großer Fenster sind die Unterrichtsräume sehr hell. Es gibt in diesem Haus aber einige merkwürdige Dinge. In der ersten Etage baute Gaudí eine kuriose Säulenhalle. Jede Säule war nur so breit wie ein einzelner Backstein und mündete in ein weißes Kapitell und hohe Parabolbögen aus. Der Saal war ein Wald. Und mitten in diesem Säulenwald steht ein Sockel, der ein Meter hoch ist, nichts abstützt und nirgendwohin führt: eine nutzlose, unfertige Säule. Als Pfarrer Enric ihn fragte: *Und das, was ist das und wozu soll das gut sein?*, erklärte Gaudí:

> »Das symbolisiert Gott. Ohne Schnörkel, ohne gar nichts. Denn Gott ist für sich allein schon alles, und er braucht kein weiteres Symbol dazu.«

Heute steht auf dieser Säule eine Jesus-Statue, aber diese ist eigentlich nicht in Gaudís Sinn. Er wollte mit dem scheinbar nutzlosen leeren Sockel bewirken, dass die Schwestern beim Vorbeigehen über Gott nachdenken mussten. D'Ossó meinte dazu: *Aber Don Antoni, Gott ist doch überall, da brauchen die Leute nicht extra an dieser oder sonst einer Stelle vorbeizugehen!* Doch Gaudí wusste, dass der Mensch visuelle Anreize für seine Spiritualität brauchte:

> »Nein und nochmals nein! Wer zur Treppe will, der muss daran vorbeigehen.«[168]

Und damit nicht genug. In einem Korridor liegt eine Tür und dahinter führt eine Treppe hinauf, ohne dass dort ein Durchgang wäre, sie endet an der Wand. Die Treppe ist ein Blindgänger und scheint ebenso nutzlos wie die besagte Säule zu sein. Was wollte Gaudí damit sagen? Man weiß es nicht, es ist keine Erklärung überliefert. Das ganze Haus war ein Mysterium, so wie Gott eines war, und so wie die innere Burg der Heiligen Teresa beschrieben wurde als Weg durch das geheimnisvolle Innere des Menschen zum geheimnisvollen Gott.

Das Theresianum wurde für gaudianische Verhältnisse zeitig fertiggestellt und konnte nach nur zwei Jahren den Betrieb aufnehmen. Seither haben Generationen von Ordensschwestern und Schülerinnen die einzigartige spirituelle Kraft, die von den Mauern Gaudís ausgeht, bezeugt. Das Einzige, was Gaudí im Theresianum nicht bauen durfte, war die Kapelle. Er konnte sich nicht mit der Oberin über ihren Standort einigen, so dass 13 Jahre später ein anderer diese Aufgabe übernahm.

Zu Beginn der Arbeiten am Teresianum war Gaudí 37 Jahre alt und wartete seit fast vier Jahren auf die Nichtigkeitserklärung der Ehe von Pepeta Moreu durch die katholische Kirche. Er besuchte fast jedes Wochenende erwartungsvoll das Haus der Familie in Mataró. Inzwischen war der Großvater Moreu gestorben, und die Schwestern führten das Handelsunternehmen selbst weiter.

Endlich trat im Frühjahr 1889 der langerwartete Augenblick ein: Pepetas Ehe wurde für ungültig erklärt, sie war frei. Gaudí, der noch nie eine Frau angerührt hatte, nahm seinen ganzen Mut zusammen und bat in einem günstigen Augenblick die temperamentvolle Josepa Moreu, seine Frau zu werden. Ohne ein Wort zu erwidern, hob sie die Hand und zeigte ihm den Ringfinger, an dem bereits der Verlobungsring eines anderen funkelte.

Von diesem Tag an traf sich Gaudí nie wieder mit einem Mitglied der Familie Moreu und mied jeglichen Kontakt. Der Schnitt war unerbittlich, doch vermutlich die einzige Möglichkeit für ihn, über die Enttäuschung hinwegzukommen. Pepeta heiratete bereits wenige Wochen später den Holzhändler Joaquim Caballol (?–1899). Mit ihm wird sie drei Kinder haben, die aber alle ohne Nachkommen bleiben werden. Nach zehn Jahren verstarb Caballol, und die attraktive Pepeta heiratete noch ein letztes Mal den 13 Jahre jüngeren Josep Vidal i Gomis (1870–1938), eröffnete eine Modeboutique in Barcelona und verwandelte sich von der linken, freigeistigen Emanze in eine karlistische Franco-Anhängerin, bevor sie 1938 starb.[169]

Um über die geplatzten Träume und den Liebeskummer hinwegzukommen, richtete Gaudí seinen Blick nach innen. Das Erstaunliche dabei ist, dass je tiefer sein Blick drang, je konservativer seine Ansichten zu werden schienen, desto übermütiger und wagemutiger preschten seine gestalterischen und architektonischen Ideen nach vorne.

Neben den Schriften der Teresa von Ávila enteckte er für sich auch den französischen Benediktinerabt Dom Prosper Guéranger (1805–1875), der sich im nachrevolutionären Frankreich für die Reform der katholischen Liturgie eingesetzt hatte. Das liturgische Jahr beginnt mit dem Advent, wenn die Christenheit hoffnungsvoll die Geburt des Erlösers erwartet. Dann erzählen die Gottesdienste und das Stundenbuch die Geschehnisse der Heilsgeschichte und begleiten Jesus durch sein Leben. Das Kirchenjahr folgt dem Weg des jüdischen Volkes seit der Erschaffung der Welt und betrachtet das Wirken der Heiligen, die von Gott durchdrungen waren und andere Menschen inspirieren. Es ist eingeteilt in traurige und freudige Phasen wie Weihnachten, Fastenzeit, Ostern oder Pfingsten, besteht aus Zeiten der Innerlichkeit und Zeiten der Ausgelassenheit, ist wie die Atembewegung eines Lebewesens.

Die kirchliche Gemeinschaft ist für den Menschen wie ein Stock, der ihm beim Gehen hilft. Jeder Tag hat seine Gesetzmäßigkeiten und schöpft aus der Erfahrung, und jede Bewegung, jede Farbe, jeder Gegenstand und jedes Wort der kirchligen Feiern gibt den Blick auf die Liebe Gottes zum Menschen frei. Dabei ist das Kirchenjahr nie endgültig ausgestaltet. Immer wieder werden neue Feste eingeführt, um Ereignisse aus der älteren und jüngeren Geschichte zu feiern, in denen sich die Allmacht Gottes am Menschen gezeigt hat.

Gaudí war durch Bischof Grau auf Guérangers Buch von 1841 über das Kirchenjahr mit dem Titel *L'année ilturgique* gestoßen. Darin kommentierte der Experte alle Passagen aus den katholischen Tagesgebeten und Liturgiefeiern in der Überzeugung, dass diese universellen Texte einen gewissen Schutz vor einer eigenmächtigen Auslegung der Bibel und damit vor der Reduzierung der Heilsbotschaft gewährten. Er warnte auch vor einer ausschließlich bibelbezogenen Religion.

Guéranger war nach der Französischen Revolution in einer Zeit aufgewachsen, als die Kirche besonders schonungslos bekämpft wurde. Gleichzeitig hatte er selbst eine gewisse Dekadenz der Glaubensgemeinschaften festgestellt. In vielen Klöstern war das kontemplative Leben einer materiellen und intellektuellen Sattheit gewichen. Der Franzose gehörte zu den größten Erneuerern der Kirche und propagierte eine persönliche, innige Suche nach Gott durch die Liturgie und die Rückkehr zu den ursprünglichen Regeln und Rhythmen des bescheidenen benediktinischen Klosterlebens. In seinen Augen konnten sich die Lehren des Heiligen Benedikt auch positiv auf den Alltag von Laien auswirken. Begeistert bemühte er sich um die Wiedereinführung des gregorianischen Gesangs im Gottesdienst. Guéranger prägte Generationen von Klosterfrauen und Mönchen ebenso wie Laien auf der ganzen Welt, und er prägte besonders auch Gaudí, der sein Buch von nun an auf dem Nachttischchen neben seinem Bett aufbewahrte und regelmäßig darin las.

Da Roseta dreizehn wurde und ihre Zeit im Internat in Tarragona endete, zog sie 1889 wieder zum Onkel, der mit der Enttäuschung wegen Pepeta zu kämpfen hatte, und dem Großvater nach Barcelona. Die kleine Familie wechselte in eine größere Wohnung an die Carrer Diputació 339 nicht unweit der Sagrada Família, wo sie die nächsten 16 Jahre wohnen wird. Gaudí war froh, dass ihm der Vater die geschäftliche und die private Buchhaltung führte. Er ließ sich von seinem Vater ein Gehalt auszahlen, das mit den Jahren immer kleiner wurde.

Im selben Jahr wurde endlich die Krypta vollständig überdacht. Gaudí hatte den Josefisten innerhalb von zehn Jahren eine

Kirche versprochen und ihnen nach sechs Jahren eine würdige Übergangslösung bereitgestellt. Jetzt hatte er freie Hand für sein eigenes Projekt. Sein Biograf Matamala vermutete, dass Gaudí der Josefsvereinigung nicht alles verriet, was er vorhatte, weil sich die Josefisten sonst erschrocken hätten.[170]

Bei den Behörden lagen die Baupläne seines Vorgängers Villar, aber sie kümmerten Gaudí nicht. Seine Sagrada Família sollte wie die Kathedrale von Chartres die Form eines lateinischen Kreuzes mit drei Fassaden erhalten. In Chartres erzählen die drei Eingänge von Christus, von Maria und von der Apokalypse. Bei der Sagrada Família sollten sie die drei Lebensabschnitte von Jesus Christus erzählen, die auch im Rosenkranz meditiert werden: Der Haupteingang auf der Südseite war der Herrlichkeit Christi gewidmet, die Ostfassade seiner Geburt und der Eingang im Westen seinem Leiden und seinem Tod. Ein Meer von konischen Glockentürmen würde sich wie die Schneckenmuscheln am Strand von Barcelona in einer machtvollen Aufwärtsbewegung nach dem Himmel strecken.

Nicht nur das Projekt dieser Kirche war ungewöhnlich, sondern auch die praktische Umsetzung. Wer bei der Sagrada Família vorbeikam, stellte erstaunt fest, dass sich alle Arbeiter nur in einer einzigen Ecke bewegten. Anstatt horizontal den ganzen Umriss der Kirche zu mauern, konzentrierte sich alles auf die Apsis am Kopfende der Kirche, die nach Nordosten ausgerichtet war. Diese strategische Entscheidung des Architekten schien merkwürdig. Vielleicht ahnte er bereits, dass er die Kirche nicht zu Ende bringen würde, und wollte sich um ein Teilstück kümmern, das als Vorlage für den Rest galt, den später andere zu Ende bringen würden.

Zum Schutz vor Dieben wurde rund um die Baustelle eine Mauer aus Backsteinen errichtet und mit den Jahren sogar nachts ausgeleuchtet. Auf der Säule am Eingang dieser Umzäunung hing das päpstliche Wappen und die Zahl 1882, das Jahr der Grundsteinlegung. Seine Kirche sollte in ein Meer von Skultpuren getaucht sein. Daher sagte Gaudí eines Tages zu seinem Freund, Bildhauer Matamala:

»Ich habe an Sie gedacht, Llorenç, für die Kirche. In diesem besonderen Fall wäre es allerdings notwendig, dass Sie Ihre Werkstatt hierherverlegen zur Baustelle und auch Ihr ganzes Team. Denken Sie darüber nach und sehen Sie zu, dass Sie bald anfangen, denn wenn Gott euch das Leben schenkt und euch beschützt, werdet Ihr diese Arbeit gut machen.«[171]

Tatächlich verlegte Matamala seine Werkstatt aus der Altstadt hinauf zur abgelegenen Baustelle der Sagrada Família in das Gebäude, in dem auch Gaudís Büro untergebracht war und in dem irgendwann ein Priester wohnen sollte. Dieses Gebäude wird sich mit den Jahren stetig wandeln. Schon bald brauchten die Bildhauer einen Anbau mit einer hohen Decke für große Figuren oder Modelle für Säulen sowie mehr Stauraum. Das Werkgebäude der Sagrada Família war ungewöhnlich für damalige Verhältnisse, eine Mischung aus Werkstatt, Versuchslabor, Lagerraum und Kreativatelier. Da es nur zu kleinen Teilen überlebt hat, haben Forschende der Universitat Politècnica de Catalunya UPC in Barcelona 1992 damit begonnen, aus Fotografien und historischen Zeugnissen die gesamte Konstruktion durch Computertechnik in 3D zu rekonstruieren. Sie kamen zum Schluss, dass es sich bei diesem mehrteiligen und erstaunlich innovativen Bau um *eine der reinsten Formen seiner Architektur* und um überraschende Aktualität handelte.[172]

Besonders raffiniert war das schräge Dach, das mittig nach oben und nach unten aufgeklappt werden konnte, um Tageslicht einzulassen. Gaudí wollte immer wissen, wie sich seine Objekte im Sonnenlicht ausnahmen, je nach Tages- und Jahreszeit. Heute können die Touristinnen und Touristen nur noch ein Überbleibsel der Originalwerkstatt sehen, die damals, als die Baustelle ja noch kleiner war, an einem anderen Ort stand.

Gaudí verehrte seine Handwerker ebenso wie er seinen Vater, den Kesselschmied, verehrte. Die Gruppe von Spezialisten im und um das Architekturbüro Gaudí wurde immer größer, aber im November 1889 verlor er mit dem Tod von Eduald Puntí einen seiner besten Leute. Die Nachfolger splitteten die Firma in Planas & Queraltó für schwerere Holzarbeiten und Casas i Bardés für Ornamentik. Gaudí wird bis zum Schluss mit diesen beiden Betrieben zusammenarbeiten.

Das hohe Arbeitstempo, der Liebeskummer sowie seine ständigen rheumatischen Schübe zehrten an seinen Kräften, und allmählich machten sich Erschöpfungssymptome bemerkbar. Ende des Jahres nahm sich Gaudí eine Auszeit. Er reiste in das mittelalterliche Städtchen Tortosa am Mittelmeer und vergrub sich in eines der vielen Klöster, die auch heute noch gerne Menschen auf der Suche nach Stille aufnehmen. Dort blieb er mehrere Wochen, um abzuschalten, zu beten und nachzudenken. Über diese Pause ist nichts überliefert, aber vermutlich reiften hier weitere Ideen für seine grandiose Kirche, die in seinem Kopf immer deutlichere Konturen annahm.

Gut ein Jahr später schilderte er dem Josefsverein seine Ideen, denn es gab ja keine Baupläne, sondern nur Modelle einzelner Teilstücke. Seine Schilderungen wurden Jahre später von seinem treuen Mitarbeiter Joan Matamala aus dem Gedächtnis wiedergegeben:

> »Der Grundriss wird ein lateinisches Kreuz haben, wie bei einer Basilika. Das Längsschiff wird aus fünf, der Querarm aus drei Schiffen bestehen. (...) Vor jeder Fassade werden breite Treppen zu den Eingängen führen und auf diese Weise dem Gebäude eine gewisse Grandeur und Monumentalität verleihen.
>
> Den ursprünglich gotischen Stil Villars werden wir durch originelle und harmonische Lösungen im byzantinischen Stil ersetzen und ihn so an die katholische Liturgie anpassen. An den Fassaden werden didaktische Bilder aus der Kirchenlehre die Menschen auf die übernatürliche Welt im Inneren der Kirche vorbereiten.« [173]

Bei jeder der drei Fassaden sollten vier Türme die zwölf Apostel symbolisieren. Rund um den riesigen Christusturm im Zentrum würden vier große Türme die vier Evangelisten bedeuten, und über der Apsis würde ein zusätzlicher mittelgroßer Turm die Gottesmutter Maria darstellen. Auf dem mittleren Hauptturm sollte ein Kreuz seine vier Arme ausbreiten.

Auch das ikonografische Programm wurde erklärt. Die Ostfassade mit drei Pforten sollte die Geburt, die Kindheit und die Jugend Christi erzählen. Über der Hauptpforte sollte die Geburt dargestellt werden, mit Engelchören, Musik und Gesang rund um die drei Personen der Heiligen Familie, und von Zierfriesen herab würden die Drei Könige und die Hirten die Menschengruppe der Geburtsszene bestaunen. Man sollte Szenen aus der Kindheit Jesu sehen sowie Figuren der Muttergottes und des heiligen Josef, außerdem Symbole für Glaube, Hoffnung und Liebe.

An der Westfassade sollte die dramatische Leidensgeschichte beschrieben werden, vom triumphalen Einzug des Herrn in Jerusalem über die Passion Christi bis zur Gruppe der Kreuzigung, die über dem Haupteingang in der Mitte stehen würde. Und weit oben sollte das Abendmahl, bei dem die Eucharistie ihren Anfang nahm, dargestellt sein, und darüber Jesu verzweifeltes Gebet im Garten Gethsemane. Ganz oben an der Fassade sollte zwischen den vier Glockentürmen die Himmelfahrt des Herrn dargestellt sein als Zeichen für die Göttlichkeit Jesu. Damit wurde ein Übergang zur Fassade der Herrlichkeit am unteren Haupteingang geschaffen, wo Jesus bereits nicht mehr als Mensch dargestellt sein sollte.

Die Fassade der Herrlichkeit gegen Süden hin sollte besonders aussagekräftig sein. Hier sollten die Dreifaltigkeit und die Heilige Familie im Mittelpunkt stehen. Als eigentliches Bühnenbild diente hier einmal mehr die Apokalypse. Die Offenbarung des Johannes war die Antwort auf die Frage, wie es nach dem Ende der Welt weitergeht, was nach dem Tod des Menschen geschehen wird. Das Thema faszinierte Gaudí schon lange, und diese Fassade sollte nicht nur die Herrlichkeit Gottes, sondern auch den erlösenden Leidensweg Christi und Gott als Richter der Welt darstellen.

Monster und heidnische Idole sollten auf die verdammten Seelen anspielen. Gaudí wollte die angrenzende Carrer Mallorca unterirdisch verlegen, um vor der Kirche einen großen Platz zu erhalten. Von diesem unterirdischen und höllengleich furchterregenden Tunnel aus sollten Fensterluken den Durchfahrenden den Blick auf den strahlenden Triumph der Kirche und auf die Erlösung freigeben.

Gaudí erklärte auch, wie er sich das Innere der Kirche vorstellte, sprach von seiner Idee, auf Balkonen Chöre mit weit über tausend Stimmen erklingen zu lassen und ein gigantisches Glockenspiel in die Türme einzubauen, das ganze Partituren über die Stadt ergießen würde.

Gebannt lauschten die Umstehenden, als er ihnen erklärte, dass diese Kirche eine Synthese des byzantinischen und gotischen Stils, des christlichen Ostens und Westens darstellen und etwas ganz Neues, eine architektonische Revolution, sein werde. Damit sollte er Recht behalten.

Allein schon der Kreuzgang war ein Novum. Große Kirchen und Klöster besitzen für gewöhnlich einen Kreuzgang, der meist im südlichen Teil seitlich angebaut ist. Er ist überdacht, rechteckig und gibt den Blick auf den Innenhof frei, den sogenannten Kreuzgarten, der zur stillen Kontemplation in der Natur ieinlädt. Kreuzgänge wurden manchmal mit Glasfenstern vor Wind und Wetter geschützt. In ihnen wandeln auch heute noch meditierende Mönche und Nonnen, es wurden Prozessionen veranstaltet oder Verstorbene aus der Gemeinschaft und hohe Würdenträger begraben.

Architekt Villar hatte keinen Kreuzgang vorgesehen, und da nicht genügend Raum für einen solchen zur Verfügung stand, kam Gaudí auf eine noch nie dagewesene und zugleich äußerst praktische Idee: Er führte den Gang ganz einfach um das ganze Gebäude herum, umschloss die Kirche also mit einem viereckigen Flur, der hoch genug für Prozessionen mit Kreuzen und Standarten war und dessen Fenster viel Licht einließen. Als willkommener Nebeneffekt dieser Lösung wurde die Kirche vom Stadtlärm abgeschirmt. Damals lag die Sagrada Família noch einsam auf weiter Flur, aber heute ist sie von Straßenverkehr umgeben und alles andere als friedlich. Im Inneren der Kirche ist es jedoch erstaunlich still.

Die Josefisten waren begeistert. Niemand stellte mehr die Frage nach dem Zeitpunkt der Fertigstellung, vermutlich sorgte man sich im Hinterkopf eher um die Kosten. Aber Gaudí hatte mit seinem Charisma alle überzeugt: Barcelona konnte mit dieser Kirche eine Botschaft in die ganze Welt hinaussenden. Diese Kirche würde die Herzen vieler Menschen zum Guten und zum Wahren führen und ihnen Gott näherbringen, wie es der ursprüngliche Gedanke der Josefsvereinigung gewesen war. Diese Kirche sprengte mit ungeahnter Kraft die kühnsten Vorstellungen ihrer Initianten.

## 7. Im bittersüßen El Dorado

Auf seinen vielen Auslandsreisen durch England, Deutschland und Frankreich hatte Eusebi Güell das Phänomen der Arbeiterkolonien kennengelernt, bei denen die Belegschaft rund um eine Fabrik angesiedelt wurde. Solche Arbeiterstädte erfüllten mehrere Zwecke. Zum einen waren die Arbeiterinnen und Arbeiter dank eines gewissen Lebensstandards gesünder, kräftiger und auch zufriedener, was dazu führte, dass der soziale Frieden gewahrt blieb. Sanitäre Anlagen, kurze Arbeitswege, Stabilität und gute Schulen schützten die Fabriken zudem vor anarchistischer Gewalt und moralischem Zerfall, was sich letztlich auch ökonomisch auszahlte. Und die fabrikeigenen Lebensmittelgeschäfte bedeuteten für die Besitzer noch zusätzliche Einnahmen.

Die europäischen Arbeiterkolonien, wie sie in diesen Jahren vielerorts entstanden, waren eine Art Inseln außerhalb der überfüllten Städte und zugleich soziale Experimentierfelder. Die Menschen lebten für gewöhnlich gern in diesen Kolonien. Arbeitersiedlungen waren zwar keine Genossenschaften, aber sie waren auch alles andere als Arbeitslager.

Eusebi Güell hatte von seinem Vater mit Vapor Vell die erste Textilfabrik Kataloniens, die mit Dampfmaschinen betrieben wurde, geerbt. Sie war 1844 gegründet worden und lag im Außenbezirk Sants im Westen Barcelonas. Von Anfang an geriet die Fabrik jedoch ins Fadenkreuz der Gewerkschaften. In den 1850er Jahren wurde bei einem Tumult sogar der Fabrikdirektor getötet. Als 1889 wegen der Wirtschaftskrise einmal mehr gewaltsame Streiks ausbrachen, beschloss Güell, die Fabrik aus dem spannungsgeladenen Barcelona abzuziehen und zwölf Kilometer weiter westlich nach Santa Coloma de Cervelló an den Fluss Llobregat zu verlegen, wo sich bereits andere Fabriken niedergelassen hatten. Dort würde er außerdem eine Arbeiterkolonie gründen.

Weiter nördlich des Flusses existierte bereits ein ähnliches Projekt, die *Colònia Sedó*, des verstorbenen Industriellen Josep Puig i Llagostera (1835–1879), die Güell mit Sicherheit kannte. Er bat Gaudí, in Cervelló nicht nur eine Fabrik, sondern auch ein komfortables Quartier für die Arbeiterfamilien zu bauen, dazu ein Theater, ein paar Geschäfte, eine Schule, ein Wirtshaus, und sogar eine Krankenstation.

Natürlich nahm Gaudí den Auftrag gerne an, war aber zu erschöpft, um ihn selbst zu bearbeiten, sondern gab ihn an seine Mitarbeiter weiter. Berenguer zeichnete die Lebensmittel-Kooperative, die Schule, das Kulturzentrum und das Haus für einen Seelsorger, während mehrere Reihenhäuser für die Arbeiterfamilien und die Vorgesetzten aus der Feder von Joan Rubió (1870–1952) stammten. Beide hatten jedoch kein Architekturdiplom, so dass Gaudí die Baugesuche unterschrieb.

Der talentierte Student Rubió war erst 19 Jahre alt und stammte aus Reus. Seine Mutter hatte ihm den Kontakt mit Gaudí verschafft, damit er nebenbei etwas Geld verdienen und Praxiserfahrung machen konnte.[174] Er wird 1893 sein Diplom erhalten und bis 1905 im Büro Gaudí angestellt bleiben, bevor er sich selbständig machte und zu den wichtigsten Exponenten des katalanischen Modernisme avancierte.

Güell ging davon aus, dass von den gut tausend Arbeiterinnen und Arbeitern der Vapor Vell die Hälfte in der Kolonie wohnen würde, wobei die Wohnungen nur an Familien vergeben wurden, bei denen beide Elternteile und sogar die Kinder, zumindest offiziell die größeren, in der Fabrik beschäftigt waren.[175] Der erste Spatenstich erfolgte im Frühjahr 1890, und sogar bereits im selben Jahr wurde die Fabrik in Betrieb genommen. Das Büro Gaudí baute für die Arbeiterfamilien freundliche Häuserzeilen aus Backstein mit jeweils vier Zimmern, Küche und Bad, was ein großer Luxus war, und manche Reihenhäuser hatten sogar ein Gärtchen. Für den Gottesdienst begaben sich die Bewohner in eine Kirche aus der Nachbarschaft.

Bald galt die Colònia Güell bei den Katalanen als eine Art El Dorado, aber dennoch waren die Arbeitsbedingungen für heutige Verhältnisse unglaublich hart: Arbeitstage von mindestens zwölf Stunden, keine Ferien, Kinderarbeit bereits ab sieben Jahren, später von Gesetzes wegen ab vierzehn, wobei das gesetzliche Verbot von Kinderarbeit umgangen wurde, indem die Kleinen so instruiert wurden, dass sie beim Anmarsch eines behördlichen Inspektors vorgaben zu spielen.[176]

Morgens um fünf Uhr weckten Sirenen die Belegschaft, beide Elternteile und die größeren Kinder traten den Dienst an, einige kehrten später nach Hause zurück, um die jüngeren Geschwister in die Schule zu schicken. Die Schicht endete gegen sieben Uhr abends. Der Gottesdienst am Sonntag war obligatorisch, und die Erwachsenen konnten abends, so sie noch genügend Energie hatten, Kurse besuchen, um Lesen zu lernen. Für Kleinkinder bot die Kolonie Horte an, damit die Mütter arbeiten konnten. Frauen waren billige Arbeitskräfte, Mutterschaftsurlaub gab es keinen. Dennoch genoss die Güell-Kolonie einen guten Ruf, und während in Barcelona ständig Fabriken bestreikt wurden, Häuser brannten und Straßenschlachten tobten, herrschte in der Colònia Güell weitgehend Ruhe.

Der Ruf der Colònia als Hort der sozialen Solidarität wurde 15 Jahre später noch durch ein Ereignis zementiert, das auch das Image der Besitzerfamilie Güell und des Architekten als moralische Vorbilder festigte, obwohl Gaudí gar nicht direkt an der Episode beteiligt war.

Es geschah am 23. Februar 1905. Trotz des gesetzlichen Verbots von Kinderarbeit waren auch in Güells Fabriken Kinder beschäftigt. An jenem Tag stürzte der erst elfjährige Arbeiter Josep Campderrós versehentlich in einen Bottich mit kochender Färbeflüssigkeit und verbrühte sich vollständig beide Beine. Unverzüglich wurde der Knabe nach Barcelona ins Heiligkreuz-Krankenhaus gefahren. Seine Situation war aussichtslos, und zehn Tage später beschlossen die Ärzte, dem Jungen beide Beine zu amputieren. Den schockierten Eltern erklärte der behandelnde Arzt Dr. Salvador Cardenal (1852–1927), als einzige, winzige Chance könne man versuchen, gesunde Haut auf die versengten Beine des Jungen zu transplantieren.

Unverzüglich trommelte Fabrikbesitzer Eusebi Güell seine Belegschaft zusammen, und der Seelsorger der Colònia, Pfarrer Gaspar Vilarrubias (1871–?) rief die Arbeiter auf, für den Jungen Haut zu spenden, und setzte sich gleich selbst auf die Liste der Freiwilligen. Mit ihm trugen sich auch zwei Güell-Söhne, Claudio und Santiago, die 25 und 21 Jahre alt waren, in die Transplantationsliste ein. Vierzig Arbeitskollegen meldeten sich ebenfalls, und alle zusammen fuhren sie am 4. April nach Barcelona ins Krankenhaus, wo der kleine Josep lag.

Den beiden Güells, dem Pfarrer und 17 ausgewählten Männern zwischen 18 und 35 Jahren wurden ohne Narkose Hautstreifen von 20 Zentimetern Länge und sieben Zentimetern Breite aus dem Oberschenkel entfernt und auf die Beine des verunfallten Knaben transplantiert.[177] Und dies alles unter den damals rudimentären medizinischen Bedingungen.

Die Gruppe erhielt später den Namen *Bartolomés*, weil der Legende nach dem Apostel und Märtyrer Bartholomäus während seiner Predigerreise durch Armenien bei lebendigem Leibe die Haut abgezogen wurde. Erstaunlicherweise erholte sich der Junge tatsächlich und wurde unter dem Namen *el Pepet de la pell*, der kleine Josef mit der Haut, bekannt. Seine Genesung ging durch alle Zeitungen und wurde bald als ein Wunder gehandelt. Dass ein Elfjähriger an den brühenden Bottichen gearbeitet hatte, kam nicht zur Sprache.

Ein Jahr nach der Transplantation lief Josep an der Spitze einer Fronleichnams-Prozession mit. Die Geschichte gelangte bis nach Rom, und 1911 überreichte der Bischof von Barcelona in der Colònia Güell jedem Hautspender der *Bartolomés* persönlich eine Goldmedaille und ein Ehrendiplom von Papst Pius X. (1835–1914). Auch König Alfonso XIII. sandte Ehrerweisungen.

## 8. Die Casa Botines fällt um

In der Nähe von Astorga, wo sich Gaudí mit dem Bischofspalast herummühte, liegt die kleine mittelalterliche Stadt León, die damals rund 16.000 Einwohner zählte. Sie ist auch heute noch eine beliebte Zwischenstation für Pilgerinnen und Pilger auf dem Jakobsweg nach Santiago de Compostela. In León hatten sich viele Katalanen angesiedelt, die gemeinhin als fleißig und geschäftstüchtig galten. Einer von ihnen war der Kaufmann Joan Homs i Botinás (1798–1878), der zu Beginn des 19. Jahrhunderts in der Stadt einen Tuchhandel unter der hispanisierten Form seines Mutternamens *Casa Botines* gründete.

Nach seinem Tod wurde die Firma von den Erben an zwei seiner Mitarbeiter übertragen, Mariano Andrés Gonzàlez-Luna (?–1911) und Simón Fernández Fernández (?–1893). 1891 kauften die beiden im Stadtzentrum von León eine grüne Parzelle, auf der sie einen neuen Firmensitz mit 16 Wohnungen bauen wollten. Vermutlich gelangten sie an Gaudí, weil sie geschäftliche Beziehungen zu der Familie der Markgrafen Comillas unterhielten und mit Stoffen aus den Textilunternehmen von Eusebi Güell handelten, die beide von Gaudí schwärmten.

Bei seiner nächsten Reise nach Astorga luden sie Gaudí nach León ein, um sich das Gelände an der Plaza de San Marcelo im Stadtzentrum unweit der imposanten gotischen Kathedrale anzusehen. Bereits im Dezember desselben Jahres deponierte Gaudí bei der Stadtverwaltung die Pläne für die Casa Botines mit ihrem eigentümlichen trapezförmigen Grundriss.

Rund um das Gebäude sollte ein Graben Licht in das Souterrain mit den Lager- und Verkaufsräumen einlassen. Statt tragender Wände teilte er den Raum lediglich durch Pfeiler auf, so dass beliebig veränderbare Nutzbereiche entstehen konnten. Damit schuf er eine Art Vorläufer für Shopping-Center.[178] Im Erdgeschoss lagen die Büros und im oberen Teil die Mietwohnungen. Durch hochkantige Erker auf dem Dach, die spitzhütigen runden Ecktürmchen und einige dreiteilige Bogenfenster spielte Gaudí auf die Gotik an, zugleich konnte er damit das monolithische Gebäude auflockern. Im Innern war die Casa Botines ganz Herrenhaus aus Barcelona.

Das Klima in León war unfreundlich, es regnete oft, und im Winter fiel sogar Schnee. Gaudí brauchte eine gute Heizung und Belüftung und studierte hierfür architektonische Vorbilder in nördlichen Teilen Europas. Das Dach deckte er doppelt ab, um es zu isolieren, denn es brauchte nach seinen eigenen Worten für das Klima im Norden »Hut und Sonnenschirm«.[179]

Das Bild Gaudís als starrköpfiger Sonderling und katalanischer Patriot war ihm aus Astorga vorausgeeilt. Die Stadtbevölkerung begegnete ihm mit Mistrauen oder gar Ablehnung und blockierte durch Einsprachen das Bewilligungsverfahren so lange, bis schließlich das Gericht ein Machtwort zugunsten der einflussreichen Firmeninhaber sprach. Gaudí wartete aber mit dem Baubeginn bis im Frühjahr 1892:

> »Da ich die Arbeiten im Winter ohnehin hätte unterbrechen müssen, fing ich nicht an, bevor nicht die Fassadensteine präpariert und alle Strukturelemente bereit waren. Die Menschen aus dem Ort waren erstaunt, wie rasch das Gehäuse dieses großen Klotzes dann aufgestellt wurde.«[180]

Auch in León schaffte Gaudí ein ganzes Team von katalanischen Handwerkern herbei, anstatt Fachkräfte aus der Gegend anzuheuern. Offenbar traute er auch den einheimischen Bauunternehmern nicht. Aber da er nicht nach Plänen arbeitete, brauchte er jemanden, der seine Modelle und Ausführungen richtig zu interpretieren wusste, daher übertrug er die Bauleitung seinem Freund Claudi Alsina i Bonafont (1859–1934), der für ihn bereits die Casa Vicens und das Theresianum geleitet hatte und der auch an der Sagrada Família beteiligt war.

Gaudí haftete bald der Ruf einer gewissen Arroganz an, da er sich kaum unter die Einwohner mischte, sondern fast nur mit einem Kleriker aus seiner Heimat und der katalanischen Belegschaft verkehrte. Gaudí war also nicht gänzlich unschuldig an dem frostigen Klima,[181] das ihm entgegenwehte. Er missachtete zudem einige lokale architektonische Gepflogenheiten, ohne sich die Mühe zu machen, seine Entscheidungen zu erklären. So unterlegte er dem Gebäude das für Katalonien typische Streifenfundament für die äußeren Fassadenmauern und Einzelfundamente aus Stützpfeilern auf versenkten Zementsockeln im mittleren Bereich. Die einheimischen Ingenieure waren überzeugt, dass das Gelände in León zu unstabil für diese Bauweise war, und dass es massivere Fundamente brauchte. Gaudí hielt nicht viel von Ingenieuren:

> »Der Architekt ist der menschliche Baumeister: Er baut für den Menschen, der arbeitet, der zu Hause ist, der sich vergnügt, der betet ..., und seine Werke erdenkt und überwacht er persönlich (...). Der Ingenieur baut für die Tiere und Maschinen: Wege, Straßen, die nur indirekt für den Menschen gemacht sind.«[182]

Moderne geotechnische Untersuchungen von 1993 bewiesen allerdings, dass die Ingenieure aus León nicht Unrecht hatten. Zwar hält die schlammartige Füllmasse zwischen den Stützpfeilern, auf denen der Boden des Gebäudes ruht, noch immer, aber die Belastung ist offenbar ausgereizt.[183]

Auch die Bevölkerung war überzeugt, dass die Casa Botines des Katalanen nicht stabil genug war. Als die Arbeiter Stützen für die Ecktürmchen anbrachten, die oberhalb des ersten Stockwerks auskragten, dachten die Leute, das Haus sei zu wackelig und brauche deshalb Krücken. In den Gassen sangen die Kinder das Spottlied: *Die Casa de los Botines fällt um, fällt um!*[184] Gaudí konnte darüber nur lachen und sagte zu den Kritikern:

> »Schicken Sie mir Ihre technischen Gutachten. Ich werde sie einrahmen und im Vestibül des Hauses aufhängen, wenn es fertig ist.«[185]

*Das Wohn- und Geschäftshaus Casa Botines in León.*

Allen Unkenrufen zum Trotz steht das elegante Botines-Haus noch immer und strahlt eine würdige Ruhe aus. Heute gehört es einer Stiftung und ist unter anderem Sitz des Museums Casa Botines Gaudí. Auch dieses Gebäude ist viel geheimnisvoller, als man auf den ersten Blick meinen könnte. Auf dem Plan, den Gaudí bei der Stadtverwaltung einreichte, hatte er brav einen Löwen, das Wappentier der Stadt, zu Spanisch *león,* in die obere Ecke gemalt. Aber das Gemäuer ist in Wahrheit kein Löwe, sondern der katalanische Georgsdrache, und mit etwas Phantasie war das Eingangstor sein aufgerissenes Maul, als würde er den spanischen Löwen fressen wollen. Die Dächer über dem Hauptgebäude und an den

Türmchen ließ Gaudí mit dunklen Schieferschuppen abdecken, als wäre es Drachenhaut, und erst 2019 realisierte man, dass unter den Spitzdächern der vier Ecktürme Dutzende von kleinen schematischen Holzfiguren in Form von Drachenköpfen hervorlugen.

Im selben Jahr 2019 wurden sich die Verantwortlichen des Museums noch eines weiteren Zusammenhangs bewusst, der bislang nicht aufgefallen war: Auf einer Zeichnung der Casa Botines hatte Gaudí die Sternbilder gemalt, die am St. Georgstag, dem 23. April, am Himmel zu sehen waren. In den meisten dieser Sternbilder ist ein trapezförmiges Rechteck zu erkennen. Genau diese Form benutzte Gaudí für den Grundriss des Hauses, obwohl gemeinhin angenommen wurde, dass er diese ungewöhnliche Form ganz einfach an die Parzelle angepasst hatte. Offenbar war dem aber nicht so, sondern der Grundriss stand in direktem Zusammenhang mit einem kosmischen Ganzen.

*1891-92: Statue des hl. Georg am Eingang der Casa Botines. Das Original von Llorenç Matamala wurde 1956 durch eine Replik ersetzt.*

Am Hauptportal, gleich oberhalb des schmiedeeisernen Löwen, setzte Gaudí ein unmissverständliches katalanisches Zeichen. Er ließ eine große Skulptur des heiligen Georg platzieren, wie er den Drachen tötet. Die Statue wurde in seiner Werkstatt in Barcelona hergestellt, und Modell stand sein Freund Llorenç Matamala. Der Bildhauer probierte unzählige Posen aus, bis er endlich die gewünschte Spannung ausdrückte. In dieser Haltung musste er sich zeichnen lassen.

Aber nicht nur das. Gaudí konnte Matamala überzeugen, für einen Gipsabguss herzuhalten. Er musste auf die Lanze gestützt, mit nach vorne geneigtem Kopf und der rechten Hand am Schwertschaft stillhalten, bis ihn seine Kollegen mit Tüchern eingewickelt und dann abschnittweise mit Gips überzogen hatten und die Masse eingedickt war. Von nun an ereilte dieses Schicksal alle, die für die Skulpturen an der Sagrada Família Modell standen, zumindest so lange, bis einer der Lehrlinge in Ohnmacht fiel und dem Prozedere ein Ende setzte.

Dass Gaudí mit Gipsabzügen arbeitete, brachte ihm in der Fachwelt Häme ein, weil diese Methode eines echten Künstlers nicht würdig sei. Gaudí hingegen hatte keine Probleme damit, vielmehr war er überzeugt, dass schon die alten Griechen und die Meister der Renaissance mit Abdrücken gearbeitet hatten. Letztlich ginge es ja um die möglichst getreue Nachbildung der Körperhaltung und des Muskelspiels:

> »Aus diesem Grund habe ich, ohne zu zögern, Gipsabdrücke direkt von Modellen gemacht, und auch wenn dieses Vorgehen manchmal schwierig und unbequem war, so war es doch der beste Weg, um die wichtigsten skulptorischen Ausdrucksformen erreichen zu können. Bereits die großen griechischen Meister wie Lysipp haben Gipsabdrücke verwendet, ebenso die Florentiner und einige berühmte Bildhauer, die ich persönlich kenne, und die nicht wollen, dass ich sage, dass sie diese Technik anwenden, weil sie befürchten, dass ihre Werke dann an Wert verlieren. Ich finde diese

Verachtung des Gipsabgusses lächerlich, genauso wie die Pedanterie einiger Künstler, die sich weigern, abzuzeichnen, und die nur aus dem Gedächtnis malen.«[186]

Die Statue des heiligen Georg wurde am 15. September 1893 am Eingang des Botines-Hauses aufgestellt und erntete Kritik. Gewöhnlich wurde der heilige Georg auf dem Pferd sitzend dargestellt, wie er den am Boden liegenden Drachen mit der Lanze durchsticht. Gaudís Georg aber ist ein mittelalterlicher Ritter mit Helm und wehender Schleppe, der auf dem Drachen steht. Das Tier hebt brüllend den Kopf, während ihm Georg mit der rechten Hand die Lanze in den Hals rammt. Außerdem sieht der Drache etwas untypisch aus, eher wie eine Riesenechse oder ein Krokodil, und auf dem Kopf trägt er einen Fes, die orientalische Kappe. Vielleicht wollte Gaudí damit auf das nordafrikanische Silena anspielen, wo sich die Georg-Legende abspielte, oder auf die kleinasiatische Herkunft Georgs.

Erst 1951 kam noch ein weiteres Geheimnis zum Vorschein. Als die Stadt León die beschädigte Skulptur durch eine Replik ersetzten wollte, brach beim Abmontieren ein Arm ab und legte eine versteckte Kapsel frei, in der Gaudí die Pläne der Casa Botines von 1891, ein Manuskript sowie Zeitungen für die Datierung versteckt hatte. Im Manuskript steht, dass die Casa Botines in nur elf Monaten dank der Bauleute, die er alle einzeln auflistete, gebaut worden sei.[187] Außer dem Bildhauer Matamala hatte niemand davon gewusst.

## 9. Da kommst du nicht hin

Der Gründer der Josefsvereinigung und Initiant der Sagrada Família, Josep Maria Bocabella, starb am 22. April 1892 mit 77 Jahren an einer Lungenentzündung. Von Bocabella existiert keine einzige Fotografie, sondern nur ein Ölgemälde, auf dem der Weißhaarige mit Stirnglatze und einem dichten Schnurrbart seitlich an einem Tisch sitzt, in der Hand eine Schreibfeder hält und den Blick beinahe schüchtern nach oben richtet. Dieses Bild entstand erst nach seinem Tod, weil Gaudí seinen Hausmaler Aleix Clapés bat, anhand der von Matamala gefertigten Totenmaske und aufgrund eigener Erinnerungen ein Portrait Bocabellas zu malen. Es hängt heute im Museum der Sagrada Família. Bocabella wurde in der Krypta bei der Nische oder Kapelle Sant Crist beigesetzt. 2013 wurde beim Erzbischof von Barcelona der Antrag auf seine Seligsprechung hinterlegt.

Obwohl Gaudí ein sehr anspruchsvoller Chef war, behandelte er seine Maurer, Bildhauer, Zimmerleute und Steinmetze stets respektvoll. Sie nannten ihn Don Anton, während Außenstehende ihn mit Senyor Gaudí ansprachen. Den Chef des Bildhauerteams Matamala nannten sie Senyor Llorenç. Gaudí erlaubte den Arbeitern, in einer Ecke neben der Kirche für ihre Familien Gemüse zu züchten. Ältere Arbeiter beschäftigte er möglichst lange weiter und übertrug ihnen leichte Aufgaben wie Wasser holen oder Kerzen anzünden, um ihnen ein Auskommen zu ermöglichen.[188] Er pflegte zu sagen:

> »Der Architekt muss ausnutzen, was die Arbeiter wissen und können. Er sollte aus jedem das Beste herausholen. Das heißt: integrieren, Kräfte bündeln und ihnen zur Hand gehen, wenn sie feststecken. Auf diese Weise arbeiten sie mit Freude und fühlen sich sicher, weil sie dem Organisator vertrauen können. Man sollte nie vergessen, dass niemand nutzlos ist, jeder ist für etwas gut (obwohl nicht alle dieselben Fähigkeiten haben). Es geht darum, herauszufinden, wozu eine Person imstande ist.«[189]

Das Arbeitstempo richtete sich nach dem verfügbaren Geld und den neuen Ideen des Architekten. Die Zulieferer wurden täglich über den Materialbedarf und die Arbeiter über das Tagesziel unterrichtet. Kaum waren die Mauern hoch genug, bestückte sie Gaudí mit Skulpturen. Auch bei der Apsis mit den gotischen

Spitzfenstern wurden bald die ersten Pflanzen und Tiere aus Stein angebracht.

Die Bildhauer mussten auf dem umliegenden Gelände Reptilien und Kriechtiere einfangen, zeichnen und in möglichst natürlichen Posen nachbilden. Alle Figuren sollten aussehen, als wäre ihre Haltung zufällig, als wären sie mitten in einer Bewegung. Gaudí korrigierte die Künstler und zeichnete manchmal sogar selbst, bevor Gipsabdrücke hergestellt wurden.

Auch die Pflanzen sollten sich kringeln wie in der freien Natur. Nur die Schönsten wurden nachgebildet, manchmal bis zu tausendmal größer als im Original. An der Sagrada Família prangten schon bald allerlei Samen, Blumen, Ähren, Früchte, Insekten und Reptilien. Nur ein typisches südländisches Tier fehlt: der Skorpion. Denn als Gaudí eines Tages einen Stein anhob, wurde er von einem solchen gestochen. Mit dem blutenden Finger zeigte er auf das Tier und schnauzte es an:

> »Ach ja? Du kommst da nicht hin!«[190]

Mit der halbrunden Apsis wollte Gaudí Maria darstellen, als würde sie ihren Sohn im Tabernakel umarmen. Seit Papst Pius IX. 1854 das Dogma der Unbefleckten Empfängnis verkündet hatte, nahm die Marienverehrung weltweit zu, und auch Gaudí fühlte sich der Gottesmutter innig verbunden. Über der Apsis sollte der Marienturm stehen mit einem großen Stern, weil Maria als *Stella matutina* bezeichnet wird, als Morgenstern, der einen Neuanfang verheißt. Dieser zwölfzackige gläserne Stern wurde erst knapp 130 Jahre später auf den fertigen Marienturm in 138 Metern Höhe angebracht und am Fest der Unbefleckten Empfängnis, am 8. Dezember 2021, erstmals ausgeleuchtet.

Einige der Skulpturen an der Apsis dienten als Wasserspeier. Seit dem Mittelalter hatten solche Wasserspeier die Aufgabe, das Regenwasser abzuleiten, um die Mauern zu schützen. Ihre Ausgestaltung als furchterregende Monster oder niedere Tiere sollte den Dämonen wie Spiegel ihre hässlichen Fratzen entgegenhalten und sie als moralische Blitzableiter am Eindringen in die Kirche zu hindern. *Nichts Unreines wird hineinkommen* (Joh. 21,27), steht in der Apokalypse. Über diesem Unreinen und Bösen sollte der Marienturm das menschliche Herz durch Gottes Gnade erleuchten.

Gaudís Monster waren Echsen, Schnecken und andere sogenannte niedere Tiere, die einst auf der Wiese der Sagrada Família gelebt hatten, und nun mit dem Kopf nach unten vor der göttlichen Macht zur Erde hin flohen. Die Weinbergschnecke zog dabei eine wellenförmige, steinerne Schleimspur hinter sich her als Symbol für Laster. Im Mittelalter wurden Schnecken und alle Tiere, die Metamorphosen durchlaufen, mit der Auferstehung gleichgesetzt. Die Schnecke verlässt im Frühling ihr Gehäuse und steht daher sinnbildlich für das Verlassen des Grabes durch Jesus. Auf einem Gemälde von Jan Brueghel d. Ä. von 1595 beobachtet am Strand eine Wasserschnecke, wie Jonas aus dem Wal steigt. Auch hier ist sie Zeugin einer Art von Auferstehung. Die Schnecke bedeutet aber in der Tradition nicht nur Langsamkeit und Weisheit, Geburt und Wiedergeburt, sondern auch die Jungfräulichkeit Mariens, weil sich nach dem Volksglauben die Nacktschnecken ohne Zeugung vermehrten.

Die Zinnen der Apsis gleichen einer Pflanzenkrone aus wilden Kräutern oder Getreideären, denn der Weizen ist das Sinnbild für die Eucharistie, für das Brot, das Jesus mit seinen Jüngern beim letzten gemeinsamen Abendessen gebrochen hatte. Es gab die Pflanzen Israels: Palmen, Oliven, die starken Zypressen, deren kostbares Holz Israel für den Tempelbau diente, langlebige Libanon-Zedern und schließslich den Lavendel, mit dessen Öl Maria Magdalena Jesu gesalbt hatte.

Die steinernen Pflanzen sind jeweils 3,75 Meter groß. Dieser Maßstab war kein Zufall, sondern die Zahl 3,75 ist die Hälfte von 7,5, und dieses Maß war das Grundmodul, das Gaudí für die ganze Kirche anwandte. Warum er ausgerechnet auf die Zahl 7,5 kam, ist nicht belegt. Am wahrscheinlichsten ist, dass er sie vom Umriss der Apsis ableitete, die Villar gebaut hatte. Der Umriss beträgt 30 Meter, die er durch vier teilte. Vier wiederum war eine heilige

Zahl, welche den dreifaltigen Gott plus Maria bedeutet. Dreißig geteilt durch vier ergibt 7,5.

Die ganze Sagrada Família gründet auf dieser Zahl. Die Höhe der Decken oder Türme oder die Durchmesser von Wänden und Säulen oder anderen Gebäudeteilen bestimmte Gaudí jeweils durch die Multiplikation oder Teilung von 7,5 und ermöglichte es so den nachfolgenden Architekten, alle Proportionen auch ohne Pläne abzuleiten.

Das Innere der halbrunden Apsiswand widmete Gaudí auf ausdrücklichem Wunsch Bocabellas dem heiligen Josef. Damit ist die Apsis ein Loblied an die Eltern Jesu: außen Maria, innen Josef. Als die Steinmetze die erste Fiale fertig gemeißelt hatten und sie aufsetzten wollten, kletterte Gaudí mit Matamala und einem Bauleiter auf das Gerüst, um bei dem Ereignis dabei zu sein, aber plötzlich rutschte er aus und drohte in den Abgrund zu stürzen. Im letzten Moment konnten ihn seine Begleiter an den Kleidern abfangen und ihm das Leben retten. Schockiert erklärte Gaudí, dessen Vorname ja Anton war:

> »Heute hat uns der Heilige Antonius einen Wink gegeben und uns gerettet. Wir müssen ihm dankbar sein. Von nun an werde ich nicht mehr auf die Gerüste steigen.«[191]

So war es auch. Von nun an blieb er am Boden. Wenn Gäste kamen, um die Baustelle zu besichtigen, geleitete er sie nur bis zur Treppe oder zu den Baugerüsten und überließ sie seinen Helfern. Auch seinen Lehrlingen verbot er, auf die Gerüste zu klettern, sehr zu ihrem Leidwesen.

Einer dieser Lehrlinge war der zwölfjährige Ricard Opisso (1880–1966). Sein Vater war Arzt und stellvertretender Chefredakteur der Zeitung *La Vanguardia*, und die Familie hätte Ricard lieber als Akademiker gesehen, kapitulierte aber vor seiner Abneigung gegen die Schule und seinen offensichtlichen künstlerischen Neigungen. Der Vater kannte Gaudí und bat ihn, Ricard als Zeichner anzulernen. Acht Jahre wird dieser fest und weitere drei Jahre sporadisch bei der Sagrada Família arbeiten und ein humorvoller, aber auch kritischer Zeitzeuge Gaudís werden und als Illustrator Karriere machen. Als der Junge nach dem ersten Tag bei der Sagrada Família heimkam, fragte ihn der Vater: *Und, wie war's?* Ricard antwortete besorgt: *Gut, aber was mache ich, wenn die Kirche fertig ist?*[192]

Gaudí schätzte und förderte den Jungen und behandelte ihn mit seiner typisch undiplomatischen Strenge beinahe wie einen Sohn. Jahrzehnte später beklagte sich Opisso, Gaudí habe ihn ausgenutzt und mit Moralpredigten überschüttet, er habe bei seinem Lehrmeister nichts gelernt, sondern nur die Werkstatt und sogar Gaudís Schuhe putzen müssen.[193] Dies entspricht nicht den Tatsachen, denn Opisso durfte sehr wohl zeichnen und wurde von Gaudí sogar in einen Kunstverein geschickt, der ihm jedoch nicht passte, weil er sehr konservativ war.

Dem jungen Rebellen ging besonders auf die Nerven, dass ihn der Chef davon abbringen wollte, mit den arbeitslosen Jugendlichen abzuhängen, die bei der Sagrada Família herumlungerten und über Frauen, Stierkämpfe, Lieder und Kabarett plauderten. Opisso war kaum zu bändigen. Aus Angst, dass er eines Morgens gar nicht mehr zur Arbeit erschien, zahlte ihm Gaudí den Lohn immer im Voraus.[194]

# III. AM ZENIT

## 1. Durch die psychische Wüste

Der Abstecher nach Marokko lag etwa vier Jahre zurück, und Gaudís Begeisterung für die islamische Architektur und Ornamentik war weiterhin ungebrochen. Er bewunderte deren Farbexplosionen, die edlen Stuckarbeiten und Deckengewölbe, die Flechten-, Rauten-, Pflanzenmuster und die eleganten Säulen mit ihren reich verzierten Kapitellen. Daher war er Feuer und Flamme, als ihm Markgraf Claudio López ein Bauprojekt in Marokko anbot, dazu noch ein religiöses. López' Gattin, die schöne María Gayón, war Vorsitzende eines wohltätigen katholischen Damenvereins in Madrid, wo das Ehepaar zeitweise wohnte, und sammelte mit ihren Damen Geld für eine Franziskanermission in Tanger an der marokkanischen Atlantikküste, zu der auch eine Schule und eine Krankenstation gehören sollten. Die Franziskanermönche wollten diese Mission zusätzlich als Hauptsitz für ihre Klöster in Afrika nutzen, und über die Eheleute López gelangten sie an Gaudí.

Auf das Projekt in Tanger wird Gaudí sein Leben lang sehr stolz sein und sogar eine Zeichnung davon in seinem Büro aufhängen, aber es wurde nie realisiert. Glücklicherweise schickte er eine Fotografie einer seiner Zeichnungen nach León an seine ehemaligen Auftraggeber der Casa Botines, die sie aufbewahrten, denn die Originale seiner Skizzen wurden 1936 im Bürgerkrieg zerstört. Die genaue Datierung des Auftrags liegt im Dunkeln, da die Korrespondenz zwischen dem Architekten und den Spendensammlerinnen kein Datum trägt. Wahrscheinlich reiste Gaudí Ende 1892 oder Anfang 1893 nach Marokko, um vor Ort Vermessungen durchzuführen.

Gaudí zeichnete seine Missionsstation auf dem afrikanischen Kontinent wie eine mittelalterliche Burg mit weichen, konischen Spiraltürmen. Die Umfriedung mit den schartenartigen Öffnungen sah aus wie afrikanische Lehmtürme, die von weitem den Eindruck vermittelten, als seien sie gesprenkelt. Diese Bauweise existierte in Afrika tatsächlich, so die merkwürdige Moschee von Bobo Dioulasso in Burkina Faso oder kleine Moscheen in Togo, aus deren Mauern Balken herausragen. Aber es stellt sich die Frage, wie Gaudí diese Gebäude kennen konnte, denn Fotografien von ihnen existieren erst seit Anfang des 20. Jahrhunderts.[195] Vielleicht hatte er auf Ausstellungen oder Postkarten Zeichnungen dieser Bauwerke gesehen. So hatte zum Beispiel hundert Jahre vor ihm der katalanische Forschungsreisende Domingo Francisco Jorge Badia (1767–1818) unter einem Pseudonym als falscher Muslim arabische Länder bereist und in Ägypten fingerartig aufragende Taubenhäuser mit gespickten Kuppen gesehen und skizziert.[196] Vielleicht kannte er diese Zeichnungen.

Zurück in seinem Atelier wurde Barcelona von einem gesellschaftlichen Erdbeben erschüttert, wie es sich niemand erträumt hätte, ein Fressen für die Klatschpresse und ein Schock für Gaudí. Es geschah im Mai 1893. Gaudí stand mitten in den Arbeiten zur Casa Botines, kurz vor der Fertigstellung des Theresianums und war mit seiner Missionsstation beschäftigt. Sein verehrter Freund Pfarrer Jacint Verdaguer wurde von Markgraf Claudio López aus dem Haus gejagt. Seit vielen Jahren wohnte Verdaguer als Hauskaplan und Beichtvater der Senyora im Palais der Familie und kümmerte sich unter anderem auch um die pralle Spendenkasse seines Hausherrn. Das Palais lag nur wenige hundert Meter von den stinkenden Gassen eines Arbeiterviertels entfernt, und Verdaguer versorgte mit dem Geld des Markgrafen über 300 bedürftige Familien.[197] Als praktizierender Katholik konnte López diese Spendenpolitik seines Hausgeistlichen unterstützen, aber nach einer Reise ins Heilige Land veränderte sich der Priester, wurde immer verbissener und lebensfeindlicher und geriet in die Fänge einer Art Sekte, die behauptete, einige ihrer Mitglieder hätten göttliche Eingebungen. Es hieß, Verdaguer und seine Gruppe hätten Geisteskranke in Armenspitälern durch Teufelsaustreibungen zu heilen versucht.[198]

Der Markgraf musste befürchten, dass Verdaguer die Gelder aus seinem Spendenfonds dieser obskuren Gruppe zuspielte. Mit Schrecken kam ihm zu Ohren, dass die Leute munkelten, der Priester habe es auf die hübsche Senyora abgesehen. Ein anderes Gerücht behauptete, er habe die Marquesa überreden wollen, ihren Mann zu verlassen und in ein Kloster einzutreten, oder noch schlimmer, er habe ihn, den Markgrafen selbst, ins Auge gefasst. Als López erfuhr, dass Verdaguer versucht haben soll, seine kinderlose Frau durch Teufelsaustreibungen fruchtbar zu machen, platzte ihm der Kragen.

Er bat Bischof Jaume Català (1835–1899), den berühmten Dichterpriester aus dem Verkehr zu ziehen. Der Bischof reagierte unverzüglich und verbannte Verdaguer in ein Kloster nach Vic. Aus seinem Exil veröffentlichte der Verschmähte in antiklerikalen Zeitungen von nun an jahrelang Anschuldigungen gegen die Kirche, brach schließlich aus seinem Klostergefängnis aus und ließ sich in Barcelona bei einer Dame aus der Exorzisten-Sekte nieder, deren Tochter göttliche Offenbarungen vorgab. Das einstige Idol der Katalanen sah sich dennoch immer stärker isoliert. Jahre später versöhnte er sich aber wieder mit der Kirche und wurde Gemeindepfarrer in Barcelona. Er umgab sich mit jungen Schriftstellern, die in ihm den verkannten und vom Großbürgertum unterdrückten Intellektuellen sahen und ihn anhimmelten.[199] 1902 starb er mit 57 Jahren. Aber seine Verdienste als treibende Kraft der kulturellen Emanzipation der Katalanen, sein bahnbrechendes Epos *L'Atlàntida* und seine Gedichte waren trotz aller Skandale nicht vergessen, und Verdaguers Begräbnis wurde zum Massenauflauf.

Als der Skandal um den befreundeten Priester bekannt wurde, grämte sich Gaudí sehr. Er hätte nie gedacht, dass dieser spirituelle Fels einst abstürzen könnte. Und schon wartete der nächste Schlag auf ihn. Wenige Monate später befand er sich gerade für die

Casa Botines in León, als man ihm die Botschaft überbrachte, sein Freund Bischof Grau sei auf einer Pastoralreise vom Pferd gestürzt und habe sich ein Bein gebrochen. Er hatte Grau stets bewundert, wie er gegen die starren kirchlichen Strukturen anrannte:

> »Er stritt mit allen, (...) und alle legten ihm Steine in den Weg. (...) Ich habe nie jemanden mit einer so starken und wohlmeinenden Willenskraft wie der seinen erlebt. Solange er am Leben war, konnten wir alle Bitterkeit überwinden.«[200]

Der Unfall schien nicht besonders dramatisch zu sein, aber Gaudí eilte an das Krankenbett des Freundes. Einem Journalisten erzählte er später:

> »Niemand schien seine Krankheit ernst zu nehmen, doch ich begriff sofort, dass der Bischof dem Tode nahe war ... und ich sagte zu den Anwesenden: Wisst ihr, warum ich sicher bin, dass der Bischof bald sterben wird? Weil ich ihn so verwandelt sah, so schön, dass mir schien, er könne nicht mehr leben, wahrhaft *schön* ... alles Persönliche war verschwunden! Seine Gesichtszüge, die Wärme, die Stimme ... Es blieb nur noch ein Etwas von ihm ohne Bindung an die Dinge. Die perfekte Schönheit kann aber nicht leben ...«[201]

Grau starb am 18. September 1893 an einer Blutvergiftung. Damit gab es für Gaudí keinen Grund mehr, länger in dem verhassten Astorga zu bleiben. Er zog sein Team ab und schwor:

> »Nie wieder werde ich einen Fuß nach Astorga setzen. Ich würde nicht einmal in einem Heißluftballon über die Stadt fliegen!«[202]

Auch im Marokko-Projekt steckte der Wurm drin. Sogar der Heilige Stuhl bemängelte, es sei zu ambitiös für einen der Bescheidenheit verpflichteten Franziskanerorden. Und ausgerechnet jetzt brach in Marokko ein Krieg zwischen den einheimischen Berbern und Spanien aus. Zwar gewannen ihn die Spanier im Frühling 1894, doch der Konflikt hatte viele Menschenleben und viel Geld gekostet, den Handel auf dem Seeweg beeinträchtigt und der Wirtschaft geschadet. Claudio López' Unternehmen schränkten ihre Sponsoringaktivitäten ein. Auch der Staat zog sein Versprechen, sich an der Mission in Tanger zu beteiligen, zurück. Daraufhin gaben die Franziskaner ihr Vorhaben auf. Gaudís futuristisches Projekt Tanger war gestorben.

Sogar in der Josefsvereinigung mit ihren Abertausenden von Mitgliedern kriselte es, als kurz nacheinander die Verantwortlichen starben. Den Anfang machte 1892 Bocabella, gefolgt von seinem Schwiegersohn Manuel de Dalmases (1843–1893), wenige Monate darauf starb dessen Witwe Francesca, Bocabellas Tochter (?–1893). Allerdings hatte Francesca zuvor in weiser Voraussicht veranlasst, dass die Josefsvereinigung formell als Bauherrin der Sagrada Família abgelöst und diese dem Bischof von Barcelona unterstellt werden sollte. Vermutlich hatte sie befürchtet, dass die Josefisten nicht den nötigen langen Atem haben würden, um die Kirche fertig zu bauen.

Die Sagrada Família wurde daher 1895 an ein Konsortium mit dem noch heute geltenden Namen *Junta Constructora del Temple Expiatori de la Sagrada Família* unterstellt. Die Junta bestand damals aus dem Bischof von Barcelona Jaume Català, einem Verwandten Bocabellas Joan de Dalmases als Kassierer, dem Architekten Joan Martorell und weiteren fünf Mitgliedern. Heute zählt die Junta zehn Personen und untersteht noch immer dem amtierenden Erzbischof von Barcelona.

Friedrich Engels (1820–1895) hatte schon zu Beginn der 1870er Jahre geschrieben, dass Barcelona *mehr Barrikadenschlachten aufzuweisen hat als irgendeine andere Stadt.*[203] Die Spirale der Gewalt durch Demonstrationen, brutale Banden, private Schutztruppen und staatlich-militärische Repression drehte sich immer schneller. Ende 1893 erreichten die sozialen Spannungen jedoch eine neue Dimension.

Es begann damit, dass am 24. September während einer Militärparade ein Attentäter zwei Handgranaten in die Menge warf und einen Soldaten und fünf Zivilisten tötete. Bei der Bombe handelte es sich um eine Bleikugel mit Stiften, die mit Quecksilberfulminat gefüllt waren und leicht detonierten. Solche Granaten trugen den Namen ihres Erfinders, des italienischen Rechtsanwalts Felice Graf Orsini (1819–1858), der damit 1858 Kaiser Napoleon III. zu töten versuchte.

Wenige Wochen später schmuggelte ein erklärter Anarchist zwei solcher Orsini-Bomben in das Stadttheater Liceu, das ein beliebter Treffpunkt der Barceloner Haute Volée war. An jenem Abend hätte eigentlich auch Gaudís verehrte Pepeta Moreu im Parkett sitzen sollen. Sie hieß mittlerweile Caballol und war noch immer die temperamentvolle und attraktive Frau von einst. Sie und ihr Mann sollten mit dem Opernbesuch das gesellschaftliche Debut ihrer Verwandten Margarita Moreu feiern. Es mutet beinahe sarkastisch an, dass an jenem Abend des 7. November 1893 ausgerechnet die Rossini-Oper Wilhelm Tell auf dem Programm stand, welche die Geschichte des legendären Schweizer Freiheitskämpfers erzählt, der den tyrannischen Habsburger Vogt Gessler tötete.

Aber Pepeta erschien nicht zur Vorstellung. Sie erwartete ihr drittes Kind, und ihr Umstandskleid gefiel ihr nicht. Diese Koketterie rettete ihr das Leben, denn während des zweiten Aktes warf der Attentäter von der Zuschauertribüne zwei Bomben ins Parkett. Die erste explodierte und riss die junge Margarita und ihre Eltern sowie weitere zwanzig Menschen in den Tod, die zweite zündete nicht und blieb auf dem toten Körper einer Frau liegen. Im Getümmel konnte der Attentäter entkommen, wurde aber einen Monat später gefasst und hingerichtet.[204]

Nach diesen Terroranschlägen trauten sich die Menschen kaum mehr an öffentliche Veranstaltungen, das kulturelle Leben kam zum Erliegen, auch das Orfeó trat nicht mehr auf. Es war eine frustrierende Zeit für Gaudí. Gleichzeitig wurde ihm immer deutlicher bewusst, dass er sich mit der Sagrada Família auf ein Werk eingelassen hatte, das seine eigene Kraft überstieg.

Er rutschte allmählich in eine dunkle Schwermut ab, und als am 7. Februar 1894 die Fastenzeit begann, mit der die Katholiken der vierzig Tage gedenken, als Jesus in der Wüste vom Teufel versucht wurde, befand sich Gaudí bereits in einer psychischen Wüste. Heute wird die Fastenzeit in der Kirche eher als eine Empfehlung zur Reflexion durch kleine Verzichte verstanden, aber früher war sie eine ernste Sache und mit deutlichen Entbehrungen verbunden. Im Glauben, seinem Schöpfergott damit näher zu kommen, trieb Gaudí sein Fasten so weit, dass er kaum noch Nahrung zu sich nahm, immer schwächer wurde und irgendwann nicht mehr aufstehen konnte. Weder der Vater noch Roseta noch Santaló konnten ihm helfen, und zu allem Übel erschienen in der Presse die ersten Berichte, der Architekt der Sagrada Família sei ernsthaft krank und könne nicht mehr arbeiten.

Sein mittlerweile 14-jähriger Lehrling Ricard Opisso war einer der wenigen, die ihn so sahen. Jahrzehnte später veröffentlichte er in der Zeitung *Diario de Barcelona* seine Erinnerungen und eine Zeichnung. In seinem Artikel von 1951 erzählte er, wie Gaudí seit einigen Tagen nicht auf der Baustelle erschienen war. Aus Sorge beschlossen Berenguer und Rubió, ihn ohne Voranmeldung daheim aufzusuchen, und nahmen den Lehrling mit, weil Gaudí ihn wie einen Sohn achtete.

Gemeinsam gingen sie gut zehn Häuserblocks weiter südlich der Sagrada Família zur Wohnung der Gaudís und wurden von Francesc dankbar empfangen. Roseta führte sie direkt ins Zimmer des Architekten. Auf der Zeichnung Opissos ist zu sehen, wie der Architekt in dem Raum mit gemusterter Tapete erschöpft im schmiedeeisernen Bett liegt, in einen dunkeln Anzug gekleidet, sogar noch mit den Schuhen an den Füßen, die Hände über dem Bauch verschränkt, bärtig, hohlwangig, den Kopf auf zwei Kissen gestützt und den Körper mit seinem eigenen Mantel zugedeckt. Neben dem Bett steht ein Jugendstilsofa, auf das unachtsam einige Kleidungsstücke und sein Hut geworfen sind. Daneben sind eine Teekanne und eine Kerze sowie ein kleines Buch zu sehen.

Der Anblick war herzzerreißend. Da keiner den Benommenen zum Reden bringen konnte, berieten sie sich, wer sonst in der Lage sein könnte, ihren Freund seelisch aufzurichten. Es musste jemand sein, den Gaudí als geistige Autorität respektierte, der einen tiefen Glauben und einen gesunden Menschenverstand hatte und ihm Paroli bieten konnte. Es gab nur eine Persönlichkeit, welche diese Voraussetzungen erfüllte: Josep Torras i Bages (1846–1916), ein 48-jähriger charismatischer Priester mit dröhnender Stimme.

Torras i Bages hatte in Katalonien großen Einfluss auf die katholische Intelligenzija. Dass er sich vehement für die Umsetzung der Sozialenzyklika *Rerum novarum* von Papst Leo XIII. von 1891 einsetzte, die unter anderem gerechte Löhne, Arbeiterschutz und mehr soziale Verantwortung von den Arbeitgebern forderte, kostete ihn allerdings viele Sympathien bei Teilen des Klerus, des Adels und des Großbürgertums. Er war maßgeblich an der katalanischen Regionalverfassung, den sogenannten *Bases de Manresa,* beteiligt gewesen und hatte mit *La Tradició Catalana* ein Grundlagenwerk für den katholischen Nationalismus geschrieben. Er verurteilte die Dekadenz des Großbürgertums, warnte aber zugleich vor dem romantischen Nihilismus der Revolutionäre. Alles Übersteigerte und Fanatische war ihm ein Graus.

Es ist davon auszugehen, dass Gaudí den Priester bereits kannte, zumal dieser ganz in der Nähe wohnte. Außerdem hatte Torras den Künstlerverein des heiligen Lukas gegründet, als Pendant zum progressiven Reial Cercle Artístic, dessen Mitglieder wie Ramon Casas (1866–1932) und Santiago Rusiñol (1861–1931) gutsituierte Bohemiens waren, die sich in Theatern und Spielcasinos vergnügten. Der Lukaszirkel wollte moralisch dagegensteuern und verzichtete beispielsweise zumindest am Anfang auf weibliche Aktzeichnungen. Gaudí schickte seinen Lehrling Opisso in diesen Kunstverein, wofür dieser von seinen Freunden natürlich gehänselt wurde.

Tatsächlich konnte Torras Gaudí davon überzeugen, dass heroische Selbstaufopferung und Abstinenz zwar wertvoll waren, um das ewige Leben zu erlangen, dass aber das irdische Leben ein

Geschenk Gottes und außerdem zu kurz sei, um es wegzuschmeißen. Gott habe ihm mit dem Kirchenbau eine wichtige Aufgabe übertragen, daher dürfe er sich nicht gehen lassen. Es wirkte. Der Kranke rappelte sich tatsächlich auf und erschien wenige Tage später wieder im Büro. Aus Respekt vor ihrem Meister beschlossen die Zeugen, Stillschweigen über die Episode zu bewahren. Von nun an waren Gaudí und Torras i Bages enge Freunde.

Der Priester lud den Architekten in die Pfarrei Sant Felip Neri ein, die in der Altstadt nur wenige Schritte hinter der Kathedrale liegt. Bei den Patres der Neri-Gemeinde fand Gaudí das Auffangnetz, das er jetzt brauchte. Der heilige Philipp Neri (1515–1595) hatte bereits im 16. Jahrhundert in Italien sogenannte Oratorien gegründet, in denen Laien unter der Leitung von Geistlichen gemeinsam diskutierten und beteten. In seinem Kleinen Oratorium, dem *Oratorio Parvo*, betete man sogar in der Muttersprache, was ungewöhnlich war. Aber für Gaudí gab es noch einen weiteren Aspekt in den Lehren Neris, der ihn besonders faszinierte und in seiner eigenen Intuition bestätigte: Kunst und Schönheit waren etwas Gutes und halfen der Seele, sich gegen den Himmel zu erheben.

Die Neri-Patres beschäftigten sich besonders auch mit Musik, von der Volksmusik bis zum gregorianischen Gesang, und sie bemühten sich um den Druck von Partituren, was damals für viele Druckereien unmöglich oder viel zu schwierig war. Bei den Patres lernte Gaudí viel über Musiktheorie und fachsimpelte manchmal mit ihnen über den gregorianischen Gesang. Und er begann, täglich zur Messe zu gehen und oft zu beichten. Er wählte Pater Lluís Maria de Valls i Riera (1856–1921) zu seinem Beichtvater und geistlichen Mentor aus.

Über seinen Vater Francesc stieß Gaudí nun noch auf eine andere Figur, die ihn maßgeblich prägen sollte. Die Rede ist von dem deutschen Priester Sebastian Kneipp (1821–1897). 1894 gelangte ein Exemplar der spanischen Übersetzung von dessen Buch *So sollt ihr leben* in die Hände des robusten Handwerkers Francesc, der den Wunsch hegte, noch lange genug zu leben, um seinem

Sohn und der Nichte beizustehen. Kneipp selbst hatte die Tuberkulose überstanden und gab in seinem Buch Tipps für ein gesundes Leben in einem gesunden Körper dank einer natürlichen Lebensweise, zu der viel Licht, Bewegung und frische Luft gehörten.

Es dauerte nicht lange, und Antoni stellte seine Ernährung nach den Empfehlungen Kneipps um und schlief nur noch bei offenem Fenster, obwohl die feuchte Barceloner Nachtluft seiner Arthrose eigentlich nicht gut bekam. Trotz schmerzender Gelenke, die er sich häufig einbandagieren musste, verzichtete er zunehmend auf Droschken oder Tram und ging zu Fuß. Ihm gefiel der Gedanke, dass Kleider nicht der Mode, sondern dem Schutz vor der Außentemperatur dienten. Besonders wichtig war Kneipp das Wasser, als Getränk ebenso wie als Bad. Von nun an trank Gaudí jede Stunde mehrere Gläser Wasser. Kneipp war kein Vegetarier, warnte aber vor zu viel Fleischgenuss und vor zu stark gekochten Speisen.

Gaudí begann maßvoll, doch wie immer übertrieb er es schon bald. Seine Diäten entfernten sich mit den Jahren immer weiter von den Lehren des deutschen Priesters. Im Alter reduzierte er seine Mahlzeiten auf einige Blätter Salat mit Olivenöl und ein paar Tropfen Milch, ein Stück gekochte Rote Beete und etwas Brot, Honig und Nüsse, die er in der Tasche mittrug. Den einzigen Luxus, den er sich oft und gern gönnte, waren die typischen Teigtaschen *pastissets* mit Puderzucker oder Kümmel, die er ebenfalls oft dabeihatte und allen Umstehenden anbot. Die Pastissets enthielten manchmal Schweineschmalz, aber ansonsten lebte Gaudí streng vegetarisch, pflegte immer kuriosere Essgewohnheiten und bildete sich ein, er sei gesund. Sein Schüler Cèsar Martinell erzählte, Gaudí habe oft ein rohes Ei mit sich herumgetragen, als Snack und weil er die Stärke und Perfektion der Eierschale bewunderte, aber nachdem ihm jemand nach der Messe einen freundschaftlichen Klaps gab und die schlabberige Soße an ihm herunterrann, hörte er damit auf.[205]

Gemeinsam mit seinem Freund Torras i Bages beschloss er zudem, mit dem Rauchen aufzuhören. Er stimmte mit Sebastian

Kneipp darin überein, dass Gott dem Menschen wohl kaum eine Nase geschenkt habe, um sie als Kamin zu benutzen. Die Mitarbeiter Gaudís rauchten nur heimlich und lüfteten die Werkstatt jeweils gut durch, bevor der Meister kam.[206]

Indem er seinen eigenen Körper auf das Allernötigste reduzierte, wollte und konnte er den Kopf für seine Kreativität freihalten. Sein Glaube an die Heilkraft der Natur war nahezu religiös. Da er mit einem Auge weit-, mit dem anderen kurzsichtig war, empfahl ihm ein Augenarzt ein Monokel. Gaudí probierte das Monokel eine Weile aus, legte es dann weg und war von nun an Gegner von Brillen. Er könne nicht verstehen, warum Torras i Bages so dicke Gläser auf der Nase trage, sagte er und behauptete, wer Sehstörungen habe, brauche nur Übungen mit den Augen zu machen und sie kräftig auszuwaschen.[207]

Mit Naturheilkunde beugte er auch dem Schnupfen vor. Manchmal war die ganze Werkstatt der Sagrada Família in Eukalyptusdämpfe gehüllt. Ehrlicherweise muss man zugeben, dass Gaudís Konstitution tatsächlich erstaunlich gut war, besonders wenn man bedenkt, dass er von klein auf mit rheumatischem Fieber zu kämpfen hatte.

## 2. Die Versuchung des Judas

Zwölf Jahre waren vergangen, seit Eusebi Güell seinen neuen Freund Gaudí gebeten hatte, ihm einen Jagdpavillon zu zeichnen, der aber nie realisiert wurde. Sein riesiges Revier lag 20 Kilometer südlich von Barcelona am Fuße des Garraf-Gebirges beim Fischerörtchen Sitges mit seinem Badestrand und maß 825 Hektar. Im Boden des Grundstücks gab es wertvolle unterirdische Wasseradern, was Güell auf die Idee brachte, dort nicht nur zu jagen, sondern auch Wein zu produzieren. Er bat Gaudí, ihm auf einer Anhöhe nur 200 Meter vom Strand entfernt eine Kellerei, ein Pförtnerhaus und eine Kapelle zu bauen. Lange ging die Fachwelt davon aus, dass der Architekt das einzigartige, zeltförmige

Gebäude seinem Mitarbeiter Berenguer anvertraut hatte, aber es gibt eine Aussage Gaudís von 1916, die lautete:

> »Besuchen Sie auch Garraf, denn dort sehen Sie eine meiner besten Arbeiten.«[208]

Die Weinkellerei ist ein fast 30 Meter hohes, spitzwinkliges Dreieck, in dem alle geforderten Zweckräume untergebracht waren. In den beiden unteridischen Ebenen lagen die Räume für die Verarbeitung, Gärung und Lagerung der Trauben. Belüftungsschächte sorgten für genügend Sauerstoff. Im Erdgeschoss konnten die Transportkutschen parken und das Personal wohnen, darüber befanden sich die Gemächer der Familie Güell mit ihren Jagdgästen und eine Aussichtsterasse mit Meerblick. Zuoberst unter dem Spitzdach befand sich eine Kapelle.

Für die Mauern benutzte Gaudí nur den grauen Kalkstein aus dem nahen Garraf-Steinbruch, der ebenfalls Güell gehörte, so dass sich das Gebäude ganz natürlich in die felsige Landschaftskulisse einfügte. Die Steine wurden teilweise geschliffen oder rau belassen. Kettenlinienbögen, die mal breiter, mal steiler waren, setzten deutliche Akzente. Das schmiedeeiserne Tor am breiten Eingang für die Fahrzeuge erinnert klar an das Drachentor der Finca Güell und schafft somit eine Verbindung zwischen den beiden Landsitzen der Familie Güell.

Das Baugesuch für die Weinkellerei wurde im Januar 1895 eingereicht, und die Arbeiten dauerten sechs Jahre, denn besonders zu Beginn ließ der Architekt fast bei jedem Besuch in Sitges bestehende Gebäudeteile wieder niederreißen und neu aufrichten.[209] Güell kelterte später in Garraf tatsächlich Wein, aber die Qualität war nicht besonders gut, so dass er ihn auf den Dampfschiffen der Compañía Trasatlantica für die Besatzung verwendete. 1916 wurde in der Nähe eine Zementfabrik eröffnet, was die Umgebung deutlich abwertete, und als 1936 einmal mehr die Reblaus alle Trauben vernichtete, wurde das Experiment beendet. Heute ist das Gebäude ein Restaurant.

Als Gaudí mit Garraf betraut wurde, war auch der Augenblick gekommen, um bei der Sagrada Família einen wichtigen Schritt weiterzugehen. Auf der Ostseite, dort, wo die Sonne aufgeht, also beinahe mit Blick auf das Heilige Land, legte Gaudí den ersten Stein der Geburtsfassade. Es wird die einzige Fassade sein, die er und seine Mitmenschen erleben werden. Er wird 31 Jahre lang an ihr arbeiten, bis zu seinem Tod, und sie wird alle Vorstellungen sprengen.

Es war kein Zufall, dass er ausgerechnet mit dieser Fassade begann, obwohl sie gar nicht den Haupteingang darstellte. An dieser Stelle der Kirche wollte Gaudí von Weihnachten erzählen. Weihnachten berichtet von der dramatischen Reise des Zimmermanns Josef mit seiner hochschwangeren Frau und einer Niederkunft unter armseligsten Bedingungen. In dieser Geschichte konnten sich die meisten Menschen Barcelonas wiedererkennen.

Kaum standen die ersten Meter der Außenwand, wurden sie mit liebevoll gemeißelten Statuen und Reliefs von Pflanzen, Menschen und Tieren geschmückt. Die überbordende Ornamentik rief Neugierde und Bewunderung, aber auch viel Unverständnis hervor. Einige Kommentatoren waren unerbittlich. Ein *wahnwitziges Gebräu*[210] nannte später der deutsch-britische Kunstgeschichts-Papst Nikolaus Pevsner (1902–1983) Gaudís Architektur, der er zwar Kühnheit beschied, ihr aber in seinem Monumentalwerk *Die Europäische Architektur* unter dem Thema Jugendstil nur gerade zwei Fußnoten, wenn auch mit einem Foto der Sagrada Família, widmete. Für den spanischen Kunsthistoriker Juan Antonio Gaya Nuño (1913–1976) waren Gaudís Werke *steinerne Missgeburten* und *obszöne Knollen.*[211]

Die Geburtsfassade ist eine spitz zulaufende Grotte mit drei Eingangsportalen. In der Apokalypse steht, dass das Himmlische Jerusalem drei Tore hat. Gaudí widmete die drei Portale den drei göttlichen Tugenden Glaube, Liebe, Hoffnung und der Heiligen Familie. Das Glaubensportal rechts gehört Maria, denn sie hatte dem Erzengel geglaubt, als er zu ihr kam und ihr sagte, sie würde den Sohn Gottes gebären. Die mittlere und größte Pforte der

Nächstenliebe gehört Josef, dem Stiefvater Jesu, der seine Verlobte allen gesellschaftlichen Konventionen zum Trotz nicht verjagte, als sie ihm eröffnete, dass sie von einem anderen schwanger war, sondern der sie vielmehr heiratete und den Sohn liebevoll aufzog. Die linke Grotte ist jene der Hoffnung und gehört zu Jesus, auf dem die Hoffnung der Welt ruht. Zusammen bilden sie die Heilige Familie, die Sagrada Família.

Josef stand nicht nur im Zentrum, weil er der Schutzpatron der Josefsvereinigung als Bauherrin war, sondern weil er zu den Menschen passte. Er war Handwerker und wegen seiner Solidarität mit Maria von sozialer Ausgrenzung bedroht. Er wurde für die Volkszählung von den Behörden arrogant herumgeschubst und in der Nacht vor der Geburt mit seiner erschöpften Frau an allen Türen abgewiesen, so dass er am Ende in einem stinkenden Stall unterkommen und seine Frau ohne Hilfe durch Familienangehörige und nur durch die Ausdünstungen zweier magerer Tiere etwas aufgewärmt, niederkommen musste.

Bestimmt war der arme Josef mit der Situation überfordert. Dieser Mann war rechtschaffen, anständig, gutmütig und gottesfürchtig. Und er liebte seine Familie. Er verdiente es, im Zentrum zu stehen, so wie die Unterprivilegierten aus dem Arbeiterviertel es verdienten. Die ganze Fassade war eine zärtliche Huldigung an das Leben, die Familie, das göttliche Kind und an die Menschen.

Über der Geburtsfassade sollten später vier riesige konische Türme in den Himmel ragen. Außerdem hatte Gaudí vor, die Fassade im unteren Teil grün und golden anzumalen. Einige Elemente der Grotte wurden sogar mit steinernen Schneeflocken überdeckt, als Anspielung auf die winterliche Weihnachtszeit.

Zwischen den Portalen stehen zwei schlanke Säulen. Am Kapitell der einen prangt der Name Josef, am anderen jener Marias. Diese Säulen haben keine stützende Funktion, sondern sie laufen oben in Dattelpalm-Kronen aus, auf denen trompetende Engel stehen. Die Symbolik der Säulen ist interessant, denn beide werden von Schildkröten getragen, einer Meeresschildkröte und einer Landschildkröte, und es ist, als würde die ganze wuchtige

Fassade auf diesen beiden armen und nach Luft schnappenden Tieren ruhen.

In der asiatischen Mythologie steht das Himmelsgewölbe auf einem Schildkröten-Panzer, während in der christlichen Mythologie die Schildkröte wegen ihrer vielen Eier die Fruchtbarkeit und wegen ihres Panzers Schutz und Beständigkeit versinnbildlicht. Mit diesen Tieren drückte Gaudí aus, dass die Geburt Jesu den ganzen Kosmos einbezog, die östliche und westliche Welt, die Erde und die Meere.

Immer wieder schickte er seine Bildhauer aus, um neue Tiere und Pflanzen einzusammeln. Je nach Finanzlage arbeiteten zu Spitzenzeiten bis zu 24 Steinmetze und über 40 Künstler an der Kirche. Sie bildeten unter dem strengen Auge Gaudís das dornengekrönte und schwertdurchstoßene Herz Jesu mitten in einem Meer von Veilchen, die ein Zeichen für Demut und Tugend waren. Darum herum sollten weit oben Bienen schwirren, die von diesen Tugenden tranken, so wie es die Heiligen taten.

Auf Augenhöhe hingegen ließ Gaudí einen steinernen Grasteppich und pickende Hühner, Gänse und Puten anbringen. Diese alltäglichen Tiere sind Teil der Szene, in der die Engel den Hirten die Geburt Christi verkünden, und Gaudí wollte mit den Nutztieren zu verstehen geben, dass Gott die gewöhnlichen Menschen dazu bestimmt hatte, als Erste die Ankunft Gottes in der Welt bezeugen zu dürfen. Zuerst erfuhr das Volk die Frohe Botschaft, dann erst kamen die Könige, die Gelehrten, die Einflussreichen.

Zu der Szene gesellten sich bald vier Hirten, drei Erwachsene und ein Knabe, die in verschiedenen Posen knieten und erwartungsvoll auf das Neugeborene blickten. Sie hatten draußen in der kalten Nacht ihre Schafe gehütet, als am Himmel merkwürdige Dinge geschahen. Plötzlich sahen sie einen strahlenden Engel herabgleiten, der ihnen erklärte, dass der vom jüdischen Volk langerwartete Retter und Messias endlich gekommen sei. Zuerst erschraken sie, doch dann glaubten sie ihm und liefen, ohne zu zögern, los: naiv, vorurteilslos und neugierig.

Die Bildhauer hatten bei der Gestaltung weitgehend freie Hand, aber Gaudí gab ihnen Anregungen, was die jeweilige Szene ausdrücken sollte. Manchmal zeichnete er auch selbst. Zuerst formten die Künstler kleine Gipsfiguren und brachten sie an einem Holz- und Gipsmodell der Fassade in Position, um eine Vorstellung des Gesamtbildes zu erhalten. Dann wurden die kleinen Figuren vorsichtig ausgehöhlt und zu einem positiven Bleimodell gegossen, daraufhin wurde daraus ein etwas vereinfachtes Modell in Originalgröße gemacht, und dann erst meißelten die Künstler die Figur in die Sandsteinblöcke.

Die ausgedienten Gipsfiguren hängte der Architekt unter dem Dach seines Büros auf, weil es dort kühl war und sie gut erhalten blieben. Das Atelier sah aus wie ein Wimmeltheater, und alle, die es betraten, waren beeindruckt. Die kleinen gusseisernden Modelle lagen auf dem Schreibtisch und dienten als Briefbeschwerer für Skizzen und Pläne, aber sie verschwanden jeweils bald, weil die Besucher sie als Souvenir erbaten oder heimlich mitgehen ließen.

In den ersten Jahren wurden nur Pflanzen und tote Tiere mit Gips übergossen, aber seit 1893 Matamala für die Statue des heiligen Georg in León hergehalten hatte, wandte Gaudí diese umstrittene Technik auch an lebendigen Tieren und Menschen an. Er besorgte sich von befreundeten Ärzten wie Pere Santaló Chloroform, betäubte die Tiere damit, wickelte sie ein und übergoss sie daraufhin. Zuerst wurden nur einzelne Körperteile eingegipst, später auch größere Flächen.

Für die Figuren aus der Heilsgeschichte standen Freunde und Bekannte oder Menschen aus der Umgebung der Sagrada Família Modell. Sie mussten dabei möglichst dynamische Körperhaltungen einnehmen, Hände und Füße sollten natürlich aussehen und die Gesichter einen Gemütsausdruck zeigen. Gaudís Kirche sollte kein Mausoleum sein, sondern ein Theater.

Rund um die Darstellenden wurden Spiegel aufgestellt, damit die Künstler die Körper aus verschiedenen Blickwinkeln zeichnen konnten, und sie wurden fotografiert. Alle erhielten zum Lohn den Abzug einer Fotografie, was damals ein wertvoller Schatz war. Wer dann für eine Statue auserkoren wurde, durfte sogar das Gipsmodell von sich selbst behalten.

Gleichzeitig mit den drei großen Pforten an der Geburtsfassade baute Gaudí auch die ersten Meter des Kreuzgangs, der wie ein Viereck um die Kirche führen sollte. Wer durch eines der Eintrittsportale trat, stand zuerst im Kreuzgang und würde später durch eine weitere Tür ins Innere der Kirche gelangen. Eine dieser inneren Pforten nahm Gaudí nun in Angriff. Obwohl sie nur ein Nebenschauplatz und von außen gar nicht zu sehen ist, wandte er zwei Jahre auf, um dieses sogenannte Rosenkranzportal liebevoll zu dekorieren, denn er hatte damit etwas Wichtiges zu sagen.

Für das Portal benutzte er nicht dasselbe Gestein wir für die äußere Kirchenwand, das vom nahem Montjuïc-Gebirge kam, sondern ein helles und härteres Material aus dem Gebirge Penedès nahe Barcelona. Teamchef Matamala erzählte später seinem Sohn Joan, dass er für den harten Stein spezielles Werkzeug und einen wuchtigen Hammer herstellen musste. Eines Tages habe Gaudí unten gestanden und einem Steinmetz auf seinem Gerüst zugerufen, er solle keine Angst haben und fester pickeln. Doch der Stein war hart und das Werkzeug klobig und schwer. Als Gaudí ihn erneut drängte, er solle doch endlich fester zuschlagen, drehte sich der Steinmetz zu ihm herab und rief: *Ich werde müde, Senyor Gaudí.* Da habe dieser zurückgerufen:

»Ach so! Warum ruhst du dich dann nicht aus, Mann!«[212]

Das Portal bestand aus einem komplexen Bogen mit zwei Archivolten, die von einem Band von Rosen umrankt waren. Rechts und links des inneren Tors stehen Skulpturen der Stammesväter Jesu Isaak (Abrahams Sohn) und Jakob sowie der Könige David und Salomo. Für diese Figuren suchte Gaudí in seinem Fotoarchiv und in seinem Umfeld nach passenden Vorbildern. Der junge Hilfsschreiner Ramón Mestre zum Beispiel schien ihm ein geeigneter König David zu sein, weil er seiner Meinung nach intelligent aussah wie David, der durch List, Klugheit und Tugend vom Hirten zum König aufgestiegen war. Tatsächlich gründete Mestre später ein eigenes Bauunternehmen und kam zu Wohlstand.[213]

Die Darstellerinnen und Darsteller wurden nach den historischen Vorbildern eingekleidet und mit den nötigen Attributen versehen. Es gab immer wieder solche, die sich selbst anboten oder geradezu aufdrängten. So kam ein gewisser Senyor Artigas oft bei der Werkstatt vorbei und erklärte Gaudí, als Figur an der Sagrada zu stehen, wäre sein größter Wunsch. Der Architekt vertröstete ihn lange, bis er ihm endlich mitteilte, er könne König Salomo sein, der mächtige Herrscher über das Großreich Israel, der auch dichtete und für seine Weisheit bewundert wurde. Salomo hatte in Jerusalem den ersten Tempel für den jüdischen Gott Jahwe gebaut und war beliebt, weil er den anderen Volksgruppen kulturelle und religiöse Freiheit gewährte.

Artigas war Feuer und Flamme, verkleidete sich als biblischer König, und Gaudí drückte ihm eine Tafel in die Hand und fragte ihn:

> »Wenn Sie König Salomo wären und eine Inspiration für ein paar Verse hätten, welche Haltung würden Sie da einnehmen?«

Majestätisch richtete sich Artigas auf und wedelte würdevoll mit dem Stilett über der Tafel, genau so, wie er heute als Salomo an der linken Säule prangt.[214]

Über dem Tor steht Maria als Vollfigur mit dem Kind im Arm. Neben ihr blicken zwei Heilige, beide mit Namen Dominikus, sowie Katharina von Siena betend zu ihr auf. Alle drei haben mit der Entstehung und Verbreitung des Rosenkranzgebets zu tun. Eine Vorform der Gebetskette wurde vom Gründer des Dominikanerordens, dem Spanier Domingo de Guzmán (1170–1221) aus Caleruega entwickelt. Vermutlich hatten damals die Europäer aus fernöstlichen Handelsreisen oder durch die muslimischen Besatzer solche Gebetsketten kennengelernt und auf die eigene

Religion übertragen. Die heutige Struktur ist dem Dominikaner Dominikus von Trier (1384–1460) zu verdanken. In der Kunstgeschichte wird der Rosenkranz auch oft mit einer Vision der dominikanischen Mystikerin und Kirchenlehrerin Katharina von Siena (1347–1380) in Verbindung gebracht. Mit dem Rosenkranz werden verschiedene Lebensabschnitte Jesu, sogenannte Mysterien, meditiert: die Kindheit, der Tod und die Auferstehung. 2002 fügte Papst Johannes Paul II. noch die lichtreichen Geheimnisse hinzu, bei denen das öffentliche Leben und die Lehren Jesu betrachtet werden.

Aber Gaudí hatte am Rosenkranzportal noch etwas anderes zu sagen. Auf Augenhöhe stehen zwei kleine Figurengruppen mit dem Titel *Die Versuchung des Menschen.* Neben dem weisen König Salomo, dessen Name *Friede* bedeutet, sprechen sie von Unfrieden und Gewalt. Barcelona war seit vielen Jahren von Gewalt gezeichnet, und der Terror zog vermehrt auch die Zivilbevölkerung in Mitleidenschaft, so wie an jenem 7. Juni 1896, als ein Attentäter eine Orsini-Bombe auf eine Fronleichnams-Prozession warf. Sechs Menschen wurden getötet, weitere 45 verletzt, von denen einige später ihren Verletzungen erlagen. Unter den Opfern befanden sich viele Frauen und Kinder. Das Entsetzen war groß, und der Tag ging als *Corpus de sangre*, der blutige Fronleichnam, in die Geschichte ein.[215]

Gaudí war ein entschiedener Gegner von Gewalt. Soziale Probleme durch Gewalt lösen zu wollen, war in seinen Augen eine dämonische Versuchung und der große Irrtum des Judas, der sich von Jesus eine Revolution gegen die Unterdrücker erhofft hatte und dermaßen enttäuscht von seiner scheinbaren Passivität war, dass er ihn dem Feind auslieferte. Gewalt erzeugte bloß weitere Gewalt. Ein Jahr nach dem Blutigen Fronleichnam brachte Gaudí beim Rosenkranzportal zwei Figuren an, mit denen er beinahe zärtlich das politische und moralische Dilemma der Menschen ausdrückte, die unter der Armut litten.

Die eine Szene zeigt ein dämonisches Wesen mit verzerrter menschlicher Fratze, das sich von oben herab auf einen wie ein

Arbeiter gekleideten Mann herabwindet und ihm eine gestachelte Orsini-Bombe hinhält. Beinahe flehend blickt der Mann auf die Gottesmutter, während er mit einer Hand verstohlen die Granate berührt, als wüsste er nicht, ob er sie ergreifen sollte.

Schräg gegenüber erzählt eine andere Gestalt ebenfalls von sozialer Not und einer anderen Art von Versuchung, der viele Frauen aus der Unterschicht ausgesetzt waren: Eine junge Frau kniet am Boden, verschränkt die Hände über ihrer Brust zum Gebet und blickt verzweifelt zu der Muttergottesstatue hinauf, während ein riesiges menschliches Nasengesicht mit großen Ohren und einem Fischkamm sie seitlich von unten umgarnt und in der Hand einen prallgefüllten Geldbeutel hält. Es ist, als sage ihr der Dämon, mit dem Geld könne sie doch ihre Probleme lösen. Vermutlich will er sie in die Prostitution locken, womit Gaudí an der Kirchenwand ein großes gesellschaftliches Tabu-Thema ansprach.

## 3. Kathedrale der Armen

In der Josefsvereinigung spielte man immer wieder mit dem Gedanken, die Sagrada Família zu redimensionieren, um Geld und Zeit zu sparen, aber Gaudí stellte sich stets dagegen:

> »Wenig Geld bedeutet weniger Möglichkeiten und ein langsameres Tempo. Doch wir müssen immer auf die Würde der Kirche achten. Es ist wichtig, dass alles, was wir bauen, dieselbe hochwertige Qualität beibehält. (...) Wenn wir langsamer arbeiten, auf Gottes Beistand vertrauen und auf bessere Tage hoffen, werden wir zwar weniger bauen, aber dafür gut.«[216]

Die Baustelle war ein Anziehungspunkt für Schaulustige und Bettler. Gaudí wollte diese nicht verjagen, sondern erlaubte ihnen vielmehr, sich bei der Krypta niederzulassen. Das soziale Gefüge dieser Gruppe war von eigenen Gesetzen bestimmt, und als Gaudí eines Tages sah, wie ein alter und gelähmter Mann von den anderen Bettlern schikaniert wurde, trommelte er alle zusammen und hielt ihnen eine Standpauke über Respekt. Persönlich wies er dem alten Mann den besten Platz gleich bei der Treppe zu, und von nun an wurde er in Ruhe gelassen.

Auch Studenten oder Kunstmaler stellten ihre Staffeleien bei der Sagrada auf. Gaudí freute sich über das Interesse und ließ sie für gewöhnlich unbehelligt arbeiten, bloß einmal schnauzte er den jungen Joaquim Mir (1873–1940) an, weil dieser beim Malen ständig plapperte. Ausgerechnet Mir schuf später das bekannteste Bild der Sagrada Família. Eines Tages beugte sich Gaudí über seine Leinwand, und Mir erklärte ihm: *Ich will die Sagrada Família malen, aber auch die Armen, die sich hier niederlassen. Sobald die Mauern einer Kirche stehen, erscheinen sie wie Muscheln an den Steinen.* Gaudí erwiderte, dass es wohl keinen besseren Ort für diese Menschen gebe als eine Kirche, die ja Zeichen der Nächstenliebe sei.[217]

Neben dem berühmten Ölbild schuf Mir auch eine Skizze der Baustelle, auf die sich eine große Menschenmenge zubewegt. Die Gestalten scheinen auf dem steinigen Gelände nur schleppend voranzukommen, im Vordergrund sitzen bettelnde Menschen, und über der Szene liegt eine unsichtbare Last. Pfarrer Torras i Bages kam an der Staffelei vorbei, und mit einem Blick durch seine starken Brillengläser bemerkte er: *Das sieht aus wie die Kathedrale der Armen.*[218] Dieser Titel blieb an dem Kunstwerk und an der Sagrada Família hängen.

Mirs farbiges Ölgemälde der Sagrada Família wurde sogar im Künstlertreff Els Quatre Gats ausgestellt. Das Lokal öffnete seine Tore Ende des Jahrhunderts, blieb sechs Jahre in Betrieb und schloss 1903 unvermittelt. Erst 1978 wurde es wieder mit dem Flair der Anfangszeiten eröffnet und gehört heute zu den Touristenattraktionen der Stadt. Der Name lehnte sich an das berühmte Pariser *Chat Noir* an und ist auch ein ironisches Wortspiel, das in einigen lateinischen Sprachen wie zum Beispiel auch im Italienischen existiert, um im übertragenen Sinne zu sagen, dass nur ganz wenige Leute anwesend sind, bloß vier Katzen, *quatre gats*.

Das Lokal in dem wunderschönen neugotischen Haus an der Carrer Montsió wurde sogleich zum angesagtesten Treffpunkt der Barceloner Kunstszene. Die Künstler durften dort ihre Werke ausstellen, wie der junge Pablo Picasso, der im Quatre Gats 1900 erstmals mit einer Einzelausstellung öffentlich in Erscheinung trat. Als die hochverschuldeten Betreiber ihr Restaurant 1903 schließen mussten, mietete sich ausgerechnet der katholisch-konservative Lukaszirkel ein, der von den jungen Ungestümen des unkonventionellen Quatre Gats wegen seiner prüden Moralvorstellungen stets verachtet worden war.

Auch Gaudís lebenslustiger Lehrling Opisso, der inzwischen 17 geworden war, verbrachte seine Freizeit am liebsten im Quatre Gats. Während er im katholischen Lukasverein keine Aktmodelle malen durfte, zeichnete er hier Tänzerinnen und andere freizügige Frauengestalten, aber er portraitierte auch seine Freunde wie den fast gleichaltrigen Pablo Picasso, der ein Jahr jünger war.

Picasso verachtete Gaudís ästehetische Opulenz und Religiosität und betrachtete die Sagrada Família als Geldverschewendung. 1900 schrieb er aus Paris an einen Freund in Barcelona: *Wenn du Opisso siehst, dann sag ihm, er solle Gaudí und die Sagrada Família zum Teufel schicken.*[219] Und zwei Jahre später, er war damals 22 Jahre alt, zeichnete er in wenigen Strichen mit Kohle eine Karikatur von Gaudí in einem schwarzen Anzug, wie er auf einem Hügel schreitet. Im Vordergrund steht eine Familie mit dem Rücken zum Betrachter. Daneben kritzelte er: *Sehr wichtig. Er sprach zu uns von sehr wichtigen Dingen, von Gott und Kunst. – Ja, schon, aber meine Kinder haben Hunger.*[220]

Gaudí wusste, dass nicht alle seine Einstellung teilten, und arbeitete unbeeindruckt weiter an seinen Skulpturen für die Geburtsfassade. Das brache Gelände neben der Baustelle der Sagrada Família wurde auch oft von den Militärs zum Exerzieren benutzt. Eines Tages stand Gaudí im Gespräch mit Torras i Bages und ärgerte sich, weil die Militärmusik so laut war, dass er sein Gegenüber kaum hörte. Wütend schickte er Opisso zum Dirigenten mit der Aufforderung, unverzüglich mit dem Krach aufzuhören.

Prompt kam der Leutnant anmarschiert und wollte wissen, wer sich erdreistet habe, ihm einen Befehl zu erteilen. Nach einigen Gehässigkeiten stellte sich heraus, dass es sich bei dem Leutnant um einen Bekannten von Torras i Bages handelte, was den Ton sogleich versöhnlicher machte.

Gaudí bat den Kommandanten, ihm einige Bläser als Modelle für die trompetenden Engel zu überlassen, die vom Himmel her die frohe Botschaft von Christi Geburt verkündeten. Der Leutnant stellte drei Militärmusiker frei, die sich stundenlang in Stellung bringen, fotografieren, zeichnen und mit Gips übergiessen ließen. Für den vierten Engel nahm Gaudí Opisso ins Visier. Als die Kollegen auch ihn mit Gips übergossen, fiel er in Ohnmacht. Von diesem Moment an verzichtete Gaudí auf Lebendabzüge von Menschen.[221] Opisso wird ihm die Tortur nie verzeihen und sich noch lange darüber beklagen.

Mit den Engelfiguren, die 1899 an der Fassade installiert wurden, brach Gaudí mit einer kunstgeschichtlichen Tradition, denn er war überzeugt, dass die Engel auf Erden wie normale Menschen aussahen und keine Flügel hatten. Die vier Trompeter stellte er 1899 über dem Eingang auf die beiden Säulen, die von Schildkröten getragen werden. Die ganze fröhliche Geburtsszene ist von singenden Engeln umstellt, darunter auch ein Orchester aus sechs weiblichen und männlichen Engeln, die volkstümliche Instrumente spielen wie Laute, Tamburin und Flöte, oder klassische wie Geige, Fagott und Harfe.

Heute steht an der Geburtsfassade auch eine weitere Gruppe von Engeln. Beim näheren Hinsehen stellt man fest, dass diese Schlitzaugen haben wie Menschen aus Asien. Tatsächlich sind sie das zeitgenössische Werk des japanischen Bildhauers Etsuro Sotoo (geboren 1953), den es 1978 an die Sagrada Família verschlug und der mittlerweile deren Chefbildhauer geworden ist. Durch die Auseinandersetzung mit Gaudís Arbeiten konvertierte Sotoo 1991 zum Christentum.

Nur wenige Gehminuten von Gaudís Wohnung entfernt erwarb die Witwe des Baumwollfabrikanten Pere Màrtir Calvet

(1843–1894), Juliana Pintó (1845–?), gemeinsam mit ihren Söhnen Eduard (1875–1907) und Pere jr. (?–1930) an der Carrer de Casp 48 im Eixample ein Grundstück, auf dem die Familie ein Haus bauen wollte. In den unteren Etagen sollten Lager- und Büroräume des Baumwollunternehmens entstehen, darüber eine herrschaftliche Wohnung für die Familie sowie sechs Mietwohnungen auf drei weiteren Stockwerken.

Diese Art von Wohnkultur kam in Barcelona allmählich in Mode. Allerdings tat sich das Großbürgertum mit dem als sozialistisch verpönten Eixample, wo außer Straßenschlachten nichts los war, noch immer schwer. Was ihnen besonders sauer aufstieß, waren die strengen Bauauflagen, die kaum Individualität zuließen. In Katalonien gehörte es aber zum guten Ton, den anderen das eigene Prestige unter die Nase zu reiben. Häuserfronten waren eine ideale Vitrine für die Zurschaustellung von Geld und erlesenem Geschmack. Der baskische Philosoph Miguel de (1864–1936) verspottete die Katalanen denn auch wegen ihres *fachadismo*, ihres Fassaden-Kultes.[222]

Wenn die Stadtverwaltung also die oberen Gesellschaftsschichten ins Eixample holen wollte, blieb ihr nichts anders übrig, als die Vorschriften zu lockern. Sie erlaubte daher neu, die Häuser 2,6 Meter höher zu bauen als im Stadtzentrum, sowie Ecktürme, Balkone und Ornamente anzubringen. Die Familie Calvet gehörte zu den ersten Großbürgern, die sich im Eixample ansiedelten, und sie verpflichtete für den Umbau ihres Reihenhauses Gaudí.

Es war sein erstes Privathaus im Eixample, zwei weitere werden folgen. Das Calvet-Haus war allerdings ein für seine Begriffe etwas verhaltenes Projekt mit einem Flair von Barock, mit dem er durchaus nach Paris oder Wien gepasst hätte.[223] Zuerst hielt er sich brav an die Vorgaben der Stadtbildkommission und projektierte einen viereckigen Grundriss, Fensteröffnungen und Schlafzimmer nach beiden Straßenseiten hin und setzte die Nasszellen und Abstellräume an unattraktive Stellen des Hauses wie bei den Belüftungsschächten oder Treppenaufgängen.[224]

Durch einen optischen Trick wollte er dem Haus von außen den Anschein geben, es sei voluminöser, als es tatsächlich ist: Die mittleren Balkone waren größer und stärker gewölbt als die anderen, was von unten betrachtet die Tiefenwirkung verstärkte.[225] Den Besitzern gefiel das Projekt, aber es hatte keinen guten Start. Im März 1898 reichte Gaudí die Pläne ein und sogleich regte sich Widerstand, denn die Ordensschwestern aus dem angrenzenden Kloster fürchteten um ihre Intimität und stoppten den Bau durch eine einstweilige Verfügung. Gaudí konnte ihren Wunsch nach Privatsphäre verstehen und entwickelte kurzerhand eine Art Sichtschutzmauer, die zwar Licht in den Hof der Calvets einließ, aber den Blick nach außen auf das Kloster hin erschwerte.

Auch beim Dach gab es Probleme. Mit den beiden geschwungenen Giebeln war das Gebäude viel zu hoch. Zwischen den Giebeln wollte Gaudí die Statuen des Namenspatrons von Pere Calvet, des Apostels Petrus, sowie von zwei Heiligen mit Namen Genesius als Anspielung auf den gleichnamigen Geburtsort des Bauherrn anbringen. Aber der Bezirksarchitekt Pere Falqués (1850–1916), der selbst zu den Vertretern des Modernisme gehörte und Gaudí im Grunde gut verstand, musste ihn wohl oder übel verwarnen. Gaudí ignorierte den Verweis.

Drei Monate später kam ein neues Schreiben der Behörden mit der Aufforderung, die Gebäudehöhe zu reduzieren. Die Antwort war typisch Gaudí. Er nahm eine Skizze und zog mit einem Rotstift einen Querstrich unterhalb der Giebel mitten durch die Fassade. Diesen geköpften Plan drückte er Rubió in die Hand und schickte ihn damit kommentarlos zur Stadtverwaltung.

Tatsächlich gaben die Beamten klein bei und ließen ihn fortan in Ruhe. Der Ruf Gaudís und seine Kontakte bis in höchste gesellschaftliche Kreise waren offenbar zu groß, als dass sie ihn anzugreifen wagten. Und nicht nur das, sondern nach der Fertigstellung zeichnete die Stadt das Calvet-Haus sogar mit dem ersten Preis für das fortschrittlichste, originellste und funktionalste Bauwerk des Jahres aus.

Die Bauarbeiten dauerten nur zwei Jahre. Als die Gipsergewerkschaft zum Streik aufrief und die Handwerker nicht auf der Baustelle erschienen, fackelte Gaudí nicht lange und wechselte das Konzept. Statt mit Stuck verkleidete er die Decken mit Holz, denn die Schreiner befanden sich nicht im Streik.[226]

*1898-1900: Das Haus Calvet in Barcelona.*

*Das einzigartige Stadtviertel Eixample des genialen Urbanisten Ildefons Cerdà (1815-1876), in dem sich die Sagrada Familia befindet.*

*1883-85: Das Landhaus El Capricho, erbaut für Máximo Díaz de Quijano in Comillas.*

*1886-1888/90: Das spektakuläre Stadtpalais für den Grafen und großen Förderer Eusebi Güell i Bacigalupi.*

*Der mehrstöckige Salon mit der Sternenfiale im Palais Güell.*

*1887-93: Der Bischofssitz in Astorga.*

*Das Kloster- und Schulgebäude der Theresianerinnen in Sant Gervasi, Barcelona (1888-1890).*

*Der Korridor aus Parabolbögen im Theresianum.*

*Die Krypta der Sagrada Familia, in der Gaudí und Bocabella begraben sind.*

*Die Weinkellerei von Eusebi Güell in Garraf.*

*Die Geburtsfassade der Sagrada Família.*

Der Treppenaufgang zum Park Güell.

Der spektakuläre Blick vom Aufgang des Parks Güell über das Pförtnerhäuschen zum Meer.

*Das Schlösschen Bellesguard (1900-1909) im Norden Barcelonas …*

… mit dem berühmten Drachenkopf, der auf die Legende des heiligen Georg anspielt.

*Die Casa Batlló (1904-1906) erzählt einmal mehr die Georgslegende.*

*Die Casa Milà, genannt La Pedrera (1906-1912) in Barcelona.*

Der Innenraum der Sagrada Família.

*Gaudí ist der Architekt des Lichts: Blick in das Gewölbe der Sagrada Família.*

Dennoch war die Casa Calvet eher unspektakulär. Der Trumpf lag in den Details. Am Eingang installierte Gaudí zum Beispiel einen Brunnen, damit sich die Leute vor dem Eintreten die staubigen Schuhe putzen konnten, am Ausgang montierte er Spiegel, damit man sich vor dem Schritt in die Öffentlichkeit noch einmal kurz begutachten konnte, und er baute einen Personenaufzug ein, wie sie allmählich in Mode kamen.

Ein besonderes Augenmerk verdient der schmiedeeiserne Türklopfer am Einganstor, der aus einem komplizierten Griff in Form eines griechischen Kreuzes besteht, mit dem die Besucher auf einen Käfer, genau genommen eine Wanze einschlagen mussten. Dieser Blutsauger war das allegorische Sinnbild für Unreinheit und Schmutz, denn Wanzen waren eine Plage und quälten die Menschen in ihren überfüllten Wohnungen. Die Wanze bedeutete physische, aber auch seelische Unreinheit und stand somit für die Sünde der Gotteslästerung, die Gaudí besonders verschmähte. Die Besucher schlugen also unbewusst mit dem Kreuz auf die Sünde ein als Zeichen der Erlösung.

Bei den Wohnungen gab es Trennwände aus Holz und Glas, und Gaudí zeichnete sogar die meisten Möbel selbst. Seine ergonomischen Holzstühle, das Sofa und der Schreibtisch sind mittlerweile berühmt geworden. Im Eingangsbereich ließ er an die Wand den Gruß des Erzengels Gabriel an die Gottesmutter Maria malen: *Gegrüßet seist du heilige Maria, ohne Sünde empfangen.* Einmal kam das Ehepaar Güell bei der Baustelle vorbei, und Isabel fragte Gaudí mit einem Blick auf die Dachgiebel: *Was ist denn das unförmige Gebilde da oben am Haus, das Sie bauen?* Gaudí erwiderte:

> »Das ist ein Kreuz, für viele ein unförmiges Gebilde und ein Ärgernis.«[227]

## 4. Die perfekte organische Architektur

Kurz vor der Jahrhundertwende meldete sich Eusebi Güell wieder bei Gaudí zurück. In seiner Colònia Güell gab es zwar einen Fußballplatz, denn die neue Sportart kam allmählich in Mode, aber noch immer keine Kirche. Dies wollte der Unternehmer nun ändern und konnte nicht wissen, dass er sich damit auf das wohl faszinierendste und teuerste Experiment der Architekturgeschichte einließ.

Mit diesem Auftrag in Santa Coloma de Cervelló war für Gaudí der Moment gekommen, um seine architektonischen Visionen auszuprobieren, denn nur der leidenschaftliche Güell hatte den nötigen langen Atem und genügend Mittel dafür. Die neue Kirche sollte ein Versuchslabor für die perfekte organische Architektur werden, welche einzig der Natur gehorchte, also nur Gott, und die wie von selbst aus der Erde wuchs. Die Erkenntnisse würden ihm auch für die Sagrada Família dienlich sein.

Als Standort suchte sich Gaudí den höchsten Punkt auf einem kleinen Hügel mit einem Pinienwäldchen aus, der nur wenige Schritte von den Wohnhäusern der Arbeiter entfernt lag. Von seinem Büro bis zur Colònia musste er mit dem Zug oder der Droschke gut 20 Kilometer zurücklegen, was ihn einige Zeit kostete. Er hätte seine Pläne ganz einfach in seinem Büro in Barcelona zeichnen können, aber er wollte ganz nah am Ort sein, wo das Gebilde aus dem Boden wachsen würde.

Er schickte ein kleines Team vor Ort, das eine einfache Holzhütte baute, die fortan als Versuchslabor genutzt wurde. Darin bastelten die Männer jahrelang an einem komplizierten Hängemodell. Zuerst montierten sie an der Decke einen Kranz aus Metall, an dem sie Schnüre befestigten und mit kleinen Gewichten behängten, so dass die Seile Schlaufen bildeten. Diese Seilkurven sollten am Ende umgedreht und nachgebaut werden.

Die Kettenlinien, die sich aus bestimmten Gewichten ergaben, ermöglichten Gaudí, die Zugspannung zu berechnen und herauszufinden, wie viel Gewicht später auf einem Gewölbe mit dieser

Form lasten konnte. Er konnte also die perfekten Oberleitungen berechnen und ein Gebäude bauen, das ohne Querbalken auskam, sondern einzig durch Parabolbögen definiert und gestützt wurde.[228] Aber dazu musste er genau wissen und protokollieren, wie viel Gewicht an welcher Stelle hing und welche Form es hervorbrachte. Die kleinste Ungenauigkeit gefährdete das ganze Konstrukt.

Dieses ausgeklügelte, dreidimensionale Hängegerüst wird als *stereostatisches Modell* in die Geschichte eingehen, und es war viel komplizierter, als es schien. Die Assistenten füllten kleine Stoffsäcklein mit sorgfältig abgewogenen Schrotkugeln und hängten sie an die Seile, und wenn Gaudí mit dem Ergebnis zufrieden war, ließ er die Modelle durch Vicenç Vilarrubias oder den Fotografen Adolf Mas i Ginestà (1860–1936) ablichten. Mit den Jahren wurde das Modell immer größer und maß am Ende viereinhalb Meter, so dass man beim Fotografieren eine Wand der Scheune entfernen musste, um genügend Abstand zu gewinnen.

Die Abzüge wurden auf etwa 60 Zentimeter vergrößert und von Gaudí in seinem Atelier umgekehrt, auf ein Reißbrett gepinnt und mit Gouache und Pastellkreide übermalt. Auf diese Weise ergab sich das Bild eines Bauwerks, das ganz natürlich aus dem Boden wuchs. Von den Aquarellen sind einige erhalten geblieben und vermitteln uns heute eine Vorstellung von dieser einzigartigen organischen Architektur. An dem Hängemodell arbeiteten unter anderem der Schreiner Joan Munné i Seraní (1861–1938), der Modellbauer und Gipser Joan Beltran und der elsässische Ingenieur Eduard Goetz Maurer (1858–?).[229]

Das Hängemodell war eine aufreibende und frustrierende Geduldsprobe. Einmal nagten über Nacht die Ratten die Säcklein und Seile durch, denn offenbar hatte Beltran nach der Brotzeit seine Hände nicht gut richtig gewaschen und auf den Materialien Spuren von Fett hinterlassen, das die Tiere anlockte. Das gesamte aufwändige Konstrukt musste daraufhin neu gebaut werden.

Geschlagene zehn Jahre lang zahlte Güell ein ganzes Team allein für das revolutionäre Kettenmodell dieser sich selbst bildenden Architektur.[230] Heute hängt im Gaudí-Museum in Barcelona eine Nachbildung, die dem Zürcher Kunsthaus zu verdanken ist, das 1983 anlässlich der Ausstellung *Der Hang zum Gesamtkunstwerk* einer Gruppe von Studierenden aus dem Institut für leichte Flächentragwerke in Stuttgart und aus der Technischen Hochschule (heute Universität) Delft in den Niederlanden den Auftrag gab, das Modell nachzubauen. Die Gruppe brauchte für die Rekonstruktion ein ganzes Jahr.

Eusebi Güell hielt für seinen Architekten aber noch eine weitere Aufgabe bereit. Auf seinen Geschäftsreisen nach England, wo gerade einer seiner Söhne studierte, hatte er ein interessantes Phänomen beobachtet: die Gartenstadt. Der britische Genossenschaftssozialist und Stadtplaner Ebenezer Howard (1850–1928) hatte dieses urbanistische Modell im Grünen als Gegenpol zu den düsteren Mietskasernen der Arbeiterfamilien und der Verdichtung der Städte entwickelt. Außerdem sah Güell in Oxford und Cambridge die Häusergruppen der *Ordinary houses for Students and Teachers*, die rund um die großen Bildungseinrichtungen angelegt und ebenfalls von angenehmen Grünflächen umgeben waren.[231]

Natürlich kannte der gebildete Güell auch die britischen Vordenker John Ruskin und William Morris, Letzteren vermutlich sogar persönlich, denn 1892 veröffentlichte er in der Zeitschrift *The Decorator and Furniture* eine Fotografie von Güells Schlafzimmer mit der geblümten Tapete in Gaudís Palais.[232] Der Großindustrielle konnte sich zwar nicht mit den sozialistischen Ansätzen der englischen Autoren anfreunden, aber er teilte ihre Sehnsucht nach einem gesunden, naturnahen Leben.

In seinen Augen brauchte auch die Industriestadt Barcelona eine gediegene und grüne Wohngegend, allerdings nicht für die Arbeiter, die besser in Fabriknähe wohnen sollten und für die er bereits in der Colònia Güell vorgesorgt hatte, sondern für das gehobene Bürgertum, das sich schöne Villen am Stadtrand leisten konnte. Er selbst besaß fünf Kilometer von der Altstadt entfernt auf dem Berg Turó del Carmel im Nordosten Barcelonas ein

Grundstück mit zwei Herrenhäusern, das sich gut für eine grüne Wohnsiedlung eignen würde. Allerdings war das Areal trocken und steinig und die Vegetation verkümmert. Die Bevölkerung nannte den Hügel denn auch la Muntanya Pelada, zu Deutsch *der kahle Berg*. Weil es keine ernstzunehmenden Zufahrtswege gab, war die Gegend kaum bevölkert und interessierte niemanden wirklich.

Aber der Visionär Güell ließ sich nicht abschrecken und kaufte noch weitere Parzellen hinzu, bis er ein Gelände von 17 Hektar sein Eigen nennen konnte. Dort sollte seine grüne Wohnoase entstehen. Der höchste Punkt des kahlen Bergs liegt bei 185 Metern über dem Meer, das Gelände ist an einigen Stellen abschüssig, an anderen sanfter. Der Hügel war nach Südosten ausgerichtet und damit sonnenüberflutet, und in seiner Mitte floss eine Quelle, was der Hauptgrund war, warum Güell überhaupt an eine Bewirtschaftung denken konnte.

Er war Feuer und Flamme und gab Gaudí den Auftrag, das Areal für sechzig Villen zu parzellieren und logistisch zu erschließen, damit die künftigen Hausbesitzer darauf mit Architekten ihrer Wahl eigene Häuser bauen konnten. Das Viertel sollte mit einer Mauer vor Einbrechern geschützt sein, im unteren Teil sollten je ein Pförtner- und Verwaltungsgebäude sowie Gemeinschaftsanlagen entstehen und ganz oben eine Kirche. In Anlehnung an seine englischen Vorbilder taufte Güell die Siedlung auf Englisch *Park Güell* und nicht auf Katalanisch *parc*.

Gaudí war begeistert. Er war kein Naturschützer, sondern ein Naturverehrer, daher würde er das karge Gelände der Natur zurückgeben und mit Bäumen, Sträuchern und farbenfrohen Gewächsen bepflanzen. Bereits während des Studiums hatte er an der naturwissenschaftlichen Fakultät Kurse in Botanik belegt und kannte sich hervorragend aus. Sorgfältig plante er die Bepflanzung mit Pinien, Eichen, Palmen und Johannisbrotbäumen, wohingegen er Ginster, Rosmarin, Thymian, Jasmin und Glyzinien frei wuchern ließ.[233] Der Park Güell sollte eine liebliche Oase hoch über den rauchenden Dächern der Stadt werden.

Für die Begrünung brauchte Gaudí aber viel Wasser. Mit dem Bauunternehmer und Experten für Sickergruben und unterirdische Wasserläufe, Josep Pardo i Casanovas, und dessen 20-jährigem Neffen Juliàn Bardier Pardo (1879–1965) machte er sich im Sommer 1900 an die Vermessungen für eine topografische Karte. Gaudí wollte so wenig wie möglich in die natürliche Beschaffenheit des Geländes eingreifen und es durch künstliche Schneisen oder Aufschüttungen verändern. Sein Wegnetz sollte dem Hügel entlang verlaufen und wenn nötig mit Viadukten korrigiert werden, wobei er sichergehen musste, dass ihm später nicht die Erde unter den Verankerungen wegrutschte.

Der junge Bardier war geschickt im Umgang mit dem tragbaren Neigungsmesser, den er auf ein Stativ abstützte und damit Meter für Meter abklapperte. Gaudí übertrug ihm bald das ganze Vermessungsprojekt. Er arbeitete monatelang, bis er vor Erschöpfung krank wurde, kämpfte sich von fünf Uhr früh bis zum Einbruch der Dunkelheit durch das komplizierte Gelände, und zeichnete die topografischen Linien im Verhältnis 1:1000 auf einer Karte ein.[234]

Auf dieser Grundlage erarbeitete Gaudí gemeinsam mit Güell eine detaillierte Parzellierung und eine entsprechende Bauordnung für die künftigen Hausbesitzer. Jede Parzelle durfte nur zu einem Dritttel bebaut werden, also zu rund 1100 Quadratmetern. Der Rest musste grün bleiben, und es durften später keiner der Bäume, die Gaudí zu pflanzen gedachte, abgeholzt werden. Man durfte den Nachbarn nicht die Aussicht versperren oder sie anderweitig stören. Der größte Teil des Parks würde aus gemeinschaftlichen Grünanlagen bestehen.

Neben Strom, Kanalisation und Straßen plante Gaudí auch Telefonleitungen, obwohl die Telefonie damals noch in den Kinderschuhen steckte. Zwar gab es in Spanien schon seit Anfang 1878 einige staatliche Telefonleitungen, und 1888 wurde das Telefongeschäft privatisiert, aber es dauerte weitere sieben Jahre, bis die ersten Verbindungen zwischen einzelnen Großstädten entstanden. Sogleich wurde das Telefon zum Politikum, denn die spanische

Post verbot Telefongespräche in katalanischer Sprache, was überprüft werden konnte, da die Anrufe ja über eine Telefonzentrale verstöpselt und mitgehört wurden. Aber nach politischem Druck aus Katalonien musste sie das Verbot wieder aufheben. Als begeisterte Anhänger technischer Neuerungen waren Güell und Gaudí überzeugt, dass das Telefon bald die Welt erobern würde, und rüsteten die Wohnsiedlung entsprechend aus.

Am Eingang des Parks wollten sie eine Garage für Automobile bauen, denn auch diese technische Errungenschaft würde sich bald durchsetzen, daran zweifelten sie nicht. Im reichen Barcelona kursierten auf den Straßen allmählich die ersten Motorwagen, so dass sich Katalonien gezwungen sah, ein Verkehrsreglement zu erlassen. Innerorts galt eine Höchstgeschwindigkeit von 15 Kilometern pro Stunde, und Minderjährige sowie Frauen brauchten die Bewilligung ihres Vaters oder Mannes, um im Gewimmel von Fahrrädern, Pferdedroschken, Trams und Fußgängern ein Auto zu lenken.

Der Unternehmer Damià Mateu i Bisa (1864–1935) gründete 1904 zusammen mit dem in Barcelona ansässigen Schweizer Marc Birkigt (1878–1953) die legendäre Autofirma Hispano-Suiza, die noch immer existiert. Mateu war Monarchist, katalanischer Patriot und saß in der Junta Constructora der Sagrada Família. Daher kannte er Gaudí persönlich und ließ sich von ihm ein paar Jahre später im Norden Barcelonas einen kleinen Turmpavillion für seine Frau bauen. Diese Gaudí-Villa mit Namen La Miranda gibt es nicht mehr, denn sie wurde im Spanischen Bürgerkrieg von den Anarchisten gesprengt.

## 5. Bellesguard

Gaudís Energie schien unerschöpflich, er arbeitete gleichzeitig an der Sagrada Família, der Kirche in der Colònia Güell, dem Park Güell und dem Calvet-Haus, und um die Jahrhundertwende sicherte er sich noch einen weiteren und sehr interessanten Auftrag. Im Nordwesten Barcelonas befand sich ein Gelände, das einst Bischof Grau gehört hatte, und auf dem die Überreste einer kleinen Schlossruine standen. Grau hatte testamentarisch verfügt, nach seinem Tod alle seine Besitzungen zu veräußern und mit dem Geld eine Schule für arme Kinder zu bauen. Die Testamentsvollstrecker fanden für das besagte Grundstück aber lange keinen Käufer, bis Gaudí aktiv wurde. Er kannte die wohlhabende Witwe Maria Sagués i Molins (1835–1907), die an den Ramblas ein Delikatessengeschäft führte, und konnte sie überzeugen, auf dem Gelände einen Zweitwohnsitz zu bauen. Da die Frau Analphabetin war, ernannte sie Gaudí zu ihrem Beistand und ließ ihn den Kaufvertrag in ihrem Namen unterzeichnen.

Die Ruine trug den romantischen Namen Bellesguard, zu Deutsch *schöne Aussicht*. Im Mittelalter konnten die Adeligen vom Schlossturm aus beobachten, wie ihre siegreiche Kriegsflotte in den Hafen von Barcelona einfuhr. Auf Bellesguard hatte einst der mächtige König Martin I. (1356–1410), genannt der Humane, gewohnt, der zugleich auch der letzte katalanische König war, da er ohne Nachkommen starb und die Krone anschließend an Kastilien fiel.

Die Ärzte verschrieben dem stark übergewichtigen König viel frische Luft. Er musste also weg aus der seuchengeplagten Stadt und suchte mit einem denkbar abenteuerlichen Auswahlverfahren nach einem geeigneten Wohnort: Er ließ eine Ziege vierteilen und die Kadaverstücke an vier verschiedenen Standorten ablegen. Dort, wo der Kadaver am längsten erhalten blieb, war nach Meinung seiner Berater die Luft am reinsten.

Die Wahl fiel auf den Hügel nordwestlich von Barcelona, wo er ein Schloss bauen und zahlreiche Bäume und Blumen pflanzen ließ, die man aus allen Ecken und Enden seines weitläufigen Königreichs herbeischaffte. Nach dem Tod des kinderlosen Königs und der Verlagerung des Machtzentrums nach Aragón interessierten sich bald nur noch Piraten und Räuberbanden für Bellesguard, bis das Schloss zerfiel.

Die spärlichen Mauerreste waren für den Geschichtenerzähler Gaudí ein Segen. Sie stammten aus einer Zeit, als Katalonien seinen höchsten Glanz erlangt hatte. Zuerst musste er aber eine Straße umleiten, die vom Friedhof Sant Gervasi her mitten durch das Gelände führte. Zu diesem Zweck konstruierte er entlang eines Bachs ein Viadukt und verwendete hierfür Teile der alten Palastmauern. Die Stützpfeiler waren stark angeschrägt und sahen aus wie dicke windschiefe Baumstämme. Der Grund dafür war einleuchtend:

> »Wenn man mich fragt, warum ich schräge Säulen baue, sage ich immer: Aus demselben Grund, wie wenn man beim Gehen müde wird und sich auf seinen Stock abstützt, um eine Weile auszuruhen. Wenn der Stock kerzengerade steht, kann man nicht ausruhen.«[235]

Sein mittelalterliches Schlösschen war quadratisch und hatte eine Seitenlänge von 15 Metern, hohe schartengleiche Fenster und einen 33 Meter hohen, spitzen Turm, auf dem das typisch gaudianische vierarmige Kreuz thront. Bei Bellesguard verzichtete er außen weitgehend auf bunte Kacheln und fröhliche Rundungen, sondern das Haus wirkt wie ein monolithischer Block.[236] Die organische Wirkung entsteht zudem durch die unterschiedlichen Grün- und Grautöne der Schiefersteine. Er arbeitete auch hier mit vorgefertigten Modulen. So ließ er für die Fensterfassungen kleine Steine in eine Form legen und mit Mörtel übergießen. Auf diese Weise schuf er Backsteine mit der gewünschten polsterartigen Bossenwirkung, die er dann in die Mauern einarbeiten ließ.

Und wieder verzichtete er weitgehend auf Querbalken, sondern das Tragwerk war ein Gewölbe aus Ziegeln, manchmal nach katalanischer Tradition hochkant verlegt.[237] Auf diese Weise konnte er die Räume öffnen. Die zierlichen Säulen bei den Fenstern scheinen zerbrechlich, und tatsächlich wunderten sich auch Gaudís engsten Mitarbeiter über seine Berechnungen. Joan Rubió, der das Projekt jahrelang betreute, bezeugte: *In Bellesguard gibt es Dinge, bei denen ich bis heute nicht verstanden habe, wie es möglich ist, dass sie halten.*[238]

Im Innern ist Bellesguard nicht mehr mittelalterliche Festung, sondern lichtdurchfluteter bunter Modernisme mit farbigen Kacheln, wellenförmig verputzten Oberflächen, natürlich wirkenden Bögen aus Stein und Backstein und farbigen Rosettenfensterm. Wer das Dach besteigt und es aus dem richtigen Winkel betrachtet, vielleicht dank eines Handy-Sticks von schräg oben, erkennt tatsächlich den Kopf eines Drachens, natürlich Georgs Drachen, und das schmale Türmchen mit dem Kreuz ist Georgs Schwert, das sich in das Tier bohrt.

Beim reich verzierten schmiedeeisernen Eingangstor steht in katalanischer Sprache in verschiedenen typisch gaudíanischen Lettern der Satz: *Gegrüßet seist du Maria ohne Sünde empfangen.* Maria verkörperte Gottes Versprechen nach Trost und Hilfe, gerade auch wenn die menschliche Macht und das Leben zerbröckelten wie jenes des letzten katalanischen Königs Martin I.

Von 1900 bis 1902 wird Gaudí Bellesguard persönlich und intensiv betreuen, dann wird er die Arbeiten an seinen Assistenten Rubió abgeben. Einmal mehr hatte seine obsessive Detailverliebtheit zu Verzögerungen geführt und das Gebäude stark verteuert. 1909 übernahm der zwanzigjährige Student und Assistent Gaudís, Domènec Sugrañes die Fertigstellung, weil Rubió inzwischen zum Provinzialarchitekten ernannt worden war. Die Witwe Sagués war damals bereits gestorben, aber ihre drei Söhne siedelten alle nach Bellesguard um.[239]

Was die Sagrada Família anbelangte, so veröffentlichte der populäre Autor Joan Maragall (1860–1911) in der Presse immer wieder dringende Spendenaufrufe. Der Lyriker und Gaudí waren seit vielen Jahren befreundet, spätestens seit der Jurastudent 1881 die Jocs Florals gewonnen hatte. Maragalls Vater hätte es lieber gesehen, wenn der Sohn in das Textilunternehmen der Familie eingestiegen wäre, aber Joan wehrte sich mit Händen und Füßen dagegen. Er wollte schreiben, und dieser Wunsch verebbte auch nicht, als er dem Vater zuliebe schließlich doch Rechtswissenschaften studierte. *Ich bin die Natur, die sich selber spürt*, begründete er seine brennende Liebe zur Poesie.

Maragall bereiste Europa und begeisterte sich für die deutschen Romantiker, besonders für Goethes Werther, den auch Gaudí gelesen hatte, und übertrug ihn ins Katalanische. Maragall war ein empfindsames Sprachengenie und übersetzte später noch weitere Werke Goethes, aber auch Nietzsche und Novalis sowie die Liedtexte zur Musik von Mendelssohn, Schumann, Lamartine, Eichendorff, Wagner und viele mehr.

1900 sprach er im *Diario de Barcelona* das aus, was mittlerweile wohl allen klar war: Gaudí würde die Fertigstellung der Sagrada Família nicht erleben. Er hatte den Anfang gemacht und hinterließ eine Idee davon, wie das Meisterwerk aussehen sollte. Aber Eile hatte er keine mehr: *Wie viel Gelassenheit muss eine solche Arbeit einem Menschen geben, wenn er Zeit und Tod nicht fürchten muss und der Ewigkeit vorgreift?*[240]

Gott mochte Geduld haben, der Bischof von Barcelona hatte keine. Josep Morgades (1826–1901) galt zwar als konziliant, konnte aber auch sehr entschieden durchgreifen. In Katalonien wurde er bewundert, weil er ein umstrittenes Buch veröffentlicht hatte, in dem er verlangte, dass die Kirche den Katechismus und die Predigten in katalanischer Sprache halten sollte. Er wollte die Sagrada Família so schnell wie möglich fertigstellen und verlangte von Gaudí, ihm die Pläne mit allen Details auszuhändigen. Für den Architekten war diese Aufforderung schlimmer als die Tatsache, dass das Geld fehlte, denn er hasste Baupläne. Er suchte stets nach neuen Ausflüchten, um den Bischof hinzuhalten, und wurde erst erlöst, als Morgades im Januar 1901 starb.

Der Nachfolger war wieder ein Katalane. Es handelte sich um Kardinal Salvador Casañas i Pagès (1834 – 1908), der Gaudí nicht nur unterstützte, sondern der etwas tat, das für das Überleben der Sagrada ein Segen war: Er erwirkte von Rom, dass die Josefsvereinigung nicht mehr die Hälfte der Spendeneinnahmen an den Papst abliefern musste.

Im selben Jahr heiratete Isabel (1873–1956), das älteste der zehn Kinder von Eusebi Güell, den Markgrafen Carlos Sentmenat i Sentmenat (1862–1935). Das junge Ehepaar bezog ein eigenes

Haus in Barcelona und beauftragte Gaudí mit der Innenausstattung. Isabel war eine gute Pianistin. Sie hatte in Barcelona und Paris Klavier und Orgel studiert und komponierte sogar selbst. Zum Beispiel vertonte sie die Gedichte von Jacint Verdaguer und schrieb ein *Te Deum* und ein *Stabat Mater*. Als die Brautleute bereits im neuen Palais an der Carrer Junta de Comerç wohnten, erhielten sie als verspätetes Hochzeitsgeschenk einen wertvollen Konzertflügel. Doch bei der Anlieferung wurde klar, dass das Instrument nicht in das Musikzimmer passte. Isabel beklagte sich bei Gaudí und bat um eine Lösung. Seine Antwort war episch:

»Dann spielen Sie doch einfach Geige!«[241]

Noch jahrelang wurde in Barcelona über das trockene Bonmot geschmunzelt, und 1914 veröffentlichte der Dichter Josep Carner (1884–1970) ein ironisches Gedicht über die Episode mit dem Titel *Eine Antwort des Herrn Gaudí*. Solche Spottverse mit Illustrationen wurden *aucas* genannt und waren sehr beliebt. Gaudí nahm solche Spitzen mit Humor. Eines Abends stand er an einer Tramhaltestelle und sah Carner hinter sich, der ebenfalls zusteigen wollte. Im Wagon löste Gaudí ein Ticket über zehn Cèntims und reichte es dem Dichter. Erstaunt sagte dieser: *Ich habe eine Auca über Sie geschrieben, und Sie bezahlen mir das Ticket? Sie sind ein Heiliger*. Gaudí antwortete:

»Das ist der Preis für die Auca.«

Tatsächlich lautete einer der Verse Carners: *Fünf Cèntims ist der Preis für eine Auca*. Als Carner ihn fragte, warum er dann ein Ticket über zehn Cèntims gelöst habe, meinte Gaudí:

»Fünf Cèntims für die Auca, und fünf für den zweiten Teil.«[242]

Für hochrangige Besucher der Stadt gehörte es zum guten Ton, einen Abstecher zu der Monumentalbaustelle der Sagrada Família zu machen, egal wie man über Religion oder Politik dachte. So erschien Anfang 1901 auch der republikanische Politiker Francesc Pi i Margall (1824–1901) zu einem Besuch. Mehrere Publikationen gegen die katholische Kirche sowie der Aufruf zum bewaffneten Widerstand gegen den Staat, aber auch zugunsten heute selbstverständlicher demokratischer Prinzipien wie Presse-, Gewissens- und Versammlungsfreiheit hatten ihm sogar eine Gefängnisstrafe eingebracht. Er war 1873 kurzzeitig Präsident der Ersten Spanischen Republik gewesen und vermutlich Freimaurer. Gaudí hörte sich bei den Jocs Florals seine glühende Rede für die politischen Rechte Kataloniens an, und sie gefiel ihm,[243] obwohl er nichts von den Republikanern hielt:

> »Die heutigen Republikaner sind höchstens für die Opposition zu gebrauchen, weil man da bloß herumzuschreit. Aber wenn sie an der Regierung sind, machen sie nur Unsinn und widersprechen ständig ihren eigenen Theorien.«[244]

Politisch stand Gaudí der Lliga Regionalista nahe und war wohl Föderalist, wie aus einer späteren Aussage hervorgeht:

> »Ich gleiche meinem Vater. (...) Er verschmähte den Separatismus und war ein glühender Verteidiger der regionalistischen Ideale eines großen Spaniens.«[245]

Von sich selbst sagte er, er tauge nicht zum Politiker, denn dazu brauche man eine große Leidenschaft für die öffentliche Sache, die er zwar sehr wohl besitze, aber ihm fehle die Willenskraft, um diese Leidenschaft zu zügeln.

Der Architekt führte seinen illustren Besucher Pi i Margall mit den vier Begleitern persönlich durch die Baustelle. Da er kurzsichtig war, trat Pi ganz nah an die Statuen heran und lauschte interessiert den Ausführungen Gaudís. Gemeinsam stiegen sie auch in die Krypta herab. Die Gäste unterließen es demonstrativ, sich nach katholischem Brauch beim Eintreten mit Weihwasser zu bekreuzigen. Gaudí streckte dem stattlichen 77-Jährigen seine angefeuchtete Hand entgegen und meinte:

> »Weihwasser, Senyor Pi.«

Der Republikaner tat so, als habe er nichts gesehen oder gehört. Da sagte Gaudí in einem strengen, aber herzlichen Tonfall:

> »Don Francesc! Wenn Sie in eine Synagoge gehen, dann lassen Sie schließlich auch Ihre Kopfbedeckung auf, denn man muss die Gläubigen respektieren, sonst gibt es kein Zusammenleben.«

Als Gaudí ihm zum dritten Mal seine Finger hinhielt, gab Pi nach. Er berührte Gaudís Hand und bekreuzigte sich vor den konsternierten Blicken seiner jungen Begleiter.[246]

## 6. Hänsel und Gretel

Zum ersten Mal wurde 1901 in Spanien die Oper *Hänsel und Gretel* von Engelbert Humperdinck (1854–1921) aufgeführt. Fasziniert saß Gaudí im Liceu-Theater und las im Beiheft Maragalls katalanische Übersetzung von *Ton i Guida*, wie die beiden in der Übersetzung hießen. Die Oper machte das Märchen von der bösen Hexe und dem Lebkuchenhäuschen in Katalonien mit einem Schlag berühmt. Es war die Geschichte von Gut und Böse, bei der letztlich das Gute siegte, aber es war besonders auch die Geschichte der dramatischen Sehnsucht des Menschen nach Freiheit und Liebe, nach Geborgenheit, und gerade zu einer Zeit, als viele Kinder bei Stiefeltern aufwuchsen, auch die Sehnsucht nach einem liebevollen Elternhaus.

Sofort war Gaudí klar, dass er am Eingang zum Park Güell diese innige Sehnsucht des Menschen durch eine Anspielung auf das Märchen von Hänsel und Gretel darstellen würde, denn diese Sehnsucht nach Geborgenheit kannte er selbst aus eigener Erfahrung seit seiner Jugend. Der Weg durch den Park sollte die Geschichte der menschlichen Hoffnung sein und zu einer Kirche führen, wo die Erlösung wartete.

Heute stehen am unteren Parkeingang zwei kleine Märchenhäuschen. Auf dem linken Dach ragt ein blau-weiß gekachelter, 30 Meter hoher Aussichtsturm mit einem vierarmigen Gaudí-Kreuz in den Himmel, während auf dem kleineren Turm des anderen Häuschens ein Fliegenpilz thront. Dieser Pilz gab und gibt noch immer Anlass zu Spekulationen darüber, ob Gaudí halluzinogene Substanzen konsumierte, um seine Phantasie zu beflügeln, was natürlich Unsinn ist. Er brauchte keine Drogen, sondern im Gegenteil einen kühlen Kopf für die Entschlüsselung der Natur und seine moralischen Botschaften. Das Kreuz auf dem einen Häuschen und der giftige Pilz auf dem anderen standen für den Antagonismus zwischen Gut und Böse, der sich in allen Bauwerken Gaudís wiederfindet, wobei das Kreuz den Pilz deutlich überragte.

Eines Tages hörte Gaudí, wie eine Besucherin ausrief: *Wer weiß, welche Teufeleien sich Don Antoni hier wieder ausgedacht hat!* Die grimmige Antwort des Architekten lautete:

> »Senyora, wo ein Kreuz steht, da passen keine Teufeleien hin.«[247]

Die Reise durch den Park Güell führt bis weit zurück zu den Ursprüngen der Welt. Bei den Ausgrabungen für den unterirdischen Wasserspeicher an der Stelle, wo heute die dorischen Säulen stehen, stießen die Arbeiter auf eine Höhle und fanden darin gigantische prähistorische Tierknochen. Als Eusebi Güell davon erfuhr, war er ganz aufgeregt, denn die Funde ließen die hoffnungsvolle Frage zu, ob Katalonien nicht doch ein urbiblischer Ort war und am Anfang der Schöpfungsgeschichte stand.

Über diese naive Vorstellung kann heute nur gelächelt werden, aber damals wartete man gespannt auf die Untersuchungsergebnisse der königlichen Akademie für archäologische Funde.[248] In der Tat konnten die Wissenschaftler Überreste von Tieren identifizieren, welche für die mediterrane und warme Gegend Barcelonas eigentlich ungwöhnlich waren, so zum Beispiel eine ausgestorbene Nashorn-Rasse oder Rothirsche. Die Experten konnten sich nicht erklären, wie diese Tiere nach Barcelona gelangt waren.

Ausgrabungen, Gestein, Höhlen und das Innere der Erde faszinierten Gaudí schon immer. Dort war es frisch und geheimnisvoll, in der Mythologie wimmelte es von Höhlengeschichten, bei denen die Menschen auf Elfen und Fabelwesen trafen, und Höhlen standen am Anfang und am Ende des Lebens Christi: Jesus war in einer Grotte zur Welt gekommen und in einer Grotte bestattet worden, und mit seiner Auferstehung aus einer Höhle bewies er seine Göttlichkeit.

Gaudís unterirdische Zisterne war ein großer Raum mit imposanten Pfeilern. Darüber lag ein Platz mit 86 dorischen Säulen, die wiederum einen weiteren großen Platz abstützten, den Gaudí »Marktplatz« oder »griechisches Theater« nannte, und der das eigentliche Zentrum der Parkanlage war. Die Zuschauer konnten von den darüberliegenden Viadukten, den Wohnhäusern oder vom ansteigenden Gelände wie von einem Amphitheater aus hinunter auf den Theaterplatz blicken. Er war 86 Meter breit und 40 Meter tief und ragte etwa zur Hälfte über das natürliche Gelände hinaus.

Der Platz war eine perfekte Ebene, von der das Regenwasser nicht abfließen konnte. Gaudí brauchte also ein System, um das Wasser rasch und gründlich abzuleiten. Hierzu kopierte er einmal mehr ein Prinzip aus der Natur, indem er den Boden nicht zementierte, sondern durchlässige Materialien verwendete, so wie die Erde durchlässig ist. Im Boden stecken unzählige röhrenähnliche Auffangefäße, die gegen unten hin kleine Öffnungen besitzen, um das Sickerwasser in die hohlen dorischen Säulen zu leiten und es dabei noch zu filtern, damit es die Zisternen nicht verstopfte.[249] Das Wasser wurde zuerst in der bauchigen Decke unter dem Theaterplatz aufgefangen und floss von da in die Röhren im Inneren einiger Säulen, dann in die unterirdische Zisterne. Das Fassungsvermögen dieser Zisterne betrug 1200 Kubikmeter Wasser. Damit speiste Gaudí drei Brunnen und bewässerte die Grünanlagen im Park.[250]

Obwohl Güell für seine Siedlung kräftig die Werbetrommel rührte, meldete sich auch ein gutes Jahr nach Baubeginn noch immer kein Interessent, trotz modernster Infrastrukturen wie einer Garage unter der Freitreppe am Eingang, nächtlicher Park- und Wegbeleuchtung oder einem Telefonnetz und trotz einer fast vier Meter hohen Schutzmauer rund um den Park. Im Juni 1902 schien der Bann endlich gebrochen. Gleich zwei Parzellen wurden verkauft, wenn auch an ein und dieselbe Person. Beim Käufer handelte es sich um einen Mann aus dem Freundeskreis von Gaudí, den Anwalt Martí Trias i Domènech (1862–1914), der nicht wissen konnte, dass er mit seiner Unterschrift in die Geschichte einging, denn er wird der erste und einzige Außenstehende sein, der je im Park Güell ein Haus erwarb, und heute ist eine Nachfahrin von ihm noch immer die einzige Bewohnerin.

Trias war das jüngste von acht Kindern eines Webers und wurde ein erfolgreicher Anwalt, heiratete mit Anna Maxencs eine Tochter aus gutem Hause und hatte sieben Kinder. Er setzte sich für die allgemeine Schulbildung ein und kandidierte erfolglos für die Lliga Regionalista. 1904 gehört auch sein Name zu den Gründern der Autofirma Hispano-Suiza. Sein Sohn Alfons (1898–1977) wurde Arzt und freundete sich mit Gaudí an. Er wird es sein, der den Tod Gaudís im Krankenhaus bescheinigte. Das Grundstück im Park Güell kaufte der Anwalt als Altersvorsorge für seine jüngste Tochter Anna.[251] Er betraute seinen Jugendfreund Juli Batllevell i Arús (1864–1928) mit dem Hausbau und siedelte 1905 in den Park über.

Was einem im Park Güell sogleich ins Auge sticht, sind die Viadukte mit ihren buckligen schiefen Säulen, die wie Elefantenbeine oder überwucherte Mammutbäume aus dem Boden wachsen und in trichterförmige Balkone auskragen. Gaudí hatte bereits in Bellesguard erfolgreich mit solchen schrägen Pfeilern experimentiert. Von den insgesamt drei Kilometern Fahr- und Flanierwege im Park führen abschnittweise insgesamt 306 Meter über einfache oder zweistöckige Kolonnaden, die Gaudí zuerst in seinem Atelier an Modellen testete.

Bei den Pförtnerhäuschen am Eingang gelangt man über zwei Freitreppen zum überdachten Marktplatz mit den dorischen Säulen. Von dort geht es über Treppen zum darüberliegenden Theaterplatz mit der geschwungenen Brüstung. Über geschwungene Wege oder steile Treppen kann man um den sogenannten Kalvarienberg herum zum höchsten Punkt des Parks gelangen. An einigen Wegrändern legte Gaudí scheinbar ohne ersichtlichen Grund große Steinkugeln auf den Boden. Insgesamt sind es 165, was den Perlen des Rosenkranzes mit seinen damals noch drei Mysterien entspricht. Symbolisch wollte er damit sagen, dass der Läuterungsweg bis zum höchsten Punkt über Christus führt, dessen Leben im Rosenkranz betrachtet wird, oder genauer über seine Mutter Maria, ohne die es keine Heilsgeschichte gäbe.

Beim Aufstieg zur Säulenhalle kommt man an einem 2,4 Meter großen bunten Salamander vorbei. Er stellt Python dar, den Wächter der unterirdischen Gewässer, und gehört heute zu den beliebtesten Attraktionen Barcelonas. Allerdings wird über die ikonografische Bedeutung dieses eher freundlich daherkommenden Tieres noch immer spekuliert. Einige wollen darin das Krokodil im Wappen von Nîmes sehen, wo Güell aufgewachsen war, doch wird die bunte Figur *Drache* genannt und nicht Krokodil, bezeichnet also einen Salamander oder eine Echse. Gaudí formte die Sulptur aus einem großen Haufen Metalldraht, auf den er so lange aufsprang, bis er die gewünschte Form erlangt hatte.[252]

Der Park wurde so weit wie möglich mit minderwertigen Materialien gebaut, die Gaudí auf dem Gelände fand oder die bei den Ausgrabungen für die Zisterne anfielen. Die hohe Schutzmauer ließ er mit dichten Mosaiksteinchen aus Keramikabfällen überziehen, was den Vorteil hatte, dass sie besser vor der Witterung geschützt und für Einbrecher zu rutschig war.[253] Das Trencadís-Mosaik gab der Mauer etwas Vornehmes.

Für die Trencadís-Beschichtung der Gebäudeteile im Park sammelten die Maurer und Hilfsarbeiter an anderen Baustellen kaputte Flaschen, Porzellan und Fliesen ein und brachten sie zum Park Güell. Dort zerschlugen sie das Material in die gewünschte Größe und setzten die Scherben zu herrlichen Mustern zusammen. Die satirische Wochenzeitschrift *L'Esquella de la Torratxa* schrieb im Sommer 1905: *Am Eingang zum Park Güell stehen etwa dreißig Arbeiter, die Keramikfliesen zerschmettern und die Scherben für Dekorationen einsammeln. Ein Zuschauer wunderte sich: Wie merkwürdig! Dreißig Männer machen Kacheln kaputt und weiter oben setzen andere dreißig sie wieder zusammen. Das soll einer verstehen!* Gaudí selbst schaute so oft beim Park Güell vorbei, dass er einst scherzte, wenn Güell ihm ein Stundenhonorar auszahlen würde, müsste er ihm den halben Park schenken.[254]

# IV. GLANZ DER WAHRHEIT

## 1. Strumpfhalter

Umschmeichelt von goldenem Sonnenlicht prangt an der Bucht der Inselhauptsadt Palma de Mallorca eine Perle der gotischen Baukunst aus dem 14. Jahrhundert: die majestätische sandfarbene Kathedrale. Die Einheimischen nennen sie *La Seu*, der Sitz, in Anspielung auf den Bischofssitz. Dreihundert Jahre hatten die Mallorquiner an der Kathedrale gebaut, jede Generation hatte eigene Strukturelemente hinzugefügt und das Gebäude zu einem dunklen Flickwerk gemacht. Zu allem Übel versperrte mitten im Langhaus ein gemauerter Innenbau die Sicht und den Zugang zum Altarraum.

Solche Binnenräume gibt es auch heute noch in einigen spanischen Kirchen, wie zum Beispiel in der Kathedrale von Barcelona. Sie haben historische Gründe. Traditionelle Kirchen sind kreuzförmig angelegt, so dass in den Querschiffen Platz für das Chorgestühl entstand, doch als im Spätmittelalter die christlichen Könige die iberische Halbinsel von den Mauren zurückeroberten, bauten sie viele der viereckigen Moscheen zu Kirchen um. Aus Platzmangel wurden die Bänke für die Chorherren einfach mitten im Raum in einem Kasten untergebracht, dem sogenannten *coro* oder *trascoro*. Als Folge davon hatte das Kirchenvolk von hinten keine Sicht mehr auf den Altar.

Alle liturgischen Reformbewegungen des ausgehenden 19. Jahrhunderts, und mit ihnen Gaudí, waren der Meinung, dass die Gläubigen freie Sicht und freien Zugang zum Hauptaltar haben und am Gottesdienst teilhaben sollten. So sah es auch der Bischof von Mallorca Pere Campins i Barceló (1859–1915), der in Palma lange als Arbeiterpriester gedient hatte. Er versuchte, in seinem Bistum den nötigen Konsens und die Finanzmittel für eine Restaurierung der Kathedrale im Sinne des neuen Liturgieverständnisses zu schaffen.

Campins hatte von dem genialen Kirchenprojekt der Sagrada Família gehört, und als er sich im November 1899 auf eine Reise nach Italien aufmachte, schaute er bei Gaudí vorbei. Er war von dem hageren Mann mit dem rötlichen Bart, den durchdringenden blauen Augen und dem klaren Verstand beeindruckt, und was er sah, imponierte ihm zutiefst: Das Gemäuer schien zu leben, sprach zu den Menschen, schien sie in die Erzählung der Heilsbotschaft mit einzubinden. Zwei Jahre später kam er erneut nach Barcelona, und dieses Mal bot er Gaudí die Restaurierung der Kathedrale von Palma de Mallorca an.

Der Architekt war allerdings zu beschäftigt, um auf die Insel zu reisen. Er arbeitete an seinen Großprojekten sowie an einigen unscheinbaren Gebäuden, wie am Umbau eines bescheidenen Reihenhauses für den Maler Aleix Clapés, an einem Haus für den besten Freund seiner Familie, Dr. Pere Santaló, im Hafenviertel, an der Innenausstattung einer neuen Kultbar in Barcelona, der Bar Torino, sowie an der Umfriedung für eine Wohnsiedlung des Druckers Ermenegild Miralles (1859–1931), von der heute nur noch das Tor übriggeblieben ist.

Der Drucker Miralles war für Gaudí eine wichtige Referenz, weil er eine revolutionäre Technik für die Herstellung von Karton erfunden hatte, mit der man aus Pappe allerlei Gegenstände, von Spielzeug bis zu stuckartigen Innendekorationen, pressen konnte. Gaudí borgte sich manchmal von ihm potente Hydraulikpressen aus, um Belastungstests für seine Säulen durchzuführen. Miralles war zudem der Herausgeber einer, wenn auch erfolglosen, Kunstzeitschrift auf Spanisch mit Namen *Hispania*, in der immer wieder Fotografien der Arbeiten Gaudís erschienen, und obwohl die Zeitschrift nicht lange durchhielt, trug sie dazu bei, Gaudís internationale Bekanntheit zu fördern.[255]

Und schon wieder hatte Eusebi Güell eine neue Geschäftsidee, für die er Gaudí mit ins Boot holte, dieses Mal in den Pyrenäen.

Er hatte sich das Patent für die Herstellung des neuen Trendmaterials Portland-Zement gesichert und gründete damit 1901 die Firma Asland, als Kürzel für Asfalto und Portland. In den Pyrenäen gab es die nötigen Rohstoffe und genügend Wasser, weshalb Güell seine Fabrik im Bergdorf Pobla de Lillet ansiedelte. Für die Bergregion war die Asland-Fabrik ein Segen, denn zum Abtransport des Zements wurde auch eine Eisenbahnlinie gebaut, welche die abgeschlagene Gegend an Spanien anschloss, und die bald den Spitznamen *Zementbahn* erhielt.[256]

*1904 bei einem Ausflug zum Montserrat-Gebirge. Vorne Pere Santaló, die Nichte Roseta, Vater Francesc und im Hintergrund Gaudí.*

Die Öfen der Zementfabrik wurden mit Kohle angeheizt, und dieser Rohstoff wurde 12 Kilometer weiter in einer Grube im Berg Catllaràs geschürft. Güell brauchte eine Unterkunft für die Techniker, die in den unverschneiten Monaten die Arbeiten in der Kohlegrube auf 1500 Metern Höhe betreuten. Gaudí reiste mehrmals in die Pyrenäen und zeichnete eine Art parabolförmiges Zelt mit einer angebauten Wendeltreppe. Das Chalet Catllaràs wird heute in etwas abgeänderter Form für Ferienlager genutzt. Die Zementfabrik hingegen wurde 1975 stillgelegt.

Bei seinen Aufenthalten in den Pyrenäen wohnte Gaudí im Haus des Textilfabrikanten Joan Artigas Alart (1844–1903). Dieser besaß in Pobla de Lillet ein vier Hektar großes Anwesen, das er sich kurz vor seinem Tod von Gaudí in einen schmucken Lustgarten mit Brücken, Wegen und Statuen umgestalten ließ, der stark an den Park Güell erinnert. Die Nachkommen Artigas' verließen das Anwesen vor dem zweiten Weltkrieg, und die Gärten gerieten in Vergessenheit, bis sie 1971 als ein Werk Gaudís wiederentdeckt und für den Tourismus geöffnet wurden.

Inzwischen bereitete sich Gaudí auf die Restrukturierungsarbeiten der Kathedrale von Palma de Mallorca vor und las sich gewissenhaft ein. Wie immer wollte er die Geschichte und den kulturellen Hintergrund der ansässigen Bevölkerung verstehen. Bei seinen Studien stieß er auch auf das mallorquinische Universalgenie aus dem Mittelalter, den spätberufenen Mystiker und Theologieprofessor Ramon Llull (1232–1315), der fast alle seiner über 240 Bücher auf Katalanisch verfasst hatte. Der gebildete Aristokrat hatte Arabisch gelernt, um die Muslime mit den Waffen der Vernunft, der Logik und der Philosphie vom Christentum zu überzeugen.[257] Zwar scheiterte der Idealist mit seinem Vorhaben, doch er faszinierte Gaudí. Auch er wollte ja die Menschen zum Nachdenken anregen und sie auf den Wegen der Rationalität zu Gott führen, auch er hatte ein unerschöpfliches Wissen, und auch er überforderte oft den geistigen Horizont seiner Mitmenschen.

Die Kathedrale von Palma ist über 100 Meter lang und hat für gotische Bauten ungewöhnlich niedrige Türme, dafür einen sehr hohen Innenraum, der 18.000 Gläubige fassen kann. Ihr Rosettenfenster mit seinen gut zwölf Metern Durchmesser gehört neben dem Straßburger Münster und der Notre Dame von Paris zu den größten der Welt. Aber das triste Gebäude brauchte dringend

Licht, eine bessere Akustik und besonders Leben. Dazu musste als Erstes der störende Trascoro im Langhaus verschwinden.

Die Reformbestrebungen von Bischof Campins erhielten 1903 Bestätigung von ganz oben. Papst Pius X. schrieb in seinem apostolischen Schreiben über die Kirchenmusik, dem Motu proprio *Tra le sollecitudini*, dass der Gottesdienst nicht mehr *privat* oder Sache der *Kleriker* war, sondern eine Feier des Kirchenvolkes. Die Laien sollten nicht mehr auf die hinteren Ränge verdrängt werden.

Als sich Gaudí im März 1902 erstmals nach Palma de Mallorca einschiffte, hatte er bereits konkrete Projektskizzen im Gepäck. Offenbar hatte ihn der Bischof gut vorbereitet, denn er brauchte an den Plänen kaum etwas zu ändern und konnte sie bereits drei Tage nach der Ankunft den örtlichen Kirchenbehörden vorlegen. Sein Vorschlag lautete, den Coro mit seinen hundert Sitzen und weitere Zwischenwände zu eliminieren, sowie den barocken Altar aus dem 18. Jahrhundert durch den Original-Altar aus dem 14. Jahrhundert zu ersetzen und viel weiter nach vorne zu rücken. Der legendäre Bischofssitz sollte prominent hinter dem Altar platziert werden, ohne aber die Sicht auf die Apsidenfenster zu versperren. Auch die Kanzeln wollte er nach vorne versetzen und viele zusätzliche Fenster mit bunten Scheiben einfügen. Er hatte bereits bei der Sagrada Família an neuen Methoden zum Färben von Glasfenstern getüftelt.[258]

Die Reaktion der Kirchenkommission war ermutigend. Gaudí konnte nach seinem Besuch in Palma mit neuen Fotografien und Zeichnungen im Koffer wieder heimreisen und in seinem Atelier ein präziseres Vorprojekt ausarbeiten. Er wird Palma noch oft besuchen und dabei stets bei Bischof Campins wohnen. Er fühlte sich dort wohl, und er wird später auch zur Erholung auf die Insel reisen, um dem beruflichen Druck und politischen Wirren zu entfliehen.

Da der spanische Klerus noch immer sehr konservativ war, erstaunt es, dass die Kirchenkommission noch vor Erscheinen des päpstlichen Schreibens die revolutionäre Restaurierung absegnete. Keine zwei Monate nach seinem ersten Besuch reiste Gaudí erneut auf die Insel, um mit den Arbeiten zu beginnen, und dieses Mal war er in Begleitung einer Gruppe von Malern, mit denen er die Glasfenster diskutieren wollte: Joaquím Torres i García (1874–1949), Jaume Llongueras i Badia (1883–1955) und Iu Pascual i Rodés (1883–1949).

Torres war als Sohn eines Katalanen in Uruguay aufgewachsen und mit 16 Jahren nach Barcelona gekommen. Dank seiner Kontakte zum Lukaszirkel konnte er sich als Illustrator für katholische Publikationen und als Kunst- und Glasmaler etablieren. Gaudí verpflichtete ihn auch für die Sagrada Família, bis er 1920 wieder aus Barcelona wegzog. Die beiden anderen Künstler waren junge Katalanen, und auch sie rekrutierte Gaudí aus dem Lukasverein. Der 19-jährige Llongueras spezialisierte sich später auf Innendekoration,[259] während Pascual Landschaftsmaler wurde und eine Kunstschule leitete, bevor ihn das Franco-Regime kaltstellte. Mit diesen Künstlern wollte er das düstere Gotteshaus auf Mallorca in eine Kathedrale des Lichts verwandeln:

> »Die räumlichen Künste sind den zeitlichen überlegen. In Anlehnung an den heiligen Paulus kann man sagen, dass das Gehör der Sinn des Glaubens und das Auge der Sinn der Herrlichkeit ist, weil die Herrlichkeit bedeutet, Gott zu schauen. Sehen ist der Sinn für Licht, Raum, Plastizität. Sehen bedeutet Unermesslichkeit, denn es bedeutet, nicht nur das Gegenwärtige zu sehen, sondern auch das Nichtgegenwärtige.«[260]

Für Gaudí bestand Architektur in der Ordnung von Licht, die Skulptur war das Zusammenspiel von Licht und Schatten, und Farben entstanden durch die Dekomposition von Licht:

> »Die Sonne ist die große Malerin der Mittelmeerländer. (...) Das beste und harmonischste Licht hat einen Einfallwinkel von 45 Grad, weil es die Dinge weder senkrecht noch hori-

zontal beleuchtet. Dieses Licht, das mittlere Licht, ermöglicht die perfekte und nuancierteste Sicht der Dinge. Es ist das Licht des Mittelmeers.«[261]

Zurück in Barcelona erstellte das Team Holzmodelle der Kirche und probierte mehrere Varianten für die Fenster aus. In der Apsis sollten goldene Flecken in die weißen Scheiben gebrannt werden, damit das Licht auf alle Seiten hin versprenkelt wurde wie die Herrlichkeit des Allmächtigen, von dem alles Licht kommt.

Aus der Architektur-Revue *Arquitectura y Construcción* wusste er von der neuen Buntglastechnik des Amerikaners Louis Comfort Tiffany (1848–1933), der in New York ein Verfahren entwickelt hatte, um die Farben direkt in Glas einzuschmelzen.[262] Gaudí ließ sich von dieser Trichromie-Technik inspirieren und legte drei unterschiedlich dicke Scheiben mit den Primärfarben Rot, Gelb und Blau in verschiedenen Abständen übereinander. Ein viertes, mattes Glas tönte die Farben ab.[263] Dabei griff er auch auf die Farbenlehre von Goethe zurück. Das Tiffany-Verfahren ermöglichte feinste Schattierungen und mutet erstaunlich modern an, war aber sehr komplex und entsprechend teuer, auch weil die Bleifassungen für die einzelnen kleinen und größeren Bestandteile der Gestaltungsflächen viel dicker sein mussten als bei herkömmlichen Scheiben. Die Kirchenkommission drehte ihm deshalb bald den Geldhahn zu, so dass Gaudí am Ende nur drei solcher Fenster herstellte: die Rosette zu Ehren der *Königin der Engel* und die beiden Fenster *Königin der Jungfrauen* und *Königin der Beichtväter*. Alle befinden sich im Kopfteil der Kirche und sie strahlen mit ihren intensiven Farben Tiefenwirkung, Leben und eine intensive Schönheit aus, wie sie nur Gaudí zu schaffen vermochte.

Mit seinen Künstlern erkundete Gaudí die Umgebung von Palma und machte Skizzen und Fotografien, weil er die Landschaft auf die neuen und vergrößerten Kirchenfenster übertragen und auf diese Weise das Innere der Kathedrale mit der Außenwelt verbinden wollte, denn Gott ließ sich nicht in ein Gehäuse einsperren oder auf Litaneien reduzieren, sondern er war überall. Torres erzählte: *Gaudí trug nie eine Uhr. Wir wussten, um wie viel Uhr die Arbeit mit ihm begann, aber nie wann sie aufhörte.* Gaudí habe bei seinen Tüfteleien alles um ihn herum vergessen. Erst wenn es dunkel wurde, merkte er, dass der Tag vorbei war. *Danach jedoch folgte das Gespräch über die Arbeiten, das kein Ende zu nehmen schien.* Offenbar vergaß er dabei oft auch zu essen. Torres fragte sich: *Hatte Gaudí überhaupt einen Magen? Man musste das ernsthaft bezweifeln.*[264]

Direkt hinter der Kathedrale lag der Bischofspalast, wo Gaudí einquartiert war. Um seine neuen Erkenntnisse auszuprobieren, ließ er sich in Barcelona Scheiben herstellen, die er in der hauseigenen Kapelle des Bischofssitzes ausprobierte.[265] Die Vorlage dazu zeichnete Opisso. Es war eine seiner letzten Arbeiten für Gaudí, denn seit einigen Jahren half er nur noch sporadisch in dessen Büro und schied 1903 endgültig aus.

Opisso hatte schon immer ein zwiespältiges Verhältnis zu seinem Arbeitgeber gehabt, dessen religiöse Ansichten er nicht teilte, und von dem er sich eingeengt fühlte. Er äußerte sich oft abschätzig über ihn. Sein Sohn Alfred Opisso Cardona (1907–1980) schrieb, der Vater habe ihm erzählt, Gaudí habe ihm einmal Geld gegeben und gesagt, er solle sich für eine Reise nach Mallorca bereit machen, sie würden dort in der Kathedrale Glasfenster einbauen und während dieser Zeit im Haus des Bischofs wohnen. Sein Vater habe daraufhin Panik bekommen, zum einen wegen der Schiffsreise, zum anderen, weil er auf keinen Fall bei einem Bischof übernachten wollte, und er habe seinem Chef das Geld zurückgegeben und sei von diesem Tag an nicht mehr zur Arbeit erschienen.[266] Allerdings besuchte der Künstler den Architekten in den kommenden Jahren hin und wieder in der Sagrada Família, was den Schluss zulässt, dass er ihn trotzdem irgendwie mochte. Opisso starb 1966 in hohem Alter als gefeierter Karikaturist.

Das Arbeitsverhältnis mit Gaudí endete also 1903 nach elf Jahren endgültig, was dieser sehr bedauerte. Er schiffte sich ohne seinen Assistenten mit seinem Stab von Malern, Bildhauern und Architekten nach Palma ein und machte sich an die Arbeit. Der

Trascoro wurde abgetragen, und endlich hatte man freie Sicht auf den Altarraum mit dem berühmten Bischofsstuhl.

Auch das massive doppelte Retabel, von dem ein Teil aus dem 18. Jahrhundert und einer aus dem 14. Jahrhundert stammte, wurde abmontiert, weil es die Sicht auf das Presbyterium versperrte. Die barocke Hälfte des Retabels wurde in die Katharinenkirche transportiert, während der mittelalterliche Teil nach rechts verschoben wurde. Auch das Chorgestühl ließ Gaudí seitlich nach vorne verlegen.

Endlich erblickte man über den Bischofssitz hinweg die schmalen Fenster der Königskapelle, die ihren Namen von den dort bestatteten mallorquininschen Königen Jaume II. und Jaume III. aus dem 13. und dem 14. Jahrhundert erhielt. Am äußersten Punkt dieser Kapelle stellte Gaudí auch die große vergoldete Statue der Jungfrau Maria mit Kind auf, deren Beschaffenheit eine fromme Erfindung der Mallorquiner aus dem 14. Jahrhundert war, denn sie ließ sich seitlich öffnen und diente als Tabernakel zur Aufbewahrung der Hostien. Es gibt auf der Insel noch immer ein Dutzend solcher Statuen.[267] Bereits beim ersten Arbeitsbesuch konnten die Handwerker auch einige Buntglasfenster einbauen, die sie aus Barcelona mitgebracht hatten, und mehrere blinde Fenster durchbrechen.

In der katholischen Liturgie werden alle fünf Sinne des Menschen einbezogen. Man hört Klänge, sieht Bilder, riecht Weihrauch und Kerzenduft, schmeckt Brot und Wein und berührt Dinge wie das Weihwasser. Aus diesem Grund erkannte Gaudí in der Liturgie den Quell höchster Ästhetik. Es freute ihn, dass Bischof Campins im Gottesdienst mehr Musik einführen wollte, und zwar nicht nur den gregorianischen Choral, dem die Kirchgänger zuhörten und bei dem noch immer keine Frauen mitsingen durften, sondern auch Lieder, die alle gemeinsam anstimmten.

Für eine optimale Akustik erfand er ein geniales System, das erst Jahrzehnte später bei Renovierungsarbeiten entdeckt wurde.[268] Als die Chorstühle im Altarraum auf die Seite versetzt wurden, ließ Gaudí darunter einen Hohlraum, eine Art mannshohen

Resonanzkasten, anbringen, der die Klangwellen in die ganze Kathedrale leitete. Eine weitere akustische Neuerung erfand er bei den steinernen Kanzeln. Er versetzte sie weiter nach vorne und montierte darüber einen Schalltrichter aus Holz und Stoff in der Form eines eleganten Achtecks, das wie ein Hut über den Sprechenden schwebte, die Schwingungen der Stimme abfing und nach unten zu den Gläubigen weiterleitete. Als man ihm sagte, die Leute würden seine beiden Kanzeln kritisieren, weil sie aussähen wie Wagons einer Straßenbahn, antwortete er trocken:

> »Na und, Tramwagen sind doch auch etwas Schönes!«[269]

Für die Schmiedearbeiten verpflichtete Gaudí dieses Mal keine Spezialisten aus Barcelona, sondern ausschließlich einheimische Handwerker aus Mallorca, womit er in einem gewissen Sinne ein Risiko einging:

> »Es gab dort keine Kunstschmiede, sondern nur solche für den landwirtschaftlichen Nutzen. Ich erklärte den Handwerkern, was ich von ihnen erwartete. Zuerst sah es so aus, als könnte man in den ländlichen Werkstätten das, was ich brauchte, nicht herstellen, aber da sie sich mit der Mechanik von Eisen und dem Feuer auskannten, was das Wesentliche war, verstanden wir uns. Alle Schmiedearbeiten in der Kathedrale wurden von Handwerkern aus Palma hergestellt, die sehr bereitwillig waren, da es sich um ihre Kathedrale handelte. Wir mussten nie auf auswärtige Handwerker ausweichen.«[270]

Von diesen Handwerkern, die noch nie mit Kunst zu tun gehabt hatten, ließ Gaudí im Chorraum mehrarmige Kandelaber schmieden, die sich wie Pflanzen um die 14 Säulen rankten. Jeder Kandelaber hielt 16 lange elektrische Kerzen, die Gaudí ans Stromnetz anschloss. Innerhalb weniger Wochen hatten die Arbeiter diese Kandelaber geformt und an den Säulen fixiert, und sogleich verpassten ihnen die Einheimischen den ironischen Spitznamen *Strumpfhalter.*[271]

In Palma wohnte Gaudí mit seinem Team manchmal bis zu zwei Monate lang in der Kurie. Beim Essen saßen sie mit dem Bischof, dessen Schwester Catalina, dem Sekretär und einigen Würdenträgern oder anderen Gästen am Tisch. Catalina konnte nicht verstehen, wie jemand nichts weiter als etwas salzlosen Salat und Brot zu sich nehmen konnte. Sie hielt Gaudí feine Wurstwaren unter die Nase mit den Worten: *Sie können das ruhig essen, Don Antoni, ich verspreche ihnen, es ist reines Schweinefleisch!* Aber Gaudí winkte ab:

> »Danke, Donya Catalina, leider ist es gerade diese Reinheit, die mich davon abhält, es zu essen.«[272]

Er bat den Bischof, ihm seine Diät zu lassen, und von da an bedrängte ihn die Hausherrin kaum noch. Einmal wollte sich Gaudí in der Küche nützlich machen. Donya Catalina bereitete gerade das typische katalanische Dessert *mató* vor. Dazu erhitzte man die Schafsmilch und schlug sie so lange, bis das Gemisch zu Quark wurde. Dann stürzte man den *mató* vorsichtig um und übergoss ihn mit Nüssen und Honig. Gaudí schaute ihr eine Weile zu, dann behauptete er, er könne die gleiche Konsistenz des *mató* in der Hälfte der Zeit und mit weniger Aufwand erreichen. Das wollte sie sehen und überließ ihm ihren Platz. Er nahm einen frischen Feigenzweig, verquirlte die Milch rasch und kraftvoll, wartete kurz und stürzte sie dann. Vor dem Gelächter der Umstehenden übergoss sich die ganze Flüssigkeit über den Küchentisch.[273]

Zu seinem Leidwesen fand Gaudí auf Mallorca nie die Zeit, um die berühmten Tropfsteinhöhlen Artà und Manacor zu besuchen. Güell wusste das und machte ihm eines Tages ein Überraschungsgeschenk. Er schickte ihm ein Veraskop in sein Atelier in Barcelona. Das Gerät bestand aus einem kleinen Kasten, in den man stereoskopische Fotografien einfügte, die den Effekt von Dreidimensionalität vermittelten. Die Bilder wurden mit einer Spezialkamera mit zwei Linsen geschossen. Güell legte dem Veraskop auch gleich eine Serie von stereoskopischen Aufnahmen aus den Höhlen von Mallorca bei.

Gaudí war von den dreidimensionalen Fotografien begeistert und lud alle, die in seine Werkstatt traten, ein, sich durch das Kästchen die Raumbilder anzusehen. Joan Matamala war damals noch ein Kind, aber er erinnerte sich, wie der Architekt immer wieder konzentriert in die Kiste gestarrt und darin Inspirationen für seine Werke gefunden habe. Später lieh sich Gaudí von Eusebi Güell eine Stereoskop-Kamera aus, um selbst Bilder mit Tiefenwirkung zu schießen.

## 2. An der Grenze des Erträglichen

In der Weihnachtsgeschichte gibt es eine Episode, die man am liebsten unter den Tisch kehren möchte, aber sie gehört nun mal zu diesem Kind, das seit seiner Geburt in den Sog politischer Abgründe geriet und andere mit sich riss. Aus diesem Grund wollte Gaudí auch die Kindermorde durch König Herodes aus dem Matthäusevangelium darstellen, und zwar so realistisch wie möglich.

Christus, seine Familie und sein Umfeld standen von der ersten Stunde an im Fadenkreuz der machthungrigen Herodes-Dynastie: Herodes Ascolonita oder *der Große* war der Schlächter der unschuldigen Kinder, sein Sohn Herodes Antipas ließ Johannes den Täufer enthaupten, und sein Enkel Herodes Agrippa machte Jagd auf die ersten Apostel und nahm Petrus gefangen.

Herodes der Große war jüdischer König unter römischer Besatzung und erfuhr durch Sterndeuter von der Geburt des angeblichen neuen Königs der Juden in Bethlehem. Aus Furcht vor dem potentiellen Rivalen ließ er vorsichtshalber alle männlichen Babys und Kleinkinder in der Region umbringen. Josef wurde in einem Traum von Gott gewarnt und konnte mit seiner Frau und dem Neugeborenen gerade noch rechtzeitig nach Ägypten fliehen. So steht es in der Bibel. Die koptischen Christen feiern heute noch jeweils am 1. Juni den Einzug der Heiligen Familie in ihr Land. An den Orten, an denen sich gemäß alten Quellen und mündlichen Überlieferungen die Familie in Ägypten aufgehalten hatte, wurden schon früh Kirchen gebaut.

Wie immer brauchte Gaudí für die Szene lebende Vorbilder, und wie immer suchte er diese in der unmittelbaren Umgebung. Seine Assistenten entdeckten in einer Bar einen kräftigen Kellner und fragten ihn, ob er für einen Soldaten, der kleine Kinder abschlachtete, Modell stehen würde.[274] Der Kellner steht heute links neben der Josefssäule zwischen dem Portal der Hoffnung und jenem der Liebe als römischer Soldat. In der Rechten hält er ein gusseisernes Schwert und mit der Linken hebt er ein Baby an, während die verzeifelte Mutter flehend an seinem Arm hängt. Der Soldat ist schlank, muskulös, presst die Lippen aufeinander und kneift die Augen zusammen, als wollte er selbst nicht hinsehen müssen. Was man von unten nicht erkennen kann, ist, dass er an einem Fuß einen Zeh zu viel hat. Vermutlich ließ Gaudí diese anatomische Missbildung seines Modells absichtlich nicht korrigieren, sondern getreu in Stein meißeln, denn er konnte damit andeuten, dass sich der Mensch, der sich in den Dienst des Bösen stellt, in ein Monstrum verwandelt.[275]

Dem Soldaten zu Füßen liegen zwei magere und verrenkte Kinderkörper, die schlaff über den Sockelrand hängen. Sie sind tot. Diese Kinderleichen waren für alle Beteiligten, ganz besonders für die Bildhauer, eine psychische Belastung. Gaudí hatte seine Künstler in das Heiligkreuz-Spital geschickt, wo ihm die Nonnen die Erlaubnis gegeben hatten, totgeborene Babys zu skizzieren. Auch Opisso, der damals noch bei Gaudí arbeitete, wurde für den makaberen Auftrag ausgewählt.

So schmerzhaft es auch war, aber der Mensch musste der Grausamkeit ins Auge sehen, weil sich Gottes Gegenwart genau dort abspielte, im hintersten Winkel vermeintlicher Gottverlassenheit. Gerade auf dem absurden Leid erblühte das Versprechen ewiger Herrlichkeit. Die Szene der Tötung der unschuldigen Kinder, derer die Katholiken am 28. Dezember gedenken, setzte Gaudí über das Portal der Hoffnung, denn sie zwingt den Menschen zum Nachdenken darüber, ob und worauf man bei einem solchen Schmerz überhaupt noch hoffen kann.

Während der Flucht vor den Schergen des Herodes nach Ägypten saß Maria mit dem Neugeborenen auf einem Esel, von dem Gaudí eine ganz bestimmte Vorstellung hatte. Davon berichtet niemand Geringeres denn der protestantische Theologe, Arzt und spätere Nobelpreisträger Albert Schweitzer (1875–1965) in seiner Autobiografie *Aus meinem Leben und Denken*. Der Elsässer, der auch ein gefeierter Organist war, wurde zwischen 1908 und 1921 mehrmals nach Barcelona eingeladen, um Konzerte zu geben. Im Februar 1921 besichtigte er nach einem Auftritt die Sagrada Família und sprach mit Gaudí über den *so müd dahinziehenden Esel* aus der Flucht nach Ägypten an der Geburtsfassade. Gaudí habe ihm erzählt:

> »Du verstehst etwas von Kunst, denn du hast ein Empfinden dafür, dass dieser Esel nicht erfunden ist. Keine der Gestalten, die du hier in Stein abgebildet siehst, ist erdacht, sondern alle stehen sie da, wie ich sie in Wirklichkeit erschaut habe. (...) Mit dem Esel war es eine schwere Sache. Als bekannt wurde, dass ich nach einem Esel für die Flucht nach Ägypten ausschaute, führte man mir die schönsten Esel von Barcelona vor. Aber ich konnte sie nicht gebrauchen. Maria mit dem Jesuskinde ist nicht auf einem schönen und starken, sondern auf einem armen, alten, müden Esel gesessen, und zwar auf einem, der etwas Liebes im Gesicht hatte und verstand, worum es sich handelte. Diesen Esel suchte ich.«[276]

Seine Mitarbeiter wussten von einer Frau, die regelmäßig ins Viertel kam und Scheuermittel verkaufte, das ihre Eselin in einem kleinen Wagen hinter sich herzog. Das Lasttier hieß Margarita, sein Kopf hing müde herunter, und Gaudí bot der Besitzerin einen guten Preis, bis sie ihm ihre alte Begleiterin unter Tränen überließ.[277] Gaudí war sehr stolz auf Margarita, und um sie in Gips zu gießen, bauten die Künstler einen hölzernen Lastkran, zurrten das Tier mit Geschirren um den Bauch fest, um es dann anzuheben, mit Tüchern einzubinden und mit Gips zu übergießen, doch die Eselin wehrte sich. Da betäubten sie Margarita kurz mit Chloroform, so wie sie das auch schon mit anderen Lebewesen gemacht hatten, bis der Gips eingedickt war.

Vor dem Eingipsen hatten die Künstler das Tier, wie alle Modelle aller Objekte an der Fassade, gezeichnet und auf ein kleineres Raster, genauer auf ein Viertel der definitiven Größe, projiziert. Dabei wurde die Figur in der Höhe etwas verzerrt, so dass die Figur, die später von unten her betrachtet würde, die natürlich scheinenden Proportionen beibehielt. Aufgrund des Gipsabdrucks der Eselin und gemäß den Zeichnungen wurde dann ein Gipsmodell erstellt und an seinen Platz an der Fassade gestellt, um den Endeffekt zu testen, im natürlichen Licht und umrahmt von den anderen Ornamenten und Skulpturen. Dann erst, nach den letzten Korrekturen, konnten die Bildhauer das Tier in Stein hauen.[278]

Seit Opisso in Ohnmacht gefallen war, machte Gaudí keine Abgüsse von Menschen mehr. Die Darsteller wurden mit Spiegeln umstellt und von allen Seiten gezeichnet, fotografiert, und ebenfalls als eine leicht verzerrte Gipsvorlage an der Kirchenwand positioniert. Erst wenn Gaudí vollends zufrieden war, wurden die Figuren wieder heruntergeholt und von Matamala und seinem Team in Stein gemeißelt. Zu den Künstlern gehörten neben Matamala auch Bildhauer wie Emili Fontbona (1879–1938) und Ramon Bonet i Savé (1870–1953), die beide später nach Frankreich ziehen und im Atelier von Auguste Rodin (1840–1917) arbeiten werden.[279]

Die realen Vorbilder für die Personen an der Sagrada Família passten moralisch mehr oder minder gut zu den Figuren aus der Heilsgeschichte. Für eine der Muttergottes-Statuen stand zum Beispiel eine alleinstehende ältere Dame Modell, von der erzählt wurde, dass sie sehr fromm sei und einst feierlich gelobt habe, zu

Fuß ins Heilige Land zu pilgern. Keine 20 Kilometer außerhalb Barcelonas habe sie aber gestöhnt: *Gott, ist das weit!* und sei wieder umgekehrt.[280]

Für den heiligen Josef wurde ein Arbeiter der Sagrada Família auserkoren, der sich jedoch mehrere Tage nicht auf der Baustelle blicken ließ, und als ihn die Mitarbeiter holen wollten, fanden sie ihn in seiner stickigen Wohnung ausgebreitet auf einem zerlumpten Strohsack neben einer Frau. Sie konnten ihn nur mit Mühe zur Rückkehr überreden. Der römische Statthalter Pontius Pilatus, der Jesus zum Tod verurteilt hatte, war ein übergewichtiger Ziegenhirte mit Namen Gutiérrez. Für den Verräter Judas, der Jesus an die Römer auslieferte, suchte sich Gaudí den Kneipengänger Josep aus, der für die Sagrada Família als Wächter arbeitete und den Gaudí samt seiner Familie offenbar nicht ausstehen konnte. Wenig später starb er an einer Alkoholvergiftung.[281] Und das Jesuskind war eine neugeborene Nichte von Llorenç Matamala.

Aus Draht bastelte Gaudí kleine Puppen, mit denen er die Posen jeweils ausprobierte. Er wollte, dass seine Skulpturen Bewegung suggerierten, denn Bewegung war Leben. Zu dem Architekten Isidre Puig i Boada (1891–1987), meinte er:

> »Die Schönheit ist das Leben, und das Leben zeigt sich beim menschlichen Körper in der Bewegung.«[282]

Über sein Privatleben äußerte sich Gaudí nur selten, da es im Leben eines Menschen auf die Taten ankäme, nicht auf die Umstände, wie er sagte.[283] Daher ist es nichts weiter als ein Gerücht, dass er 1902 mit seinen fünfzig Jahren ein letztes Mal über die Gründung einer eigenen Familie nachdachte und um die Hand der erst zwanzigjährigen Dolors Oriol Canals (1882–1965) anhielt, deren Vater Direktor der Textilfabrik der Colònia Güell war und aus Reus stammte. Sie aber lehnte ab und trat noch im selben Jahr in ein Kloster ein. Vielleicht sah er in dieser neuen Enttäuschung ein endgültiges Zeichen dafür, dass ihm Gott einen anderen Weg bestimmt hatte. Indirekt berichtet davon einmal mehr der Lyriker

Joan Maragall, der im Mai 1903 mit Gaudí ein längeres Gespräch führte, als ihm der Architekt den Park Güell zeigte:

*Es ist sehr erstaunlich, wie sich dieser Mann mit Leib und Seele in das stürzt, was er gerade tut.* Zunächst sei alles gut verlaufen, schrieb er, aber dann sei es zu Meinungsverschiedenheiten gekommen. Gaudí habe den alltäglichen Lebenskampf als eine *Züchtigung Gottes* gesehen und sich sogar darüber gefreut. Maragall aber war entsetzt: *Ich konnte meine Abscheu vor einer solch negativen Haltung gegenüber dem Leben nicht verbergen, aber wir diskutierten nur noch kurz weiter, weil er bald sagte, dass wir uns nie einig werden würden.* (...) *Aber was soll's: Wenn wir die Arbeit, den Schmerz, den menschlichen Kampf als Strafe verschreien wollen, so ist es letztlich nur eine Frage des Begriffs.*[284]

Der Dichter befand sich damals in einer Phase, in der er sich von den orthodoxen Glaubenssätzen etwas distanzierte und sich auf eine persönliche mystische Reise begab. Er war und blieb jedoch stets ein Bewunderer Gaudís, der *nie ein Wort sagt, das nicht erhellend wäre,*[285] und der Sagrada Família. Auch Gaudí blieb ihm zeitlebens verbunden, überwand für ihn sogar seinen wachsenden Hang zur Abgeschiedenheit und erschien manchmal zum Teekränzchen, das Maragalls englischstämmige Frau Clara Noble (1872–1946) jeden Nachmittag organisierte.[286]

In dieser Zeit arbeitete Gaudí bereits an einem weiteren religiösen Auftrag. Auf dem heiligen Berg Montserrat gab es einen Fußweg, der die große Benediktinerabtei mit dem Kirchlein Santa Cueva verband, das wie angeklebt am abschüssigen Felsen bei jener Grotte stand, wo die Hirten im Jahr 880 die mysteriöse Statue der sitzenden Gottesmutter Maria mit ihrem Kind entdeckt hatten. Der Gebetsverein Lliga Espiritual, dem auch Gaudí angehörte, wollte diesen Pfad in einen Gebetsweg für den Rosenkranz umbauen und für jedes Geheimnis eine Skulptur aufstellen, bei der man innehalten konnte.

Jedes der 15 Mysterien wurde an einen anderen Künstler vergeben, darunter natürlich auch Gaudí, dem die Auferstehung Jesu zufiel, und es überrascht nicht, dass sein Monument am meisten

Zeit von allen beanspruchte und dass er sich irgendwann mit den Auftraggebern überwarf und den Hut nahm. Im Mai 1903 holte er sich vom Abt die Erlaubnis ein, die Auferstehung Christi symbolisch an die Wiedergeburt Kataloniens zu koppeln.

In der Bibel wird geschildert, dass in dem Moment, als Jesus am Kreuz sein Leben aushauchte, die Erde bebte und der Vorhang des Tempels zerriss. Wenige Stunden nach Jesu Tod sprach ein hochrangiger Jude beim römischen Statthalter Pilatus vor und bat darum, den Leichnam vom Kreuz abnehmen und bestatten zu dürfen. Der Mann hieß Josef und stammte aus der Region Arimathäa, etwa 120 Kilometer nördlich von Jerusalem. Er hatte lange verheimlicht, dass er ein Anhänger Jesu war, aber nun nahm er seinen ganzen Mut zusammen und trat aus dem Schatten heraus, um den verehrten Meister würdig zu bestatten.

Er hatte sich in der Gegend vor kurzem eine Höhle als Grabstätte für seine eigene Familie gekauft und wollte sie nun für den Leichnam Jesu zur Verfügung stellen. Pilatus hatte nichts dagegen, im Gegenteil ging ihm dieses innerjüdische Gezänk um den vermeintlichen Wundertäter ohnehin auf die Nerven. Aus den Augen, aus dem Sinn, hatte er sich wohl gedacht. Josef nahm den geschundenen Körper des verehrten Meisters vom Kreuz und brachte ihn zu der Höhle, wo er ihn in wertvolles Leinen wickelte, behutsam ablegte und den Eingang mit einem schweren Felsbrocken versperrte. Er wurde dabei von einigen Frauen beobachtet, die zum Gefolge Jesu gehörten.

Aber für Pilatus war die Sache noch nicht gegessen. Eine Gruppe jüdischer Religionsführer meldete sich bei ihm und erklärte, dass der Gekreuzigte vor seinem Tod herumerzählt habe, er werde nach drei Tagen wieder lebendig. Sie würden diesen Unsinn natürlich nicht glauben, aber man müsse verhindern, dass seine Gefolgsleute den Leichnam heimlich aus dem Grab wegschafften und dann lauthals verkündeten, es sei ein Wunder geschehen, was unweigerlich zu Tumulten führen würde. Daher empfehle es sich, vor der Grabstätte wenigstens bis zum Ablauf dieser drei Tage Soldaten zu postieren. So kam es, dass das Grab Jesu von römischen Soldaten bewacht wurde.

Als der Sabbath verstrichen war, wollten drei Frauen, Maria von Magdala und Maria, die Mutter des Jakobus, sowie Maria Salome, den Leichnam mit ätherischen Ölen salben und begaben sich zum Felsengrab (Mk, 16,1). Gerade als sie darüber diskutierten, wie sie es bewerkstelligen sollten, die Soldaten zu überlisten und den schweren Stein wegzurollen, bebte erneut die Erde, und ein leuchtender Engel erschien am Grab. Das Matthäusevangelium (Mt 28, 1–6) erzählt, dass die Wächter wie tot zu Boden sanken und dass der Engel den Stein wegwälzte und sich daraufsetzte. Er sagte zu den drei Frauen: *Ich weiß, ihr sucht Jesus, den Gekreuzigten. Er ist nicht hier, denn er ist auferstanden, wie er gesagt hat!*

Genau diesen Moment wollte Gaudí bei seiner Rosenkranz-Station darstellen. Als Erstes brauchte er dafür eine Grabeshöhle, aber an der Stelle, an der er sein Monument bauen sollte, gab es lediglich eine kleine Einbuchtung im Felsen. Er bat den Abt um die Erlaubnis, diese zu erweitern und einen Vorplatz zu bauen, wo sich die Leute zum Gebet versammeln konnten.

Steht man heute vor der Szene, stockt einem der Atem: Sie lebt! Man spürt, dass hier etwas Ungewöhnliches geschehen ist. Mit dem Rücken zu den Zuschauern nähern sich dem Grab zwei eng aneinandergedrückte verhüllte Frauengestalten in wehenden Gewändern, und eine von ihnen zeigt auf einen steinernen Sarg im Hintergrund, bei dem bereits eine andere Frau kniet und verzweifelt über den Rand gebeugt in den leeren Kasten starrt. Besonders diese Figur drückt eine beinahe dramatische Verzweiflung aus. Links schwebt knapp über dem Boden ein Engel mit riesigen geschwungenen Flügeln und schaut in die Ferne. Darüber entschwindet ein bronzerner und etwas steif wirkender Christus mit erhobenen Armen neben einem riesigen katalanischen Wappen steil gen Himmel.

Jede Woche reiste der junge Bauleiter Josep Bayó i Font (1878–1971) die 50 Kilometer hinauf nach Montserrat, um die Arbeiter zu besolden und ihre Übernachtungskosten zu begleichen. Gaudí hatte damals kaum Zeit für eine Fahrt ins Gebirge und übertrug die architektonische Leitung an seine Mitarbeiter. Allein für die Aushebung der Höhle vergingen Monate. Gaudí lieh sich eine Bohrmaschine aus, die so laut war, dass die Klosterbrüder fürchteten, der Berg stürze ein.[287] Wieder fraß Gaudís Detailverliebtheit viel Zeit und Geld. Alle Künstler stellten ihre Stationen termingerecht fertig, außer er, was zu Unmut führte, und als der Abt die auferstandene Jesusfigur hoch über der Grotte weit nach rechts versetzen ließ, stieg er 1907 aus. Das Projekt wurde ohne ihn fertiggestellt.

## 3. Zankapfel und Sparschwein

Der Jugendstil feierte seinen Siegeszug durch Europa. In Großbritannien war bereits Mitte des Jahrhunderts die Arts-and-Crafts-Bewegung entstanden, 1896 kam in Deutschland die illustrierte Wochenschrift *Jugend* auf den Markt, die als namensgebend für den Jugendstil gelten darf, im selben Jahr fand in Paris eine aufsehenerregende Möbel-Ausstellung im *Salon de l'Art Nouveau* statt, die der französischen Bewegung ihren Namen gab, und 1902 wurde an einer Ausstellung in Turin der *Liberty*-Stil gefeiert, wie der Jugendstil in Italien genannt wird.

Diese naturbezogenen Kunstbewegungen erhielten 1904 Schützenhilfe aus Deutschland in der Gestalt des Arztes, Zoologen und Philosophen Ernst Haeckel (1834–1919). Jahrzehntelang hatte der Wissenschaftler unter dem Mikroskop kleinste Strahlentierchen, Muscheln, Quallen, Blumen, aber auch Pollen, Embryonen und andere winzige Lebewesen mit ihren geometrischen Musterungen studiert und skizziert. Aus den über tausend Vorlagen Haeckels erarbeitete der Lithograf Adolf Giltsch (1852–1911) schließlich 100 künstlerische Drucke und Bildtafeln, die 1904 in einem kostbaren Sammelband veröffentlicht und berühmt wurden. Bis heute ist Haeckels Bildband *Kunstformen der Natur* eine atemberaubende und inspirierende Reise durch die Architektur der Natur mit ihren Gesetzen der Statik und Geometrie und ihrer verblüffenden Harmonie. Gaudí hatte im Sternenhimmel staunend den Makrokosmos erahnt, während Haeckel ihm nun Einblicke in den Mikrokosmos ermöglichte. Schon Augustinus hatte erkannt:

> »Die Schönheit ist der Abglanz der Wahrheit. Um aber die Wahrheit zu finden, muss man die Lebewesen der Schöpfung gut kennen.«[288]

Dennoch ging Gaudís Architektur über die gewohnte Jugendstil-Ornamentik hinaus und blieb für viele Menschen befremdlich, denn er beließ es nicht bei weichen Formen und Blumenmustern, sondern behandelte seine Konstruktionen wie natürliches Gewächs. Er nutzte die Natur nicht als Dekorationsvorlage, sondern er baute sie nach und durchtränkte sie mit Symbolik. Dieses Schicksal ereilte auch das erste Kino in Barcelona, das von Gaudí ausstaffiert wurde.

Die neue Technik der bewegten Bilder eroberte Europa. Zuerst bot in Barcelona ab 1897 nur das stadtbekannte Fotostudio Napoleon Stummfilme an, die ein Angestellter mit schwülstigen Kommentaren begleitete. Napoleon war so beliebt, dass eine Dame bedauerte, leider wolle ihr Sohn nichts Anständiges lernen und Fotograf werden, sondern nur Medizin studieren.[289]

Der erste eigentliche Kinosaal öffnete seine Tore 1904 auf Initiative des Kunstmalers Lluís Graner i Arrufí (1863–1929)[290] hin, der Gaudí mit der Inneneinrichtung seiner Sala Mercè betraute. Die Presse beschrieb das Kino als eine Art *lebendige Höhle* mit weichen Formen und bunter Beleuchtung durch farbige Lampenschirme aus Papier.[291] Die Stummfilme wurden durch ein Orchester untermalt, und Synchronsprecher imitierten die Stimmen der Darsteller. Anfangs waren die Barceloner begeistert, auch wenn sie bemängelten, dass Gaudís Stühle quietschten.[292] Doch dann kam das Geschäft ins Stocken, und der hochverschuldete Graner gab 1913 auf.

Die Baustelle der Sagrada Família erhielt 1904 allerhöchsten Besuch. Auf seiner Reise durch Katalonien besuchte der junge König Alfonso XIII. (1886–1941) höchstpersönlich die Sagrada Família. Zuerst wohnte er mit seinem Gefolge einem Gottesdienst in der Krypta bei, dann führte Gaudí den jungen Monarchen in Begleitung von Ministerpräsident Antonio Maura (1853–1925) durch die gigantische Baustelle. Obwohl Gaudí perfekt Spanisch sprach und zumindest damals noch auswärtigen Gästen gegenüber bei der Kommunikation durchaus entgegenkam, schaltete er beim König auf stur und sprach ausschließlich Katalanisch. Der verwöhnte Alfonso XIII. hatte sich einst abschätzig über die katalanische Sprache geäußert, und Gaudí zahlte es ihm nun heim.

Der 18-jährige Monarch folgte dem Rundgang mit scheinbar mäßigem Interesse und fragte den Architekten am Ende, was für ein Baustil die Kirche eigentlich sei. Gaudí antwortete, es sei neuinterpretierte, modernisierte Gotik. Und auf die Frage Alfonsos XIII., warum die Türme so hoch seien, antwortete er:

> »Weil wir mit dem Kreuz auf der Spitze den Himmel küssen möchten.«

Als jemand aus dem Gefolge einwarf: *Don Alfonso, finden Sie das alles nicht etwas überladen?*, gab der König eine Antwort, mit der er sich bei Gaudí viele Punkte holte, und von der dieser später immer wieder erzählte. Er sagte: *Man muss eben das Ganze sehen.* Vor der Abreise meinte Gaudí zu den hohen Besuchern aus Madrid:

> »Die Antwort des Königs war exakt. Mit seiner Intelligenz hat er bewiesen, dass er viel gesehen und einen Sinn für Kunst hat.«[293]

Bocabella war überzeugt gewesen, dass sich die Stadt Barcelona immer weiter bevölkern und die Sagrada Família eines Tages mitten in ihr liegen würde. Tatsächlich sollte er Recht behalten.

Auch das Großbürgertum entfernte sich allmählich aus der Innenstadt und entdeckte das Eixample für sich. Seit in der Nähe der belebten Hauptverkehrsachse Passeig de Gràcia eine neue Eisenbahn-Haltestelle eingerichtet wurde, gehörte die Gegend zu den angesagtesten Adressen der Stadt. Zwischen 1902 und 1915 ließen sich dort an einer Häuserzeile nebeneinander fünf finanzkräftige Familien nieder. Jede beauftragte einen anderen Architekten mit dem Umbau ihres Reihenhauses, wobei es wie immer darum ging, die Nachbarn an Glamour zu übertrumpfen. Bei der Bevölkerung hieß dieser Abschnitt deswegen *Zankapfel.*

Den Anfang machte 1898 der reiche Schokolade-Hersteller und Hobbyfotograf Antoni Amatller i Costa (1851–1910). Er kaufte das mittlere Gebäude und verpflichtete den modernistischen Architekten Josep Puig i Cadafalch (1867–1956) mit dem Umbau. Dieser ersetzte die bestehende Front durch eine Fassade mit Stufengiebeln, die aussah wie ein holländisches Grachtenhaus. Die Besitzerfamilie, oder besser der frisch geschiedene Hausherr mit Gefolge, bezog das Haus 1901.

Im Jahr darauf beauftragte die wohlhabende Francesca Morera i Ortiz (1853–1904), geschiedene Mutter eines Sohnes, den großen Lluís Domènech i Montaner mit dem Umbau ihres Eckhauses ganz links am Block. Sie verstarb noch vor der Fertigstellung unerwartet mit 51 Jahren, aber 1906 zog ihr Sohn, der Arzt Albert Lleó i Morera (1873–1929), in das einzigartige, etwas schnörkelige Gebäude mit einem Ecktürmchen ein. In Anlehnung an ihren Familiennamen Morera, zu Deutsch Maulbeerbaum, hatte Domènech prominent Holz eingesetzt.

Währenddessen erwarb der Textilmagnat Josep Batlló i Casanovas (1855–1934) das schmale Reihenhaus rechts neben dem Gebäude von Amatller. Der Industrielle war mit der Tochter des Zeitungsverlegers der *Vanguardia*, Gräfin Amàlia Godó, verheiratet und hatte fünf Kinder. Er holte sich für sein neues Haus den Visionär Gaudí ins Boot.

Eigentlich wollte Batlló das schmale Haus niederreißen und neu bauen, aber Gaudí überzeugte ihn davon, dass ein Umbau seinen Ansprüchen mehr als genügen würde, und erklärte ihm seine Ideen. Die Aufteilung der Etagen blieb klassisch: Unter dem Dach wohnte das Personal, darunter die Mieter, auf der Beletage die Besitzer. Der Innenhof sollte mit Glas überdeckt werden, und das Mansardendach das Haus vor Temperaturstürzen bewahren.[294]

Der Clou war aber die Fassade. Sie übertraf die kühnsten Erwartungen Batllós und war absolut einzigartig. Gaudí gestaltete sie als geschwungene Meeresphantasie, ein Schuppengebilde in blaugrün mit Balkonbrüstungen wie Tiermasken, und er erzählte damit die Geschichte des katalanischen Nationalheiligen Jordi, des Drachentöters Georg. Bereits im November 1904 konnte der Architekt mit dem Umbau beginnen, zwei Jahre später wurde das Haus eingeweiht.

Gaudí ließ die ganze Frontseite vollständig entfernen, ohne das Haus zu zerstören, was ein ehrgeiziges Unterfangen war, weil das angrenzende wertvolle Gebäude Amatllers auf keinen Fall beschädigt werden durfte. Der 26-jährige Bauleiter Josep Bayó erzählte denn auch, er habe aus Nervosität vor Baubeginn drei Nächte lang nicht schlafen können.[295] Das Schuppendach war der Rücken des Drachens, ein Zwiebeldach-Türmchen mit einem vierarmigen Kreuz war Georgs Lanze, die Balkone sahen aus wie Totenköpfe und symbolisierten die Opfer des Untiers, und die Galeriefenster in der ersten Etage erinnerten an das aufgerissene Drachenmaul. Sie brachten dem Gebäude bald den Spitznamen *Gähnendes Haus* ein, und wegen der Pfeiler wurde es auch *Knochenhaus* genannt, aber heute kennt man es nur noch unter dem Namen der Besitzerfamilie Casa Batlló.[296]

Die ganze Fassade wurde mit Keramikscherben überzogen, die je nach Sonnenlicht schillerten wie ein Fisch- oder Drachenleib. Als christliche Symbole neben dem Kreuz ließ Gaudí an den Außenwänden die Akronyme von Jesus, Maria und Josef in Emaille brennen. Im Hausinnern standen die fließenden Formen und der Farbenreichtum der Funktionalität aber nicht im Wege. Der Eingangsbereich erinnert an Unterwasserwelten, die oberen Räume sind modernistisch geschwungen, alle Zimmer mit natürlichem

Licht durchflutet. Der schachtartige Innenhof wurde in einem intensiven Blau ausgekachelt, und der Hofgarten war eine Oase mit einem strengen ockerfarbenen Bodenmuster. Im Dachgeschoss wurden asymmetrische Parabolbögen wie das Rippenskelett einer Schlange aneinandergereiht, um das Dach abzustützen, auf dem wiederum bunte spitzhütige Kamine stehen, die so gekrümmt sind, dass der Wind die Luft nicht in das Gebäude drücken kann. Auch im Hause Batlló gab es einen versenkbaren Altar sowie einen Aufzug.

Zum Leidwesen des Bauleiters und der Handwerker änderte Gaudí das Gipsmodell für das Batlló-Haus unzählige Male ab, zum Beispiel kam er erst spät auf den Gedanken, nicht nur das Schuppendach, sondern auch die Fassadenwände wie leichte Wellen zu verschalen, als würden sie atmen. Über die gesamte Fassade verteilte er runde Medaillons in osmotischen Farben, die sich beinahe unmerklich vom Hintergrund abheben und aussehen wie Wassertopfen, denn der Drachenleib erhob sich bedrohlich und schwer atmend aus dem Meer, bevor er im Kampf mit Georg getötet wurde und das Gute über das Böse siegte.

Die Passanten staunten, und Batlló war glücklich mit seiner Wahl des Architekten, denn er hatte mit dem Gebäude seinem Geschlecht ewigen Ruhm gesichert. Die Familie bewohnte das Haus bis 1954, bevor es von den Erben an eine Versicherung verkauft wurde und später in den Besitz eines Süßwarenfabrikanten kam, der er es öffentlich zugänglich machte. Seit 2005 gehört die Casa Batlló zum Unesco-Weltkulturerbe.

Für das Innere des Batlló-Hauses ließ Gaudí ein kleines Kruzifix mit einer ikonografischen Besonderheit herstellen. Es befindet sich heute im Gaudí-Museum. Bei diesem Kruzifix hängt Jesus mit stark angewinkelten Beinen am Kreuz, und sein Becken ist auf einem hervorstehenden Balken abgestützt. Gaudí hatte von Theologen und Historikern erfahren, dass die Römer auf diese Weise den qualvollen Tod der Verurteilten viele Stunden herauszögerten, und er war überzeugt, dass man diese Foltermethode auch bei Jesus angewandt hatte. Das Kruzifix diente später dem Bildhauer

Francesc Fajula (Jahrgang 1945) als Vorbild für seinen gekreuzigten Christus, der 2010 unter dem Baldachin beim Hauptaltar der Sagrada Família aufgehängt wurde.

Für die Ausfertigung verpflichtete Gaudí den Künstler Carles Mani i Roig (1866–1911), den er 1906 in sein Team aufnahm. Mani stammte aus Tarragona und hatte vergeblich versucht, sich in Madrid und Paris als Bildhauer über Wasser zu halten. Er bewunderte Auguste Rodin und ließ sich von ihm zu einer skulptorischen Figur inspirieren, die er zuerst *el embrutecimiento* (die Verrohung), später *els degenerats* (die Degenerierten) nannte und an der er seit Jahren arbeitete. Die Skulptur zeigt zwei lebensgroße, nackte männliche Gestalten, die in sich zusammengesackt nebeneinandersitzen und Abstumpfung, Armut und Hässlichkeit ausstrahlen.

Mani war als Kind von seinem Vater verprügelt worden und deshalb früh ausgezogen. Er hatte in großer Armut gelebt und gesehen, was diese mit dem Menschen macht und in welche Abgründe sie ihn reißt. 1906 zog er nach Barcelona, um dort an den *Degenerats* zu arbeiten. Ein Freund stellte ihm Gaudí vor, der den Unglücklichen auf Anhieb mochte, denn er sagte:

> »Die Kunst ist so erhaben, dass sie von Schmerz und Elend begleitet sein muss, als Ausgleich.«[297]

In seinen Augen waren alle Menschen nützlich, man musste nur ihr Talent erkennen und in die richtige Bahn lenken, damit sich die Person entfalten konnte. Gaudí mochte ein anstrengender und anspruchsvoller Chef sein, aber unter seiner Führung wuchsen alle über sich hinaus:

> »Ein Architekt muss die Fähigkeit haben, das zu nutzen, was die Arbeiter am besten *können*. Er muss die besten Eigenschaften von jedem Einzelnen fördern. Das heißt: integrieren, alle Bemühungen zusammennehmen und denen beistehen, die nicht mehr weiterwissen; so arbeiten sie mit

Freude und der Sicherheit, die sich aus dem vollen Vertrauen in den Organisator ergibt. Außerdem darf man nicht vergessen, dass niemand unbrauchbar ist, jeder ist nützlich (auch wenn nicht alle dieselben Fähigkeiten besitzen). Die Aufgabe liegt darin, herauszufinden, wo jeder Einzelne am besten eingesetzt werden kann.«[298]

Er beförderte Mani sogar zum Chef des Steinmetzteams und zahlte ihm 200 Peseten im Monat, was dem Salär eines Hilfsarchitekten entsprach. Es war im Übrigen dieselbe Summe, die Gaudí sich selbst für seine Arbeiten an der Sagrada Família zugestand, bevor er zum Ende seines Lebens überhaupt keine Besoldung mehr annahm.[299]

Als Gaudí eines Tages im Atelier bei Mani vorbeischaute, wurde er von Flöhen befallen. Von nun an rieb er sich die freien Hautstellen immer mit einem selbstgemachten Insektizid ein, bevor er ihn besuchte, aber er sagte dem Künstler nie auch nur ein Wort, denn er wollte ihn nicht kränken.[300] Nach dessen Tod 1911 kümmerte er sich um Manis Witwe und auch um den Neffen Pau Badia Ripio (1887–1976), dem er ebenfalls eine Anstellung als Bildhauer bei der Sagrada Família verschaffte.[301]

Das Batlló-Haus war Stadtgespräch und weckte insbesondere das Interesse oder gar den Neid des vornehmen Anwalts Pere Milà i Camps (1874–1940). Auch er witterte eine Möglichkeit, um seinem Namen durch ein extravagantes Haus ewigen Ruhm zu bescheren. Milà hatte soeben die unermesslich reiche kinderlose Witwe Roser Segimon i Artells (1870–1964) geheiratet, deren verstorbener erster Mann Josep Guardiola i Grau (1831–1901) zu den originellsten Gestalten des modernen Kataloniens gehörte. Er war als junger Mann nach Amerika ausgewandert und hatte in Guatemala von den Mayas die Kakaopflanze kennengelernt, die er daraufhin züchtete und exportierte. Nach und nach hatte er sich ein riesiges Stück Land erworben, das er *Chocolá* nannte, und von dem es hieß, man brauche zwei Tage zu Pferd, um einmal darum herumzureiten.

Den größten Reichtum machte er aber mit Kaffee. Seine Kaffeebohnen galten als die besten der Welt, so dass er zum weltgrößten Kaffee-Exporteur avancierte. Für seine Bohnen erfand der Tüftler auch eine Röstmaschine, die noch heute *Guardiola* genannt wird und deren Patent ihm einen enormen Vorsprung gegenüber der Konkurrenz einbrachte. 1891 veräußerte er seine Finca an deutsche Unternehmer und investierte in den Panama-Kanal, der zwar anfänglich ein Flop war und durch Unfälle und Epidemien zwanzigtausend Menschen das Leben kostete, aber am Ende zahlte er sich für die Investoren aus, denn die USA kauften ihnen die Nutzungsrechte für teures Geld ab.

Mittlerweile hatte der Freimaurer Guardiola in Guatemala mehrere Kinder gezeugt, von denen er jedoch nur zwei anerkannte. Mit einem von ihnen, der Mulattin Lola (1864–1946), kehrte er nach Katalonien zurück. Ausgerechnet über seine Tochter lernte er deren Freundin Roser Segimon kennen. Sie war fast vierzig Jahre jünger als er, hatte eine auffallend blasse Porzellanhaut und litt offenbar an Osteoporose, denn sie brach sich im Laufe ihres Lebens immer wieder die Knochen. Guardiola verliebte sich Hals über Kopf in das blutjunge Mädchen und konnte sie zur Heirat überreden. Das Ehepaar pendelte zwischen Paris und Katalonien hin und her, und Roser lebte umgeben von Bediensteten im größtmöglichen Luxus.

Da Guardiola wusste, wie problematisch die Verständigung im internationalen Handel war, erfand er gegen Ende seines Lebens kurzerhand eine eigene Sprache und publizierte die *Gramátika uti nove prata*, Grammatik einer neuen Sprache. Er starb 1901 an einem Herzinfarkt und hinterließ seiner Witwe Roser ein immenses Vermögen. Zwei Jahre später traf diese im französischen Vichy auf den jungen Barceloner aus gutem Hause Pere Milà, der sich ihr an die Fersen heftete.

Milà war ein gutaussehender Dandy und von Beruf hauptsächlich Sohn. Sein Vater war ein mächtiger Textilindustrieller, der Onkel ein einflussreicher Politiker und zwischenzeitlich gar Bürgermeister von Barcelona. Milà verwaltete monarchistische

Zeitungen und später auch die Stierkampfarena La Monumental von Barcelona. Sein Hobby waren Automobile, von denen immer mehr durch Barcelonas Straßen tuckerten, und ihm gehörte eines der ersten offiziell registrierten Autos der Stadt. Dank der politischen Beziehungen seines Onkels konnte er das erste Autorennen durch die Straßen Barcelonas organisieren.

Mit seiner neumodischen Kleidung, dem kecken Schnurrbärtchen und den breiten Schultern, seinem gelockten Haar und den perfekten Manieren umgarnte er die reiche Witwe Roser, die vier Jahre älter war als er, bis sie ihm schließlich das Ja-Wort gab. Böse Zungen spotteten, Milà habe gleich doppelt geheiratet: die Witwe des Guardiola und die *guardiola* (zu Deutsch das Sparschwein) der Witwe.[302]

Das Ehepaar kaufte 1905 am Passeig de Gràcia Ecke Provença, nur wenige Blöcke von der berühmten Zankapfel-Zeile entfernt, ein über 1800 Quadratmeter großes besiedeltes Grundstück. Der Passeig de Gràcia war die wichtigste Geschäftsstraße der Stadt, wo sich neben den großbürgerlichen Vorzeige-Häusern auch viele exklusive Geschäfte, Theater und Restaurants befanden. Gaudí hatte dort neben dem Batlló-Haus bereits die Apotheke Gilbert (1879) und die Raucherecke in der Bar Torino (1902) gestaltet. Milà wollte das Eckhaus in ein spektakuläres Prachtobjekt umbauen und verpflichete dazu den Schöpfer des bunten Drachenhauses, das ihn so beeindruckte.

Roser, die wie Gaudí ebenfalls aus Reus stammte, ließ sich aber erst nach langem Insistieren überreden. Ihr gefiel der opulente und von Katholizismus triefende Stil Gaudís nicht, und obwohl sie bis zu ihrem Ableben 1964 in ihrem Gaudí-Haus leben wird, warf sie unmittelbar nach dem Tod des Architekten viele seiner eigens entworfenen Möbel heraus und ersetzte sie durch andere im Stile des Louis XVI. Es mochte ihr auch nicht gefallen haben, dass der Architekt ausgerechnet auf ihren schicken Schminktisch den lateinischen Satz hingemalt hatte: *Bedenke Mensch, dass du Staub bist und zum Staub zurückkehren wirst.*[303] Und was ihr ganz und gar nicht behagte, war der Umgang ihres Gatten mit ihrem

Geld und die Tatsache, dass er sie mehrfach betrog. Sie soll ihn des Öfteren und sogar öffentlich ermahnt haben, dass das Geld ihr gehöre und nicht etwa ihm.[304]

Beim Milà-Gebäude wurde Gaudí von seinen Assistenten Canaleta, Sugrañes, Rubió und Jaume Bayó i Font (1873–1961) unterstützt. Letzterer war der ältere Bruder von Gaudís Bauleiter Josep Bayó i Font.[305] Auf Josep Canaleta i Cuadras (1875–1950) wälzte Gaudí die unangenehme Aufgabe ab, die Pläne für das Baugesuch bei den Stadtbehörden zu zeichnen. Allerdings waren diese Baupläne so groß, dass sich Canaleta beklagte, er könne sie nicht einmal dann zeichnen, wenn er sich bäuchlings darauflegte. Da ließ Gaudí in der Mitte des Zeichentisches kurzerhand ein Loch sägen, durch das Canaleta schlüpfte und dann von der Mitte her die Baupläne auf Papier brachte.[306] Sobald die Pläne bei der Stadtverwaltung deponiert waren, existierten sie für Gaudí nicht mehr.

Mit dem Baugesuch für das Milà-Haus von 1906 begann einmal mehr ein langer Weg durch die Mühlen der Bürokratie. Als Eckhaus im Eixample war das Gebäude an strenge Auflagen gebunden, wie eine abgeschrägte Ecke, quadratische Innenhöfe und streng geometrische Formen. Natürlich setzte sich Gaudí darüber hinweg. Sein Haus zeigt keine Spur von Ecken und Quadraten, sondern die Fassade sieht aus wie eine langgezogene, wuchtige Höhlenkonstruktion, ein welliger asymmetrischer Sandhügel aus grobporigem Beton,[307] wie ein riesiger von Hand gekneteter Klumpen, und er war alles andere als bunt und romantisch. Im gesamten Gebäude gibt es keine tragende Wand, sondern der ganze Komplex stützt sich einzig auf Tragpfeiler ab.[308] Zu diesem Gebäude wird in Katalonien noch viel Tinte fließen.

Für die Verschalung baute Gaudí zuerst eine gewöhnliche Mauer aus Ziegelsteinen, dann verankerte er daran mächtige Steinblöcke.[309] Um einen runden und zwei elliptische Innenhöfe herum baute er sechs Geschosse mit je acht Wohnungen. Da die Traglast nicht auf den Wänden, sondern auf Säulen ruhte, konnte er die Räume beliebig aufteilen und belüften. Beim Arbeiten schauten die Bauleiter nie auf Pläne, sondern orientierten sich an Modellen und an den Anweisungen des Architekten. Als ein Kollege einst zu diesem sagte, er verstehe nicht, wie man ohne Baupläne einfach drauflos bauen könne, klaubte Gaudí eine schrumpelige Skizze der Fassade aus seiner Tasche, faltete sie sorgfältig auseinander, glättete sie seelenruhig und hielt sie in die Höhe mit den Worten:

> »Das ist mein Plan für die Casa Milà, Senyor. Einen schönen Tag noch und Adios.«[310]

Bei der Pedrera wurden so viele Vorschriften übertreten, dass der Stadtrat am 27. Dezember 1907 sogar eine Klage gegen Anwalt Milà einreichte. Die Behörden störten sich besonders an einem massiven Pfeiler vor dem Eingang, der viel zu weit in den Bürgersteig herausragte, und den die Leute *Elefantenfuß* nannten. Als Bauleiter Bayó dem Architekten das offizielle Beschwerdeschreiben der Stadt überbringen musste, antwortete dieser in seiner gewohnt schnodderigen Art:

> »Sag ihnen, wenn sie es wünschen, werden wir den Pfeiler abschneiden wie ein Stück Käse und auf dem Boden eine Tafel anbringen, auf der steht: Abgeschnitten auf Anordnung der Stadtverwaltung, mit dem Datum der Plenarsitzung.«[311]

Wohl oder übel musste Bayó mit dieser Botschaft zu den Behörden traben, und tatsächlich ordnete die Stadtverwaltung sogleich den Baustopp an, aber Gaudí machte unverdrossen weiter. Jedes Mal, wenn ein Beamter bei Milà aufkreuzte, um ihm einen Drohbrief zu überbringen mit der Aufforderung, die Arbeiten einzustellen oder Teile des Gebäudes abzureißen und neu zu bauen, tat der Anwalt so, als sei er nicht zu Hause, und bestätigte den Empfang der Nachricht nie.

Aus dem Garraf-Gebirge wurden auf Dampfzugmaschinen große Steinbrocken herbeigeführt, vor der Baustelle abgeladen und dort von Steinmetzen in die gewünschte Form geschlagen, bevor sie an ihren Platz gehievt und verankert wurden und noch den letzten Schliff erhielten. Unten stand Gaudí und gab Anweisungen. Bei der Baustelle am Passeig de Gràcia lag ein riesiger Geröllhaufen. Eigentlich hatte sich der Hausbesitzer Pere Milà erhofft, dass sein Haus einst als *Milà-Haus* seinen Familiennamen verewigen werde, so wie es mit dem Batlló-Haus oder dem Palau Güell geschehen war, aber bald musste er entsetzt feststellen, dass die Bevölkerung dem Gebäude den Spitznamen *La Pedrera*, zu Deutsch *Steinbruch*, verpasst hatte.

Im Untergeschoss der Pedrera richtete Gaudí eine Werkstatt ein, in der sein Gipser Joan Beltran das Modell der Fassade im Maßstab 1:10 nachbilden musste. Es war wie ein Setzkasten, konnte auseinandergenommen und in andere Räume transportiert werden.

Gaudís berüchtigter Perfektionismus trieb auch bei diesem Bauprojekt seine Mitarbeiter an ihre Grenzen. Einmal brachte er einen Steinmetz beinahe zum Weinen, als er von ihm immer wieder Änderungen an einer Rose verlangte und am Ende das Werkzeug selbst in die Hand nahm. Andererseits konnte er aber auch eigene Fehler eingestehen, wie in Palma de Mallorca, als Josep Bayó eigenmächtig und gegen die ausdrückliche Anweisung des Architekten die Regenrinnen am Dach mit Eisenverankerungen verstärkte. Gaudí machte ihm zuerst schwere Vorwürfe, doch als ein Arbeiter ausrutschte, beinahe vom Dach fiel und sich gerade noch an der befestigten Rinne festhalten und damit sein Leben retten konnte, entschuldigte er sich bei Bayó.[312]

Jeden Abend versammelten sich bei der Baustelle Architekten oder Studenten, um sich von Gaudí das Projekt erklären zu lassen. Die Pedrera war in vielen Belangen revolutionär. Als erstes Gebäude Barcelonas verfügte sie über eine Tiefgarage für Droschken und Autos. Einer der angemeldeten Mieter, der Leinenfabrikant Antoni Feliu Prats (?–1940), besaß jedoch einen Rolls Royce Silver Ghost, der zu groß für die enge Rampe war.[313] Da verlangte Gaudí von seinen Assistenten kurzerhand, die Rampe zu verbreitern, was jedoch nicht möglich war, ohne eine Säule zu versetzen.

Canaleta sagte später, die Verschiebung dieses Tragpfeilers habe ihn mehr Schweiß gekostet als die gesamte Fassade der Pedrera.[314]

Ein Lehrling wagte einst zu bemängeln, dass ihm einige der Säulen am und im Gebäude doch merkwürdig zerbrechlich und krumm erschienen. Gaudí erklärte ihm, der Grund dafür liege im Buch Exodus:

> »Gott hat aus dem brennenden Dornbusch heraus Moses befohlen, zu seinen Ehren einen Tempel aus Stein zu errichten und den Stein nicht zu schlagen, um ihn nicht zu entweihen, sondern er sagte, man solle die Steine unbehandelt aufschichten, um Gott beim Bauen nicht durch unangenehmen Lärm zu stören. Ich wollte mit diesen Säulen die Anweisung Gottes befolgen, wenn auch nur bei einigen, obwohl man es am ganzen Haus hätte tun sollen.«[315]

Steine waren für ihn nicht einfach Baumaterial, das man beliebig zurechthauen konnte, sondern sie gehörten zum Kern des Christentums. Jesus änderte ja sogar den Namen seines Freundes Simon in Petrus um, was Stein bedeutet, denn er sollte der Fels werden, auf dem seine Kirche ruhte. Steine waren nicht tot, sondern Gaudí behandelte sie mit dem größten Respekt.

Gespannt wartete das Publikum auf den Moment, als die Gerüste vor der vieldiskutierten Pedrera entfert wurden und der merkwürdige Koloss in voller Größe sichtbar wurde. Drei Jahre nach Baubeginn, im Sommer 1909, war es so weit, und die wuchtige Buckelwand erhob sich wie eine graue Felsenhöhle massig vom Bürgersteig, vor den erwartungsvollen Augen des Besitzers, den angewiderten seiner Frau und den spöttischen der Stadtbevölkerung.

Die Barceloner witzelten schon lange, die Wände der Pedrera seien so krumm, dass die Bewohner keine Hunde, sondern nur Schlangen halten könnten.[316] Es hieß, im Innern des Hauses gebe es Rampen, auf denen die Automobile bis in die Zimmer hinauffahren könnten. Die Fundamente seien ebenso tief wie das Gebäude hoch sei, und das ganze Haus diene nur als Sockel für eine enorme Marienstatue, die bald noch daraufgesetzt würde.

Damit hatten sie sogar Recht. Das Ehepaar Milà bat Gaudí wiederholt, auf die demonstrativen Riesenskulpturen zu verzichten, die der Meister auf das Dach pflanzen wollte. Hoch oben an der Fassade hatte er bereits die Worte *Ave – M – Gratia – Plena – Dominus – Tecum*, also die Grußworte des Erzengels Gabriel an die junge Maria, angebracht. Das Wort *Maria* wurde durch eine steinerne Rose ersetzt, doch Roser ließ sich durch die Hommage an ihren Namen nicht erweichen und sperrte sich eisern gegen die Figuren.

Auch das Innere der Pedrera wurde mit religiösen Elementen übersät. Geradezu zärtlich mutet in einem Schlafzimmer auf der zweiten Etage eine kreisrunde katalanische Inschrift an der Wand an, die da lautet: *Oh Maria gräme dich nicht, dass du klein bist, denn auch die Blumen sind es und die Sterne.*

Für die Zeitungen war die Pedrera ein gefundenes Fressen. 1909 veröffentlichte der Illustrator Ismael Smith (1886–1972) im Satireblatt ¡Cu-Cut! eine Zeichnung, in der eine elegante Dame mit einem fein gekleideten Jungen am Arm an der Pedrera vorbeigeht. Darunter steht: *Das Haus des Gaudí. Mama, hat es hier auch ein Erdbeben gegeben?* Das reißerische, republikanische Wochenblatt *El Diluvio*, die Sintflut, das zu den meistverkauften Zeitschriften Barcelonas gehörte, druckte im März 1910 eine hämische Karikatur ab, bei der die Kamine auf dem Dach aufeinandergeschichtete Totenschädel zu sein schienen und aus den höhlenartigen Fenstern allerlei Tiere hervorlugten. Für die *Sintflut* war die Arche Noah wiederaufgetaucht.

Der wohl bekannteste Karikaturist Kataloniens Joan Junceda (1881–1948) veröffentlichte in jenem Jahr ebenfalls für ¡Cu-Cut! ein Bild der ondulierten Fassade und einem Dach, das aussah wie in Zucker gegossen. Darunter steht: *Papa, Papa, ich will auch einen Osterkuchen wie den hier!* Damit spielte er auf eine beliebtes traditionelles Ostergebäck an, das in Katalonien jeweils reich und bunt verziert wurde. In der antiklerikalen *Esquella de la Torratxa* zeichnete noch 1912 der mallorquinische Karikaturist Picarol[317] die Pedreda als futuristische Garage für Zeppeline, die aus den Fenstern ein- und ausflogen. Auf dem Dach prangte in großen Lettern das Wort *Garage*. In derselben Zeitung wurde Gaudí dargestellt als Wagnerischer Superheld Wotan, der vor dem Monsterbau stand. Für diese Zeitung arbeitete im Übrigen auch Ricard Opisso als Illustrator.

## 4. Duell der Giganten

Seit vielen Jahren kümmerte sich der Pförtner Joan Puig um die Baustelle der Sagrada Família, kontrollierte die Eingänge und versuchte zu verhindern, dass Material gestohlen wurde. 1905 erreichte die Josefsvereinigung endlich die langersehnte Nachricht, dass der Bischof einen eigenen Priester an die Sagrada Família bestellte. Es handelte sich um den frischgeweihten 24-jährigen Gil Parés i Vilasau (1880–1936), ein bodenständiger Katalane, der das Herz am rechten Fleck hatte und gut mit Menschen umgehen konnte. Die Pförtnerfamilie räumte die Wohnung unter Gaudís Atelier, um Platz für Parés und dessen Mutter und Schwester zu schaffen. Kurze Zeit später baute Gaudí für die Familie des Priesters aber ein eigenes kleines Haus neben dem Atelier, von dem heute keine Spuren mehr erhalten sind, und nutzte die freiwerdenden Räume im Erdgeschoss für seine Werkstatt, die sich mit immer mehr Skulpturen und Modellen anfüllte und aus allen Nähten platzte.[318]

Schon lange fragten sich die Menschen, wie die Sagrada Família, für die sie seit zwei Jahrzehnten Geld spendeten, am Ende wohl aussehen mochte. Am 20. Januar 1906 erhielten sie zum ersten Mal eine konkrete Vorstellung. In der Mittagsausgabe der *Veu de Catalunya* erschien unter dem Titel *Ein wahr gewordener Traum* eine detaillierte Zeichnung der Kirche mit der Geburtsfassade und den 18 Türmen, die Joan Rubió angefertigt hatte. In der Mitte wuchs der enorme Christusturm wie eine spitze Strandmuschel in den Himmel und würde mit 170 Metern der höchste Turm der Stadt sein, aber nicht höher als der höchste Punkt des Berges Montjuïc, denn das Werk des Menschen sollte nicht überragen wollen, was Gott in der Natur geschaffen hatte. Das verglaste Kreuz auf dem Jesus-Turm sollte nachts leuchten, wie Rubió auf seiner Zeichnung durch Strahlen deutlich machte, weil Jesus von sich gesagt hatte: *Ich bin das Licht der Welt.*

Die Begleitartikel stammten von Künstlern und Architekten, welche alle die Größe und Tiefgründigkeit des Werks beschworen. Das Blatt druckte auch eine lange Liste von Spenderinnen und Spendern, die sich verpflichtet hatten, einen monatlichen Beitrag zu leisten. Die Beträge hinter den Namen reichen von 0,25 Peseten bis 5 Peseten. Zum Vergleich: ein Fabrikarbeiter verdiente etwa zwei Peseten pro Tag.[319]

Aber die Zeiten änderten sich. Bereits drei Monate nach dem enthusiastischen Bericht veröffentlichte dieselbe Zeitung einen Text ihres Kolumnisten Xénius, des Pseudonyms von Eugeni d'Ors (1881–1954). Der Journalist und Philosoph hatte 1906 in einem Artikel den Begriff *Noucentisme* geprägt, um den kühleren, funktionaleren Architekturstil zu beschreiben, der allmählich die Stadt eroberte. Der Begriff ist doppeldeutig, da er sowohl für *20. Jahrhundert* als auch für *ein neues Jahrhundert* stehen kann. D'Ors schrieb: *Ich muss zugeben, manchmal kann ich nicht ohne Schrecken an das Schicksal unseres Volkes denken, das gezwungen ist, neben seinem so prekären Alltag die Last, Größe und Glorie solch sublimer Abnormalitäten zu tragen wie die Sagrada Família und die Gedichte von Maragall.*[320]

Gaudí ließ sich durch den gesellschaftlichen Wandel und den veränderten Geschmack nicht beirren. Die christliche Heilsbotschaft und die Natur standen für ihn weiterhin im Zentrum seines Schaffens und auch seines Lebens. Sein Vater Francesc war fast 93 Jahre alt geworden und noch immer rüstig, wofür ihn Gaudí bewunderte. Einmal sagte er zu Berenguer und Rubió, er staune immer wieder über die körperliche Konstitution seines Vaters, der noch mit 91 Jahren in den Sommerferien bei den Santalós ohne

Stock durch Wälder und über karge Felsenwege bis auf den Gipfel des San Jerónimo und von da zum Heiligtum Montserrat gestiegen sei.[321]

Da es den beiden in der freien Natur so gut gefiel, beschlossen sie, selbst in den Park Güell überzusiedeln. Dort würde Francesc mit Roseta Spaziergänge unternehmen und den Arbeitern zusehen können, die an der Brüstung des Theaterplatzes werkten. Vater und Sohn lösten alle Ersparnisse auf, nahmen eine Hypothek auf und kauften sich das Musterhaus im Park Güell. Im Sommer 1906 zog die kleine Familie mit der jungen Haushaltshilfe Vicenta hinauf in den Park Güell, wo sich im oberen Teil mit dem Anwalt der Familie Güell, Martí Trias, bisher erst eine einzige Familie angesiedelt hatte und seit drei Jahren auf Nachbarn wartete.

In seinem neuen Haus im Park veränderte Gaudí kaum etwas, und die Ausstattung war weit entfernt von den luxuriösen Innendekorationen, die er für seine Kunden einrichtete. Nur das Esszimmer wurde etwas verschönert, weil es der meistgenutzte Ort im Haus war.

Joan Matamala war damals 13 Jahre alt und schaute mit seinem Vater regelmäßig bei den Gaudís im Park Güell vorbei. Er schrieb in seinen Erinnerungen, dass es an den Wänden kaum Tapeten und Bilder gegeben habe. Ihm fiel ein mittelgroßes gotisches Gemälde auf, das die Gottesmutter Maria und den Apostel Johannes unter dem Gekreuzigten zeigte. Vermutlich war es das Geschenk eines Kunden.[322] Gaudí übergab das Bild später der Sagrada Família und hängte es eigenhändig in der Krypta auf. Er besaß auch ein wertvolles Stundenbuch mit hübschen Miniaturen. Roseta hatte es den Matamalas einst stolz gezeigt. In einem der Zimmer stand sein erstes selbstgebautes Pult aus den Anfangszeiten, aber er benutzte es kaum.

Jeden Morgen in der Früh ging der Architekt zu Fuß die zwei Kilometer hinunter ins Eixample, besuchte in einer Pfarrkirche die Messe und schaute dann bei seinen Baustellen, dem Batlló-Haus und der Pedrera, vorbei. Dann ging er weiter in sein Büro bei der Sagrada Família. Abends wanderte er weitere dreiviertel

Stunden hinunter zur Neri-Kirche in der Altstadt, wo er betete und die Beichte ablegte. Obwohl ihm seine Freunde oder Kunden immer wieder anboten, ihn mit der Kutsche abzuholen, weigerte er sich. Hundert Jahre bevor in Europa die Menschen mit dem Schrittzähler herumliefen, war Gaudí zur Einsicht gelangt:

> »Man sollte jeden Tag mindestens zehn Kilometer gehen! Ich habe mir noch mehr vorgenommen«.[323]

Abends allerdings nahm er für den Rückweg die Straßenbahn, die ihn zwar nicht ganz hinauf zum Park fuhr, aber wenigstens in die Nähe. Francesc schien es im neuen Heim zu gefallen. Er spazierte mit Roseta manchmal bis zur Sagrada Família hinunter, um gemeinsam mit Antoni bei den Matamalas zu essen, oder er empfing Besuch von Freunden und Verwandten, wie dem Vetter Josep Gaudí Pomerol (1855–1935), der in Barcelona mit Santalós Sohn Joan (gest.1934) einen kleinen Metallbaubetrieb gegründet hatte.

Zu den Besuchern gehörte auch die Familie Dalmases Bocabella oder die Familie des Schreinermeisters Frederic Labória, der an der Sagrada Família mitarbeitete und ebenfalls aus Reus stammte. Seine Schwester Rosina hatte für die Jungfrau Maria an der Geburtsfassade Modell gestanden. Auch die Berenguers schauten oft vorbei oder sogar die Eltern Opissos, mit denen der Architekt weiter in Verbindung blieb, obwohl Ricard längst nicht mehr bei ihm arbeitete.[324]

Der alte Francesc wartete am Eingang des Parks auf die Pferdekutschen und begrüßte die Gäste, während ihnen die gesprächige Roseta selbstgepflückte Blumen überreichte und liebevoll Getränke bereitstellte. Außerdem fanden im Park immer häufiger öffentliche Veranstaltungen oder Vereinsaktivitäten statt und brachten Leben und Abwechslung. Bloß weitere Hauseigentümer ließen auf sich warten.

Der Sommer war vorbei, und Gaudí beobachtete mit Sorge, wie sein Vater älter und schwächer wurde und schließlich ernsthaft erkrankte. Wenige Tage vor seinem Tod im Oktober 1906 ereignete sich im Atelier Gaudís eine kuriose Szene. In Barcelona fand gerade ein internationaler Kongress für die katalanische Sprache statt, der den kontroversen Titel *Solidaridad Española*, spanische Solidarität, trug. Zu den prominentesten Rednern gehörte der baskische Professor für Sprachgeschichte in Salamanca, Miguel de Unamuno (1864–1936), der noch heute zu den bekanntesten Philosophen und Schriftstellern Spaniens zählt. Unamuno goss mit seiner Rede gehörig Öl ins Feuer, als er behauptete, es gebe gar keine eigenständige katalanische Literatur, sondern die katalanischen Schriftsteller seien ein Abklatsch der spanischen Kultur.[325]

Ausgerechnet er machte eines Tages einen Abstecher zur Sagrada Família und traf dort auf den glühenden Patrioten und Verfechter der katalanischen Sprache Gaudí. Zeugen dieses Treffens waren Berenguer und der 13-jährige Lehrling Matamala. Unamuno war zwar katholisch aufgewachsen, hatte sich dann aber den marxistischen Idealen zugewandt. Als sein dritter Sohn Raimundo 1896 wenige Monate nach der Geburt an Meningitis erkrankte und ein paar Jahre später starb, versank er in eine tiefe Depression und glaubte, Gott habe ihn für seinen Abfall vom Glauben bestraft. Von nun an war er ein Suchender, der Zeit seines Lebens mit dem Schicksal und dem Sinn des Lebens haderte.[326] Gaudí hingegen hatte nicht den geringsten Zweifel daran, dass der Mensch nicht nur »Werkzeug eines höheren Wesens«, war, sondern ohne Gott nicht glücklich sein konnte:

> »Ein Mensch ohne Religion hat keine Spiritualität und ist ein verstümmelter Mensch.«[327]

Bei der Besichtigung der Baustelle ging der Professor vor dem Architekten her und sagte immer wieder auf Spanisch: *Das gefällt mir nicht!* Hinter ihm wiederholte Gaudí jedesmal auf Katalanisch: »Es gefällt ihm nicht!« Nach einigen Streitgesprächen über die Sagrada Família und den Glauben schlossen die beiden Männer am Ende auf merkwürdige Weise Frieden. Gaudí erwähnte irgendwann, er sei Sohn eines Kupferschmiedes und habe von klein auf gelernt, dreidimensional zu denken. Da erwiderte Unamuno, er habe das dreidimensionale Denken beim Falten von Papierfiguren gelernt, nur so zum Zeitvertreib.

Diese Begründung war nicht ganz vollständig. Die Umstände dieses sogenannten Zeitvertreibs waren dramatischer, als der Professor zugab, denn tatsächlich hatte er als Kind miterlebt, wie Bilbao von karlistischen Truppen zwei Jahre lang immer wieder bombardiert wurde. Der Junge versteckte sich mit seinem Cousin im Keller vor dem Beschuss und spielte bei künstlichem Licht Krieg, indem die Knaben aus Papier kleine Soldaten falteten. Mit elf Jahren schrieb er eine Abhandlung über die Anatomie von gefalteten Papiertieren.

Als Matamala in die Werkstatt trat, sah er die beiden schwarz gekleideten bärtigen Männer mit ernster Miene vor dem Arbeitstisch sitzen, der mit Papier und Scheren übersät war, und winzig kleine Gegenstände falten. Am Ende des Bastel-Duells legte der Professor fein säuberlich fünf Vögel und zwei Hocker auf den Tisch, während der Architekt ebenfalls Vögel, Kandelaber und geometrische Figuren vorzuweisen hatte. Da es allmählich dunkel wurde, geleitete Gaudí seinen Gast hinaus und verabschiedete sich. Zurück in der Werkstatt, sagte er zu Matamala und Berenguer:

> »Wir werden diese Arbeiten, mit denen wir heute den Professor der Universität Salamanca herausgefordert haben, aufbewahren.«[328]

## 5. Von New York, Hundehütten und Neandertalern

Wenige Tage nach Unamunos Besuch musste sich Gaudí schweren Herzens von seinem Vater verabschieden. Francesc starb am 23. Oktober 1906 in seinem Haus im Park Güell. Seit dem Studium hatte Gaudí mit ihm zusammengelebt. Francesc hatte immer an seinen Sohn geglaubt, ihn durch alle Höhen und Tiefen begleitet und ihn in die Lehren von Pfarrer Kneipp eingeführt, weil er überzeugt war, ihm dadurch sein Rheumaleiden erträglicher zu machen. Gaudí hatte von seinem Vater etwas Wichtiges gelernt:

> »Das Leben ist Liebe, und die Liebe ist Opferbereitschaft. In jedem Stand kann man sehen, dass in einem Haus Leben blüht, wenn sich jemand opfert. Dieser jemand ist manchmal ein Angestellter, manchmal gar ein Kind. Wenn sich zwei opfern, dann wird das Leben des Ehepaars erhellend, vorbildlich. Eine Ehe, bei der beide Eheleute opferbereit sind, ist von Frieden und Freude erfüllt. Mit oder ohne Kinder, mit oder ohne Reichtum.«[329]

Bis zuletzt hatte der 93-jährige Vater einen klaren Kopf behalten und sich sogar noch bis unmittelbar vor seinem Tod mit Politik beschäftigt, wie sein Sohn erzählte:

> »Nach den Wahlen, noch auf dem Sterbebett, hat er mich nach den Namen derjenigen gefragt, die gewählt worden seien.«[330]

Mit dem Tod des Vaters wurde es besonders im Leben von Roseta einsam. Die Haushaltshilfe Vicenta vermochte Francesc nicht zu ersetzen. Anders als ihr Onkel hatte Roseta nicht die Möglichkeit, sich in Arbeit flüchten. Außerdem litt sie an Herzproblemen und vermutlich sogar an Tuberkulose,[331] und besonders problematisch war der Umstand, dass sie ihre Einsamkeit im hochprozentigen Agua del Carmen ertränkte, einer Art Klosterfrau Melissengeist, der in keinem Haushalt fehlte und besonders bei Frauen beliebt war.

Gaudí hasste Alkohol. Er hatte sogar einige seiner Arbeiter überzeugen können, der Flasche abzuschwören, aber bei der eigenen Nichte gelang es ihm nicht. Seine einzige verbliebene direkte Verwandte war ihm ein stetiger Grund zur Sorge und überforderte ihn. Er bat die Klosterfrauen der Carmelites de Sant Josep, die in der Nähe wohnten, ihm bei der Betreuung von Roseta zu helfen.

Noch vor dem Tod des Vaters war das Drachenhaus der Batlló von den Mietern bezogen und von der Stadt für den Preis als schönstes Gebäude vorgeschlagen worden, gewann aber nicht, vermutlich weil Gaudí diese Auszeichnung bereits 1900 für das Calvet-Haus erhalten hatte. Der Verlust des Vaters und die Sorgen um Roseta hielten Gaudí nicht von der Arbeit ab. Kurz nach der Beerdigung schrieb er einen seiner wenigen erhaltenen Briefe, eine Anweisung an den Industrieingenieur Josep Maria Manich i Elias (1870–1936):

> »Der Aufzug im Haus von Don Batlló rumpelt viel zu laut. Sie erinnern sich bestimmt noch daran, wie wir Ihnen bei der Auftragsvergabe gesagt hatten, Sie sollten sehr auf dieses Detail achten. Die Leute beschweren sich, und ich denke, sie haben Recht, da er genau so viel Krach macht wie derjenige des Nachbarn. Bitte überprüfen Sie das und korrigieren Sie es bald.«[332]

Bis Mitte des 20. Jahrhunderts blieb das Haus im Besitz der Familie Batlló und gehört heute der Familie Bernat, Inhaber der Süßwarenfirma Chupa Chups. Jährlich besichtigen eine Million Touristen den öffentlichen Teil des Gebäudes mit dem berühmten Gewölbe aus weißen Parabolbögen im Dachstock.

Noch auf dem Sterbebett hatte sich der Vater Francesc nach dem Ausgang der Wahlen in die Provinzialregierung erkundigt. Vermutlich hatten auch er und sein Sohn für die Solidaritat Catalana gestimmt, einer Art Überpartei, die aus dem Zusammenschluss aller katalanischen Parteien entstanden war. Haushoher Gewinner für das Amt des Präsidenten der Provinzialregierung war der leidenschaftliche Anwalt und Journalist Enric Prat de la Riba (1870–1917), der den wirtschaftlichen und kulturellen Fortschritt Kataloniens massiv ankurbelte. Unter anderem wurde ein

*Institut für Katalanische Studien* gegründet, in dem Wissenschaftler aus den Fachbereichen Geschichte, Kunst, Natur oder Politik erstmals und nur in katalanischer Sprache forschten. Als Folge davon wurde 1913 die katalanische Grammatik und Orthografie vereinheitlicht. Nun gab es also eine offizielle katalanische Hochsprache.

Francesc konnte nicht mehr erleben, wie endlich eine weitere Familie in den Park übersiedelte. Dabei handelte es sich um den Besitzer, Eusebi Güell, selbst, der aus der Innenstadt weg ins Grüne ziehen wollte. Er war sechzig geworden und machte sich daran, seinen Lebensabend zu planen, und da seine Frau im dunklen Palais in der Altstadt nie wirklich glücklich gewesen war, beschloss er, das Larrard-Gehöft links neben dem Eingang zum Park in eine Herrenresidenz umzubauen. Der Auftrag ging natürlich an Gaudí, der das Haus aber nur sanft renovierte. Das Eisengitter mit den Palmenblättern, eine kleine Kapelle und ein Ziegelstein-Türmchen zeigen jedoch seine Spuren. 1907 wurden das Ehepaar Güell und der Architekt mit seiner Nichte also entfernte Nachbarn.

Im Büro Gaudí ereignete sich nun etwas, das nur von einer einzigen Quelle belegt ist. Joan Matamala behauptete fast fünfzig Jahre später in einer umfangreichen Publikation von 1956 mit dem Titel *Cuando el Nuevo Continente llamaba a Gaudí* (Als der neue Kontinent Gaudí rief), dass er Zeuge eines Projektes wurde, von dem niemand sonst wusste. Er legte seinem Text Skizzen bei, die er aus der Erinnerung zeichnete und von denen er sagte, dass sie ursprünglich Berenguer nach Vorgaben Gaudís angefertigt hatte.[333]

So sollen im Mai 1908 zwei Geschäftsmänner aus den USA in der Werkstatt bei der Sagrada Família erschienen sein und Gaudí gebeten haben, einen Wolkenkratzer in New York City zu bauen. Das Gebäude sollte vornehmlich als Hotel dienen und auch Restaurants, Museen und Aussichtsterrassen enthalten. Der Name des Komplexes war *Hotel Attracion.*

Die Identität der beiden geheimnisvollen Geschäftsmänner aus Übersee wurde nie gelüftet und das Projekt nie gebaut. Die

Klienten trafen sich laut Matamala in den kommenden drei Jahren mehrmals mit dem Architekten, der mit ihnen Französisch sprach, ihnen seine Arbeiten zeigte und einige Vorentwürfe für ihr Hotel skizzierte. Mit einer Höhe von 360 Metern wäre es das damals höchste Gebäude der Stadt New York, ja sogar der Welt, geworden. Tatsächlich wetteiferten in New York zu Anfang des Jahrhunderts wohlhabende Familien wie die Rockefellers oder Astors mit ihren Wolkenkratzern um Ruhm und Ehre.

Trotz der schleierhaften Umstände ist das Projekt dennoch berühmt geworden. In einer Episode der US-amerikanischen Science Fiction-Serie *Grenzfälle des FBI* (*Fringe*), genauer in Staffel 2 (2.22) von 2010, ist zu sehen, wie ein Zeppelin über New York fliegt und der Pilot ein hohes Gebäude erblickt, das aussieht wie ein Riesenzäpfchen und genau den Plänen entspricht, die Matamala seinem Bericht beigelegt hatte. Aus dem Bordcomputer ertönt eine Frauenstimme mit den Worten: *Grand Hotel, entworfen von Antoni Gaudí 1908.*[334]

Während sich die Amerikaner für Gaudí zu interessieren schienen, wehte aus Deutschland ein ganz anderer Wind. Der renommierte Kunsthistoriker Julius Meier-Graefe (1867–1935) befand sich 1908 auf einer Studienreise durch Spanien und veröffentlichte daraufhin sein Reisetagebuch. Meier-Graefe ist bekannt für seine emotionalen Kritiken, und obwohl er eigentlich ein Freund des Impressionismus' und des Jugendstils war, ließ er an Gaudí kein gutes Haar. Überhaupt gefiel ihm Barcelona nicht. *Barcelona ist ein Gemisch aus sublimen und grotesk hässlichen Dingen,* schrieb er.

Besonders die Johannisnacht von 1908 entpuppte sich für ihn als traumatisches Erlebnis. In der Nacht vom 24. auf den 25. Juni, Hochfest des Johannes des Täufers, wird in Katalonien zur Feier der Sommersonnenwende ausgelassen getanzt und musiziert. Ganz Barcelona war auf den Beinen, und die Stadt war in ein Lichtermeer gehüllt. Der Deutsche befand sich in Begleitung des Bremer Kunstmalers Rudolf Tewes (1879–1965) und wurde von dem einheimischen Maler Miquel Utrillo (1862–1934) herumgeführt, nörgelte aber ständig wegen der Menschenmenge und dem Lärm herum und darüber, dass die Barceloner zu nachtschlafender Zeit noch auf den Beinen waren. In der Tat war es bereits Mitternacht, als Utrillo die Gäste in den Park Güell geleitete.

Obwohl die Reling des weitläufigen römischen Theaterplatzes noch nicht fertig gebaut war, wurde die Parkanlage bereits für große Feste genutzt. 1906 hatte beispielsweise der Kongress für katalanische Sprache, bei dem sich Unamuno und Gaudí kennenlernten, im Park Güell eine sogenannte *Garden Party* veranstaltet, oder ein Jahr später fand ein großes Spendenfest verschiedener Vereine zugunsten von Unwetteropfern statt.

Vermutlich hatte sich Meier-Graefe unter der Bezeichnung Park Güell einen lauschigen Schloss- oder Lustpark vorgestellt. Stattdessen stieß er mitten in der Nacht auf ein Meer an lärmenden Menschen, die auf künstlich beleuchteten Plätzen ausgelassen feierten und musizierten. Er sah *eine Art Grotte, oder vielmehr eine Art Tempel, oder ein Riesenkarusell, das sich aber nicht bewegte*. Die Säulen, auf denen die Terasse abgestützt war, seien wie *ungeheure Elefantenzähne* oder *Walfischbärte*. Den Promenadenweg säumten *Totenköpfe oder weiß ich nicht was*, womit er die Kugeln des Rosenkranzes meinte, und dann gebe es da einen *kilometergroßen Blumentisch, auf dem statt Blumen dichtgedrängte Menschen standen. Daneben war wieder so ein Blumentisch und so fort, ich weiß nicht wie viele*. Damit konnten nur die Viadukte gemeint sein. *Die monströsen Dinger schienen in der Luft zu schweben, und die Menschen darin hatten keine Ahnung von der drohenden Gefahr*.

Die Pförtnerhäuschen am Eingang nannte er *halb indischer Palast, halb Hundehütte, aus Fayence oder Glas oder Seifenblasen*. Sie hätten ihn an ein Haus erinnert, das er in der Stadt gesehen und das ebenfalls dieses *Ungeheuer von Barcelona* gebaut hatte, womit er wohl die Casa Batlló meinte.

Utrillo erklärte ihm, dass der Architekt, dessen Namen Meier-Graefe nie nannte, auch eine Kathedrale bauen würde und in der Stadt umstritten sei. Die einen seien für, die anderen gegen ihn. Den Deutschen jedenfalls packte angesichts der merkwürdigen

Gebilde im Park Güell und der vielen *wie Puppen oder Klavierhämmer* tanzenden Menschen auf dem Platz, der *vermutlich in Wirklichkeit nur ein Regenschirm war*, die nackte Angst, und er nahm Reißaus.[335]

In seinem Hohn erkannte Meier-Graefe nicht, dass das *Ungeheuer von Barcelona* gerade dabei war, die Architekturgeschichte neu zu schreiben. Seit geschlagenen zehn Jahren tüftelte Gaudí mit seinem Team am Hängemodell für die Kirche in der Colònia Güell. Nun war er er endlich mit dem Resultat zufrieden. Er überzog das fragile, vier Meter große Mobilee vorsichtig mit Papier und drehte das Konstrukt um. Vor ihm stand das weltweit erste selbsttragende moderne Gebäude, das wie ein Ameisenhaufen aus der Erde wuchs. Zu seinem Mitarbeiter Martinell meinte er:

> »Was mir sehr zu denken gab, war die Tatsache, dass diese Ideen bisher nie angewandt wurden, und dass ich der Erste sein sollte, der es tat. Das war jedenfalls das Einzige, was mich manchmal zweifeln ließ. Trotzdem glaube ich, dass diesen Ideen eine dermaßen erstaunliche Perfektion zugrunde lag, dass ich die Pflicht hatte, sie umzusetzen. Die Struktur der Sagrada Família probierte ich zuerst in der Colònia Güell aus. Andernfalls hätte ich es nicht gewagt, sie bei der Kirche anzuwenden.«[336]

Damit war der Weg für den Baubeginn frei. Am 4. Oktober 1908 wurde in der Colònia Güell der erste Spatenstich für die neue Kirche gefeiert. Das Gebäude kam aber nie über die Krypta heraus, und vom Rest existiert lediglich eine Zeichnung, bei der sich tatsächlich viele Parallelen zur Sagrada Família erkennen lassen, doch ist sie ungenau und kein eigentlicher architektonischer Plan, sondern eher eine etwas neblige Vision.[337]

Gaudís Bild, das er über die umgedrehte Fotografie des Kettenlinienmodells gezeichnet hatte, zeigt drei große und einen kleineren parabolförmigen Glockenturm mit schartenartigen Luken hinter einem ondulierten, auf schrägen Pfeilern abgestützten Vordach über dem Eingang zur Krypta. Daneben führt eine flache Außentreppe zur Hauptkirche, bei der kein Element dem anderen gleicht. Auf den Turmspitzen standen Statuen von weißen Tauben, weil die Ortschaft Santa *Coloma* (zu Deutsch Taube) de Cervelló hieß, und weil die Taube den Heiligen Geist bedeutet.

Die Krypta sollte das Grab Jesu darstellen, und der Weg hinauf zur Oberkirche war der leidvolle Gang des gepeinigten Jesu zu seinem Kreuzigungsort auf dem Kalvarienberg. Deshalb sollte die Krypta eher dunkel sein. Gaudí wollte hier schwarzes Basaltgestein und gebrannte dunkle Ziegel verwenden. Die höheren Gebäudeteile sollten die Farben der Erde und des Waldes haben, aber auch gelb, blau und weiß angemalt werden wie der Himmel mit der Sonne und den Wolken.

Das mühsam errechnete Kettenlinienmodell der Colònia Güell war in der Fachwelt bereits ein Begriff. 1910 schrieb der Professor an der Schule für Industrietechnik von Barcelona Fèlix Cardellach Alivés (1875–1919) in seinem Grundlagenwerk *Filosofia de las Estructuras*, die Kirche der Colònia Güell sei vermutlich das rationalste Gebäude, das je entworfen worden sei.[338] Unter rational verstand er das Prinzip, Drucklast dank geeigneter Formen und Materialien möglichst sparsam und effizient und ohne zusätzliche Hilfen zu tragen. Für Gaudí war die höchste Rationalität gleichbedeutend mit Gott als Ursprung und Schöpfer der Naturgesetze:

> »Alles ergibt sich aus dem großen Buch der Natur. Die Werke der Menschen sind bereits darin abgedruckt.«[339]

Und zu seinem jungen Mitarbeiter Joan Bergós meinte er:

> »Es gibt zwei Arten von Offenbarung: die eine ist die Doktrin der Moral und der Religion, die andere beruht auf den Fakten, und die sind das große Buch der Natur. Flugobjekte imitieren Insekten mit ihren nicht faltbaren Flügeln. Sie fliegen seit Jahrhunderten, und zwar mit höchster Präzision. Ein Haus soll uns vor der Sonne und dem Regen

schützen, und somit ist es die Imitation eines Baumes, weil dieser uns vor Sonne und Regen beschirmt.«[340]

Alles in der Natur sprach von Gott. In den hyperbolischen Paraboloiden, jenen gekrümmten Flächen, die aussehen wie Kartoffelchips,[341] erkannte Gaudí die Dreifaltigkeit. Solche Formen erhielt man, indem man zwei Linien, die beide gleich und unendlich wie der Vater und der Sohn waren, beliebig in den Raum stellte und dann durch eine weitere unendliche Linie, den Heiligen Geist, durchkreuzte.[342]

Gaudís Respekt vor der gottgegebenen Natur ging so weit, dass er beim Haupteingang zur Krypta eine im Weg stehende Pinie nicht fällte, sondern die Treppe um den Baum herumführte. Eine Treppe sei schnell gebaut, meinte er, aber ein Baum brauche ein ganzes Leben, um zu wachsen.[343]

Das Innere der Krypta ist verblüffend. In der Mitte des Raumes stehen massive Pfeiler aus dicken Basaltblöcken, deren Fugen er mit Blei ausfüllte und die aussehen, als hätte sie ein Neantertaler mit der Axt gehauen und aufeinandergeschichtet.[344] Darüber fächern wie Palmblätter Rippenbögen aus, die in der katalanischen Mauertechnik geschichtet wurden, und es scheint fast wie ein Wunder, dass dieses merkwürdige Gebilde die ganze Decke hält. Die Säulen sind so dick, dass der Eindruck entsteht, das Gewölbe sei niedrig, obwohl dies nicht der Fall ist. In der ganzen Kirche gleicht keine Säule der anderen, so wie kein Baum dem anderen gleicht.

Gaudí zweifelte nie an seinen Berechnungen. Einmal stellte er sich direkt unter ein Gewölbe, als die Arbeiter die Gerüste entfernten, um zu beweisen, dass die Decke hielt. Wäre es eingebrochen, hätte es ihn unter sich begraben. Und er hatte durchaus Humor. Als sich ein Besucher wunderte, warum die dünnen Mauerblöcke an den krummen Wänden so solide hafteten, erklärte er ihm, das käme daher, dass der Maurer die Ziegelsteine beim Trocknen des Mörtels ganz lange hypnotisierend angestarrt habe.[345]

Die großen hyperbolischen Fenster, deren Form entfernt an Augen von Reptilien oder des katalanischen Drachens erinnern, wurden mit bunten Glasscheiben besetzt, in denen Blütenblätter oder Schmetterlingsflügel über bunten Kreuzen abgebildet sind. Er entwarf auch die Kniebänke aus Holz und Gusseisen, die fast wie Gartenbänke aussehen und im Halbkreis um den Hauptaltar angeordnet wurden. Die Weihwasserbecken an den Eingängen bestehen aus einer gusseisernen handförmigen Struktur, in der eine muschelförmige Schale liegt. Sie wurde später für die Sagrada Família übernommen. Die Konstruktion und Ausgestaltung der Krypta der Colònia Güell gehören zum Ungewöhnlichsten und Schönsten, was die Architektur je hervorgebracht hat.

## 6. Die tragische Woche

Die sozialen Spannungen entluden sich im Sommer 1909 in einer der schwersten Gewaltwellen, die Gaudí je erlebt hatte. Die sogenannte *Tragische Woche* veränderte in Katalonien und besonders auch in seinem eigenen Leben manches. Auslöser waren die Kriege in Marokko, wo die einheimischen Berber immer wieder spanische Infrastrukturen attackierten. Spanien brauchte zur Verteidigung Soldaten, die es hauptsächlich im dichtbesiedelten Katalonien rekrutierte, wobei die wohlhabenden Familien einmal mehr ihre Söhne freikaufen konnten. Daraufhin rief die Gewerkschaft *Solidaridad Obrera* in Barcelona zum Generalstreik auf. Sie stand unter dem Einfluss des linkspopulistischen Abgeordneten Alejandro Lerroux (1864–1949), der die *Radikale Republikanische Partei* gegründet hatte und seinen Hass besonders gegen die Kirche richtete, der er vorwarf, mit dem Großbürgertum unter einer Decke zu stecken.

Bald war der Streik mehr als nur eine Antikriegsdemonstration, sondern er wuchs zu einer Gewaltorgie gegen die Kirche und den Klerus aus. Kirchliche Institutionen wurden geplündert und zerstört, darunter katholische Schulen oder gar Friedhöfe. Eine aufgebrachte Gruppe von Frauen grub auf einem Klosterfriedhof Nonnenleichen aus und trug sie in einem Triumphmarsch vor die

Prunkvillen von Güell und seinem Schwager Claudio López, um sie dort abzulegen.[346]

In Barcelona brannten Kirchen und Klöster, fielen Schüsse, detonierten Bomben. Als die Armee einschritt und sich die katalanischen Einheiten weigerten, auf ihre Landsleute zu schießen, sandte Madrid Truppen aus umliegenden Provinzen in die Stadt, die keine Hemmungen hatten abzudrücken. Gaudí stand bei seinem Haus im Park Güell hoch über den Dächern der Stadt und konnte sehen, wie die Rauchwolken aus zahlreichen Gotteshäusern aufstiegen. Besonders sorgenvoll blickte er auf das brennende Quartier, in dem sein Cousin Josep wohnte, und auf die Sagrada Família. Der Stadtteil, in dem seine Kirche lag, war ein soziales Pulverfass, aber der charismatische und engagierte Priester Gil Parés genoss bei der Bevölkerung hohes Ansehen. Gaudís Nachbar Martí Trias, der gerade krank im Bett lag, meinte tröstend, die Aufständischen würden die Sagrada Família bestimmt in Ruhe lassen, da sie vielen Menschen Arbeit und Lohn gebe. Gaudí antwortete besorgt: »Dein Wort in Gottes Ohr!« Aber der Anwalt sollte Recht behalten. Obwohl sich eines Tages sogar das Streikkomitee direkt bei der Baustelle versammelte, blieb die Kirche unversehrt, ebenso wie alle anderen von Gaudís Bauwerken.

Der Architekt Cèsar Martinell erzählte später, Gaudí habe sich eine Woche lang nicht aus seinem Haus im Park Güell getraut. Seit kurzem war die Anlage durch einen Vorposten der Guardia Civil geschützt, den Eusebi Güell aus eigener Tasche bezahlte. Wahrscheinlicher ist die Version des Gaudí-Experten Joan Bassegoda i Nonell (1930–2012), der sich auf Aussagen des Bauunternehmers Josep Bayó beruft, der erst 1971 starb und den er persönlich kannte, wonach sich Gaudí keineswegs im Park Güell verschanzte. Vielmehr habe Bayó ihn in jener Woche zu Fuß und auf Umwegen hinunter zur Pedrera und zur Sagrada Família begleitet. Es wäre typisch für Gaudí, dass er sich nicht durch Straßenschlachten, Barrikaden, Sprengungen von Tram- und Eisenbahnlinien und brennende Bibliotheken, Schulen und Kirchen abschrecken ließ.[347]

Dennoch lagen seine Nerven blank. Er konnte die Wut der Menschen nachvollziehen, und unmittelbar nach den Unruhen verkrachte er sich mit einem Priester, dem er lauthals vorwarf, dass sich die Kirche mehr um die Menschen kümmern und sich stärker für die Armen einsetzen sollte, um damit auch ihren gesellschaftlichen Ruf zu retten. Als der Priester erwiderte: *Dazu bin ich nicht da*, schnauzte ihn Gaudí an:

> »Dann kann ich nur hoffen, dass man Sie aus dem Weg räumt und durch einen ersetzt, der dafür da ist!«[348]

Während der *Tragischen Woche* vom 26. Juli bis 2. August 1909 wurden trotz der Hetze gegen die Kirche *nur* drei Priester, dafür acht Polizisten und Militärs getötet und 124 verletzt. Aber die Hälfte aller religiösen Institute und Kirchen wurden zerstört.[349] Die Opferbilanz auf Seiten der Protestierenden war mit 120 Toten massiv. Die Armee verhaftete 2500 Demonstranten, stellte 1700 vor Militärgerichte und verurteilte 17 von ihnen im Schnellverfahren zum Tode. Von den 17 Todesurteilen wurden fünf vollstreckt. Dieses brutale Durchgreifen der spanischen Regierung, die anschließende Aushebelung der Verfassung durch Madrid, das Verbot linker und anarchistischer Zeitungen und Versammlungen sowie die Schließung nichtkatholischer Schulen in Barcelona führten in ganz Europa zu Protesten.[350]

Die Quittung erfolgte bei den nächsten Wahlen, bei denen die republikanische Partei von Lerroux haushoch gewann. Die katholischen Intellektuellen um Torras i Bages fanden immer weniger Gehör, und der Poet Joan Maragall kam zum traurigen Schluss: *Wir sind an einem Punkt angelangt, an dem die Steine sprechen müssen.*[351] Genau dies war die Aufgabe, der sich Gaudi mit seiner Sagrada Família verschrieben hatte.

Maragall schrieb nach der Tragischen Woche drei bemerkenswerte, aber für ihn fatale Artikel zu den Vorfällen. Im ersten klagte er die katalanischen Großbürger an, kein Mitgefühl mit der Unterschicht zu zeigen. Im zweiten plädierte er für die Abschaffung der Todesstrafe, doch dieser Beitrag wurde von der Zeitung zensiert, und im dritten und bekanntesten Text mit dem Titel *Die ausgebrannte Kirche* beschuldigte er die Kirche als zu abgehoben und daher an den Vorfällen mitschuldig. Die Kirche müsse näher zum Volk rücken.

Besonders dieser letzte Text des populären Autors löste giftige Reaktionen aus. Auch Kirchenführer wie Gaudís Freund Bischof Torras i Bages konnten Maragalls Gedankengang nicht folgen. Für sie waren die Ereignisse der Tragischen Woche diabolisch und die Gewalt in keiner Weise zu rechtfertigen, schon gar nicht die Gewalt gegen Gotteshäuser und die Ermordung von Priestern. Maragalls Verständnis für die Aufständischen und seine Forderungen nach einem Umdenken überraschten umso mehr, als er an jenem tragischen Novemberabend von 1893 im Theater Liceu gesessen hatte, als die Bombe des Attentäters im Parkett explodierte, und er daraufhin Gedichte über die Barbarei der Terroristen geschrieben hatte.

Gaudí stand zwischen den Fronten. Er verehrte Maragall und schien seine Ansichten weitgehend zu teilen, aber er verehrte auch Torras i Bages und andere katholische Intellektuelle, liebte die Kirche und konnte Gewalt in keiner Weise rechtfertigen.[352] Die Tragische Woche hinterließ einen weiteren tiefen Riss in der Gesellschaft und letztlich auch in ihm selbst.

Aber er reagierte rasch. Bereits ein Jahr vor den Unruhen hatte Gaudí mit Pfarrer Parés und dem Segen der Josefsvereinigung geplant, für die Kinder der Bauarbeiter und solche aus ärmeren Familien aus den angrezenden Quartieren auf dem Gelände der Sagrada Família eine Schule einzurichten. Diese sollte integraler Bestandteil des Kirchenprojektes und kostenlos sein, also von den Spendengeldern für die Sagrada Família finanziert werden. Die Tragische Woche beschleunigte das Projekt nun. In Windeseile zeichnete Gaudí in einer Ecke des Geländes ein provisorisches Schulhaus aus günstigen Materialien. Diese Schule war eine architektonische und pädagogische Pionierleistung. Gaudí leitete die Baurbeiten persönlich und zahlte das Projekt sogar großenteils aus eigener Tasche.

Der Grundriss betand aus drei einander lappenden Herzen, mit denen Gaudí auf die Heilige Familie anspielte: Josef, Maria, Jesus. Um Geld und Material zu sparen, waren die Außenwände wellenförmig, denn so konnte er auf Stützpfleiler und Strebebalken verzichten. Auch das Dach wurde als angeschrägte ineinandergreifende Welle gebaut, damit das Wasser auf beiden Seiten abfließen konnte.

Die Zeitungen berichteten begeistert über sein bestechend einfaches Konzept. Die Böden wurden aus Güells Asland-Zement gebaut. Gaudí wollte keine Fliesenböden, weil durch die Fugen Feuchtigkeit aufsteigen oder sich Staub ansetzen und die Gesundheit der Kinder gefährden konnte.[353] Auf einer Fläche von zwanzig auf zehn Metern richtete er drei Klassenzimmer ein, die alle von zwei Seiten mit Tageslicht beschienen wurden, und deren aufklappbare Fenster für die Zufuhr von frischer Luft sorgten. Gaudí zeichnete auch die 150 kleinen Pulte und das restliche Mobiliar, und neben der Schule standen Toiletten der neuesten Generation.

Jede Klasse der Grundschule mit ihren 44, 50 beziehungsweise 56 Kindern hatte einen Namen: Unbefleckte, Engel, Heiliges Herz. Und jede hatte einen eigenen Pausenhof zur Verfügung, um sich auszutoben. Jedes Kind pflanzte und kümmerte sich um eine Blume oder einen Baum.

Der ehemalige Schüler Jaime Solà erinnerte sich, wie er 1914 zum ersten Mal in das Klassenzimmer getreten sei und sich am Anfang ganz klein gefühlt habe. Ihm war, als würden die gewellten Mauern um ihn herumtanzen. Im Klassenzimmer saß er auf dreibeinigen Hockern aus Holz und Metall, und die Pulte seien sehr funktional gewesen. An den Wänden hingen Gipsmodelle der Skulpturen an der Geburtsfassade. Am meisten habe er über das Dach gestaunt mit den ineinander versetzten Wellen. Jede Klasse hatte eine eigene Standarte, die ebenfalls Gaudí gezeichnet hatte, und die Schulkinder trugen sie an kirchlichen Prozessionen vor sich her.[354]

Die Pfarreischule *Escuelas Parroquiales de la Sagrada Família* wurde bereits im November des Revolutionsjahres 1909 eingeweiht. Schulleiter Pfarrer Parés wandte hier erstmals in Barcelona eine Pädagogik an, die sich damals über Spanien verbreitete. Sie existierte seit 1887, als der spanische Priester Andrés Manjón (1846–1923) bei Granada beobachtete, wie eine Lehrerin mit ihren Schülern den Unterrichtsstoff sang. In diesem Moment wurde ihm klar, dass spielerisches oder musikalisches Lernen schöner und nützlicher war als der übliche Frontalunterricht. Seine sogenannten Ave-Maria-Schulen richteten sich vor allem an die Kinder aus den ärmsten Verhältnissen, besonders Zigeuner. Gewalt und Zwang lehnte Manjón ab, dafür wollte er auf die natürlichen Neigungen und Talente der Einzelnen eingehen. All dies war für die damalige Zeit neu. Bis 1915 wurde an der Schule der Sagrada Família mit dieser Methode unterrichtet, bevor sie durch die modernere Montessori-Pädagogik abgelöst wurde.

Von nun an konnten die Arbeiter der Sagrada Família ihren Kindern zusehen, wie sie im Pausenhof lernten, turnten oder spielten. Gaudí war überzeugt, dass seine Maurer und Zimmerleute unbelasteter, konzentrierter und besser arbeiteten, weil sie wussten, dass ihre Kinder gut aufgehoben waren und angemessen auf die Zukunft vorbereitet wurden. Tatsächlich kam es bei der Sagrada Família offenbar nie zu Arbeitsunfällen, und dies, obwohl sich die Maurer nicht immer an die Anweisungen Gaudís hielten.

Eigentlich war ihnen vorgeschrieben, bei der Arbeit Helme und Sicherheitsgurte zu tragen. Als Matamala einen Bauarbeiter zurechtwies, weil er in schwindelerregender Höhe ungesichert an einem Turm arbeitete, erwiderte der Mann, die Gurte und Helme seien so unbequem, dass man sich darin nicht gut bewegen könne. Deshalb würden die Maurer keine tragen, aber Gaudí wisse nichts davon. Sie würden einfach alle das tun, was er ihnen immer wieder eintrichterte: Aufpassen, sich nicht ablenken lassen.[355]

## 7. Der ist am Ende

Nach der Gewaltorgie gegen die Kirche hatte das Ehepaar Milà erst recht keine Lust mehr auf eine vier Meter hohe Madonna auf dem Dach und setzte sich dieses Mal kategorisch durch. Gaudí musste seinen Künstlern schweren Herzens mitteilen, dass der Bauherr auf die Skulpturen verzichtete.

Dafür wachten plötzlich die Behörden auf. Ein Beamter kam vier Jahre nach Baubeginn auf die Idee nachzurechnen, nur um festzustellen, dass allein die fünf Wohnetagen der Pedrera die gesetzlich erlaubte Höchstmarke im Eixample um 4,40 Meter überragten. Dazu kam der Dachboden in der Höhe von drei bis fünf Metern und darüber sechs Kamine von jeweils weiteren sechs Metern Höhe. Dem Beamten wurde erst recht übel, als er die Übertretungen summierte und erkannte, dass die Casa Milà das erlaubte Bauvolumen um 4000 Kubikmeter überschritt. Die Bußgelder würden Milà geschlagene hunderttausend Peseten kosten und ihn ruinieren.

An der Pedrera zeigte sich einmal mehr das legendäre Schneckentempo der Verwaltung oder besser die behördliche Willkür. Milà hatte ganze zwanzig Monate auf die Abrissbewilligung des ehemaligen Gebäudes gewartet. Da hatte Gaudí längst angefangen. Die offizielle Baubewilligung erfolgte, als bereits vier Stockwerke standen. Und nun also, nach Fertigstellung der Schale, stellten die Behörden fest, dass sich der Architekt so ziemlich um keine gesetzlichen Vorschriften geschert hatte. Aber die Stadtbildkommission fand eine Lösung, mit der sie das Gesicht wahren, die Gesetzesübertretungen rechtfertigen und den einflussreichen Bürger und wertvollen Steuerzahler Milà vor dem Ruin retten konnte: Sie erklärte kurzerhand, dass es sich bei dem Gebäude um ein Monument und daher ein Kunstwerk handle und es somit gemäß Artikel 184 der städtischen Bauverordnung nicht zwingend den gesetzlichen Vorgaben unterlag. Am 28. Dezember 1909 wurde die Pedrera legalisiert. Bei der Sagrada Família hingegen verschlampten die Behörden die Baubewilligung vollends. Sie erfolgte wie erwähnt erst 2018 mit einer Verspätung von 136 Jahren.

Als hätten die düsteren Bilder der Tragischen Woche seine Sehnsucht nach Schönheit noch verstärkt, begann Gaudí nun mit einem seiner fröhlichsten Werke: der Serpentinenbank im Park Güell. Sie war 110 Meter lang und so stark ausgebuchtet, dass die Menschen in Gruppen zusammensitzen und dennoch das Geschehen auf dem Theaterplatz beobachten konnten. Erstmals ließ Gaudí große Bauelemente in Serie vorfabrizieren und im Park zusammensetzen. Jedes konkave oder konvexe Sitzelement aus Ziegelstein war 1,5 Meter breit. Für die perfekte ergonomische Sitzform hatte er einen Arbeiter, der in seinen Augen die idealen durchschnittlichen Körpermaße besaß, gebeten, sich auszuziehen und in Unterkleidung auf eine Kiste mit weichem Gips zu setzen. Der anatomische Abdruck diente ihm als Vorbild für die ganze Bank.

Die Mosaikverschalung übertrug er seinem Assistenten Josep Maria Jujol i Gibert (1879–1949), der ihn schon bei der Pedrera begleitet hatte und der heute immer in einem Atemzug mit dem Meister genannt wird. Die Biografen sind sich nicht einig, wann sich die beiden kennengelernt hatten. Jujol war der Sohn eines Schuldirektors und machte 1906 seinen Abschluss in Architektur. Irgendwann davor kam er mit Gaudí in Berührung. Außerdem hatte er während des Studiums bei dem modernistischen Architekten Josep Font i Gumà (1859–1922) ausgeholfen, der ein leidenschaftlicher Sammler bunter Keramikfliesen war und Jujol ein großes Wissen über Farben und Musterungen beibrachte, das Gaudí nun zugutekam.

Obwohl Jujol eine Generation jünger als Gaudí war, standen sich die beiden sehr nahe. Der schmächtige Jungarchitekt besaß wie Gaudí eine tiefe Religiosität und ein fotografisches Gedächtnis, war aber weit weniger schroff und undiplomatisch, sondern sehr höflich und beinahe schüchtern. Während sich Gaudí immer nachlässiger kleidete, legte Jujol Wert auf ein tadelloses Aussehen. Er wird bis 1915 bei Gaudí angestellt sein und sich anschließend selbständig machen, ohne den Meister jedoch zu verlassen. Jujol wurde später Professor und gilt heute als ein Vorläufer der abstrakten Kunst und des Surrealismus. Gaudí achtete ihn hoch und nannte ihn »nicht Schüler: Bruder!«.[356]

Es darf durchaus behauptet werden, dass sich Jujol und Gaudí gegenseitig inspirierten. Als jemand einst zu Gaudí sagte, in Palma de Mallorca kritisiere man Jujol, weil er sich bei der Arbeit an der Kathedrale zu viele künstlerische Freiheiten herausnehme, meinte Gaudí:

> »Ich habe zwei Katzen zu Hause. Eine ist Sugrañes, die macht ihre Arbeit dort, wo sie muss, und die andere ist Jujol, die arbeitet dort, wo sie auf gar keinen Fall sollte. Sie haben sicherlich Recht, aber ich kann nichts dagegen tun.« [357]

Jujol konnte Gaudís Ideen perfekt interpretieren. Was bei der Serpentinenbank nach zufälligen Mustern aussah, war in Wahrheit ein gestalterischer Plan mit einer präzisen symbolischen und besonders einer christlichen Botschaft. Die meisten Keramikteilchen bestanden aus eingesammeltem Restmaterial, also Recycling, aber manche der Kacheln ließ Gaudí in der Fliesenfabrik Sebastián Ribó in der Nähe der Sagrada Família extra herstellen. Dort wurden die die rohen Fliesen vorbereitet, und Jujol modellierte Verzierungen, Wörter, Zweiglein, Blätter oder abstrakte Bilder in die Tonerde, bevor sie in den Brennofen kamen. Anschließend bemalte er sie in blauen, grünen oder gelben Farben. In der katholischen Ikonografie waren diese drei Farben gleichbedeutend mit den drei göttlichen Tugenden Glaube (Gelb oder Gold steht für die Sonne, das Licht des Schöpfers), Hoffnung (Grün als Farbe der lebenden Natur, der Ewigkeit) und Liebe (Blau für den reinen Himmel und die liebende Gottesmutter Maria).

Über die ganze weitläufige Reling verstreut blitzen Textfetzen auf wie: *Mit ihr Weg des Friedens* oder *voller Sterne*, *Oh Maria*, *Angelus Domini nunciavit Maria* (der Engel des Herrn brachte Maria die Botschaft). Jujols Arbeit zog viele Neugierige an, und manche

Gäste aus dem In- oder Ausland führte Gaudí sogar persönlich im Park herum und beschrieb ihnen die Bedeutung der Ornamentik. In der Presse erschienen aber immer öfter Sticheleien gegen den Park Güell. Es hieß, Gaudí gebe Unmengen von Geld für riesige Omeletten aus – damit war wohl die Esplanade mit der Serpentinenbank gemeint –, aber die Eier zahle ja Güell.

Eines Abends fanden sich die Vorarbeiter der verschiedenen Baustellen in der Werkstatt der Sagrada Família zur Besprechung ein und warteten auf Gaudí und Berenguer. Ein Mitarbeiter erzählte, wie zwei Passanten geglaubt hätten, die vielen bunten Fliesen am Eingang des Parks seien Fundstücke aus der Zeit der maurischen Besetzung. Die Runde brach in herzliches Gelächter aus, als sie hörten, wie die Eingangstür im Erdgeschoss zufiel und die beiden die Treppe hinaufstapften. Clapés sagte: *Jetzt ist der Spaß vorbei ...* Gaudí erkundigte sich nach dem Grund für die Heiterkeit, und als sie es ihm erzählten, meinte er:

> »Ich bin solche Sticheleien gewohnt ... und ich muss zugeben, einige sind sogar ganz witzig!«[358]

Obwohl in Europa das Interesse am Jugendstil verebbte, erhielt Gaudí eine ehrenvolle Anfrage aus Paris, wo die französische *Société Nationale des Beaux-Arts* bei ihrem berühmten *Salon* vom Mai 1910 ihm als Vertreter des Modernisme außer Wettbewerb einen Raum widmen wollte. Güell bot ihm an, alle Spesen zu übernehmen, denn mit der internationalen Anerkennung seines Architekten stieg natürlich auch das Prestige seiner eigenen Immobilien. Vermutlich waren die nötigen Kontakte zu Paris sogar über ihn selbst zustande gekommen. Gaudí willigte erst ein, als ihm Güell versprach, dass er nicht selbst nach Paris fahren musste.

Er trug etwas Material zusammen: einige Detailskizzen, Fotografien und Gipsmodelle, darunter das imposante Modell der Pedrera. Sein junger Assistent Joan Bordàs i Salellas (1888–1966) war bei den Vorbereitungen zu der Ausstellung so beflissen, dass Gaudí zu ihm sagte:

»Machen Sie doch nicht so ein Fass auf, wir gehen schließlich nicht zu einer Prüfung!«[359]

Und als Bordàs ihn fragte, wo die Pläne der Sagrada Família seien, erwiderte er, es gebe keine, Matamalas Modell genüge. Damit meinte er das drei Meter große Modell der Geburtsfassade im Maßstab 1:25. Aber er bat Jujol, es zu bemalen. Anders als die akademische Meinung war Gaudí überzeugt, dass bereits die alten Griechen und Römer ihre Gebäude eingefärbt hatten:

> »Die Griechen bemalten den pentelischen Marmor aus zuckerartigen wachsfarbenen Kristallen mit kalkhaltigem Stuck. Die Nordländer sind der Meinung, dass die Polychromie ein Zeichen für Barbarei und dass Weiß seriöser sei, weil sie keinen Sinn für Farbe haben. Um ihre These zu erhärten, ging eine Delegation aus Deutschland vor Ort, um das Parthenon zu untersuchen in der festen Überzeugung, sie würden keine farbigen Stuckreste finden, und als sie doch welche fanden, verschwiegen sie das Resultat ihrer Untersuchung, um nicht zugeben zu müssen, dass sie ein unumstößliches Zeugnis für die Polychromie gefunden hatten.«[360]

Er selbst wollte bei der Sagrada Família die unteren Teile und solche, die im Schatten standen, bemalen. Der Rest würde sich im Laufe der Zeit von selbst färben:

> »Sonne ist eine großartige Malerin, die in unseren Gegenden mit wunderschönen Farben malt: die Mauern von Tarragona sind kupferfarben, und auch die Kathedrale von Mallorca hat, ebenso wie die unsere, wunderschöne Farben. Die Gebäude im Norden sind hingegen dunkelgrün oder schwarz. Das kommt von den Baustoffen (…) Kunst braucht Leben, und dieses zeigt sich hauptsächlich in der Farbe. Wenn jemand stirbt, verliert er seine Farbe, und wenn jemand blass ist, sagt man, er sehe aus wie tot.«[361]

Jujols Bemalung sagte ihm zu, und er sagte, ohne eine tiefe religiöse Überzeugung hätte er das nicht so gut hinbekommen. Für die Pariser Ausstellung packte er auch Modelle von Parabolbögen sowie fünf Kopien von Skulpturengruppen der Sagrada Família in Originalgröße ein, darunter den Arbeiter mit der Orsini-Bombe oder das Monster mit dem Geldbeutel.

In Paris war für Gaudí ein ganzer Saal im Untergeschoss des Grand Palais reserviert. Aber er war nur halbherzig bei der Sache. Vermutlich ahnte er, dass man ihn in der modernen und kecken Kunstmetropole wohl nicht verstehen würde. In der Tat reagierten Publikum, Presse und Kritiker gespalten. Man attestierte ihm zwar eine gewisse Originalität, nannte die Werke aber im Großen und Ganzen geschmacklos. 112 Jahre später wird es in der französischen Hauptstadt ganz anders klingen. Das Musée d'Orsay widmete Gaudí 2022 eine prominente und international beachtete Einzelausstellung, die ihn als unangefochtenes kreatives Genie der rationalen Architektur feierte und deutlich machte, dass seine gestalterischen und technischen Errungenschaften jegliche individuelle Rezeption augrund des persönlichen Geschmacks sprengen.

Ein anderer Grund für seine Weigerung, nach Paris zu fahren, könnte in seiner körperlichen Verfassung gelegen haben. Er schien schwach und kränklich, so dass die Freunde im März 1910 einmal mehr seinen Mentor und mittlerweile Bischof von Vic Josep Torras i Bages alarmierten. Dieser fackelte nicht lange und überredete Gaudí, ihn für drei Wochen im Landesinneren zu besuchen und Erholungsurlaub zu machen. Um Roseta kümmerten sich derweil die Klosterfrauen.

Der Bischof kannte im Ort eine Witwe, die in einem herrlichen Barockhaus wohnte und den berühmten Architekten mit Begeisterung bei sich aufnahm. Concepció Vila Rocafiguera (1859–?) träumte von gesellschaftlichen Empfängen und interessanten Abenden in ihrer gediegenen Residenz mit dem berühmten Gast, aber sie wurde enttäuscht. Der ausgezehrte Eigenbrödler nächtigte zwar in ihrem Haus, verschmähte aber nicht nur ihre gute Küche, mit der sie ihm gerne ein paar Kilo angefüttert hätte, sondern auch das reich herausgeputzte Zimmer. Vielmehr bat er, in das bescheidenste Gemach in ihrem Haus umsiedeln zu dürfen.

Gaudí wollte nur seine Ruhe haben, besuchte das Museum, aß manchmal mit dem Bischof und unternahm ausgedehnte Spaziergänge mit einem Priester sowie dem Apotheker von Vic, Joaquim Vilaplana Pujolar (1869–1931). Dabei übergoss er den armen Mann mit nicht enden wollenden Tiraden über die Vormachtstellung der katalanischen Kultur und strapazierte seine Nerven dermaßen, dass dieser später sagte: *Ich glaube, dass Senyor Gaudí ein herzensguter Mensch war, der niemandem etwas zuleide tun konnte, ein bescheidener, beeindruckend spartanischer Christ, aber stur wie ein Bock.*[362]

Seine Freunde hatten längst gelernt, ihn einfach reden zu lassen. Widerspruch war zwecklos. Je älter er wurde, desto mehr gab er sich Monologen hin, aber auch wenn er lange redete und immer wieder abschweifte, verlor er den Faden nie.[363] Allerdings war er nicht nur rechthaberisch, sondern er konnte geradezu kaltschnäuzig werden, besonders in jenen Jahren, als es ihm gesundheitlich so schlecht ging. Sogar befreundete katholische Priester gaben zu, dass er ihnen zuweilen den letzten Nerv raubte, wie Pfarrer Gaietà Soler (1863–1914), der sich in einem Augenblick der Verzweiflung zu der legendären Aussage hinreißen ließ: *Mit Gaudí kann man nicht diskutieren. Entweder man gibt ihm Recht oder man bringt ihn um!*[364]

Immerhin konnte die Stadt den berühmten Gast überzeugen, Straßenlaternen für sie zu zeichnen. Nach drei Wochen Kur reiste der Kranke wieder heim, und es ging ihm schlechter als zuvor. Kaum zurück, überwarf er sich wieder mit einem katholischen Würdenträger. Es geschah während der sogenannten *Sozialen Woche*, die jedes Jahr an einem anderen Ort in Spanien stattfand und bei der sich Vertreter aus Wirtschaft, Staat und Kirche mit Unterstützung durch Papst Pius X. über ethische und gesellschaftliche Fragen und soziale Reformen austauschten. Nach der Tragischen Woche hatten diese Gespräche an Brisanz gewonnen, erst recht in Barcelona, denn besonders die Kirche musste sich positionieren.

Eusebi Güell lud die Teilnehmer zu einem Besuch in der Colònia Güell ein, auf deren soziales Experiment er sehr stolz war, und bat Gaudí, sie durch die Anlagen zu führen. Von diesem Besuch existiert eine unscharfe Fotografie. Sie ist die einzige, auf der Güell und Gaudí gemeinsam abgebildet sind. Beide gehen einer größeren Gruppe Männer voraus, alle tragen Hüte, dunkle Anzüge und weiße Kragen. Güell geht an einem Stock und ist etwas größer als Gaudí. Bei der Führung sprach der Architekt ausschließlich Katalanisch. Als der Jesuit Gabriel Palau (1863–1939) ihn bat, mit Rücksicht auf die auswärtigen Gäste doch bitte Spanisch zu sprechen, schnauzte ihn Gaudí an:

> »Sie sind ein Tyrann, Herr Pfarrer, und Gott selbst hat mich von der Pflicht befreit, von Ihnen Anweisungen entgegenzunehmen!«[365]

Die miesepetrige Laune des Architekten führte schließlich auch zu einem weiteren Streit mit dem Ehepaar Milà, worauf Gaudí einmal mehr kurz vor Ende der Bauarbeiten das Handtuch warf. Er reichte sogar Klage gegen Milà ein, offiziell wegen ausstehender Honorare, aber alle wussten, dass er im Grunde wegen der Marienstatue auf dem Dach frustriert war, denn für ihn lag darin der Schlüssel zum Verständnis des gesamten Bauwerks. Als er nach geschlagenen sieben Jahren endlich seinen Lohn erhielt, spendete er den ganzen Betrag an ein Kloster.[366]

Immerhin bescheinigten die Behörden der Casa Milà offiziell gute Lichtverhältnisse, eine optimale Belüftung und genügend Wasser, so dass sich die ersten Mieter meldeten. Allmählich bevölkerte sich das Haus, und Ende 1912 zogen auch die Milà selbst in ihre Beletage ein. In der berühmten Pedrera am belebten Passeig de Gràcia wohnten bald mehrere gutbetuchte Familien, die ausschweifende Feste feierten, hochrangige internationale Gäste empfingen und ihre schicken Autos über die Rampen in die unterirdische Garage hinunterlenkten.

Gaudí aber hatte mit der Pedrera abgeschlossen, und statt der Muttergottes standen nun futuristische Kamine und Lüftungsschächte mit Aufsätzen, die aussahen wie galaktische Helme, auf dem Dach. Gerüchten zufolge sollen diese Kamine den US-amerikanischen Regisseur der Star-Wars-Filme George Lucas (*1944) in den 1970er Jahren als Vorbild für die Helme seiner Stormtrooper gedient haben. Woher Gaudí seinerseits die Ideen für diese maskenartigen Schornsteine herhatte, bleibt ein Rätsel. Am ehesten erinnern sie vielleicht an verschleierte Muslimas, die er in Marokko beobachtet hatte.

Physisch, aber auch mental schien es ihm zusehends schlechter zu gehen. Immer häufiger musste er sich mit Fieber hinlegen. Sein Hausarzt Santaló diagnostizierte ihm schließlich Brucellose, auch Malta- oder Mittelmeerfieber genannt. Dabei handelt es sich um eine langsam verlaufende, in Wellen auftretende Infektionskrankheit, die sich Gaudí vermutlich durch den Verzehr unbehandelter Milch zugezogen hatte. Ohne Antibiotikum kann die Krankheit auch heute noch tödlich enden. Zwar existierten damals erste Erkenntnisse über die Wirkung von antibiotischen Schimmelpilzen, aber das Penizillin war noch lange nicht entdeckt. Gaudí vertraute ohnehin nur seinen eigenen Naturheilmitteln, und er wird Jahre benötigen, um das Bakterium aus seinem Körper zu verbannen.

Sein junger Nachbar und späterer Arzt Alfons Trias (1896–1977) meinte, vermutlich habe sich Gaudí angesteckt, als er von einem Ziegenhirten aus der Nachbarschaft der Sagrada Família unbehandelte Milch geschenkt bekommen und getrunken habe. Die Menschen hätten Gaudí immer wieder Geschenke gebracht.[367] Eigentlich hätte Gaudí wissen müssen, dass man die Milch zuerst aufkochen sollte. Das Maltafieber kann mit charakterlichen Veränderungen einhergehen und führt oft zu Depressionen. Vielleicht war die düstere Stimmung des Architekten in dieser Zeit auch mit der Krankheit zu erklären.

Doktor Santaló konnte seinen Freund schließlich überreden, zur Erholung mit ihm in die Berge zu fahren. Er brachte ihn nach Puigcerdà in die Pyrenäen und blieb dort ganze vier Monate im

Hotel *Europa* bei ihm zur Kur. Der Mediziner kümmerte sich rührend um seinen nur vier Jahre jüngeren Freund und informierte regelmäßig die Bekannten in Barcelona über dessen Zustand. In der Stadt kursierten derweil die schlimmsten Gerüchte über den anstehenden Tod des Architekten. Santaló versuchte Gaudí zu überzeugen, Medikamente einzunehmen, doch alles Betteln nützte nichts, er schwor auf seine merkwürdigen Naturdiäten.

Bei der Ankunft im Kurhotel sah er so erbärmlich aus, dass am ersten Tag ein Pfleger beim Waschen murmelte: *Der ist am Ende.* Gaudí dachte offenbar ähnlich, denn er bestellte einen Notar und machte am 9. Juni 1911 sein Testament.[368] Sein Haus im Park Güell, seine persönlichen Gegenstände und sein Bargeld vermachte er der Sagrada Família, während einige Aktien an einem Stausee an das Bistum Tarragona gehen sollten. Gaudí war alles andere als arm, obwohl er selbst den größtmöglichen Verzicht lebte. [369]

Ein Priester besuchte ihn regelmäßig im Hotel und las ihm aus den Werken des heiligen Johannes vom Kreuz vor. Dieser spanische Heilige aus dem 16. Jahrhundert war der geistliche Mentor von Gaudís hochverehrter Teresa von Ávila gewesen. Gaudí sagte später, diese Lesungen hätten ihm nicht nur Trost gespendet, sondern ihm auch geholfen, sich mit dem Leiden Christi auseinanderzusetzten. Während seines Kuraufenthalts in Puigcerdà begann er unter dem Einfluss seiner Schwäche und des vermeintlich nahen Todes mit den Skizzen für die Passionsfassade der Sagrada Família. Sie sollte abschreckend sein, denn sie erzählten vom Sterben, von der Agonie Jesu, dem Verrat, der Folter, der Verzweiflung der Angehörigen und Freunde. Wie Knochen ragten die schrägen Stützpfeiler über dem Portikus aus dem Boden. Die Passionsfassade war die Geschichte einer tiefen Trauer. Gaudí erklärte:

> »Hätte ich mit der Passionsfassade angefangen, so hätten sich wohl alle abgewandt. Die Geburtsfassade ist reich verziert, pompös, jene des Todes hingegen streng, kahl (...). Für sie brauche ich nicht einmal ein Gipsmodell, da sie ausschließlich aus klar ineinandergefügten hyperbolischen

> Parabolen besteht und präzise genug ist, um sie auf Anhieb bauen zu können.«[370]

Durch den karmelitanischen Mystiker Johannes vom Kreuz wurde Gaudí bewusst, dass die höchste Erkenntnis nur durch Loslassen erreicht werden konnte. Man musste nicht nur materiell loslassen, sondern auch geistig: alle Vorurteile, alles Gelernte, Erworbene, alle eigenen gedanklichen Kategorien und Projekte musste man vergessen, damit das Göttliche, Neue, Wahre in Herz und Kopf Einzug halten konnte. Loslassen war schmerzlich, wie Gaudí schon viel zu oft erfahren hatte, besonders durch den Tod vieler geliebter Menschen, den Traum einer eigenen Familie oder durch das Scheitern von Projekten, das Unverständnis des Umfeldes oder den Verlust von Freunden. Aber das Leiden gehört eben zum Leben. Wer nicht litt, war bereits tot, wer nicht leiden wollte, wollte sterben.[371]

Santaló ließ ihn nicht aus den Augen. Wie ein Wachhund wehrte er Störenfriede ab und ließ nur wenige handverlesene Personen wie Pfarrer Gil Parés zu ihm. Allmählich kam Gaudí wieder zu Kräften, und zur Ablenkung schleppte ihn der Freund eines Tages für einen kurzen Abstecher ins angrenzende Frankreich nach Toulouse. Dort hatte der weltberühmte Eugène Viollet-le-Duc die Basilika restauriert. Im Studium hatte Gaudí unter der Leitung von Professor Elies Rogent an einem Ausflug ins südfranzösische Carcassonne teilgenommen, wo Viollet-le-Duc die Burg und die Innenstadt renoviert hatte. Offenbar hatte der Student damals die Mauern so gründlich unter die Lupe genommen, dass ihn die Bewohner für den Meister selbst hielten und ihm Ehre erweisen wollten.[372] Der Besuch in Toulouse bestätigte aber Gaudí in seiner Meinung, dass Viollet als Theoretiker besser war als in der Praxis:

> »Ich wollte die mittelalterlichen Restaurierungen von Viollet sehen, (...) doch ich war enttäuscht von der geringen künstlerischen Qualität des brillanten Bauherrn. Gehen wir, sagte ich. Von denen können wir nichts lernen!«[373]

Nach vier Monaten Kur kehrten Gaudí und sein treuer Begleiter nach Barcelona zurück. Er zeichnete weiter an der Passionsfassade. Im Zentrum stand das Kreuz, an dem Christus starb. Darunter trauerten seine Mutter Maria und sein bester Freund Johannes. Die Figurengruppe stand exakt gegenüber der Geburtsszene am anderen Arm des Querschiffs. Wieder erscheint im Mittelpunkt der Baum, hier als Holzkreuz, auf der anderen Seite als Jesussäule unterhalb der Krippe, als Baum aus dem Garten Eden, an dem die teuflische Schlange heraufkriecht. Man sieht sie kaum, da Gaudí sie hinter einem dicken Metallnetz verbarg, damit klar wurde, dass Gott über das Böse siegte. Eine beinahe fotografische Skizze der Passionsfassade von 1911 konnte sich durch den Bürgerkrieg retten und diente als Vorlage für den Bau dieses Eingangs zur Sagrada Família, mit dem in den 1950er Jahren begonnen wurde. Die futuristischen Skulpturen, die heute dort hängen, wurden ab 1987 durch Josep Maria Subirachs (1927–2014) hergestellt.

# V. ZURÜCK ZUM URSPRUNG

## 1. Letzte Jahre im Park

Der talentierte Lehrling Joan Matamala war gerade 18 geworden, als der Bauunternehmer Alsina i Bonafont Gaudí darum bat, ihn für ein Großprojekt in Asturien abwerben zu dürfen. Joan freute sich über die Aussicht auf ein eigenes Leben in einem neuen Umfeld, aber Gaudí wollte oder konnte nicht auf ihn verzichten. Eines Tages kam er an seinem Zeichentisch vorbei, durchbohrte ihn mit seinen eisblauen Augen und sagte:

> »Gut gemacht! Ich sehe, du bist fleißig am Üben. Hör auf meinen Rat: Verlass deine Eltern nicht. Ich werde mit Senyor Alsina sprechen, damit du die Arbeiten von hier aus erledigen kannst«.[374]

Joan ließ sich überreden. Schweren Herzens verzichtete er auf seinen eigenen Weg und blieb in Barcelona, aber er hegte keinen Groll gegen den Meister. Im Gegenteil, wie eine beinahe zärtliche Episode beweist, die sich unmittelbar danach zutrug. Joan wusste, dass sich Gaudí grundsätzlich nicht fotografieren ließ und schon gar nicht für eine Skulptur Modell stehen würde. Es gab von ihm allerdings zwei Gemälde, die im Sommer 1902 entstanden, als der Kunstmaler Joan Llimona, dessen Bruder Josep als Bildhauer für Gaudí die Kirche Sant Felip Neri mit zwei großen Bildern ausstattete und sich Gaudí zum Vorbild für den Heiligen Philipp Neri nahm. Gleich zweimal ist der Architekt heute auf großen Gemälden in dunklen Holzrahmen rechts und links des Altarraums zu sehen, einmal als Philipp Neri im schwarzen Talar sitzend, wie er im Freien die umstehenden Kinder unterweist, und ein zweites

Mal im weißen Priestergewand, wie er bei der Eucharistiefeier den Kelch anhebt. Erstaunlicherweise scheint kaum jemand davon zu wissen, nicht einmal die kircheneigene Broschüre wirbt mit diesen Portraits, obwohl heute ganz Barcelona auf Gaudí ausgerichtet ist.

Der junge Matamala beschloss, von seinem berühmten Arbeitgeber heimlich eine Büste für die Nachwelt herzustellen. In den folgenden drei Jahren schaffte er es tatsächlich, seinen Chef in Gips zu modellieren, ohne dass es jemand bemerkte, schon gar nicht der Betroffene selbst. Es wird die einzige Büste Gaudís zu dessen Lebzeiten sein. Die andere war die Totenmaske.

In seinen Erinnerungen schrieb Matamala: *Ich musste mir etwas einfallen lassen, damit er nichts merkte, weil er es mir sonst untersagt hätte. Immer wieder stieg ich unter einem Vorwand in sein Büro hinauf, und während er vor mir stand und auf mich einredete, prägte ich mir seine Gesichtszüge ein. Es waren immer nur sehr kurze Besuche. Dann ging ich sofort in mein Atelier zurück und zeichnete aus dem Gedächtnis heraus seinen Gesichtsausdruck. Ich achtete darauf, genug Zeit zwischen den Besuchen zu lassen, damit er keinen Verdacht schöpfte.*[375]

Die Bronzebüste zeigt Gaudís verschmitztes Lächeln hinter dem Schnurrbart. Es ist der legendären Beobachtungsgabe Matamalas zu verdanken, dass wir heute dieses sympathische Portrait des Architekten besitzen. Aber Gaudí wurde alt. Immer häufiger ging er an einem Stock. Manchmal fuhr er mit der Straßenbahn ins Stadtzentrum, um seinen Freund Maragall zu besuchen, der ebenfalls an Maltafieber erkrankt war. Mehr noch als am Fieber litt der Autor allerdings an der gesellschaftlichen Ächtung, die ihm seit der Veröffentlichung seiner gesellschaftskritischen Texte nach der Tragischen Woche entgegenschlug. Der Vater von 13 Kindern und einst gefeierte Schriftsteller war in Ungnade gefallen, weil er Verständnis für die sozialen Forderungen der Aufständischen gezeigt hatte.

Anders als sein zäher Freund hatte er aber nicht genug Widerstandskraft, um die Krankheit und Enttäuschung zu besiegen. Kurz vor Weihnachten 1911 erlag Maragall mit nur 51 Jahren dem Maltafieber. Miguel de Unamuno wird von ihm sagen, er sei *der größte zeitgenössische Dichter Spaniens und ein Vorbild an Güte* gewesen.[376]

Mit Maragall verlor Gaudí einen weiteren lieben Freund, doch damit nicht genug: Nur drei Wochen später, am 11. Januar 1912, starb auch seine Nichte Roseta mit kaum 36 Jahren in ihrem Haus im Park Güell an Lungentuberkulose, wie aus den Archiven des Bestattungsinstituts hervorgeht. Ihr Alkoholismus hatte dem Onkel große Sorgen bereitet, aber er liebte sie aus tiefster Seele. Nun war Gaudí also der letzte Überlebende der Kesselschmiede-Dynastie des Francesc Gaudí und der Antònia Cornet.

Roseta wurde auf dem Friedhof Poblenou im Familiengrab beigesetzt, wo bereits fast alle Mitglieder ihrer Familie begraben lagen: Onkel Francesc (gestorben 1876), Großmutter Antonia (1876), Mutter Rosa (1879) und Großvater Francesc (1906). Hinzu kamen die Großtante Ursula Cornet i Bertran (1879), bei der Antoni mit dem Bruder nach Ankunft in Barcelona gewohnt hatte, und als Letzter wird Antonis Patenonkel Placid (1914) folgen.

Unverzüglich rückten die Freunde zusammen. Es ist beeindruckend zu sehen, wie rührend sie sich um den Trauernden kümmerten, der nun ganz allein in seinem großen Haus im Park Güell wohnte. Gaudí mochte, wie er selbst eingestand, ein schwieriger Charakter sein, aber trotz seiner Schrullen scharten sich stets warmherzige Menschen um ihn, denn sie erkannten in ihm eine moralische und menschliche Aufrichtigkeit. Viele beschrieben ihn auch als herzlich und gütig. Er besaß zwar keine eigene Familie, aber er war bei weitem nicht das einsame Genie, als das man ihn sehen könnte. Er hatte innige Freunde, und er bat sie immer wieder ausdrücklich um Hilfe.

Am Tag nach der Beerdigung Rosetas fragte er den jungen Bildhauer Vicenç Vilarrubias, ob er ihn nach Malloraca begleiten würde. Er wollte sich ablenken und die abschließenden Arbeiten an der Kathedrale in Palma betreuen. Über den damals zwanzigjährigen Vicenç Vilarrubias lassen sich kaum Informationen finden, obwohl er die berühmten Fotos des Hängemodells für die Kirche in der Colònia Güell geschossen hatte, und Vilarrubias wird der Letzte sein, mit dem Gaudí vor seinem Unfall ein Wort wechselte. Er gehörte schon lange zum Team auf Mallorca und hatte oft mit Gaudí beim Bischof gespeist.

Am 19. Januar schifften sich die beiden also nach Palma ein und wohnten wie immer beim Bischof. Dieser bemerkte wohl, wie mitgenommen Gaudí war, und ließ ihn in Ruhe arbeiten, ohne ihm Druck zu machen. Jeden Morgen besuchte Gaudí mit Vilarrubias die Messe, dann unternahmen die beiden ausgedehnte Spaziergänge. Anschließend wurde gearbeitet, ohne Hast. Aber aus Kostengründen hatte die Kirchenkommission in Palma Abstriche bei den Glasfenstern und der Innenbeleuchtung gefordert, und überhaupt wollte Diözesanarchitekt Guillem Forteza (1892–1943) die historische Patina des alten Gebäudes nicht unter leuchtenden Farben und neuen Ornamenten verbergen. Gaudí regte sich darüber sehr auf:

> »Es ist eine architektonisch-liturgische Restaurierung (…), die erwartungsgemäß die kleinen Möchtegern-Archäologen ohne Sinn für Kunst überfordert, weil diese die Kunstwerke für gewöhnlich mumifizieren. Die Koexistenz verschiedener Stilrichtungen in den Gotteshäusern passt aber zur Kirche. (…) Ich habe nicht gezögert, der gotischen Atmosphäre der großen Kathedrale den Geist der Moderne einzuhauchen. Wir machen schließlich Architektur und nicht Archäolgie.«[377]

Wenige Wochen später kehrte er in sein leeres Haus im Park Güell zurück und bat die Klosterfrauen, die sich um die nervenkranke Nichte gekümmert hatten, ihm den Haushalt zu führen.[378] Die Haushaltshilfe Vicenta ließ er ziehen, denn es war in seinen Augen nicht schicklich, dass ein alleinstehender Mann mit einer jungen Frau unter einem Dach wohnte. Jeden Donnerstag kamen abwechselnd zwei Nonnen zum Haus, um zu putzen und die Wäsche zu waschen. Eine von ihnen war Montserrat Rius Camps (1910–2012), die in den 1920er Jahren als junge Novizin bei Gaudí gearbeitet hatte und später einige Details aus der Zeit im Park Güell erzählte.[379]

In den kommenden Jahren begleiteten Santaló oder Matamala ihren Freund täglich hinauf zum Park und schliefen im Gästezimmer, wobei sie das Haus am Morgen aber vor dem Architekten verließen. Wenn die Klosterfrauen eintraten, riefen sie vom unteren Treppenabsatz hinauf *Ave Maria purísima* (Gegrüßet seist du, reinste Maria), und der Architekt antwortete von oben herab, wo das Badezimmer lag, »die ohne Sünde empfangen wurde«. Die Klosterfrauen durften nicht die Treppe hinaufsteigen, bevor er nicht selbst heruntergekommen war und sie mit einem Lächeln begrüßte: »Guten Tag, liebe Schwestern«. Sie wechselten dann ein paar Worte, bevor er sich zur Arbeit aufmachte und sich mit den Worten verabschiedete: »Na dann, liebe Schwestern, bis zum nächsten Mal, so Gott will.«

Schwester Montserrat erzählte, wie er sie freundlich ermahnte, sie solle die Terrassentür gut zumachen, weil die hereinfliegenden Blätter sonst die Abflussrohre verstopfen würden. Die Außenwände des Hauses seien nicht rosa verputzt gewesen wie heute, sondern ockerfarben, und im ganzen Haus habe es keinen Tropfen Alkohol, Kaffee oder Tee gegeben. Der Herd wurde nie angestellt, und es gab nie irgendwelchen Abfall, nicht einmal einen Mülleimer. In seinem Zimmer hing ein großes Kreuz, davor stand eine Kniebank, und die Schwester sah drei Bücher: das Evangelium, den internationalen Bestseller aus dem Spätmittelalter *Nachfolge Christi* von Thomas von Kempen sowie ein Gebetbuch.

Gaudí schlief auf einer Matratze aus Stroh, und als ihm die Schwestern eine bessere oder würdigere aus Schafwolle besorgten, fanden sie eine Woche später auf dem Bett wieder die alte Matratze vor. Gaudí verlor nie ein Wort darüber. Seit dem Tod seines Vaters trug er nur noch Schwarz. Er besaß zwei abgenutzte Anzüge, die von den Schwestern jedoch immer sauber genäht wurden, und auch seine weißen Hemden, das Sakko und die Hosen wurden stets ordentlich gebügelt. Wenn ihm die Schwestern ans Herz legten, er solle sich doch neue Kleidungsstücke anschaffen, habe er immer höflich geantwortet, die seien so gut geflickt, das könne noch durchgehen. Irgendwann besorgte ihm aber Sugrañes einen neuen Anzug. Außer einem Mantel besaß er keine zusätzlichen Kleider. Wenn es kalt war, stopfte er Zeitungspapier unter die Anzüge, um sich zu wärmen.

Das Zeugnis der Klosterfrauen wurde 1976 in der Zeitschrift *Temple* abgedruckt, die nach dem Zweiten Weltkrieg den *Propagador* von Bocabella ablöste und die auch heute noch regelmäßig über die Arbeiten an der Sagrada Família berichtet. Die Texte wurden zu einem Video verarbeitet, das heute im Gaudí Museum, dem früheren Wohnhaus des Architekten im Park Güell, zu sehen ist. Die Schwestern erzählten, Gaudí sei nicht sehr groß gewesen, sehr gut organisiert und methodisch, und er habe einen scharfen Blick gehabt. Beim Putzen ließen sie alle Dinge immer an dem Platz, an dem Gaudí sie abgelegt hatte. Wenn sie morgens um halb acht gekommen seien, habe er schon geduscht und sich angekleidet. Auf dem Boden hätten sie die nassen Fußabdrücke Gaudís gesehen. Beim Hinausgehen habe er sich bekreuzigt, und wenn er dachte, dass ihn niemand sah, habe er vor dem Bild des Heiligen Antonius kurz innegehalten, den Hut abgenommen und gebetet.

Im Winter habe er zwei Decken benutzt, eine aus Baumwolle und eine aus Wolle. Er habe den Schwestern gesagt, er brauche nicht mehr zum Schlafen. Neben seinem Bett stand eine Gebetsbank vor dem Kruzifix an der Wand. In seinem Haus hatte Gaudí auch ein Zimmerchen als Kapelle eingerichtet, dort sei ab und zu die Messe gelesen worden. Im Stockwerk über seinem Schlafgemach lag ein Büro, das voll mit Zeichnungen und Modellen gewesen sei.

Mit dem Pförtner der Sagrada Família war Gaudí übereingekommen, dass er ihm an seinen freien Tagen das kärgliche Mittagessen zubereitete. Abends aß er dann meist nur ein Stück Brot, das er in seiner Jackentasche mitführte und nach der Beichte in der Neri-Kirche auf dem Nachhauseweg verzehrte.

Joan Matamala erinnerte sich, wie sich sein Vater um den Freund und Meister gekümmert habe. Da er den ganzen Tag außer Haus war, habe er die Gasheizung lediglich für die tägliche Dusche benutzt. Als Beleuchtung dienten ihm Kerzen. *Mein Vater kaufte sie kiloweise ein. Die Kerzen wurden ausschließlich für das Herrichten des Bettes und den Weg zum Schlafgemach benutzt. Beim Bettenmachen beteten mein Vater und er den Rosenkranz.* Danach verabschiedeten sich die beiden mit dem Satz: *Gesegnete Nachtruhe, bis morgen, so Gott will.* Jeden Morgen klopfte Llorenç Matamala an Gaudís Tür und rief: *Don Antoni, es ist sieben Uhr.* Dann ging er zur Arbeit. Gaudí bedankte sich, blieb aber noch etwas liegen. Er pflegte zu sagen:

> »Acht oder neun Stunden Schlaf halten meinen Geist auf Trab.« [380]

Zwischen neun und zehn Uhr morgens, nach Ankunft der Schwestern, machte sich Gaudí zu Fuß auf den Weg vom Park zur Pfarrkirche Sant Joan de Gràcia, wo er dem Gottesdienst beiwohnte. Anschließend frühstückte er in einer Milchbar und ging dann zur Sagrada Família weiter. Abends bei der Heimfahrt in der Tram von der Kirche Sant Felip Neri zum Park musste man einmal umsteigen und das letzte Stück zu Fuß gehen.

Nach dem Tod von Francesc übernahm Llorenç Matamala die Buchhaltung Gaudís und gab ihm jeden Abend einige Münzen, die er am nächsten Morgen für die Kollekte in der Kirche und das Frühstück und abends für die *La Veu de Catalunya* ausgab, die er auf der Heimfahrt in der Tram las. Er äußerte sich nur selten zum Zeitgeschehen, weil er sagte, dass sich die Ereignisse viel zu rasch überschlugen und ihm keine Zeit für Kommentare lassen würden. Manchmal erbat er sich von Llorenç etwas mehr Geld für Konzertbesuche oder Bücher, oder er verschenkte es diskret, ohne dass Matamala erfuhr, an wen.

Ewig fröstelnd, vergrub er bei kühlem Wetter die Hände in den ausgebeulten Ärmelaufschlägen seines Mantels und drückte den Hut weit ins Gesicht. Weil ihn in den letzten Lebensjahren gewöhnliche steife Schuhe schmerzten, trug er selbstgebastelte Treter aus Espartogras und Leder, die er mit einem Gummiband zusammenhielt.[381] Er sah erbärmlich aus. Matamala erzählte, wie er sich eines Abends auf dem Nachhauseweg mit Gaudí zum Schutz vor dem Regen unter einen Balkon stellte. Da habe ein Mann beim Vorbeigehen Gaudí ein Geldstück in die Hand gedrückt und gesagt: *Das ist für euch beide.* Er hatte sie für Bettler gehalten. Gaudí habe das Geld angenommen, weil er den Mann nicht vor den Kopf stoßen wollte:

> »Gutgemeinte Almosen darf man doch annehmen, denken Sie nicht, Llorenç? Morgen werden wir das Geld in den Opferstock der Kirche werfen. Wie schön ist doch die Nächstenliebe!« [382]

Immer zu Weihnachten erhielt Gaudí von einer Firma einen Turrón aus Nougat geschenkt, der als Leckerbissen galt. Zuerst las er das beigelegte Kärtchen, dann packte er den Turrón sorgfältig aus und teilte ihn auf dem Tisch in Stücke auf, die er folgenden Personen schenkte: Pfarrer Gil Parés, seinen Mitarbeitern, seinem Cousin Josep, Santaló, Llorenç Matamala, der Familie des Pförtners der Sagrada Família und dem Pförtner beim Park Güell. Er selbst aß nichts davon.[383]

Die asketische Bescheidenheit des berühmten Architekten war für alle sichtbar. Ein Besucher sagte ihm einst: *Senyor Gaudí, Sie sollten die Goldgrube Ihrer Intelligenz besser nutzen, dann könnten Sie ein reicher Mann werden!* Doch er antwortete nur:

> »Hätte ich reich werden wollen, wäre ich Geschäftsmann geworden.«[384]

1912 schiffte sich Gaudí nach Mallorca ein, um die elektrische Lichterkette mit dem Baldachin über dem Altar anzubringen. Es brauchte dafür schwere Ankerketten, weil gewöhnliche Seile immer wieder rissen. Das Modell wurde später für die Sagrada Família kopiert: ein großer siebeneckiger Ring, verziert mit Ähren, Weinblättern und Trauben hängt wie eine Krone über dem königlichen Christus und dem Abendmahl. Den goldenen Baldachin nannten die Mallorquiner ironisch den *fliegenden Teppich.*

Von Anfang an hatte sich Gaudí mit Händen und Füßen dagegen gewehrt, dass der Bischof aus der Sagrada Família eine eigenständige Pfarrei machte und sie veramtlichte. Seine Kirche sollte der Josefsvereinigung dienen und frei bleiben. Bisher war die Kirche lediglich ein Ableger der Pfarrei Sant Martí del Clot. Nun aber hatte es an der Spitze der Diözese einen Wechsel gegeben, und der neue Bischof Joan Josep Laguarda (1866–1913) beabsichtigte, aus der Sagrada Família eine eigenständige Pfarrkirche zu machen. Als Gaudí davon erfuhr, sprach er bei dem einflussreichen Präsidenten der Provinzialregierung Enric Prat de la Riba vor, bemühte also die weltliche Autorität, um den Bischof umzustimmen. In Barcelona kursierte das Gerücht, Gaudí sei drauf und dran, aus Protest sein Mandat als leitender Architekt hinzuschmeißen.

*Die Baustelle der Sagrada Família um 1915.*

Um die Gemüter zu besänftigen, veröffentlichte Prat de la Riba Ende 1912 einen Zeitungsartikel mit der Überschrift *Wird Gaudí die Arbeiten an der Sagrada Família verlassen?* Darin schrieb er, der Bischof habe ihm zugesichert, den *Todesstoß*, den die Umwandlung der Sagrada Família in eine Pfarrkirche bedeuten würde, zu verhindern.[385] Gaudí konnte aufatmen.

## 2. Partituren über die Dächer der Stadt

Im Park Güell setzte Josep Maria Jujol zu Beginn des Jahres 1913 das letzte Keramikteilchen an die berühmte geschwungene Relingbank. Nun fehlte im Park nur noch die Kirche ganz oben auf der Hügelkuppe. Doch Eusebi Güell war müde geworden und beschloss mitten in der Wirtschaftskrise, sich mit seinen 68 Jahren zurückzuziehen und das Firmenimperium seinen Söhnen zu überlassen. Für Gaudí hatte das Ausscheiden seines geduldigen und leidenschaftlichen Mäzens schmerzliche Folgen. Die Erben waren aus einem anderen Holz geschnitzt als der Vater und ließen Gaudí ausrichten, dass sowohl die Arbeiten im Park als auch jene in der Colònia Güell gestoppt würden. Bei der Colònia würde man zwar noch die Krypta zu Ende führen, aber das Hauptgebäude der sensationellen Neuerung der selbstwachsenden, organischen Kirche würde es nie geben.

Das war eine bittere Pille, doch Gaudí sah darin ein Zeichen, dass er sich fortan noch intensiver auf die Sagrada Família konzentrieren sollte. Bloß hatte die Wirtschaftskrise auch Auswirkungen auf die Junta der Sagrada Família, die kein Geld mehr besaß, um die dreißig Arbeiter zu bezahlen, und die Bauarbeiten einstellte. Maragall hatte einst prophezeit, dass der Architekt für seine Sagrada Família würde betteln gehen müssen. Jetzt war es so weit. Das Leben war für die Bevölkerung noch härter geworden. Die katholische Arbeiterzeitung *El Social* schrieb: *Der Arbeiter kann schon seit Jahren kein Fleisch mehr essen, aber jetzt kann er sich nicht einmal mehr Fisch leisten, weil auch dieser ein Luxusartikel geworden ist. Auch Früchte und Gemüse sind für das Volk unerschwinglich.*[386]

*Gaudís Zeichnung der ›selbstwachsenden‹ Kirche der Colònia Güell, 1908.*

Während in Barcelona kurz vor dem Ersten Weltkrieg Streikwellen die Industrie lahmlegten, klopfte Gaudí bei allen Freunden und Bekannten an, um sie anzubetteln. Ihn selbst kostete dies nach eigenen Worten »große Überwindung«, und er sei »sehr schlecht« darin gewesen.[387] Es kostete ihn auch Freundschaften, denn plötzlich wurde er vom Bürgertum geschnitten, und manche, die ihn von weitem erblickten, wechselten auf die andere Straßenseite.[388] Als ihm einmal ein Gönner sagte, er gebe ihm gerne etwas, es sei für ihn kein Opfer, erwiderte er:

> »Dann geben Sie so viel, dass es ein Opfer wird.«[389]

Doch damit nicht genug. Seit Jahren litt der treue Weggefährte und Freund Francesc Berenguer unter Atembeschwerden, aber nun verschlechterte sich sein Gesundheitszustand dramatisch. Am 8. Februar 1914 starb der Vertraute und Seelenverwandte des Architekten mit nur 48 Jahren und hinterließ eine Frau und sieben Kinder. Der älteste Sohn, Francesc junior (1889–1952), schloss im selben Jahr die Hochschule für Architektur ab. Er arbeitete jedoch nicht für Gaudí, sondern erhielt eine sichere Anstellung als Munizipalarchitekt.

Der Verlust von Berenguer war für Gaudí ein schwerer Schlag. Am Totenbett beugte er sich hinab, um den Weggefährten zum Abschied zu küssen.

> »Je mehr Menschen ich sterben sehe, desto mehr glaube ich an die Unsterblichkeit (...) Wer nicht anständig lebt, will nicht an den Tod denken, sondern ihn aus dem Zeitlichen entfernen, aber ohne Auseinandersetzung mit dem Tod gibt es kein gutes Leben, weder moralisch noch physisch.«[390]

Er sagte, er habe mit Berenguer nicht nur seine rechte Hand verloren, sondern auch einen Teil seiner linken.[391] Ein kleiner Trost widerfuhr ihm, als ihm der Kunstmaler Joan Llimona (1860-1926) einen jungen Architekturstudenten aus dem Lukaszirkel vorstellte. Es handelte sich um den zwanzigjährigen Architekturstudenten Joan Bergós i Massó (1894–1974) aus Lleida. Der junge Mann war Gaudí sogleich sympathisch, und er vertraute ihm bald eigenständige Arbeiten an. Bergós wird sich zwar selbständig machen, aber immer wieder an der Sagrada Família mitarbeiten, und er wird insbesondere den Meister oft zum Sonntagsspaziergang begleiten und viele seiner Aussagen niederschreiben. Nach dem Tod Gaudís wird er sich maßgeblich für den Weiterbau der Sagrada Família einsetzen und mit *Gaudí, el hombre y la obra* 1954 eine umfassende Biografie über Leben und Werk des Meisters mit vielen seiner Aussagen veröffentlichen.

Trotz der weltweiten Wirtschaftskrise begannen in Katalonien vor dem Ersten Weltkrieg neun inspirierende und motivierende Jahre des Fortschritts, bis 1923 eine weitere Diktatur dem Experiment ein jähes Ende setzte. Die vier katalanischen Teilprovinzen der sogenannten *Mancomunitat* schlossen sich zu einem Vorläufer einer autonomen Verwaltung und Regierung zusammen und wählten 1914 den charismatischen Prat de la Riba zum Präsidenten. Madrid schritt vorerst zwar nicht ein, betrachtete jedoch die Autonomieansprüche Kataloniens mit Argwohn. Prat begann sofort mit der Modernisierung Kataloniens. Noch immer waren 40 Prozent der Bevölkerung Analphabeten, und außer an der Universität gab es keine öffentlichen Bibliotheken. Von den gut 1000 Gemeinden waren nur gerade 38 an das Telefonnetz angeschlossen, und die Hälfte von ihnen hatte dermaßen schlechte Straßen, dass ein Wagen nicht bis zum Marktplatz vordringen konnte.

Die Mancomunitat baute bereits in den ersten zwei Jahren 420 Kilometer Straßen, verlegte 6000 Kilometer Telefonkabel und gründete zahlreiche Bibliotheken sowie eine Schule für Bibliothekare, denn Katalonien wusste, dass Wissen und Bildung die Voraussetzung für den Fortschritt waren. Pädagoginnen und Pädagogen beobachteten in Rom die neuen Unterrichtsmethoden von Maria Montessori (1870–1952), Wissenschaftler studierten in Amerika modernste Technologien und luden Exponenten aus verschiedenen Ländern zu Vorträgen ein, wie 1923 Albert Einstein (1879–1955), der in Barcelona über die Relativitätstheorie referierte. Zudem wurden landwirtschaftliche Genossenschaften gegründet, in der Überzeugung, dass die Bauern auf diese Weise motivierter arbeiteten.[392]

In diesem Klima des Aufschwungs konnte auch die Arbeit an der Sagrada Família wieder aufgenommen werden, aber es wurde immer schwieriger, Spendengelder zusammenzutreiben, denn mit dem Fortschrittsglauben schwand das Interesse am persönlichen Seelenheil und an einem Kirchenbau, erst recht an einer Sühnekirche. Der Besuch einer Gruppe von Architekturstudenten aus dem Umfeld von Gaudís neuem Schützling Bergós sollte sich als doppelter Segen erweisen, denn einige von ihnen beschlossen, unentgeltlich für die Sagrada Família zu arbeiten, und blieben von nun an zeitlebends mit ihr verbunden. Viele wurden auffallend alt und schrieben unabhängig voneinander ihre wertvollen Erinnerungen auf.

Die Gruppe bestand neben Bergós aus Lluís Bonet i Garí, (1893–1993) Francesc Folguera i Grassi (1891–1960), Cèsar Martinell i Brunet (1888–1973), Isidre Puig i Boada (1891–1987), dem ersten Biografen Gaudís Josep Francesc Ràfols i Fontanals (1889–1965), sowie dem jungen Spanischprofessor Joan Martí Matlleu (1883–1946), der zwar kein Architekt, aber bei vielen Gesprächen anwesend war und darüber berichtete.

Die Studenten richteten einen offenen Spendenaufruf an *alle Künstler und Freunde der Größe Barcelonas.* Darin warnten sie vor dem imminenten Stillstand der Arbeiten und nannten Gaudí einen *genialen Kollegen, der [der Arbeit an der Sagrada Família] seine Gesundheit, seinen Wohlstand und sein Talent geopfert hat wie ein Benediktinermönch aus dem 13. Jahrhundert.*[393]

Die Josefsvereinigung publizierte im Kriegsjahr 1914 die erste Ausgabe einer Publikationsreihe über die Bauarbeiten an der Sagrada Família. Diese Àlbums del Temple wurden über die Jahre sogar auf Spanisch, Französisch, Deutsch und Englisch übersetzt und sind wegen ihrer Beschreibungen, Zeichnungen, Plänen und Fotografien der Modelle und der Bauarbeiten ein unschätzbares Zeugnis für den Fortgang der Bauarbeiten. Bei den ersten drei Ausgaben aus den Jahren 1914, 1917 und 1925 war Gaudí noch am Leben, schrieb aber selbst keine Beiträge. Kurz nach seinem Tod erschien eine ausführliche Ausgabe des Àlbum mit einer präzisen Zeichnung der Sagrada Família, die Gaudís Assistenten angefertigt hatten.

Aber all diese Bemühungen konnten nicht verhindern, dass sich das Kunstempfinden der Gesellschaft änderte. Der endgültige Todesstoß für den Jugendstil, der finale ästhetische Kahlschlag[394] erfolgte 1914 in Deutschland, als die Vereinigung von Vertretern aus Gewerbe, Kunst und Industrie *Deutscher Werkbund* seine erste große Ausstellung in Köln organisierte, und was da gezeigt wurde, läutete ein neues Zeitalter ein. Statt bunter Lebenslust kam nun alles sachlich schlicht und streng daher.

Dieser Wandel hatte sich natürlich nicht von einem Tag auf den anderen und nicht in allen Ländern mit demselben Tempo vollzogen, aber als im Sommer 1914 der Erste Weltkrieg ausbrach, war die Blütezeit des Jugenstils vorbei. Zwar ließen sich in Katalonien noch immer vereinzelte Mandanten verspielte Häuser mit bunten Glasfenstern bauen, aber im allgemeinen strebte man nach mehr Cleanness und hielt nichts mehr von sagenhaften Vergangenheitsmythen und mittelalterlicher Handwerksromantik.

Gaudí selbst konnte mit den neuen Strömungen wie dem Kubismus oder dem beinahe religiösen Funktionalitätsglauben der reduzierten Architektur wie jene des Schweizers Le Corbusier (1887–1965), der das Haus zu einem nackten Raum machte, nichts anfangen. Er sagte, die abstrakte Kunst sei nicht plastisch, sondern entmenschlicht.[395] Er kannte den Namen Corbusiers, denn sein Eisenbeton-Skelett-System *Dom-Ino* von 1914 wurde auch in Katalonien berühmt. Gaudí meinte dazu:

> »Das Modell, das ich von diesem Architekten gesehen habe, ist eine Ansammlung von Quadern und sieht aus wie ein Bahnhofsdock, wo man Kisten abgeladen hat, die wiederum an Regale erinnern. Dieser Mann hat die Mentalität eines Zimmermanns.«[396]

Dabei sollte es ausgerechnet der sensible und intelligente Le Corbusier sein, der zwei Jahre nach dem Tod Gaudís auf einer Vortragsreise nach Katalonien diesen für sich entdeckte. In seinen Reisenotizen schrieb er: *Gaudí war ein Mann von einer Kraft und einem Glauben ebenso außergewöhnlich, wie seine technischen Fähigkeiten.* Beinahe prophetisch mutenseine weiteren Worte an: *Gaudí war ein grosser Künstler; nur jene, die zum empfindsamen Herzen der Menschen sprechen, bleiben und werden bleiben. Aber sie werden auf ihrem Weg missbraucht, nicht verstanden oder der Versündigung an der Mode des Tages angeklagt.*[397]

Wie Recht er hatte! Tatsächlich wuchs die Verachtung des Modernisme so stark, dass Gaudí bereits 1918 in einem vernichtenden Artikel in der vielbeachteten Zeitschrift *Ilustración Española y Americana* vom 8. Dezember sogar offen als geisteskrank hingestellt wurde, als *epileptischer Urheber des Palais Güell, der Sagrada Familia und des berühmten Hauses, in dem man mit dem Auto in die unteren Stockwerke fahren kann, denn hier haben wir es mit architektonischem Irrsinn zu tun.*[398]

Bei Kriegsausbruch war Gaudí vornehmlich mit den Glockentürmen beschäftigt. Der Surrealist Salvador Dalí (1904–1989) verglich die Türme der Sagrada Família mit Orgelpfeifen[399] und hatte damit nicht Unrecht. In der Tat wollte Gaudí die Kirche zu einem riesigen Resonanzkasten machen und studierte nicht nur die ideale ästhetische Form der Türme, sondern auch deren Eigenschaften als Schallkörper. Zwölf der 18 Türme sollten insgesamt mindestens 84 Glocken enthalten, welche ganze Partituren über die Dächer der Stadt ergossen. Durch abgeschrägte Fensterluken im geeigneten Winkel sollten ihre Klänge nach außen dringen.[400]

Der untere Teil der Türme war eckig, womit Gaudí das weltlich Fassbare andeuten wollte, etwa an einem Viertel ihrer Höhe wurden sie rund wie das Nicht-Fassbare und spitzten sich in kegelförmigen Paraboloiden zu. In den meisten Türmen würden Glocken aufgehängt sein. Da Gaudí kaum Fachliteratur über die Herstellung von Glocken finden konnte, musste er selbst nachforschen.

Er ließ sich dabei vom stellvertretenden Direktor des Chors Orfeó Català, Francesc Pujol (1878–1945), und einem Metallbauer beraten. [401] Von ihnen lernte er, dass je dicker die Glockenwand, desto höher der Ton war, je größer der Durchmesser, desto tiefer der Ton. Der Klöppelschlag beeinflusste Ton und Klangfarbe ebenfalls.

Bald kam Gaudí zum Schluss, dass er in seinen Türmen nicht nur die herkömmlichen wabenförmigen Kirchenglocken einsetzen würde, sondern auch platzsparende Röhrenglocken in der Form von langen, leicht trichterförmig auslaufenden Stielen. Diese Röhren würden nicht schwingen, sondern der Klöppel sollte durch Seile an einem Carillon von außen bewegt werden.

In der Presse erschienen 1915 die ersten Artikel zu den Klangproben des Architekten. Die erste und einzig erhaltene Röhrenglocke des Barnabasturms über der Geburtsfassade ist rund 2,8 Meter lang, hat einen Durchmesser von 20 Zentimetern und wiegt etwa 325 Kilogramm. Fotografien von Gaudís Atelier zeigen an den Wänden mehrere Glockenspiele mit Röhrenglocken in Zylinderform oder in der Form von ganzen oder halben Hyperboloiden.[402] Ein junger Medizinstudent, der unmittelbar nach dem Tod Gaudís einen Blick in sein Atelier werfen durfte, Miquel Aleu (1910–2011), schrieb, er habe eine Art Harmonium mit Pedalen und davor eine Reihe unterschiedlicher Metallröhren, die von der Decke hingen, gesehen, die wie Orgelpfeifen ausgesehen hätten. Pfarrer Parés habe ihm erklärt, dass die Klöppel der Röhrenglocken später elektrisch betätigt und die Falltüren an den Türmen durch eine klavierartige Tastatur ebenfalls elektrisch geöffnet werden und den Klang zusätzlich beeinflussen sollten.[403]

Mit den 18 Türmen wollte Gaudí von den Ursprüngen des Christentums erzählen. Im Zentrum stand der riesige Jesusturm, daneben, etwas kleiner, jener seiner Mutter und darum herum vier niedrigere Türme für die vier Evangelisten. An den drei Eingangsportalen sollten jeweils vier Türme die zwölf Apostel darstellen. Allerdings waren die beiden Apostel Matthäus und Johannes auch Evangelisten, gehörten daher zur Gruppe der Mitteltürme, außerdem sollte der Verräter Judas natürlich keinen Ehrenturm erhalten. Gaudí brauchte also drei Ersatzmänner.

Die Jünger hatten durch das Los entschieden, dass Matthias für Judas nachrücken sollte. Für die anderen zwei wählte Gaudí Figuren aus der Apostelgeschichte aus: Paulus, hochgebildeter Konvertit und Leitfigur der frühen Christen, sowie Barnabas, der Paulus mit den Jüngern bekannt gemacht hatte. Sein Name bedeutete *Sohn des Trostes*, und er zog mit Paulus aus, um die revolutionäre Liebesbotschaft Christi in die Welt zu tragen. Der Legende nach vollbrachte er viele wundersame Heilungen, indem er kranken Menschen eine Abschrift des Matthäusevangeliums auf den Körper legte.

Diese etwas marginale Gestalt wählte Gaudí für den zwölften Apostelturm aus, und ausgerechnet sein Turm wird der einzige sein, dessen Fertigstellung er noch erlebte. Die Apostel waren nicht alle gleichbedeutend, und so waren auch die Türme nicht alle gleich hoch. Barnabas' Glockenturm auf der linken Außenseite der Geburtsfassade sollte gut 98 Meter messen, während der Nachbarturm des Apostels Simon fast neun Meter höher war. Auf der rechten Seite, spiegelverkehrt, standen die Türme für die Apostel Judas Thaddäus und Matthias.

## 3. Wie alte Eunuchen

Im Sommer 1914 brach in Europa der erste totale, industriell geführte Massenkrieg aus. Spanien war militärisch rückständig, die Flotte marode, die Armee nach den Kolonialkriegen ausgezehrt, so dass König Alfonso XIII. im Namen der spanischen Regierung erklärte, sein Land werde sich heraushalten. Die Neutralität Spaniens hatte zur Folge, dass seine Wirtschaft unbehelligt arbeiten und andere Staaten beliefern konnte. Die Eisen- und Textilexporte stiegen besonders im Baskenland und in Katalonien wieder an.

Und für Gaudí war auch der Moment gekommen, sich endgültig von seinen letzten Projekten zu verabschieden. Nach dem

Tod von Bischof Campins in Palma de Mallorca sah Gaudí keinen Grund mehr, weiter auf die Insel zu reisen. Er hatte aus der dunklen und kalten Kathedrale ein imposantes, farbenfrohes Gotteshaus gemacht mit einer erstaunlich guten Akustik. Durch die 61 kunstvollen Glasfenster und Rosetten dringt zu jeder Tageszeit Sonnenlicht in den Innenraum und versetzt ihn in einen magischen Zauber. Heute nennen die Einheimischen ihre La Seu auch die *Kathedrale des Lichts*.

Und auch der gemeinsame Weg des unvergleichlichen Kreativ-Gespanns Gaudí-Güell war in dem Augenblick vorbei, als der apostolische Nuntius Francesco Ragonesi (1850–1931) im Sommer 1915 die Krypta der Colònia Güell einsegnete. Der kunstverwöhnte Italiener besichtigte bei der Gelegenheit auch die Sagrada Família und kam aus dem Staunen nicht mehr heraus. Fasziniert schmeichelte er: *Das hier ist ein wunderschönes in Stein gemeißeltes Gedicht, und Sie sind ein Poet!* Gaudí erwiderte:

> »Wer fühlt sich an der Seite der Kirche nicht als Dichter?«[404]

Eusebi Güell wird noch drei Jahre leben, konnte in dieser Zeit aber zumindest beruflich nichts mehr für seinen geschätzten Freund tun. Gaudí wird seinen hochverehrten Mentor, den er einen »echten Prinzen« nannte und mit dem er die politischen, religiösen, technischen, architektonischen und kulturellen Visionen teilte, auf dem Sterbebett täglich in seinem Wohnhaus im Park besuchen, wo er am 8. Juli 1918 im Alter von 72 Jahren verstarb. Er hatte ihm seinen beruflichen Durchbruch, insgesamt acht Aufträge und wichtige Kontakte zu anderen Kunden zu verdanken und für ihn einen Jagdpavillon in Garraf gezeichnet, Teile der Finca Güell und den international beachteten Palau Güell gebaut, das Weingut Garraf, das Haus für die Ingenieure bei der Zementfabrik in den Pyrenäen, die berühmte Arbeiterkolonie Colònia Güell mit der weltweit einzigartigen Krypta und nicht zuletzt den zauberhaften Park Güell. Niemand würde je wieder gewillt sein, so viel Geld und Geduld für einen

Architekten und dessen revolutionäre Visionen aufzubringen wie Eusebi Güell.

Von nun an lebte Gaudí nur noch für die Sagrada Família. Zwischenzeitlich nahm er noch ein kleines Beratungsmandat von Bischof Torras i Bages für die Restaurierung der Basilika Santa Maria in Manresa an, welches ihm auch ein Honorar einbrachte, doch er spendete das Geld sogleich der Sagrada Família.[405] Er hatte sich, wen wundert's, mit den anderen Architekten überworfen und war so ausfällig geworden, dass ihn die Kommissionsmitglieder nur mit Mühe beruhigen konnten. Auf der nachfolgenden Sitzung entschuldigte er sich bei den Kollegen.[406] Seine Ausbrüche machten ihm selbst zu schaffen:

> »Um nicht in falsche Demut zu verfallen, hat uns der Herr den kleinen Wurm aufbrausender Selbstsucht hinterlassen. Ich bin vom Temperament her ein Mann, der kämpft. Ich habe ohne Unterlass gekämpft und alles erreicht, außer, meinen schlechten Charakter zu besiegen.«[407]

Gaudí wusste längst, dass er die Sagrada Família nicht zu Ende führen würde, aber er hatte mittlerweile seine Einstellung geändert. Diese Kirche war nicht das Werk eines Architekten, sondern das eines Volkes:

> »Im Himmel gibt es so viele und so viel größere und schönere Dinge. Später werden wir von dort oben sagen: diese Kirche ist so klein! (...) Es braucht keine Eile. Was lange Bestand haben soll, muss langsam gedeihen. Wie eine Eiche, die sehr langsam wächst, aber allen Stürmen trotzt. Weiden wachsen schnell, doch bei den ersten Herbstwinden werden sie zu Boden gedrückt. Bauwerke, die der Mensch braucht, sollten zu Lebzeiten fertig werden, weil sie einen materiellen Nutzen haben, aber bei der Kirche besteht keine Eile. Wenn mich jemand fragen sollte, ob es an den fehlenden Spenden liegt, dass die Kirche nicht fertig wird,

würde ich ihm antworten: Nein, sondern wir bringen sie nicht zu Ende, weil wir nicht das Recht haben, sie fertig zu bauen. Jede Generation, jedes Jahrhundert soll seinen eigenen Beitrag dazu leisten.«

Diese Worte wurden von dem Dichter Marià Manent (1898–1988) überliefert, der im Ersten Weltkrieg als junger Mann die Sagrada Família besuchte und dort nach dem Gottesdienst Gaudí zuhörte, wie er zu einer Gruppe von Besucherinnen und Besuchern sprach. Er habe sich angehört wie *ein alter Patriarch, der mit sanfter Stimme über würdevolle und heilige Dinge spricht.*[408] Er spürte die innige Hinwendung des Architekten zu der katholischen Liturgie. Gaudí sagte, die Liturgie bleibe sich im Jahresrythmus immer gleich, und doch sei sie immer neu:

»Gerade heute zum Beispiel (...) schlägt uns die Liturgie Gebete für Zeiten des Krieges vor, um uns zu helfen, die Leiden des Krieges besser zu ertragen. Wir befinden uns ja im Krieg. Und wenn so viele Menschen fern der Kirche leben, so ist es ihre Entscheidung, die Fülle des Lebens nicht zu akzeptieren. Wer getrennt von der Kirche lebt, ist wie ein Krüppel. Wie alte Eunuchen, die ja auch verkrüppelt waren.« [409]

Zu allem Übel starb 1916 auch sein guter Freund und Mentor Bischof Torras i Bages. Die Kirchenbehörden baten Gaudí um ein Monument zu Ehren des Bischofs, doch es wurde nie gebaut. Erst 2016 wurde zum 100. Todestag des Bischofs aufgrund von Fotografien von Gaudís Zeichnungen eine Kopie des Türmchens erstellt.

Obwohl Gaudí die Musik liebte, hielt er sich für einen schlechten Sänger und hatte es bisher vermieden, einem Chor beizutreten. Aber nun besuchte er einen Kurs für Gregorianischen Choral in der Konzerthalle Palau de la Música Catalana. Die Teilnehmer waren zumeist erfahrene und gebildete Chorsänger, die sich nach jeder Probe in langen Fachsimpeleien ergingen. Einmal wandte sich während einer solchen Debatte Lluís Millet an Gaudí und fragte: *Und Sie? Was sagen Sie zu alledem, Don Antoni?* Die berühmte Antwort lautete:

> »Oh mein Freund, ich bin nicht hier, um etwas über Musik zu lernen, sondern über Architektur.«[410]

Diese Aussage erscheint auf den ersten Blick befremdlich, ist bei genauerem Hinsehen jedoch durchaus logisch. Architektur und Musik beruhen beide auf der Kraft der Ordnung und auf dem perfekten Zusammenspiel einzelner Teile. Jedes kleinste Partikel, ob Mauerstein oder Note, dient einem harmonischen Ganzen und erhält durch diese Harmonie überhaupt erst eine Bedeutung. Durch das Streben nach einem äußeren oder höheren Ganzen sind Musik und Architektur auch gleichbedeutend mit Moralität. Außerdem steht die Architektur auch im Dienst der Musik. Gaudí achtete bei seinen Räumen immer auf den Klang, denn für ihn hatten Geräusche eine mystische Bedeutung. Er wollte nicht nur das Auge, sondern auch das Gehör zu einem spirituellen Frieden hinführen.

Die Sagrada Família war eine perfekte plastische Umsetzung des gregorianischen Gesangs. Die Wellen der liturgischen Melodie wurden zu Stein, zu Wänden, zu Glockentürmen. Der Wunsch nach einer neuen *Schola Cantorum* in der Sagrada Família erforderte das minutiöse Studium der akustischen Wirkung innerhalb der Geometrie des Gebäudes, wie es Gaudí schon bei der Kathedrale von Mallorca ausprobiert hatte. Und die Kirchenglocken markieren die Abschnitte im Leben der Menschen, läuten für feierliche oder traurige Anlässe, für die Tageszeiten und skandieren den Atem der Gesellschaft, vermischen also Raum und Zeit, das Hier und das Jenseits, das Physische und das Transzendentale, Architektur und Musik.

Spaniens ökonomische Vorteile aus dem Ersten Weltkrieg wichen bald der Ernüchterung. Der Wirtschaftsboom ging an der breiten Bevölkerung vorbei, dafür blickten die linken Kräfte hoffnungsvoll nach Russland, wo der Zar gestürzt wurde und die Kommunisten unter Lenin (1870–1924) an die Macht kamen. Wenn die Belegschaft der Sagrada Família nicht wusste, ob sie den Streikaufrufen folgen sollte, riet ihnen Gaudí:

> »Tut, was eure Gewerkschaften beschließen.«[411]

Aber er kam mit seinen Arbeitern überein, dass sie die für Demonstrationen verwendeten Stunden nachholten. In diesem Sinne gab es in der Sagrada Família nie wirkliche Streiks. Gaudí selbst bezog politisch keine Stellung. Seine Angestellten gehörten verschiedenen Parteien oder Gewerkschaften an, und er kommentierte dies nie.

Sowohl die Gewerkschaften als auch die Arbeitgeber griffen aber zu immer brutaleren Mitteln. Um unliebsame Aktivisten der Gegenseite auszuschalten, heuerten sie Auftragsmörder an, sogenannte *pistoleros*. Die Pistolenschützen-Mafia wurde ab 1917 in Barcelona zu einer wahren Plage und forderte bis zur Militärdiktatur von 1923 mehr als 800 Todesopfer.[412]

Und nicht genug damit, wartete noch eine weitere Katastrophe auf die armen Menschen. Am 4. März 1918 machten sich im amerikanischen Militärcamp Funston im Bundesstaat Kansas die Soldaten gerade für die Überfahrt zu ihrem Einsatz auf den europäischen Schlachtfeldern bereit, als der junge Armeekoch Albert Gitchell (1890–1968) auf der Krankenstation vorsprach und über hohes Fieber und rasende Kopf-, Hals- und Gliederschmerzen klagte. Sein Name wird als Patient Null in die Geschichte eingehen. Innerhalb weniger Stunden war das Lazarett überfüllt mit Dutzenden weiterer Kranker, nach zwei Wochen waren es über tausend. Fast vierzig Soldaten starben. Mittlerweile waren jedoch bereits viele Einheiten eingeschifft worden und befanden sich auf dem Weg nach Frankreich.

Mit den amerikanischen Soldaten erreichte die schlimmste Grippewelle des Jahrhunderts Europa und raffte innerhalb eines Jahres mehr Menschen dahin als alle Schlachten des Ersten Weltkriegs zusammengenommen. Vorerst gaben die betroffenen Kriegsmächte aber nicht zu, dass weite Teile ihrer Truppen mit Fieber darniederlagen und kampfunfähig waren, sondern die Zensurbehörden vertuschten das Phänomen. Erst als Ende Mai 1918 die Presseagenturen aus dem neutralen Spanien kabelten, König Alfonso XIII. und viele Kabinettsmitglieder würden an einem seltsamen Virus leiden, erhielt das Gespenst einen, wenn auch irrtümlichen Namen: die Spanische Grippe.

Weltweit erkrankten schätzungsweise eine halbe Milliarde Menschen, was wohl einem Drittel der damaligen Weltbevölkerung entsprach, und hundert Millionen starben, wobei in vielen Ländern gar keine Statistiken existierten. Nach Kriegsende im November 1918 schleppten die heimkehrenden Soldaten die Krankheit dann endgültig in jeden entlegenen Winkel der Erde. Die Ärzte waren machtlos. Noch immer ungeklärt ist die Frage, warum hauptsächlich kräftige Menschen im besten Alter der Krankheit erlagen und nicht etwa ältere und schwächere wie zu erwarten gewesen wäre.[413]

Spanien schloss die Grenze nach Frankreich und versuchte, mit Hygienevorschriften und Desinfenktionsmaßnahmen die Krankheit zu bekämpfen. Im schlimmsten Moment starben in Barcelona innerhalb eines einzigen Tages 900 Menschen. Wie überall auf der Welt waren die Friedhöfe überlastet, Tote wurden in Massengräbern bestattet, die Preise für Medizinalprodukte schnellten in die Höhe. In der Presse geisterten die wildesten Verschwörungstheorien umher, so das Gerücht, die deutsche Firma Bayer hätte ihre Aspirintabletten vergiftet. Die Politiker wurden der Inkompetenz und Untätigkeit bezichtigt.[414]

Trotz dieser dramatischen Situation ging das Leben an der Sagrada Família zumindest schubweise weiter. Die Finanzreserven ermöglichten es Gaudí, der nicht an der Spanischen Grippe erkrankte, neben Matamala und Sugrañes sogar einen weiteren Hilfsarchitekten anzuheuern: Francesc de Paula Quintana (1892–1966).[415] Der 26-Jährige wird von nun an immer mit der Sagrada Família verbunden bleiben und sich nach der Zerstörung der Gipsmodelle von 1936 noch jahrelang an deren Restaurierung beteiligen.

## 4. Vom Bauhaus zu Gaudí

Der Erste Weltkrieg endete offiziell am 11. November 1918, und kein Stein schien auf dem anderen zu bleiben. Imperien wie Österreich-Ungarn, Preußen, das Osmanische Reich oder Russland lösten sich auf und neue Staaten und Regime entstanden, die afrikanischen Kolonien wurden umverteilt, Amerika rückte als Weltmacht in den Vordergrund, und viele alte Denkstrukturen wurden über den Haufen geworfen. Auch der Modernisme wurde nun endgültig begraben. In den Niederlanden gründeten einige Künstler die Bewegung De Stijl, die bald Design und Architektur bestimmte und mit ihrer radikalen Reduktion von Form und Farbe ein neues Zeitalter einläutete.

Und in Weimar eröffnete der deutsche Architekt Walter Gropius (1883–1969) die Kunstschule *Das Staatliche Bauhaus*. Der Name sollte zwar auf die mittelalterlichen Bauhütten rund um die Kathedralen und das harmonische Zusammenleben der Handwerker anspielen, aber wie bei der De-Stijl-Bewegung sprach man auch hier von einem neuen Zeitbewusstsein, bei dem das Universelle an Stelle des Individuellen trat und bestehende Traditionen und Dogmen ablöste. Die interdisziplinäre Lehranstalt Bauhaus wollte neue Formensprachen entwickeln. Die Studenten lebten in einer Art Arbeitsgemeinschaft im Sinne klassenloser Völkerverständigung zusammen. Zu den ersten Dozenten gehörten Schwergewichte der bildenden Kunst wie Paul Klee (1879–1940) oder Wassily Kandinsky (1866–1944).

Während der deutsche Kunstkritiker Meier-Graefe 1908 kein gutes Haar an Gaudí gelassen hatte, klang es bei drei jungen Bauhaus-Studenten aus Deutschland ganz anderes. Die Architekturstudenten Ernst Neufert (1900–1986) und Paul Linder

(1897–1968), der im Krieg als Luftbildfotograf tätig gewesen war, machten sich 1920 im Auftrag von Gropius gemeinsam mit dem Kunststudenten Kurt Löwengard (1895–1940) auf eine Studienreise nach Barcelona, um mittelalterliche Kirchen zu zeichnen und abzulichten. Davor absolvierten sie einen Spanisch-Kurs. Auf diese Weise kamen sie in Berührung mit Gaudí.

Paul Linder schrieb 1949 in seiner Exilheimat Peru einen wertvollen Aufsatz über seine Begegnungen mit Gaudí.[416] Er hatte eine Jüdin geheiratet und war vor den Nazis geflohen, um in Lima als Professor für Achtitektur zu arbeiten und die funktionale Bauhaus-Philosophie in Südamerika bekannt zu machen. Der Jude Löwengard schaffte die Flucht nach London erst während des Zweiten Weltkrieges, starb dort aber bald in großer Armut, während seine Familie zu Hause vor der Deportation durch die Nazis Selbstmord beging. Neufert hingegen arrangierte sich mit den Nationalsozialisten und blieb während und sogar noch nach dem Krieg hochangesehen in Deutschland tätig. Gegen Ende seines Lebens zog er an den Genfersee.

Im Gegensatz zu Meier-Graefe zeigte sich der junge Linder beeindruckt von der *belebten und wohlhabenden* Stadt Barcelona, jenem *lebensvollen, dichtgedrängtne, ganz und gar lateinischen Mittelmeer-Zentrum* zwischen dem lauten Hafengeschrei und stillen Kreuzgängen und einer eigenen Sprache. Den Park Güell empfand er als *märchenhaft*. Erstaunt stellte er fest, dass große Teile der Bevölkerung von Barcelona Gaudí jedoch nur zu dulden schienen, ihn als Außenseiter belächelten oder gar ablehnten. Man habe ihm gesagt, Gaudí sei *ein Verrückter, der Häuser baue, in denen man auf Rampen ins Obergeschoss fahre*. Nur wenige hätten den *heilig besessenen Plastiker* mit seiner Formengewalt als radikalen Neuerer erkannt.

Linder gab zu, dass er und seine Kollegen bei der Abreise aus Weimar dem Jugendstil noch überheblich gegenüberstanden und daher einige von Gaudís architektonischen Lösungen als übertrieben oder unnötig abtaten, aber vor Ort waren sie beeindruckt, besonders als sie eines Tages den *hochragenden, überaus eindring-*

*lichen Baukomplex der Sagrada Família* besichtigten. Der vierzig Jahre alte Bau, der von weitem betrachtet scheinbar still, unvollendet und wie tot dalag, und der von einer gewissen Melancholie umhüllt zu sein schien, überraschte die drei beim Nähertreten durch die *jugendliche Wildheit* seines Furors. Hinter diesen *Bergen von versteinerten Tropfen, diesen Über-Wülsten von vereisten Wasserfällen* erkannten sie einen couragierten, revolutionären Geist.

Der Bauhaus-Schüler beschrieb auch das provisorische Werkgebäude Gaudís, dessen Dach man an heissen Tagen aufklappen konnte, und das voll von kleinen geistreichen Details stecke. Auch dic Schule gefiel den Deutschen, weil die einfachen Ziegelwände dank des wellenartigen Grundrisses stabil genug waren, um das Dach ohne zusätzliche Verstrebungen zu tragen. Staunend wunderten sie sich, warum in der Welt der Architektur *der Name Gaudís so wenig genannt wurde. Keiner ist wie er so in wirklich großen Maßstäben zu Hause gewesen, und keiner übertrifft ihn, wenn er wie ein Besessener immer neue Formen ausfindig macht.* Sicher, ihnen als *Bauhaus-Puritaner* war Gaudís Stil manchmal zu üppig, aber in Barcelona sei man eben am Mittelmeer, und da habe der Puritanismus nie gedeihen können.

Von den Steinmetzen auf der Baustelle erfuhren sie, dass *Don Antoni (...) ein freundlicher Mensch und ein Sachverständiger von Stein und Steinschnitt sei.* Sie sahen den Meister auch aus seiner Hütte heraustreten und waren überrascht, wie lebhaft der Kontrast zwischen dem Monumentalwerk und dem schmächtigen, weißhaarigen Männlein war. Die drei wagten es nicht, auf Gaudí zuzugehen. Sie wollten ihn nicht wie neugierige Touristen anstarren.

Aber Linder kam immer wieder bei der Baustelle vorbei und konnte sich schließlich dem Bildhauer-Lehrling Jaume Busquets (1903–1968) annähern, der ihn beim Meister einführte, indem er ihn kurzerhand und ungebeten in Gaudís Atelier mitnahm. Dort saß der Architekt in einem weiten Raum mit einem Reißbrett auf den Knien und zeichnete mit Farbstiften Kurven auf ein Stück Papier. Die Wände waren dicht verstellt mit überfüllten Bücherregalen, im Hintergrund saß ein Zeichner an einem Tisch und arbeitete. Gaudí blickte nur kurz auf, nahm von Linder keine Notiz, und hörte Busquets zu, der irgendwann sagte, der junge Mann da aus Deutschland sei übrigens auch Architekt. Da schielte ihn Gaudí von unten herauf an und sagte ohne Umschweife und ohne Willkommensgruss:

> »Die meisten Deutschen sind anständige Menschen, aber sie sollten sich nicht mit der Kunst befassen. Sie verstehen viel von Technik und Mathematik, aber Kunst ist nicht ihre starke Seite. Und Architektur schon gar nicht.«[417]

Im ersten Moment war Linder baff über diese Begrüßung. Doch froh über die schnörkellose Direktheit, protestierte er tapfer, die deutsche Kunst sei doch untrennbar mit der europäischen verflochten. Aber Gaudí, der übrigens den ganzen Nachmittag nur Katalanisch sprach, behauptete, er verstehe anscheinend etwas anderes unter dem Begriff *Kunst*: 300 Kilometer vom Mittelmeer entfernt im Landesinneren gebe es keine wirkliche Kunst mehr, denn Kunst bewege sich auf dem Seeweg. Afrika und Rom stünden sich näher als Florenz und München. Kunswerke hätten sich nur auf Elefanten über die Alpen transportieren lassen. Ohne das Meer wären auch die Pyrenäen zwischen Spanien und Frankreich wie eine Mauer.

Linder fragte, ob er denn die gotische Architektur des Nordens nicht mochte, und der Katalane antwortete ihm, dass er sie tatsächlich geringschätze. Denn sie sei eine Architektur des Kalküls. Er behauptete:

> »Die Deutschen fangen immer erst zu rechnen an, wenn sie Kunst machen.«

Zum Beweis zeigte er ihm eine Zeichnung des Querschnitts des Kölner Doms mit bunten Flächen und Linien, welche die Belastung der Gewölbe darstellten. Übrigens entsprechen die Proportionen der Sagrada Família mit rund 95 Metern Länge und dem 60 Meter langen Querschiff in etwa dem Kölner Dom, zu dem sich Gaudí grundsätzlich positiv äußerte.[418]

> »Hier können Sie sehen, wie man bei Ihnen baut! Nicht an der unbedeutendsten Stelle verlässt die nebensächlichste Drucklinie ihren Stützen-Kern. Das ist vorzüglich errechnet worden. Aber es bleibt doch nur einseitige Rechnung. Im Querschnitt ist alles so festgelegt, dass nicht ein Gewölbesegment verschoben werden könnte, ohne das Gleichgewicht zu vernichten.«

Dafür könne man im Längsschnitt nach Westen hin ganz einfach einzelne Teile anbauen oder wegnehmen, ohne das statische Prinzip zu verändern. Es sei eine Art Regenwurm-Architektur. Bei hochstehender Architektur könne man jedoch keinen einzigen Teil weglassen, ohne dass das Ganze in sich zusammenfiele.

> »An englischen Kathedralen, glaube ich, können Sie über Nacht zwanzig Meter abschneiden, und anderntags würde es niemand merken.«

Zwischen der nordischen Gotik und jener des Mittelmeers gebe es einen großen Unterschied. Die lateinische Gotik bestehe aus unkomplizierten, großen Räumen, während die nordische spekulativ sei. Gaudí führte als Beispiel die Kirche Santa Maria del Pi von Barcelona an. Diese gebe rechnerisch nicht viel her, aber wenn man auch nur einen einzigen Gewölbebogen entfernte, würde sie zusammenfallen. Deshalb sei sie ein Kunstwerk. Auch in der Kathedrale auf Mallorca könne man mit bloßem Auge erkennen, dass sich die Hauptpfeiler nach außen neigten, weil sie eben schlecht berechnet seien. Dabei sei sie längst nicht so groß wie die nordischen Dome:

> »Aber welch wunderbarer Innenraum!«

An dieser Stelle sei Linder in den Sinn gekommen, wie fünfhundert Jahre zuvor *ein anderer bemerkenswerter Mittelmeer-Architekt mit ähnlicher Mittelmeer-Gesinnung*, Antonio di Pietro Averlino, genannt Filarete (ca. 1400–1469), von der Gotik gesagt habe, sie sei *die verfluchte Pfuscherei eines Barbarenvolkes.*

Auch bei der Musik war der Katalane der Meinung, dass die Südländer den Deutschen überlegen seien. Er sagte, man kritisiere den Leiter des Orfeó Català, weil er in sein Programm weniger Wiederholungen der großen deutschen Komponisten anbiete. Er habe ihm aber dazu gratuliert und ihm gesagt, es brauche nicht so viele Wiederholungen:

> »Wir Südländer kapieren die Melodien und Rhythmen nämlich schneller als die Deutschen.«[419]

Linder erwiderte, die Musik eines Johann Sebastian Bach sei keine Mittelmeer-Musik, aber dennoch nicht geringer einzustufen als jene eines Palestrina. Gaudí lachte ihn aus:

> »Ha, da sieht man den deutschen Protestanten!«

Da sagte Linder, er sei katholisch, was Gaudí verwunderte. Dann könne er ja verstehen, warum die katalanische Sardana genauso wertvoll sei wie die Motetten Bachs, außerdem weniger intellektuell und abgehoben. Nun entdeckte der deutsche Besucher die Werke Goethes in Originalsprache im Büchergestell des Ateliers und sprach Gaudí darauf an. Aber auch hier hatte dieser eine vernichtende Theorie: Goethe habe nichts geschrieben, was nicht bereits Sophokles und Euripides gesagt hätten. Der Rest sei nichts weiter als Bildung.

Da gab der Deutsche auf. Außerdem war es Abend geworden. Plötzlich meinte Gaudí versöhnlich, er habe ihn nicht beleidigen wollen, er sei gewiss ein ganz anständiger Mensch, und er könne ihn ja nicht davon abhalten, Architekt zu werden. Und wo er doch katholisch sei, warum sollten sie nicht gemeinsam zum Gottesdienst gehen, jetzt wo doch Fastenzeit sei. Sie fuhren mit der Tram hinunter zur Kathedrale. Dem Studenten fiel auf, wie schwach der alte Mann auf den Beinen war, denn er musste ihn beim Ein- und Aussteigen stützen. Sein Anzug sei dürftig und die Hemdmanschetten ausgefranst gewesen.

Trotz seiner schroffen Art hatte Gaudí Linder offenbar ins Herz geschlossen, denn die beiden trafen sich von nun an öfter auf der Baustelle. Der Deutsche versuchte, den Meister von der nordischen Architektur zu überzeugen, aber es war zwecklos. Entweder schwieg sein Gegenüber oder ereiferte sich, nach Worten Linders, *wie ein Volkstribun, der in römischen Majuskeln redet.* Wenn der arme Deutsche einmal ein katalanisches Wort nicht verstand, schnauzte ihn Gaudí an, das habe nichts mit Wortschatz zu tun, sondern er verstünde den Sinn nicht. In seltenen Fällen rief er seinem Zeichner zu, er solle etwas auf Spanisch übersetzen. Er selbst weigerte sich kategorisch, die Sprache der Madrider Zentralmacht zu benutzen.

Obwohl Gaudí sehr gebildet und belesen war, hatte Linder den Eindruck, dass bei all seinen Äußerungen immer eine naive, kindliche, starrköpfige und bäuerliche Note mitschwang. Tradition war für Gaudí eine unumstößliche Norm. Er war, so Linder, ganz anders als *der intellektuelle Revolutions-Typ, der in Nordeuropa so häufig ist*, sondern ein *hochbegabter und begnadeter Neuerer, der der Zeit in vielem wohl vorausgeeilt war*, der aber von der *mächtigen Welle lebendiger Tradition* getragen wurde.

Vier Jahre nach seinem ersten Besuch kam Linder 1924 ein zweites Mal nach Barcelona und schaute erneut bei Gaudí vorbei. Er wurde herzlich empfangen. Der Meister habe sich kaum verändert, bloß etwas älter sei er geworden, schrieb er. Leider seien die Arbeiten an der Sagrada Família fast nur im Modellierraum weitergegangen, aber Gaudí habe sich nicht darüber gegrämt:

> »Wenn dieser Bau das Haus eines reichen Mannes hätte werden sollen, dann müsste ich mir wohl Sorgen machen, weil ich es nicht zu Ende bringen kann. Da es sich aber um

> ein Haus Gottes handelt, ist das mit der Zeit recht unwichtig. Was zählt, ist einzig und allein dies: dass es ein würdiges und gutes Haus werde.«[420]

Dennoch schmerzte es den Aachener, dass das Lebenswerk dieses *äußerst frommen und gottesfürchtigen* Mannes unvollendet bleiben sollte, ein Werk *genial, aber fremd*. Bereits damals fragte er sich, wer eine solche Kirche je würde fertigstellen, *mit heutiger Gesinnung (…), die dieser Formengewalt und diesem Überschwang feind ist.*

Dass Gaudí in erster Linie ein Künstler war, wollte Linder daran erkennen, dass er immer wieder von Licht und Schatten sprach. Er habe die größte Freude an modernen technischen Kniffen, aber am stolzesten sei er auf die Beleuchtung der Kirchtürme an der Sagrada Família, die er mit vielen versteckten Leuchtquellen in ein Lichtermeer tauchte. Der Besucher staunte, wie der alte Mann noch alle technischen Einzelheiten seiner früheren Konstruktionen auswendig wusste. Dabei stand er den eigenen Bauwerken sehr kritisch gegenüber, und als Linder sie verteidigen wollte, erwiderte er ihm:

> »Als ich das baute, war ich so alt wie Sie es jetzt sein mögen. Darum erscheint es gut. Sind Sie erst einmal so alt, wie ich bin, dann werden Sie die Unterschiede sehen!«[421]

Linder beobachtete, wie Gaudí mit Buntstiften die Säulen zeichnete. Staunend bemerkte er, dass er lediglich die Drucklinien, aber nie das körperliche Volumen bestimmte. Immer wieder versuchte Gaudí, dem jungen Kollegen seine Berechnungen zu erklären, und wurde ungeduldig, wenn dieser sie nicht verstand. Immer wieder malte er mit den Händen Parabolbögen in die Luft, um ihm zu erklären, dass durchhängende Gewölbe sehr gut ohne Eisen-Armierungen auskommen konnten, was Linder nicht glauben wollte, auch nicht, nachdem er die Krypta Güell mit den schrägen Basaltsäulen und den Rippengewölben besichtigt hatte. Gaudí versuchte ihm beizubringen, welche statischen und strukturellen Berechnungen diesen scheinbaren Phantasieformen unterlagen, und er wunderte sich, dass sich in diesen Momenten die kulturellen Rollen verkehrten, und *der Mann vom Mittelmeer den rationellen Standpunkt, den ich rechtens hätte vertreten müssen*, verteidigte.

## 5. Die vierte Säule

Im Modellierraum war der großartige Innenbereich der Sagrada Família weitergekommen. Heute stehen die Eintretenden staunend vor dem hohen Säulenwald mit dem einzigartigen Baumkronen-Gewölbe. Aus der Kunstgeschichte kannte Gaudí drei Arten von Säulen: die zylindrische glatte und schmucklose Säule mit runder Basis wie im Pantheon in Rom, die griechische Säule mit vertikalen, von oben nach unten verlaufenden Streifen wie im Parthenon von Athen, und die typisch barocke salomonische Säule mit aufsteigenden Spiralen wie die Baldachinsäulen im Petersdom. Diese drei Säulenarten verschmolz Gaudí zu einer vierten, die doppelt geschraubte Säule.[422] Die Säulen sind leicht angeschrägt, da Gaudí überzeugt war, dass die Kirche dadurch erdbebensicherer wurde.[423]

Die Sagrada Família ist außen benediktinisch, innen zisterziensisch. Der mittelalterliche Zisterzienser-Abt Bernhard von Clairvaux (1090–1153) wollte die Sakralkunst auf ein Minimum reduzieren, um die Gläubigen nicht von der inneren Einkehr und Hinwendung zu Gott abzulenken. Er inspirierte Gaudí für die Gestaltung des Innenbereichs. Bei den figurenübersäten Außenwänden berief er sich auf den einflussreichen Benediktiner-Abt Suger von Saint-Denis (1081–1151), der in üppigen Dekorationen nicht eitle Versuchung, sondern Anregungen für die geistige Erhebung und ein didaktisches Lehrmittel für die Heils- und Kirchengeschichte sah.

Die Säulen im Innenraum waren schlicht, hatten aber eine präzise Symbolik. Sie bedeuteten das Kirchenvolk, auf dem die Kirche, die Heilige Familie, Gott selbst ruhte. Jeder Pfeiler wurde einer Figur aus der Kirchengeschichte oder kirchlichen Gemeinschaften zugeordnet. So bedeuteten die vier Säulen in der Mitte unter dem Christusturm die vier Evangelisten, weil auf ihnen das Neue Testament oder die Lebensgeschichte Christi gründete. Seitlich davon stehen zwölf Pfeiler für die zwölf Apostel. Jene neben dem Altar bedeuteten Petrus als Apostel der Juden, und Paulus als Apostel der Nichtjuden. Hinter dem Altar sollten zwei Reihen von je zwölf Säulen stehen für die männlichen und die weiblichen Klostergemeinschaften. Weitere Stützen der Kirche waren die Bistümer Kataloniens, und in den Seitenschiffen standen die Säulen der spanischen Bistümer, die übrigen waren den Bistümern der ganzen Welt gewidmet als Zeichen für die Universalität der Kirche.

Gaudís neuer Mitarbeiter Joan Bergós hielt bereits 1920 an der Gewerbeschule von Barcelona seinen ersten Vortrag über die Sagrada Família und veröffentlichte im Laufe der Jahre zahlreiche Schriften und eine Biografie über Gaudí. Er erzählte, dieser habe 1919 eine definitive Lösung für die Kirchenschiffe bestimmt mit einer baumartigen Struktur und einem Gewölbe in der Form von sowohl konvexen Hyperboloiden (für Säulen und Wände) als auch konkaven Hyperboloiden (Kuppeln mit Laternen-Schlusssteinen), die ihrerseits direkt mit hyperbolischen Paraboloiden, Konoiden und doppelt geschraubten Regelflächen verbunden waren und sich in der Höhe verzweigten.

Für die Zeichnung dieser komplizierten geometrischen Formen der Regelflächen habe ihn Gaudí gefragt, ob er nicht *einen Architekturstudenten mit einem hervorragenden Auge, tadellosen Manieren und guten zeichnerischen Fähigkeiten kannte.* Ohne zu zögern habe er ihm einen Namen genannt*: Quintana, der wegen seines Charakters von allen Komilitonen geschätzt und für sein großes zeichnerisches Talent bewundert wurde.*[424]

Quintana hatte bereits als Hilfsarchitekt für Gaudí gearbeitet, und noch vor Abschluss des Studiums übertrug ihm der Meister die komplizierte Zeichnung der Säulen, die heute zu den Wunderwerken der Architektur gehören. Eines Tages sagte Gaudí zu

Bergós, dieser Quintana sei zwar ein guter Zeichner, aber er sei etwas zu langsam. Daraufhin ermahnte Bergós seinen Freund, er solle sich weniger in Details verlieren und dafür etwas mehr Tempo machen.[425]

Als religiöser Mensch glaubte Gaudí an das Weiterleben in Herrlichkeit nach dem Tod, und als Künstler hatte er keine Berührungsängste mit toten Körpern. Der Sohn seines Nachbarn im Park Güell, Alfons Trias, schloss nach dem Krieg sein Medizinstudium mit Bestnoten ab und erhielt von der Universität die Erlaubnis, im Beisein Gaudís einen Leichnam zu zerlegen, um die Muskeln und Bänder zu studieren. Gaudí durfte sogar ein menschliches Skelett in seine Werkstatt mitnehmen, wo er es mit Draht und Metallstäben fixierte, in verschiedenen Posen aufstellte und hinsetzte, als wäre es eine Marionette, um es dann wie üblich von allen Seiten zu fotografieren. Manchmal steckte er das Skelett sogar in Kleider.[426]

Eines Tages durfte Gaudí in einem Krankenhaus der letzten Ölung eines Sterbenden beiwohnen. Der Priester erzählte später, Gaudí habe gesagt, er habe den Moment gesehen, als die Seele den Körper verlassen habe und von der Heiligen Familie in Empfang genommen worden sei.[427]

In seinem Büro modellierte er in jenen Jahren zwei Gebäudeteile, die für die nachfolgenden Architekten der Sagrada Família von zentraler Bedeutung sein sollten. Es handelte sich um die beiden Sakristeien, die wie Artischocken rechts und links über den Ecken des Kreuzgangs stehen und als mathematische Vorlage für die Türme dienten. Der Grundriss jeder Sakristei gleicht einem vierblättrigen Kleeblatt und hat eine Seitenlänge von etwa 17 Metern. Das Dach hingegen sollte aus zwölf hyperbolischen Paraboloiden zusammengesetzt sein, welche konkave und konvexe Oberflächen bildeten und wie Knospen nach oben zeigten. Dasselbe Bauprinzip galt für die großen Türme über dem Kirchenschiff, so dass Gaudí für diese nicht einmal ein eigenes Modell herstellen ließ, denn ihre Konstruktionsweise konnte aus den beiden Sakristeien abgeleitet werden.

Die vier unfertigen Türme waren auf etwas über 80 Meter angewachsen, die ersten Buntglasfenster in Auftrag gegeben, einige bei der Union Vidriera Española, andere bei der Glasbrennerei Fornace Orsoni in Venedig, die auch viele Mosaiksteinchen lieferte, mit der Teile der Sagrada Família überzogen wurden.[428] Die Firma Orsoni existiert noch heute und berschreibt sich als einzige Glasbrennerei, die seit 1888 mit derselben Methode arbeitet.

Gaudí machte sich nun an die Details der dritten Fassade, mit der die Herrlichkeit Gottes dargestellt werden sollte. Die Geburtsfassade im Osten hatte er als Pflanze verstanden, die von unten nach oben wächst, wie ein Leben, das von der Erde kommt und sich sich dem Himmel nähert. Die Passionsfassade im Westen hingegen war trauriger, folgte in strenger Ordnung und schnörkelloser Struktur den Meditationen des heiligen Johannes vom Kreuz, den Gaudí während seines Maltafiebers in Puigcerdà kennengelernt hatte. Sie war horizontal ausgerichtet, im Zentrum stand der Gekreuzigte, der für den Menschen gestorben war, um dessen Sünden zu sühnen, und beim Betrachten schlug man mit den Augen automatisch ein Kreuz. Die Dynamik der südlichen Fassade der Herrlichkeit hingegen verlief von oben nach unten, weil Gottes Herrlichkeit vom Himmel kommt.

Über dieser Fassade standen die Türme für Petrus, Paulus, Jakobus und Andreas. In großen Lettern sollte dort das Wort *credo*, ich glaube, stehen. Es ist das erste Wort des Apostolischen Glaubensbekenntnisses, das vom Kirchenvolk in jedem Gottesdienst aufgesagt wird: *Ich glaube an Gott, den Vater, den Allmächtigen, den Schöpfer des Himmels und der Erde, und an Jesus Christus, seinen eingeborenen Sohn.* Dieses Wort *credo* sollte von weit her zu lesen sein, sogar von den Schiffen aus, die in den Hafen von Barcelona einfuhren. Die restlichen Textpartien des Glaubensbekenntnisses waren etwas kleiner, doch auch sie würden von weitem erkennbar sein.

Trotz der schleppenden Arbeiten konnte Ende 1921 im Beisein von Kardinal Francesc Vidal (1868–1943) auf dem riesigen Platz hinter dem Geburtsportal der Sockel der ersten Säule des Kirchenschiffes eingeweiht werden. Der Zementblock wog über 22 Tonnen und gehörte zur Säule für das Bistum von Tarragona, der Heimat Gaudís. Zu Tausenden drängten sich die Menschen um die Holzgerüste vor einen improvisierten Altar und eine riesige Bühne für die Musiker. Lluís Millet hatte neun Chöre mit insgesamt an die tausend Laiensänger zusammengezogen, die vor der Apsis Händels *großes* Halleluja anstimmten. Nach dem Gottesdienst applaudierte die Menge begeistert und umringte Gaudí, um ihm ihre Wertschätzung zu bekunden.[429]

Bald sollten solche Sympathiebekundungen für den Architekten der Sagrada Família aber nicht mehr möglich sein. König Alfonso XIII. schaute tatenlos oder vielleicht sogar wohlwollend zu, wie sich keine zwei Jahre später der aristokratische Andalusier General Miguel Primo de Rivera (1870–1930) zum neuen Diktator Spaniens putschte, das Parlament auflöste und im ganzen Land alle politischen Parteien verbot. Für die nächsten sechs Jahre wird Spanien von der Militärdiktatur Primo de Riveras beherrscht, unter die auch Gaudís Tod fallen wird. Primos Sohn und Tochter werden zehn Jahre später die erste faschistische Bewegung Spaniens mit Namen *Falange* gründen.

Kataloniens argwöhnisch tolerierte Selbstverwaltung endete hiermit. Alle katalanischen Symbole, darunter auch Gaudís Kandelaber in Vic, wurden aus dem öffentlichen Raum verbannt und zerstört. Von nun an war es wieder verboten, Katalanisch zu sprechen, ebenso wurde die katalanische Flagge untersagt. Katalanische Ortsnamen wurden ins Spanische übersetzt.

Ungeachtet der Verbote feierten die Katalanen am 11. September 1924 ihren Nationalfeiertag. Die spanische Polizei riegelte viele Kirchen ab, weil dort subversiv patriotisch gepredigt wurde, und als sich Gaudí gegen acht Uhr früh durch die Absperrung vor der Kirche der Heiligen Justus und Pastor im gotischen Viertel zwängen wollte, drängten ihn die Beamten der Guardia Civil zurück. Bereits drei Jahre zuvor wurde er wegen Beamtenbeleidigung beinahe verhaftet, als es während den Jocs Florals zu Tumulten gekommen war. Gaudí hatte bei der Tür gestanden und einige Stockschläge abbekommen, woraufhin er die spanischen Polizisten lauthals mit »elendes Pack« und »blutrünstige Schweine« angeschrien hatte, bevor ihn sein Begleiter Alfons Trias wegzerrte.[430] Auch jetzt beschimpfte er die Polizisten vor der Kirche in der verbotenen katalanischen Sprache, und prompt führten ihn die Wächter auf das Kommissariat ab.

Umstehende hatten die Szene miterlebt und boten ihm an, seine Familie zu benachrichtigen. Gaudí erwiderte, er habe niemanden mehr, aber man sollte doch bitte Pfarrer Gil Parés, den Leiter der Josefsvereinigung Dalmases und den Verein Lliga Espiritual de la Mare de Déu de Montserrat informieren. Auf dem Polizeirevier wurde er verhört. Welchen Beruf er habe, fragten ihn die Beamten auf Spanisch. Er erwiderte auf Katalanisch: »Architekt«. Ein Polizist schnauzte: *Später werden Sie eine Berufsbezeichnung auf Spanisch erhalten!* Die Antwort kam prompt: »Und die Steuern werde ich auch auf Spanisch bezahlen!« Da platzte dem Polizisten der Kragen: V*erdammte Katalanen! So stur mit ihrem hündischen Dialekt! Sprechen Sie Spanisch und wir werden Sie gehen lassen. Wenn Sie aber weiter Dialekt sprechen, kommen Sie ins Verlies!* Gaudí kramte einen Rosenkranz und ein kleines hölzernes Kruzifix aus der ausgebeulten Jackentasche und sagte:

> »Ich bin ein 71-jähriger Mann und habe keine anderen Waffen als diese hier.«[431]

Die Beamten sperrten ihn in eine Zelle. Dort saßen bereits zwei weitere Männer. Der eine wartete auf seine Entlassung, der andere hatte ohne behördliche Lizenz auf der Straße Waren verkauft und konnte die 25 Peseten Bußgeld nicht bezahlen. Gaudí fragte ihn, ob er sich das Geld nicht von jemandem leihen konnte, aber der Mann verneinte. Als Quintana herbeieilte, um ihn auf Kaution aus dem Gefängnis zu holen, bat ihn der Architekt, auch gleich das nötige Geld für den Straßenhändler zu hinterlegen. Dieser wollte von ihm den Namen wissen, um ihm die geliehene Summe zurückzuerstatten, aber Gaudí erwiderte:

> »Mein Name ist unwichtig. Aber wenn Sie eines Tages das Geld beisammenhaben, um es mir zurückzugeben, spenden Sie es im Namen der Barmherzigkeit an jemanden, der es braucht, so wie ich es mit Ihnen getan habe.«

Um zwölf Uhr wurde Gaudí freigelassen. Als er an den Polizeibeamten vorbeiging, sagte er zu ihnen:

> »Ich hoffe, dass Sie mich das nächste Mal nicht mehr so beleidigen wie vorhin.«

Am nächsten Morgen fragten ihn seine Mitarbeiter, ob die Polizisten denn nicht aufgemerkt hätten, als er ihnen seinen Namen nannte. Er meinte:

> »Habt Ihr denn nicht gesehen, dass das Ignoranten sind?«

Das Erlebnis hinterließ in Gaudí einen bitteren Nachgeschmack. Er schilderte die Szene wie den Vorhof zur Hölle: dünne Wärter, die ausgesehen hätten wie arme Teufel, dann die Chefs, besser bezahlt und dickbäuchig, und schließlich die Luzifers, die Befehle erteilt hätten. Besonders die Willkür und Gewalt der Beamten beunruhigten ihn. Man habe ihn wüst und vulgär beschimpft und erniedrigt, aber er sei immer höflich geblieben.

> »Ich habe nie die Haltung verloren, aber meine Antworten haben sie aus dem Konzept gebracht, und sie wussten nicht, wie sie erwidern sollten. Was geschehen ist, macht mich sehr traurig, besonders wenn ich darüber nachdenke, in welcher Welt wir leben. Denn diese ganze Aggressivität richtet sich gegen Katalonien. Diese ganze Aggressivität mir gegenüber kam nur daher, dass ich Katalanisch sprach.«[432]

Unter der verhassten Militärdiktatur rückten die Menschen wieder zusammen. Zum Hochfest der Taufe Jesu am 13. Januar 1924 stellte die Josefsvereinigung in der Krypta der Sagrada Família einige Heiligenreliquien aus und feierte zu jeder Stunde einen Gottesdient. Am Abend strömte viel Publikum herbei, zu Fuß, zu Pferd, mit dem Automobil oder der Straßenbahn Nummer 60, um wie jedes Jahr die bengalischen Lichter zu bestaunen, mit denen Gaudí die Geburtsfassade und die Türme ausleuchtete. Auch bei der Karfreitags-Prozession drängten sich über 1300 Personen bereits um sechs Uhr früh hinter dem Kreuz. Und wie immer hatte Gaudí die ganze Nacht davor gebetet.

Aber das Leben unter der Diktatur wurde immer schwieriger. Bald kamen auch das Orfeó und sogar der Fußball unter ihre Räder, und Schuld daran war eine kleine und gutmeinende Musikkapelle aus England. Der Fußball hatte bereits die Welt erobert. Auch Gaudí mochte die neue Sportart und schenkte der väterlichen Heimatstadt Riudoms sogar ein Stück Land aus dem Familienerbe für einen Fußballplatz. 1925 wurden in der spanischen Liga zwei katalanische Clubs in ihrer Kategorie Landesmeister, der FC Barcelona in der ersten und der Quartierverein CE Júpiter in der vierten Liga. Gemeinsam wollten sie in Barcelona ein Benefiz-Spiel zugunsten des Gesangsvereins Orfeó Català austragen, aber die spanischen Behörden verboten den Anlass sofort. Besonders der Gründer und Präsident des FC Barcelona, der Schweizer Joan Gamper (1877–1930), hatte jedoch nicht die Absicht, sich der Diktatur zu beugen. Das Spiel fand statt, und satte 14.000 Zuschauer strömten am 14. Juni 1925 in das Stadion Camp de les Corts.

Zuerst ging alles gut, aber in der Pause kam es zum befürchteten Eklat. Eine kleine Musikkapelle aus England, dem Mutterland des Fußballs, befand sich zufällig in Barcelona und wollte in der Pause den Mannschaften und dem Publikum eine musikalische Einlage darbieten. Im Glauben, den Fans eine Freude zu machen, stimmten die ahnungslosen Touristen die spanische Nationalhymne an. Sogleich ergossen sich wütende Pfiffe und Buhrufe über die armen Engländer, deren Dirigent vor Schreck die Musik unterbrach und das Erste spielen ließ, was ihm in der Hast gerade einfiel: die britische Nationalhymne. Und nun brach auf den Rängen tosender Applaus los.

*1924, zwei Jahre vor seinem Tod, nimmt Gaudí an einer kirchlichen Prozession vor der Kathedrale von Barcelona teil.*

Die Partie endete 3:0 für den FC Barcelona, die Engländer reisten erleichtert ab, aber die Reaktion der Zentralregierung auf die Buhrufe für die spanische und die Ovationen für die ausländische Hymne ließ nicht lange auf sich warten. Gamper wurde des Landes verwiesen, der FC Barcelona für sechs Monate gesperrt, und der Chor Orfeó Català, dem das Fußballspiel ja gewidmet war, wurde zum Entsetzen Gaudís und der Barceloner sogar aufgelöst. Die Vereinslokale wurden geschlossen, kein Musikunterricht fand mehr statt, und es durften keine Konzerte mehr gegeben werden. Erst als die Chorleitung der Regierung versprach, fortan alle politischen Aktivitäten zu unterlassen, durfte das Orfeó die Proben wiederaufnehmen.

Es war ein unglücklicher und schwieriger Sommer für alle. Seit dem Tod von Roseta wechselten sich Matamala und Santaló im Park Güell ab, um den Freund nachts nicht allein zu lassen, aber dieser übernachtete immer häufiger in seinem Atelier. Man hatte ihm im hinteren Teil des Raumes ein gusseisernes Notbett hingestellt, das er durch einen Paravent abschirmte.

Seit einigen Jahren litt Llorenç Matamala an einem bösartigen Geschwür auf der Nase und musste im Gesicht immer eine Binde tragen. Nach einem Schlaganfall wurde er 1925 ins Krankenhaus überwiesen, wo ihn Gaudí täglich besuchte. Er sagte zu ihm:

> »Gott wacht über uns, Llorenç. Er gibt uns niemals auf. Wir brauchen das Böse in den Dingen nicht zu fürchten, aber das Böse der Seele, das muss man verhindern.«[433]

Der langjährige innige Vertraute Llorenç Matamala, mit dem Gaudí seit dem Studentenjob bei Fontserè zusammenarbeitete und in dessen Wohnung er ein- und ausging, starb am 29. Juli 1925 mit 69 Jahren. Nun wollte Gaudí nicht mehr in seinem einsamen Haus im Park Güell bleiben. Er brachte seine wenigen persönlichen Habseligkeiten in die vollgestopfte Werkstatt und schlief fortan hinter dem Paravent, umgeben von einem unheimlichen Wald von Skultpuren und Gipsmodellen. Die liebenswerte Isabel, Frau von Joan Bergós, fragte Gaudí eines Tages, ob er sich denn in seinem Atelier nicht einsam fühle. Der Architekt antwortete:

> »Ich bin nicht allein, sondern umgeben von allerhand herrlichen Dingen und der Schönheit der Natur und der Kunst.«

Isabel fragte: *Dann sind Sie also glücklich?* Die enigmatische Antwort des Architekten lautete:

> »In dieser Welt ist der Glückliche immer der andere.«[434]

## 6. Ein paar schöne Dinge

Beim Gehen war Gaudí stets in Gedanken versunken, merkte kaum, wenn man ihn grüßte, sondern marschierte geradewegs durch den Straßenverkehr. Einmal wurde er beinahe von einem Auto überfahren, das im letzten Moment noch abbremsen konnte. Sein Begleiter Vilarrubias wollte ihn am Ärmel von der Straße zerren, aber Gaudí änderte seinen Schritt nicht, sondern schnauzte forsch:

> »Nein, Vicenç, er muss bremsen und uns vorbeilassen!«

Der Autofahrer rief ihm hinterher: *Alter! Dieses Mal hast du Glück gehabt, aber beim nächsten Mal wird dir hoffentlich eine Lektion erteilt!*[435] Wie Recht er haben sollte!

Einmal begleitete ihn der junge Matamala in der Straßenbahn, als sie hörten, wie hinten im Wagen ein Mann seiner Frau zuraunte: *Siehst du den Mann mit dem Hut da vorne? Das ist der, der die Sagrada Família baut. Man sagt, er sei verrückt.* Gaudí tat so, als habe er nichts gehört und starrte in seine Zeitung. Beim Aussteigen meinte er zu Matamala:

> »Hast du das gehört? Ich bin verrückt! Was hältst du davon?«

Joan antwortete, er solle sich das nicht zu Herzen nehmen, die Leute würden eben so mancherlei Dinge sagen. Gaudí antwortete:

> »Dann sollen sie eben. Gelobt sei Gott.«[436]

Der 30. November 1925 war ein großer Tag für die Sagrada Família: Auf dem Sankt-Barnabas-Turm links über der Geburtsfassade wurde in 98 Metern Höhe der letzte Stein angebracht. Der erste Turm der Sagrada Família war fertig, und auf seiner Spitze thronte ein rundes Medaillon mit einem goldfarbenen gleicharmigen Kreuz, das von weißen Kugeln umrahmt wird, welche die Perlen des Rosenkranzes darstellen. Die 25 Meter hohe Turmfiale war mit venezianischem Mosaik aus Muranoglas in warmen Herbstfarben besetzt.

Heute können die Touristinnen und Touristen mit einem Lift bis weit hinauffahren, das atemberaubende Panorama bestaunen und über nicht enden wollende enge Wendeltreppen wieder herunterklettern. Die Treppen verlaufen im unteren Teil des Turms im Innern, weiter oben im Freien. Auch die erste Röhrenglocke wurde befestigt. Und wie erhofft, konnten die Menschen sogar vom Hafen aus oder aus den Schiffen von weitem den Schriftzug *Hosanna* und *Excelsis* am Turm erkennen.

Die Reaktionen fielen wohlwollend bis begeistert aus. Ein Bekannter Gaudís kommentierte den Barnabas-Turm mit einem einzigen kurzen Satz, den Gaudí daraufhin immer wieder zitierte und auf den er sehr stolz war: *Fa goig! (Es macht Freude).* Gaudí war erleichtert über die wohlwollenden Kommentare und sagte zu Matamala:

> »Sie sagen, er sei sehr schön. Offenbar gefällt er ihnen. Umso besser! Vermutlich haben wir es richtig gemacht …«[437]

Die letzten Monate seines Lebens verbrachte Gaudí wie die Jahrzehnte zuvor mit Arbeiten und Beten. Seine Besucher waren erstaunt über den ungebrochenen Enthusiasmus und die Energie, die der schmächtige alte Mann ausstrahlte. Die Menschen sagten, man lerne erstaundlich viel von ihm, und nicht nur über Architektur. Dabei erachtete sich Gaudí nicht als Künstler oder Intellektuellen:

> »Menschen können in zwei Kategorien unterteilt werden: Menschen des Wortes und Menschen der Tat. Die ersteren sprechen, die letzteren handeln. Ich gehöre der zweiten Gruppe an. Mir fehlen die Mittel, um mich adäquat auszudrücken. Ich wäre nicht in der Lage, meine künstlerischen Konzepte zu erklären, weil ich gar keine solchen umgesetzt habe. Ich hatte gar nie die Zeit, um über solche zu reflektieren. Ich habe meine Zeit meiner Arbeit gewidmet.«[438]

Der liebe Freund Dr. Pere Santaló musste sich 1926 einer Prostataoperation unterziehen und wurde in die Klinik Tres Torres weit im Westen der Stadt eingeliefert. Gaudí war in Sorge um ihn und schaute jeden Tag bei ihm vorbei, und Santaló wartete jeden Tag auf Gaudís Besuch. So auch an jenem fatalen Montagabend, dem 7. Juni 1926.

Wie gewohnt, unterbrach Gaudí gegen 17.45 Uhr seine Arbeit im Atelier, legte den Zeichenstift nieder und machte sich in die Altstadt zur Neri-Kirche auf, um dort zu beten und beichten. Anschließend würde er mit der Tram zu Doktor Santaló hinausfahren, sich mit ihm unterhalten, um dann wieder zur Sagrada Família zu fahren, etwas rohes Gemüse zu sich zu nehmen, zu lesen, nachzudenken und sich nach dem Rosenkranzgebet hinter seinem Paravent schlafen zu legen.

Der Grauhaarige griff nach seinem Stock, und bevor er sein Büro verließ, drehte er sich zu dem jungen Bildhauer Vilarrubias um, der im Atelier noch an der Fassung für eine Lampe arbeitete, und sagte zu ihm seinen letzten, einfachen, schlichten Satz, der beweist, dass er nicht ahnte, dass sein Weg hier zu Ende war. Es war die liebevolle Mahnung an den jungen Künstler, der die Zukunft bedeutete, das Weiterdrehen des unendlichen Rades des werterfüllten Lebens:

> »Komm morgen frühzeitig, Vicenç, dann machen wir ein paar schöne Dinge!«[439]

*Die Sagrada Família beim Tod Gaudís 1926.*

# VI. WIE ES WEITERGING

Gaudí starb drei Tage nach seinem Zusammenprall mit der Straßenbahn, am 10. Juni 1926, im Armenspital der Heiligkreuz-Schwestern in Barcelona. Die Zeitungen berichteten ausführlich von dem Unfall und dem unrühmlichen Verhalten der Beteiligten. Die schockierten Hilfsarchitekten, Bildhauer und Bauarbeiter der Sagrada Família stellten sich sofort die bange Frage: Würde die Sagrada Família nun auch ohne Gaudí weitergebaut werden, ohne die finanziellen Zuwendungen, die er persönlich seit Jahren für sein Bauwerk zusammenbettelte?

Die engsten Freunde organisierten die Beerdigung. Er war wie ein Bettler gestorben und sollte wie ein König begraben werden. Dabei hatte sich Gaudí eigentlich etwas anderes gewünscht. In seinem Testament stand, er wolle ohne jeglichen Pomp beigesetzt werden. Aber daran war überhaupt nicht zu denken, zu sehr hatte sich der Architekt als katalanische Identifikationsfigur in das Bewusstsein der Bevölkerung eingeprägt, erst recht jetzt in der Diktatur, da es verboten war, katalanisch zu sein und zu sprechen.

Zunächst wurde der Leichnam in eine Mönchskutte gekleidet und einbalsamiert. Man legte ihm einen Rosenkranz in die linke Hand. Um das Totenbett wachten einige der engsten Vertrauten: der junge Arzt und langjährige Nachbar Gaudís Alfons Trias und die Architekten Josep Francesc Ràfols, Isidre Puig i Boada und César Martinell.[440] Joan Matamala arbeitete bis tief in die Nacht, um den Verstorbenen zu zeichnen und die Totenmaske zu fertigen. Dazu ölte er das Gesicht Gaudís ein und verstrich Gips darauf. Als er die eingedickte Maske abziehen wollte, blieb ein Augenlied Gaudís an der Gipsmasse hängen und rutschte beim Abziehen nach oben, so dass sein stahlblaues Auge zum Vorschein kam. Die Anwesenden erklärten, es habe so ausgesehen, als habe der Architekt noch ein letztes Mal allen zugezwinkert.

Der frischernannte Bischof von Barcelona, Josep Miralles (1860–1947), schickte ein Telegramm zum Papst nach Rom mit der Bitte um Erlaubnis, Gaudí in der Krypta der Sagrada Família beisetzen zu dürfen, was ihm gestattet wurde. Am Freitagvormittag wurde Gaudí in der Totenkapelle des Krankenhauses aufgebahrt, damit die Menschen von ihm Abschied nehmen konnten. Der Besucherstrom brach nicht ab und überforderte die Ordnungshüter vor dem Krankenhaus und in den Korridoren hoffnungslos. Den ganzen Freitag über wurden in der überfüllten Kapelle fast ununterbrochen Messen gelesen. Am letzten Gottesdienst, es war bereits Nacht, tauchte schließlich auch der Bürgermeister von Barcelona auf, der wegen politischer Bedenken lange gezögert hatte, denn er war Madrid-treu und wollte sich nicht solidarisch zeigen. Mehrere Bischöfe aus anderen Diözesen schickten Telegramme und beschieden allen Gottesdienstbesuchern, die an einer Andacht für das Seelenheil des Verstorbenen teilnahmen, den Ablass, also die Vergebung ihrer Sünden.[441]

Am Samstagnachmittag, dem 12. Juni 1926, war der Innenhof des Krankenhauses zum Bersten voll, und Abertausende Menschen in dunklen Kleidern säumten die Straßen. Um Viertel nach fünf zogen zwei Rappen die schwarze Kutsche mit einem schlichten Baldachin über dem Sarg vom Armenspital in Richtung Kathedrale. Hinter dem Sarg schritten Vertreter aller Berufsgilden oder sonstiger Vereinigungen, denen Gaudí angehörte oder mit denen er zu tun gehabt hatte, einher: die Architektenzunft, der Gesangsverein Orfeó Català, der Wanderclub Excurcionistas, der Kulturverein Ateneu Barcelonès und der Lukas-Künstlerzirkel, religiöse Gruppen, Geistliche aus der Stadt und aus Gaudís Heimat Reus, aus Montserrat und Tarragona, zahlreiche Priester, Politiker aus den Herkunftsorten von Gaudís Eltern, Reus und Riudoms, sowie Amtsträger aus Barcelona und Vertreter der von der Diktatur verbotenen katalanischen Autonomieregierung Mancomunitat und natürlich die Bauarbeiter der Sagrada Família mit ihren Familien, die Bildhauer, Freunde, Lehrerinnen der Schule der Sagrada Família, ehemalige Auftraggeber, Spender, Bewunderer, und Verwandte der Familien Gaudí und Cornet. Aber keine Logen. Gaudí war kein Freimaurer gewesen.

An vielen Häusern hingen schwarze Tücher von den Fenstern. Unter dem Totengeläut der Kirchenglocken trugen die Studenten der Höheren Schule für Architektur gegen sechs Uhr den Sarg Gaudís durch den Seiteneingang in den Kreuzgang der Kathedrale, wo ihn die höchsten Vertreter der Stadt und der versammelte Klerus empfingen und wo er eingesegnet wurde. Die Chöre und Menschen sangen das gregorianische *Libera me, Domine, de morte aeterna* – Befreie mich, Herr, vom ewigen Tod –, als der Sarg zur Hauptpforte geleitet wurde. Wieder schlugen die Glocken an, und der Zug bewegte sich den langen Weg nach Norden hinauf, jenen Weg, den Gaudí jahrzehntelang jeden Abend in umgekehrter Richtung zu Fuß zurückgelegt hatte.

Die Leichendroschke fuhr vorbei an einem Meer von Menschen hinauf zur Baustelle der Sagrada Família, an der Gaudí 43 Jahre lang mit zunehmender Intensität gearbeitet hatte. Um Punkt halb acht Uhr traf der Trauerzug unter Glockengeläut bei der Sagrada Família ein, wo seit fünf Uhr bereits viele Menschen warteten. Ordnungskräfte sorgten für Ruhe. Im künftigen Kirchenschiff unter freiem Himmel waren ein provisorischer Altar und ein großes Kreuz aufgebaut und mit schwarzen Tüchern behängt worden. Auf dem Altar brannten zwei große Kerzen. Der Männer- und Kinderchor des Orfeó Català und die Vereinsmitglieder der Gebetsbewegung Lliga Espiritual de la Mare de Déu de Montserrat sangen liturgische Psalmen. Einige Arbeiter der Sagrada Família hievten den Sarg von der Kutsche und trugen ihn zum Altar, gefolgt von den Geistlichen und einem Fackelzug. Nach den Gebeten und Wechselgesängen wurde der Sarg schließlich in die Krypta getragen.

Rechts des Mittelaltars befand sich bereits das Grab von Josep Maria Bocabella. In der ersten Nische links des Altars unter einer Statue der Muttergottes del Carmen, Schutzpatronin der Karmeliten, der Seeleute und der spanischen Armee, wurde nun Gaudís Sarg feierlich unter den Gesängen des Requiems von Victoria in den Boden versenkt und mit einer Steinplatte zugedeckt. Danach beteten die dichtgedrängten Anwesenden, von denen nur ein kleiner Bruchteil überhaupt in der Krypta Platz gefunden hatte, ehrfurchtsvoll den Rosenkranz. Erst dann löste sich die Menge auf.

Bis ins letzte Detail berichtete am 13. Juni 1926 die *Vanguardia* von der Beisetzung Gaudís: *Am 10. Juni 1926 ist einer der größten Architekten aller Zeiten gestorben: Antoni Gaudí, Galionsfigur des Modernisme. (…) Er hat unserem Jahrhundert ein Ideal hinterlassen, das in der heutigen Zeit des Merkantilismus und der Prosa bereits verblasst zu sein scheint. Das Leben des Poeten und Mystikers (…) war wie ein wunderbares Gedicht von künstlerischer Erhabenheit, religiöser Ergebenheit (…) und erinnert an jene Mönche, die einsam und in stiller Abgeschiedenheit grandiose Kathedralen entwarfen, imposante Skulpturen schufen und Hymnen komponierten.* Und in Gaudís Lieblingszeitung *Veu de Catalunya* stand: *In Barcelona ist ein Genie gestorben! In Barcelona ist ein Heiliger von uns gegangen! Sogar die Steine weinen um ihn!*[442]

Das Team der Sagrada Família, die Josefsvereinigung, die Freunde und Verwandten, die Kirche, alle Menschen, die mit der Sagrada Família zu tun hatten, zweifelten keine Minute daran, dass die *Kathedrale der Armen* auch ohne Gaudí weitergebaut werden sollte. Er hatte schließlich vorgesorgt und detaillierte Modelle vorbereitet, aufgrund derer man das Gebäude würde fertigstellen können. Seine Architektur war modular, so dass sogar die komplizierten Säulen und Deckengewölbe für nachfolgende Architekten aufgrund der bestehenden Teilstücke zu bewältigen waren. Unter der Leitung von Domènec Sugrañes, der seit 1905 in Gaudís Büro beschäftigt war und alle Projekte in- und auswendig kannte, gingen die Arbeiten langsam weiter.

Barcelona hatte allerdings dem Modernisme endgültig abgeschworen, was auf der zweiten Weltausstellung in Barcelona von 1929 unmissverständlich klar wurde, als besonders der deutsche Pavillon des späteren Bauhaus-Direktors Ludwig Mies van der Rohe (1886–1969) mit seiner strengen, technokratischen Architektur das Publikum begeisterte. Sogar die Weltkirche öffnete sich für die moderne Kunst, angetrieben von der katholischen Bewegung des *Renouveau catholique*, die von dem französischen Glasmaler und Dominikaner Marie-Alain Couturier (1897–1954) und dem aus dem Protestantismus konvertierten Philosophen Jacques Maritain (1882–1973) ausging.[443]

In den ersten Jahren nach Gaudís Tod bewegte sich die Zahl der Spender und Besucher in derart bescheidenen Dimensionen, dass die Josefsvereinigung noch Buch führen und allen Gönnerinnen und Gönnern eine persönliche Dankeskarte schicken konnte. Im Februar 1927 besipielsweise bestanden die ausländischen Touristen aus zwei Polen, acht Dänen, drei Türken, zwei Slawen und vier Besuchern aus Costa Rica. Heute lösen täglich bis zu 10.000 Menschen Eintrittskarten für die Sagrada Família, und wer sein Besucherfenster nicht online reserviert, steht stundenlang Schlange.[444]

Dennoch konnten bis 1930 die anderen drei Glockentürme über der Geburtsfassade fertiggestellt werden. Zwischen den mittleren Türmen über der Szene der Krönung Mariens durch Jesus hatte Gaudí eine grün bemalte Zypresse aus Stein entworfen, die von vielen weißen Tauben umflattert wurde. Am Fuß des Baumstammes sollte ein Pelikanweibchen mit zwei Jungen nisten, als Sinnbild für den Opfertod Christi, für Selbstaufgabe und das ewige Leben. 1932 begannen die Bildhauer mit der Gestaltung und Bemalung der Zypresse und montierten sie ein Jahr später an der Fassade, so wie Gaudí es an seinem Modell vorgesehen hatte.

Das diktatorische Regime Spaniens unter General Primo de Rivera konnte kurz vor seinem Sturz den Vatikan überzeugen, in Barcelona mit Manuel Irurita (1876–1936) einen nichtkatalanischen und karlistischen Bischof einzusetzen. Dieser zog 1930 den populären und charismatischen Priester Gil Parés von der Sagrada Família ab und schickte ihn an die Salesianerkirche in die Stadt. Im selben Jahr kehrte Spanien zu einer republikanischen Regierungsform zurück, bei der zwar die katalanische Sprache wieder erlaubt war, dafür aber die Gewalt gegen alles Religiöse zunahm. Als Erstes wurden die Jesuiten verjagt, von denen zwei auch als

Lehrer der 150 Schulkinder bei der Sagrada Família gedient hatten. Die gute Freundin Gaudís Consol Puig i Querol (1896–1936), Tochter des Hausmeisters der Sagrada Família, der Gaudí aus eigener Tasche die Ausbildung zur Lehrerin bezahlt hatte, übernahm daraufhin die Leitung der Schule.

Erneut wiederholte sich das altbekannte chaotische Muster der spanischen Politik: In den folgenden Jahren wechselten sich linke und rechte Parlamente ab, und die politischen Strömungen radikalisierten sich zusehends, während besonders die Landwirtschaft immer mehr Arbeitslose und damit immer mehr Konfliktpotential hervorbrachte. Gleichzeitig erstarkten im krisengeschüttelten Europa die Phänomene des Faschismus und Nationalsozialismus auf der einen und des Kommunismus auf der anderen Seite.

Im ersten Halbjahr 1936 überstürzten sich in Spanien die Ereignisse: Mit dem Segen der linken Volksfrontregierung wurden so viele Großgrundbesitzer enteignet wie noch nie, was zu einer Reaktion der Konservativen beziehungsweise zu einem Putsch durch General Francisco Franco (1892–1975) führte, in dessen Verlauf Teile des Militärs mit Hilfe deutscher Flugzeuge und der Fremdenlegion, später auch durch Italien, etwa ein Drittel des spanischen Staatsgebietes einnahmen, während sich im Rest des Landes der Volksprotest zum Spanischen Bürgerkrieg formierte.[445]

Im ganzen Land wurden Hunderte von Attentaten gegen Kirchen verübt und zahlreiche katholische Vertreter aus Politik und Klerus umgebracht. Über Barcelona ergoss sich Ende Juli eine Orgie der Gewalt ohnegleichen. Eine Gruppe von Anarchisten der Federación Anarquista Iberica (FAI) attackierte am 20. Juli 1936 auch die Sagrada Família, setzte die Baustelle und das Atelier in Brand und zerstörte innerhalb weniger Stunden fünfzig Jahre minutiöser Berechnungen, fotografischer Studien und Pläne. Mit blinder Wut schlugen sie auf die Modelle und Skulpturen ein und zerschmetterten alles, was nicht zu weit oben an der Fassade prangte. Auch das Haus des Pfarrers wurde niedergebrannt.

Gaudís Assistent Francesc Quintana schlich sich unter Lebensgefahr in die Brandruine und rettete ein paar angesengte

Pläne des Schulgebäudes, mehr fand er nicht. Alles Sakrale sollte in den Augen der Aufständischen dem Erdboden gleichgemacht und ausgeräuchert werden, und so stürzten sich die Anarchisten in die Krypta, um die Gräber Gaudís und Bocabellas zu entweihen. Sie zerschlugen die Grabplatte Gaudís, rührten den Leichnam jedoch nicht an, vielleicht weil Sugrañes oder Arbeiter der Sagrada Familia sie überreden konnten, davon abzulassen. Dafür fledderten die Eindringlinge das Grab des Gründers der Josefsvereinigung Josep Maria Bocabella.[446] Anscheindend versuchten die Anarchisten am Tag danach gar, die Sagrada Família zu sprengen, aber aus irgendeinem Grund ließen sie es bleiben oder es gelang ihnen nicht.[447]

*Ich bin der Ansicht, dass die Anarchisten schlechten Geschmack bewiesen, als sie die Kirche nicht in die Luft jagten, solange sie die Gelegenheit dazu hatten, obwohl sie ein rot-schwarzes Banner zwischen die Türme hängten,* bedauerte der englische Schriftsteller George Orwell (1903–1950) zwei Jahre später in seinem Erlebnisbericht als ausländischer Milizionär in den Reihen der spanischen Anarchisten *Homage to Catalonia* (*Mein Katalonien*, 14. Kapitel).[448]

Nun begann eine gezielte Menschenjagd gegen alle, die im Zusammenhang mit der Sagrada Família standen. In der Nacht des 26. Juli erschien an der Tür von Consol Puigs Wohung eine Patrouille, die nach dem *faschistischen* Priester Gil Parés fragte. Er war nicht da, aber als er kurze Zeit später heimlich bei Consol auftauchte, wurde er vom Hauswart denunziert und von den Milizen verhaftet, die Wohnung wurde gestürmt, alle Gegenstände, darunter der Schreibtisch Gaudís aus seinen Anfangsjahren, der bei Consol gelandet war, wurden auf die Straße geschmissen und angezündet. Consol und ihr Nachbar Clodomir Coll (1892–1936) wurden abgeführt und mit Kopfschüssen getötet, weil sie einen Priester versteckt hatten. Gil Parés wurde ebenfalls mit sieben Kopfschüssen hingerichtet.

Die Säuberungsaktionen der Anarchisten waren systematisch und dauerten noch Monate an. Gil Parés' Bruder Ramon (1882–

1936) , bürgerlicher Politiker und Gründer einer Sektion des Roten Kreuzes, wurde einige Monate später aufgespürt und erschossen. Im Januar 1937 fanden die Anarchisten den Generalvikar von Barcelona und Präsident der Junta der Sagrada Família, Pfarrer Francesc Parés (1873–1937) in seinem Versteck und richteten ihn hin. Im März fingen sie den Kassierer der Sagrada Família, Pfarrer Ramon Balcells (1882–1937), der die Spenden noch rechtzeitig in London auf einer Bank deponiert hatte, auf der Flucht nach Frankreich in den Pyrenäen und töteten ihn gemeinsam mit seinem Begleiter Francesc Xavier Cunill i Bastús (1904–1937). Der Beichtvater Gaudís Agustí Mas (1866–1937) aus der Pfarrei Philipp Neri wurde im Februar 1937 inhaftiert, dann freigelassen und beim Hinausgehen von hinten erschossen.

Gefoltert und getötet wurden zudem der Priester und Organist an der Sagrada Família, Pfarrer Jaime Llonch i Solá (1890–1936), sowie das Geschwisterpaar Francisco (1902–1936) und Mercedes (1886–1936) Diéguez, die ihm Unterschlupf gewährt hatten. Gaudís Bekannter und Pfarrer an der Kirche Sant Joan de Gràcia, wo er jahrzehntelang die Morgenmesse besucht hatte, Antonio Forns Curulla (1862–1936), wurde gejagt und in der Nacht auf den 30. Juli ermordet.[449] Mindestens zwölf Menschen im unmittelbaren Umfeld der Sagrada Família wurden ihres Glaubens und ihrer Nähe zu Gaudí wegen getötet und reihen sich in die lange Liste der Märtyrerinnen und Märtyrer ein, die von der Kirche inzwischen seliggesprochen wurden.

Als Francos Truppen im Januar 1939 in Barcelona einmarschierten, flohen 400.000 Barceloner aus der Stadt. Zurück blieben fast 40 zerstörte Kirchen und zahlreiche ausgebrannte Klöster. Ein Großteil der christlichen Vergangenheit und das Gedächtnis einer ganzen Kultur waren ausgelöscht worden. Gil Parés hatte Gaudí einst gefragt: *Was würde geschehen, wenn die Sagrada Família in einem Krieg zerstört würde?* Und Gaudí hatte geantwortet:

»Wir würden sie wiederaufbauen.«[450]

Kurz vor dem Einmarsch der Franco-Truppen in Barcelona starb Architekt Sugrañes an einem Herzinfarkt. Nach seinem Tod übernahm Francesc Quintana (1892–1966) die Leitung der Restaurierungsarbeiten. Gaudí hatte ihn einst wegen seiner schleppenden Arbeitsweise und seiner übermäßigen Präzision kritisiert, aber nun kam der Sagrada Família seine Pedanterie zugute. Er begann, die Abertausenden Fragmente zerstörter Modelle wie ein Archäologe einzusammeln und mit unermesslicher Geduld zu ordnen, zu katalogisieren und zusammenzusetzen.

Quintana machte sich auch an die Restaurierung der Gräber von Gaudí und Bocabella und der Krypta, die als Müllhalde hatten herhalten müssen. Ihm standen zwei weitere Freunde Gaudís zur Seite: Isidre Puig i Boada (1891–1987) und Lluís Bonet i Garí (1893–1993), die jedoch neben der Sagrada Família noch viele weitere Aufgaben zu erledigen hatten. Beide wurden sehr alt und konnten der Nachwelt noch lange von Gaudí erzählen. Einige der Nachfahren von Bonet sind noch heute an der Sagrada Família beschäftigt, so übernahm sein Sohn Jordi Bonet i Armengol (1925–2022) die architektonische Leitung der Arbeiten, und dessen Bruder Lluís (*1931) war bis 2018 Pfarrer an der Sagrada Família und gehört zu den Initianten der Seligsprechungs-Causa.

Von Gaudís Zeichnungen, die er fast alle in seinem Atelier bei der Sagrada Família aufbewahrt hatte, ist praktisch nichts übriggeblieben. Es gibt jedoch ein Original, das sich exakt am anderen Ende der Welt befindet und so dem Furor des Bürgerkriegs entkommen ist. Auf einer Studienreise durch Europa hatte der chilenische Franziskanerpater Angélico Aranda (1870–1961) die Sagrada Família besucht und Gaudí kennengelernt. Später schrieb er dem Architekten einen Brief und bat ihn, für seinen Heimatort Rancagua, etwa 90 Kilometer südlich von der Hauptstadt Santiago de Chile, eine kleine Kirche zu entwerfen. Gaudí schickte ihm wenige Jahre vor seinem Tod Zeichnungen einer Seitenkapelle der Apsis, die den Baumeistern vor Ort als Vorlage dienen konnten. Das Projekt in Rancagua wurde aber nicht realisiert. Erst 2017 wurde die Idee für die zehn Meter breite und 30 Meter hohe

Friedhofs-Kapelle *Nuestra Señora de los Ángeles* wieder angestoßen und befindet sich seither in Planung.[451]

Spanien unter General Franco blieb im Zweiten Weltkrieg am Rande, und während es bei der Sagrada Família noch immer weitgehend um das Aufsammeln und Ordnen der Fragmente der zerstörten Modelle ging, nahm die Junta unter der Leitung von Quintana nach dem Krieg die Arbeiten an der Kirche wieder auf. Sie konnte am Kreuzgang die ersten Buntglasfenster einsetzen und mit der Leidensfassade beginnen. Die größte Herausforderung lag dort bei der Umsetzung von Gaudís knochenartigen, schrägen Stützpfeilern am Eingang des Portikus, die aus den zusammengesetzten Modellen und den Erinnerungen seiner Mitarbeiter rekonstruiert wurden.

Allmählich rückte die Sagrada Família wieder in das Bewusstsein der Weltöffentlichkeit. 1952 fand in Barcelona der 35. Eucharistische Weltkongress statt, bei dem hohe katholische Würdenträger aus der ganzen Welt empfangen wurden. Bei dieser Gelegenheit ließ die Junta vor der Geburtsfassade der Sagrada Família eine Treppe bauen und das Gebäude nachts beleuchten. Vor Zehntausenden von Gläubigen feierten bei der Sühnekirche 150 Priester und über 20 Bischöfe eine Messe.

Während des Kriegs war Spanien in eine erschreckende Armut abgerutscht, aus der sich das Land kaum zu erholen schien, aber dennoch wurde Geld für den Weiterbau zusammengetragen. Ein paar Jahre später konnten die Fundamente für die Glockentürme bei der Passionsfassade gelegt und an der Geburtsfassade die letzten Skulpturengruppen angebracht werden, wie die von Jaume Busquets gemeißelte Geburtsszene über dem Stammbaum Jesu. Busquets war jener Lehrling gewesen, der den Bauhaus-Studenten Paul Linder mit Gaudí bekannt gemacht hatte.

Irgendwann wurde auch der zerborstene Grabstein Gaudís erneuert. Auf der heutigen Platte ist zu lesen: *Antonius Gaudí Cornet. Reusensis. Annos natus LXXIV, vitæ exemplaris vir, mirabilis operis hujus, templi auctor, pie obiit Barcinone dit X Junii MCMXXVI, hinc cineres tantis hominis, resurrectionem mortuorum expectant.*

*R.I.P.* Übersetzt heißt dies: Antoni Gaudí Cornet, aus Reus. Er wurde 74 Jahre alt, war ein vorbildlicher Mensch, Schöpfer dieser Kirche, dieses bewundernswerten Werks, gestorben am 10. Juni 1926 in Barcelona, wo die Asche dieses großen Mannes auf die Auferstehung der Toten wartet. R.I.P.

Im Juli 1952 strahlte das britische BBC Radio 3 eine Sendereihe des Architekturexperten Nikolaus Pevsner aus, in welcher er zugab, es sei ein Fehler gewesen, dass er einst Gaudís Bauweise schnöde übergangen hatte. Der Deutsch-Brite hatte Gaudí bisher nur in einer Fußnote erwähnt und ihn noch 1936 in seinem *Pioneers of Modern Design* (Wegbereiter moderner Formgebung) sogar völlig geschnitten.

Nun aber bescheinigte Pevsner ihm eine *unglaubliche Technik.* Die Türme der Sagrada Família seien wie *himmlische Kakteen oder Stacheln borstiger Dinosaurier.* (...) *Diese Beschreibung mag für Sie verrückt klingen. Nun, natürlich ist sie das. Sie mag für Sie auch nicht religiös klingen, aber da liegen Sie falsch, denn Sie sind Engländer und Protestanten, wie auch immer Sie es nennen. Und sie mag für Sie auch vulgär klingen, und das ist sie ebenfalls nicht. [Seine Architektur] hat, zumindest meiner Meinung nach, die ganze grimmige Überzeugungskraft, die barocke Architektur besitzen kann. Sie ist fabelhaft, sie ist wundersam, sie trifft dich hart, sie gibt dir keine Ruhe, sie lässt dich nicht los, und gerade deshalb ist sie für die Kirche geeignet, indem sie dich dazu bringt, dich niederzuwerfen und zu beten.*[452]

Wie Pevsner machten sich viele Gedanken darüber, ob und wie das Gebäude, von dem erst ein Achtel stand, am besten weitergeführt werden sollte. Sollte man die Bauruine einfach belassen, wie sie war, um das Copyright des Autors nicht zu verletzen und das Werk nicht zu verfälschen? Oder sollte man vielmehr eine öffentliche Ausschreibung veranstalten und das Gebäude von Architekten mit einem anderen Stil und anderen Ansätzen fertigstellen lassen, so dass jeder Teil des Patchworks auf seine Weise zeitgemäß und authentisch war? Im Moment bauten Gaudís Nachfolger ja genau so weiter, wie sie es vom Meister gelernt hatten, aber bald würden sie an ihre Grenzen stoßen, und irgendwann würde es keine Baumeister mehr geben, die Gaudí persönlich gekannt hatten.

1956 richtete die Technische Hochschule für Architektur in Barcelona einen Gaudí-Lehrstuhl ein. Damit sollten die Erinnerungen der noch lebenden Zeugen und Mitarbeiter Gaudís sowie die Forschungsergebnisse zusammengetragen werden, um die Sagrada Família im Sinne des Architekten weiterzubauen, wobei es auch darum ging festzustellen, was Gaudí überhaupt im Sinn gehabt hatte. Gleichzeitig entstand weltweit das Phänomen Tourismus, und die Behörden entdeckten den wirtschaftlichen Wert der Sagrada Família und der anderen Gebäude Gaudís.

Während das Ausland mit steigendem Interesse auf die Sagrada Família blickte, regte sich zu Hause prominenter Widerstand gegen den Weiterbau. Als 1965 der erste Lift zu den Türmen bei der Geburtsfassade installiert wurde, veröffentlichte die *Vanguardia* einen offenen Brief, in dem eine lange Liste von bekannten Namen die Einstellung der Arbeiten forderte, entweder aus ideologischen Gründen gegen eine vermeintlich rückwärtsgewandte katholische Mentalität, oder weil die Finanzierung eines monströsen Kirchenbaus unethisch war, oder aus künstlerischer Sorge. So waren etwa der weltbekannte Schweizer Architekt Le Corbusier oder der katalanische Kunstmaler Miró (1893–1983), der Gaudí aus dem Lukaszirkel kannte und sehr schätzte,[453] der Meinung, man dürfe das Meisterwerk nicht durch andere Architekten und Bildhauer mit anderen Gestaltungskriterien und einem anderen Geschmack verfälschen.

Erstaunlicherweise unterzeichnete auch der Bildhauer und Maler Josep Maria Subirachs (1927–2014) die Petition. Jahre später wird ausgerechnet er es sein, der die Figuren der ganzen Passionsfassade in seinem völlig eigenen spartanischen Stil gestalten wird. Der Protestbrief führte jedoch nicht zum Stillstand, im Gegenteil: Die Spenden der Menschen aus dem In- und Ausland nahmen paradoxerweise sogar zu.

1958 hatte Jaume Busquets die letzte verbliebene Skulptur an der Geburtsfassade nach den Vorstellungen Gaudís vollendet. Es war die Szene, in der sich Maria vornüberbeugt, um das zappelnde Jesuskind aus der Krippe zu heben. Ihr Kopf wird von einem großen Tuch bedeckt, neben ihr steht ihr Mann Josef im wehenden Gewand und erhebt eine Hand segnend über das Kind und die Mutter. Darunter äugen ein langhorniger Ochse und ein beinahe verschmitzt dreinschauender Esel hinter der Krippe hervor. 1966 starb Quintana, und die Bauleitung ging an Gaudís ehemalige Assistenten Bonet und Puig i Boada über.

Trotz wachsender internationaler Anerkennung wurde Gaudí aber noch bis in die 70er Jahre an der Architekturschule von Barcelona mit Verachtung gestraft. Aber die Sagrada Família berührte die Herzen zahlreicher Menschen, so auch 1978 einen jungen japanischen Bildhauer, den es auf abenteuerlichen Wegen nach Barcelona verschlagen hatte. Etsuro Sotoo (geb. 1953) war nach eigenen Worten dem *Ruf der Steine* gefolgt, als hätte ihm jemand die Tasche gestohlen und als wäre er dem Dieb hinterhergerannt.[454] Nach geistigen Wanderungen durch die Welt des Buddhismus, Shintoismus und des New Age war Gaudí seinen Worten nach der *Funke*, der ihn an das Christentum heranführte, so dass er sich 1991 taufen ließ.

Von Gaudí habe er in erster Linie gelernt, dass *Arbeit ein Werk der Gemeinschaft und der Liebe* sei.[455] Er erkannte, dass der Mensch nicht ohne das Wort Gottes erblühen kann, so wie die Natur das Licht braucht. Er schreibt: *Auf Japanisch setzt sich übrigens der Ausdruck für* Wort *aus zwei anderen Wörtern zusammen:* kota *und* ba, *was bedeutet* sagen *und* Blatt. *Diese sprachliche Koinzidenz machte es mir leicht, Gaudís Idee zu verstehen, dass das Wort Gottes durch die Natur vermittelt wird.* Über Gaudí sagte er: *Wenn man mit Stein konfrontiert wird, muss man demütig sein. Stein ist ein großartiger Lehrer. Bei Gaudí ist es das Gleiche. Jeden Tag, wenn ich den Stein betrachte, frage ich Gaudí, was ich tun soll.*

Für die Ausgestaltung des Jesusturms berät sich Sotoo regelmäßig mit einem international anerkannten Kosmologen, dem italienischen Astrophysiker Marco Bersanelli (geb. 1960) der maßgeblich an der Planck-Mission der European Space Agency

ESA und weiteren internationalen Forschungsprojekten, auch der NASA, beteiligt war und noch immer ist. In seinem Buch *Il grande spettacolo del cielo* (das große Schauspiel des Himmels) erkennt Bersanelli erstaunliche Parallelen zwischen Gaudís organischer Architektur der Sagrada Família und der Beschaffenheit des Universums nach modernsten wissenschaftlichen Erkenntnissen, dessen Formen Sotoo für seine künstlerischen Ausgestaltungen übernimmt.

Ein weiterer Glücksfall für den Weiterbau der Sagrada Família war der Architekturstudent Mark Burry (geb. 1957) aus Neuseeland, der nach seinem Bachelor in Cambridge Barcelona besuchte und so sehr von Gaudí fasziniert war, dass er seither an der Sagrada Família forscht und arbeitet. Burry spezialisierte sich in Computertechnologien und Raumfahrt, gehört heute zum Professorenstab der renommiertesten Lehr- und Forschungsanstalten weltweit und wird von höchsten politischen Kreisen als Berater herbeigezogen. Seine Kompetenzen, aber auch sein Enthusiasmus und Innovationsgeist führten dazu, dass an der Sagrada Família heute mit neuesten Computertechniken und Materialien gearbeitet wird und die Arbeiten schneller vorankommen.

Die Bewunderung dieser modernen Wissenschaftler für Gaudís Genie ist ansteckend, und Bersanelli oder Burry sind der beste Beweis dafür, dass sich Tradition und Fortschritt nicht gegenseitig ausschließen, sondern im Gegenteil bereichern. Dank der neuen 3D-Technik und moderner aeronautischer Informatik konnten die fehlenden Säulen eine nach der anderen nach Gaudís Vorstellungen berechnet, in Teilstücken vorfabriziert und aufgestellt werden, ebenso die Baumkronen-Decke und die Türme. Es lohnt sich, im Internet nach Bildern zu Mark Burry's Arbeiten für die Sagrada Família zu suchen, um eine ungefähre Vorstellung von der Genialität Gaudís zu erhalten.

Der einstige Gegner des Weiterbaus, Bildhauer Josep Maria Subirachs, stellte sich am Ende doch für die Ausgestaltung der Passionsfassade zur Verfügung und musste dafür viel Kritik als Wendehals einstecken. Er wurde mit seinen schemenhaften Gestalten wie aus einem Science-Fiction-Film weltberühmt. 1990 wurden die ersten Skulpturen montiert, mit denen er sich stilistisch deutlich von Gaudí und dessen organisch-realistischer Ikonografie abgrenzete. Subirachs' Figuren strahlen Trostlosigkeit und Kälte aus, und damit näherte er sich Gaudí im Grunde wieder an, denn dieser hatte Bergós gegenüber erwähnt, dass bei der Leidensfassade die Menschen geradezu physisch nachempfinden sollten, wie grausam der Opfertod Jesu gewesen war.[456]

Viele Katholikinnen und Katholiken Kataloniens zweifeln nicht daran, dass Gaudí trotz seiner Charakterschwächen, die im Übrigen ja alle Menschen irgendwie haben, wegen seines beispielhaften Glaubens und seiner asketischen Lebensweise ein Beispiel und Vorbild war. 1992 wurde der Gedanke, Gaudí könnte zu Ehren der Altäre erhoben werden, konkret: Der Priester, Doktor in Kirchenrecht und Industrieingenieur Ignasi Segarra Bañeres (1929–2003) gründete gemeinsam mit dem Architekten und Bewunderer Gaudís, José Manuel Almuzara (geb. 1952 in Marokko), und drei Freunden einen notariell eingetragenen Förderverein für die Seligsprechung von Antoni Gaudí.[457] Zum Vereinsvorstand gehörten auch Etsuro Sotoo, der Biograf und Ingenieur Josep Maria Tarragona (* 1957), sowie der Architekt Javier Fransitorra Luque.

Die Reaktionen auf eine mögliche Seligsprechung Gaudís waren nach Worten der Vereinigung überwältigend. Der Verein erhielt von Erzbischof Ricard Maria Carles Gordó (1926–2013) die Erlaubnis, Gebetskarten zu drucken und die Gläubigen anzuregen, Gaudí um Fürbitte anzurufen und Gebetserhörungen zu melden. In der Zwischenzeit sammelte man alle einschlägigen Dokumente und Zeugnisse und bereitete ein Dossier für die Kirchenbehörden vor. Besonders Papst Johannes Paul II. (1920–2005) gab dem Seligsprechungsprozess Auftrieb. Er war daran interessiert, Laien stärker in den Vordergrund zu rücken und sie durch ihre Heiligsprechung zu Vorbildern für die Menschen aller Stände zu machen. Am 7. November 1982 hatte er die Sagrada Família besucht und den steinernen Bau mit den lebendigen Steinen der Familie verglichen.

1998 erhielt der Seligsprechungs-Verein einen Brief aus Südkorea, in dem der Direktor der Handelskammer von Busan erzählt, wie er die Sagrada Família besucht, danach eine Ausstellung über das Leben und Werk Gaudís in seiner Heimat organisiert habe und aufgrund der Auseinandersetzung mit Gaudís Arbeiten zum christlichen Glauben übergetreten sein. Andere Briefe berichten von mehr oder weniger spektakulären Gebetserhörungen, wie jener von Monica Appel aus Chile, die 1999 schrieb, wie ihr Mann nach dreißig Jahren Beschäftigung für ein internationales Unternehmen die Anstellung verloren habe, weil er zu alt sei. Sie habe in der Zeitung einen Artikel über Antoni Gaudí gesehen und ohne besondere Begeisterung gelesen, doch irgendetwas habe sie berührt, und so habe sie sein Bild aus der Zeitung ausgeschnitten, an die Wand gepinnt und zu ihm um Fürsprache gebetet. Nicht nur habe ihr Mann eine Temporärarbeit gefunden, sondern sie habe einer Freundin davon erzählt, deren Mann ebenfalls arbeitslos war und deren Neffe an einem bösartigen Hirntumor litt. Auch sie wandte sich an Gaudí, und auch ihr Mann fand eine Anstellung. Der Neffe wurde erfolgreich operiert, und die Ärzte konnten nicht verstehen, warum er keine bleibenden Schäden davortrug.[458]

Nach Anhörung der letzten lebenden Zeitzeugen Gaudís gaben die Bischofskonferenz von Tarragona und die Kongregation für Selig- und Heiligsprechungsprozesse im Vatikan schließlich grünes Licht, und so konnte der emeritierte Erzbischof von Barcelona, Kardinal Carles Gordó am 12. April 2000 feierlich den Prozess für die Seligsprechung von Antoni Gaudí eröffnen. Die Dossiers zählten über tausend Seiten. Durch seine Arbeit an der Sagrada Família, der Gaudí am Ende sein ganzes Leben, sein Hab und Gut und seine ganze Energie unterstellt hatte, war der anfänglich laue Katholik zu einem intensiven Beter, einem innigen und wissenschaftlich genauen Betrachter von Gottes Schöpfung, einem einzigartigen Erzähler der Bibel, der Liturgie, des Glaubens geworden. An der Kirche zu arbeiten, war für ihn wie die Betrachtung Christi, wie ein ständiges Gebet, wie ein Dialog mit Gott. Immer wieder sagte er, ohne einen tiefen Glauben könne man dieses Werk weder bauen noch verstehen.

Er lebte wie ein Asket und ein Mystiker und starb in an Armut grenzender Bescheidenheit, obwohl er ein gewisses Vermögen hinterließ. Aber im Gegensatz zu den zwölf Menschen aus seinem Umfeld wurde Gaudí nicht umgebracht und war kein Märtyrer, sondern er starb bei einem Verkehrsunfall, und die Kirche hat noch kein nach katholischen Standards von unabhängigen Ärzten geprüftes und auf seine Fürbitte zurückzuführendes Wunder offiziell beglaubigt.

Doch immer wieder berichten Gläubige davon, dass sie zu Gaudí gebetet, ihn um Fürsprache angerufen hätten und erhört worden seien: bei Krankheiten, Arbeitssuche, verlorenen Gegenständen, Depressionen, zwischenmenschlichen Problemen.

Eine Schlüsselfigur im laufenden Verfahren ist noch immer der frühere Kardinal Lluís Martínez (geb. 1937), der unter Papst Johannes Paul II. Bischof und unter Papst Benedikt XVI. Kardinal geworden war und 2015 bei Papst Franziskus seinen altersbedingten Rücktritt einreichte. Im Jahr 2000 gab der Vatikan grünes Licht für den Beginn des Seligsprechungsprozesses auf Diözesanebene. Drei Jahre später war das Verfahren mit Anhörung von Zeugen und dem Sammeln von Dokumenten abgeschlossen und wurde an die Kongregation für die Selig- und Heiligsprechungsprozesse in Rom weitergegeben.

2005 erklärte die UNESCO die Geburtsfassade und die Krypta der Colònia Güell zum Weltkulturerbe. Neun Jahre später fand erstmals ein internationaler Gaudí-Kongress in Barcelona statt. Die Spenden und zugegeben hohen Eintrittsgelder brachten die Arbeiten voran. Man sprach davon, sie bis zum hundertsten Todestag von Gaudí fertigzustellen, aber die Corona-Epidemie machte dem Enthusiasmus einen Strich durch die Rechnung.

Dafür bekam die Seligsprechung einen Schub. Ende 2023 ersetzte der Erzbischof von Barcelona, Kardinal Juan José Omella (*1946), den zivilen Verein zur Seligsprechung von Antoni Gaudí durch einen kanonischen unter seiner Leitung. Damit soll das

Verfahren beschleunigt werden. Beim Dikasterium für die Selig- und Heiligsprechungsprozesse in Rom wurde die über 2000 Seiten starke *Positio super vita, virtutibus, et fama sanctitatis* (Stellungnahme zum Leben, zu den Tugenden und zum Ruf der Heiligkeit) zu Gaudí eingereicht.

Es war für Katalonien ein großer Tag gewesen, als am Sonntag, dem 7. November 2010 Papst Benedikt XVI. die Sagrada Família in einem weltweit beachteten Festakt geweiht hatte. Das Gotteshaus präsentierte sich der Weltöffentlichkeit in seiner einzigartigen Pracht als ein lichtgeflutetes architektonisches Meisterwerk ohnegleichen, obwohl noch mehrere Teilstücke fehlten, wie zum Beispiel die mit Spannung erwartete Glorien-Fassade oder der Christusturm.

Der deutsche Papst mit dem bürgerlichen Namen Joseph Ratzinger (1927–2022) war sichtlich gerührt, als er sagte: *Besonders bewegt hat mich die Sicherheit, mit der Gaudí angesichts der zahllosen Schwierigkeiten, die er bewältigen musste, voll Vertrauen auf die göttliche Vorsehung ausrief: »Der hl. Josef wird die Kirche vollenden.« Die Tatsache, dass sie jetzt von einem Papst geweiht wird, dessen Taufname Joseph ist, ist daher nicht ohne Bedeutung.*

In seiner Predigt zitierte er den Brief des Heiligen Paulus an die Freunde in Korinth (1 Kor 3, 10–11), in dem er schrieb: *Jeder soll darauf achten, wie er weiterbaut*, aber der Grundstein sei mit Jesus Christus vorgegeben. Ohne das Fundament Jesus Christus habe die Kirche keinen Bestand. Nur Er könne das Verlangen des Menschen nach Liebe und Erfüllung stillen.

Die große Aufgabe der Kirche sei es, *allen zu zeigen, dass Gott der Gott des Friedens ist und nicht der Gewalt, der Freiheit und nicht des Zwangs, der Eintracht und nicht der Zwietracht. In diesem Sinne glaube ich, dass die Weihe dieser Kirche der »Sagrada Família« in einer Zeit, in der der Mensch sich anmaßt, sein Leben hinter Gottes Rücken aufzubauen, so als hätte er ihm nichts mehr zu sagen, ein sehr bedeutsames Ereignis ist.* Gaudí zeige mit seinem Werk, dass der wahre Maßstab des Menschen Gott ist, die wahre Originalität die Rückkehr zum Ursprung, zu Gott. Gaudí konnte *in dieser Stadt einen Raum der Schönheit, des Glaubens und der Hoffnung schaffen, der den Menschen zur Begegnung mit jenem führt, der die Wahrheit und die Schönheit selbst ist.* Er zitierte den Meister so:

> »Nur eine Kirche kann die Gesinnung eines Volkes würdig repräsentieren, denn die Religion ist das Erhabenste im Menschen.«[459]

Nach vier Generationen ist die Sagrada Família noch immer im Bau. Nur der in Gaudís Augen wahre und göttliche Auftraggeber der Sühnekirche weiß, wann sie fertig sein wird. Von ihm sagte der Architekt:

> »Mein Klient hat keine Eile.«

*Statue Gaudís in Comillas.*

# DANK

Weltweit wächst das Interesse am Schöpfer der Sagrada Família Antoni Gaudí kontinuierlich an, und die Begeisterung für diese einzigartige Kirche packt auch Nichtgläubige. Schon längst ist Gaudí mit seinen bunten, märchenhaften Werken zum Wahrzeichen Barcelonas geworden. Irgendwann wurde auch ich auf diesen großartigen Künstler und sensiblen Denker aufmerksam. Allerdings konnte ich in deutscher Sprache fast nur Fachliteratur und Hochglanz-Kunstbücher finden, aber kaum Informationen über sein Leben, seine Überzeugungen und seinen Charakter. Viele, die ich auf Gaudí ansprach, kannten ihn nur vage, andere rümpften die Nase, weil sie mit dem Jugendstil nichts anfangen können.

Zu Beginn war ich selbst auch vom instinktiven Schema des »gefällt mir oder gefällt mir nicht« bestimmt, doch wuchs die Bewunderung für den organischen Architekten und Geschichtenerzähler mit jedem neuen Besuch in Barcelona und jeder neuen Information, die ich zusammentragen durfte. Plötzlich ging die Reise mit ihm weit über Barcelona hinaus in andere mikro- und makroskopische, aber auch geistige Sphären, plötzlich musste ich mich mit Grashalmen, Muscheln, Anatomie und dem Kosmos auseinandersetzen, mit Zahlenmystik, Sozialethik und der christlichen Heilsbotschaft.

Die Arbeiten und Forschungen zu diesem Buch haben mehrere Jahre gedauert und mich mit vielen interessanten Menschen zusammengebracht. Neben Büchern und Filmen habe ich natürlich auch Ausstellungen besucht und mir Vorträge angehört, besonders in Italien, wo Gaudí nicht nur in katholischen Milieus prominent wahrgenommen wird. Um mir vorzustellen, wie sich Gaudí selbst ausdrückte und in welchen sprachlichen Melodien und Bilderwelten er zu Hause war, habe ich Katalanisch gelernt, zumindest passiv, und versucht, die Quellen möglichst in der Originalsprache zu lesen. Zu den wichtigsten Werken, an denen ich mich orientieren konnte, zählt zweifellos die minutiöse *Biografia breu* von Josep Maria Tarragona, einem Gründungsmitglied des zivilen Vereins für die Seligsprechung von Gaudí, der darin das Leben des Architekten Schritt für Schritt protokolliert. Er hat auch eine entsprechende Webseite (www.antonigaudi.org) eingerichtet, die sehr aufschlussreich ist. Sehr inspirierend und tief in den europäischen Kulturkontext eingewoben sind die Bücher des holländischen und in England lebenden Kunsthistorikers und Gaudí-Spezialisten Gjis van Hensbergen sowie des preisgekrönten spanischen Journalisten und Autors Juan José Navarro Arisa (1955–2017).

Für dieses Buch bin ich vielen Menschen zu Dank verpflichtet. Mein innigster Dank gebürt meinem Mann Sergio für die Geduld und dass er mich auf meine Forschungsreisen begleitet hat. Meine Söhne Giacomo und Tommaso haben mir schwere Bücher aus Bibliotheken angeschleppt und meine Computerpannen behoben. Ein herzliches Dankeschön geht an Mina de Santis, die mich mit ihrer Begeisterung für Gaudí angetrieben und mir wichtige Kontakte in Barcelona verschafft hat. Es war für mich eine große Ehre, dass ich dank ihrer Vermittlung persönlich mit den Gaudí-Experten José Manuel Almuzara und Josep Tarragona, beide auch Promotoren der Seligsprechungs-Causa von Gaudí, in Barcelona in Berührung kommen und von ihrem großen Wissen profitieren durfte. Wichtige fachliche Unterstützung erhielt ich auch durch den Architekten Urs de Polo, der mir nicht nur architektonische Begriffe erklärte, sondern mir auch einige interessante Impulse und zusätzliches Quellenmaterial gab.

Wie bei vielen meiner Abenteuer hat mir auch dieses Mal wieder meine liebe Münchner Freundin und Journalistin Beate Schley wertvolles Feedback gegeben. Entscheidende Anregungen und konkrete Hilfe erhielt ich durch den Berliner Journalisten und Kunstmaler Christoph Scholz, dem ich an dieser Stelle ganz besonders herzlich danke. Gerne möchte ich meiner Redakteurin Christina Kruschwitz für ihre akribische Bearbeitung des Manuskripts im orthografischen Wirrwarr verschiedener Sprachen, für ihr enormes Wissen und die konstruktiven Vorschläge einen riesengrossen Kranz winden. Ein weiteres herzliches Dankeschön geht an Hans Peter Lembeck, Joe Fuchs, Thomas Mertz und natürlich vor allem an meinen geduldigen und engagierten Lektor Daniel Zimmermann!

# CHRONOLOGIE

1852 25. Juni Geburt (in Reus oder Riudoms, Provinz Tarragona)
26. Juni Taufe in Reus

1860 Private Grundschule von Lehrer Berenguer in Reus

1863 Eintritt Mittelschule der Skalopiner in Reus

1866 Josep Maria Bocabella gründet die Josefsvereinigung und plant eine Sühnekirche zu Ehren der Heiligen Familie (Sagrada Família)

1868 Umzug nach Barcelona mit Bruder Francesc. Vorbereitung auf das Abitur am Institut d'Ensenyament Mitjà

1870 Sommerferien: Projekt Restaurierung der Abtei Poblet

1873 Hilfsarbeiten für Josep Fontserè

1874 Aufnahme an die Hochschule für Architektur
Assistent von Francisco de Paula del Villar, Joan Martorell u. a.
Militärdienst (bis 1877) als Reservist
Born-Markt für Josep Fontserè

1875 Wasserspeicher und andere Arbeiten im Ciutadela-Park für Fontserè

1876 Tod des Bruders Francesc und der Mutter Antònia
Nebenjob in der Maschinenbaufirma Padrós & Borrás
Nische für die Schwarze Madonna von Montserrat für Villar

1878 Diplom (15. März), Eröffnung eigenes Architekturbüro
Vitrine für Handschuhgeschäft von Esteban Comellas
Bekanntschaft mit Eusebi Güell
Straßenleuchten für Barcelona, eigenes Pult
Mobiliar für die Jesuitenkirche in Comillas
Projekte für die Genossenschaft Mataronense
Projekt Kiosk Girossi
Auftrag Fußboden und Altar Kirche Sant Andreu de Palomar

1879 Auftrag Casa Vicens
Tod der Schwester Rosa. Aufnahme der Nichte Roseta
Apotheke Gibert
1880 Altar für die Jesus-Maria-Schwestern in Tarragona
Projekt elektrische Straßenleuchten an der Meerespromenade
1881 Fumoir in Comillas
Projekt für Fabrikhalle Genossenschaft Mataró (Bau 1883)
1882 Grundsteinlegung Sagrada Família, Projekt Villar
Jagdpavillon Garraf für Güell (nicht realisiert)
1883 Casa Vicens in Gràcia (bis 1888)
El Capricho in Comillas (bis 1885)
3. November: Gaudí ersetzt Villar als Architekt für die Sagrada Família
1884 Finca Güell in Pedralbes (bis 1887)
März: erster Bauplan für die Sagrada Família
1885 Begegnung mit Pepeta Moreu
Einstellung Francesc Berenguer
Privataltar für Bocabella
Auftrag Palais Güell
1887 Bischofssitz in Astorga (bis 1893)
Werkgebäude und Pfarrhaus bei der Sagrada Família
Reise nach Cádiz und Marokko
1888 Umbau Pavillon der Compañía Trasatlántica
Weltausstellung in Barcelona
1889 Auftrag Theresianum für Enric d'Ossó (bis 1890)
Roseta aus dem Internat zurück
Bruch mit den Moreu
Fertigstellung der Krypta der Sagrada Família
1890 Auftrag für die Colònia Güell
1891 Casa Botines, León (bis 1892)
1892 Baubeginn Geburtsfassade Sagrada Família
Anstellung von Ricard Opisso
Franziskanermission in Tanger (ca. 1892–1893)
1893 Skandal um Verdaguer
Tod Bischof Grau, Rückzug aus dem Astorga-Projekt

7. November Attentat im Liceu-Theater
1894 Fastenzeit-Diät, Theorien von Sebastian Kneipp
1895 Weinkellerei Garraf für Güell (bis 1901)
1898 Calvet-Haus (bis 1899)
Auftrag für Kirche in der Colònia Güell (bis 1914)
1899 Haus für Aleix Clapés in Barcelona
Rosenkranzportal Sagrada Família
1900 Auftrag Park Güell (bis 1914)
Bellesguard (bis 1909)
Rosenkranz-Mysterium Montserrat (bis 1907)
1901 Umbau Wohnhaus für Isabel Güell
Auftrag für Restaurierung der Kathedrale von Mallorca
Mauer der Finca Miralles
1902 Raucherecke der Bar Torino
1903 Baubeginn Kathedrale von Mallorca (bis 1914)
Gärten Artigas in Pobla de Lillet (bis 1910)
Chalet Catllaràs
Projekt Renovierung Wallfahrtskirche in Reus
1904 Kino Sala Mercè Barcelona.
Casa Batlló (bis 1906)
1906 Übersiedlung mit Vater und Nichte in den Park Güell
Baubeginn Casa Milà (Pedrera) (bis 1912)
23. Oktober Tod von Vater Francesc
1908 Mysteriöses Projekt für New York
Grundsteinlegung Kirche Colònia Güell (bis 1917)
1909 Tragische Woche (26. Juli bis 2. August)
Schulgebäude Sagrada Família
1910 Ausstellung in Paris
Kuraufenthalt in Vic, Straßenlaternen
1911 Maltafieber. Kuraufenthalt in Puigcerdà
Testament
Skizziert Passionsfassade der Sagrada Família
1912 11. Januar Tod der Nichte Roseta
1914 Tod Francesc Berenguer
Baustopp Kirche Colònia Güell und Park Güell

Zusammenarbeit mit Joan Bergós

1915 Reise nach Manresa, Gutachten Renovierung Kathedrale
Klangproben Röhrenglocken für die Sagrada Família

1916 Tod von Bischof Torras i Bages

1917 Projekt Passionsfassade Sagrada Família

1918 8. Juli Tod von Eusebi Güell
Projekt für Monument für Enric Prat de la Riba

1920 Bauhaus-Schüler Paul Linder, Ernst Neufert und Kurt Löwengard bei Gaudí

1921 Albert Schweitzer bei Gaudí

1922 Plan einer Absiden-Kapelle für Rancagua (Chile)

1923 Gipsmodelle für Säulen und Deckengewölbe Sagrada Família im Maßstab 1:10 und 1:25

1924 Verhaftung wegen Beamtenbeleidigung

1925 30. November Fertigstellung Barnabas-Turm
Tod von Llorenç Matamala
Umzug in sein Atelier bei der Sagrada Família

1926 Montag, 7. Juni, Unfall
Donnerstag, 10. Juni Tod im Armenspital Heiligkreuz
Samstag, 12. Juni, Beisetzung in der Krypta der Sagrada Família

1928 Le Corbusier besucht Barcelona und erwähnt Gaudís Werke lobend

1930 Vier Glockentürme bei der Geburtsfassade fertig

1936–39 Spanischer Bürgerkrieg. Zerstörung von Gaudís Atelier, aller Modelle und Pläne
Freunde und Mitarbeiter Gaudís werden gezielt getötet

1952 35. Eucharistischer Weltkongress in Barcelona.

1954 Unter der Leitung von Quintana, Puig i Boada und Bonet i Garí Fundamente und Türme für Passionsfassade

1956 Gaudí-Lehrstuhl an der Hochschule für Architektur

1965 Offener Brief gegen Weiterbau der Sagrada Família

1966 Tod von Francesc de Paula Quintana. Nachfolger als leitende Architekten sind Isidre Puig i Boada und Lluís Bonet i Garí

1978 Bildhauer Etsuro Sotoo stößt zur Sagrada Família

1982 7. November Papst Johannes Paul II. besucht die Sagrada Família

1992 Gründung der zivilen Vereinigung für die Seligsprechung von Antoni Gaudí unter der Leitung von José Manuel Almuzara
Der Erzbischof von Barcelona Ricard Carles Gordó autorisiert private Devotion von Gaudí

2000 Vatikan gibt grünes Licht für den Beginn des Prozesses auf Diözesanebene (12. April)

2003 Abschluss des Verfahrens auf Bistumsebene. Übergabe des ersten wissenschaftlichen Dossiers an den Präfekten der Kongregation für die Selig- und Heiligsprechungsprozesse Kardinal José Saraiva Martins (*1932, Portugal)
Ernennung der argentinischen Kirchenrechtlerin Dr. Silvia Monica Correale zur Postulatorin in der Heiligsprechungskongregation
Offizieller Beginn des Seligsprechungsverfahrens von Antoni Gaudí im Vatikan. Gaudí wird »Diener Gottes«

2005 Die Geburtsfassade der Sagrada Família und die Krypta der Colònia Güell werden ins UNESCO-Weltkulturerbe aufgenommen

2010 7. November Weihe der Sagrada Família durch Papst Benedikt XVI.

2014 Erster internationaler Gaudí-Kongress in Barcelona

2020 Die Bauarbeiten an der Sagrada Família pausieren wegen der Corona-Pandemie

2021 Fertigstellung des Marienturms

2023 Das Erzbistum Barcelona reicht beim Dikasterium für die Selig- und Heiligsprechungsprozesse in Rom die *Positio super vita, virtutibus, et fama sanctitatis* (Stellungnahme zum Leben, zu den Tugenden und zum Ruf der Heiligkeit) zu Gaudí ein.
Dezember: Das Erzbistum Barcelona unter Kardinal Juan José Omella ersetzt die zivile Vereinigung für die Seligsprechung durch eine kanonische Vereingung.

# ANMERKUNGEN

Falls nicht anders vermerkt, stammen die Zitate von

- Bassegoda i Nonell, Joan aus »El gran Gaudí«
- Hensbergen, Gijs aus »Gaudí«
- Tarragona, Josep Maria aus »Gaudí, L'arquitecte de la Sagrada Família, Biografia breu«

Die Zitate aus anderssprachigen Quellen wurden, so sie nicht aus deutschen Büchern oder Artikel stammen, von der Autorin übersetzt.

1 Navarro Arisa S. 207
2 Gonzàlez-Cremona S. 65
3 Wächter S. 43
4 Pevsner S. 446.
5 Michel, Kai
6 Roe *Gaudí* S. 16
7 Rotzler, Willy
8 Alcalá/Barraycoa S. 114
9 Gonzàles-Cremona S. 120
10 Matamala S. 126
11 Hensbergen S. 261
12 Tarragona S. 354
13 Navarro Arisa S. 222
14 Amiguet, Teresa *Còmo y por qué*
15 Bassegoda Nonell *El mestre Gaudí* S. 148
16 Tarragona, *Pere Santaló i Castelví* (1849-1931), in http://www.antonigaudi.org/pere-santalo-i-castellvi-1849-1931-591.html
17 Knipp, Kersten
18 Prota /Rondena S. 28
19 Castellar-Gassol S. 85
20 Tarragona in www.antonigaudi.org/1875-1876-muerte-de-su-abuela-de-su-hermano-y-de-su-madre-607.html
21 Puig-Boada S. 88 Zit. Bergós
22 Puig-Boada S. 91 Zit. Bergós
23 Prota/Rondena, S. 28 Zit. Carrel, Alexis *Réflexions sur la conduite de la vie*

24 Tarragona S. 332
25 Wächter S. 58
26 Castellar-Gassol S. 29 Zit. Jordi Elias i Campins
27 Castellar-Gassol S. 30
28 Hensbergen S. 8
29 Puig-Boada S. 109 Zit. Martinell
30 Tarragona S. 33
31 Matamala S. 22
32 Gonzàlez-Cremona S. 33 und S. 58
33 Navarro Arisa S. 90
34 Pla S. 14
35 Férrin S. 34 Zit. Francesc Arenós im Katalog zu einer grafischen Ausstellung über die Sagrada Família 1940
36 Buj Buj, Antonio *Scripta Nova*
37 Puig-Boada S. 200
38 Prota/Rondena S. 18
39 Hensbergen S. 13*f*
40 idem S. 28
41 Puig-Boada S. 91
42 idem S. 103
43 idem S. 95
44 Hensbergen, *The Sagrada Familia* S. 60f
45 Seewald S. 27
46 Tarragona in www.antonigaudi.org/la-caida-de-los-estados-pontificios-448.html
47 idem
48 Hensbergen Zit. Martinell S. 18
49 Tarragona S. 39
50 Mercader S. 42 ff
51 Torres Domènech S. 16
52 Bassegoda, *Gaudí, l'archittettura dello Spirito*, S. 34f
53 Grau/López S. 449f
54 Benn, Roland in www.zeit.de
55 Löhndorf, Marion
56 Ràfols S. 14
57 Bergós S. 24.
58 Wächter S. 37
59 Hensbergen S. 32f
60 Puig-Boada S. 118
61 Alcalá/Barraycoa S.136
62 Férrin S. 82
63 idem S. 89 Zit. Joaquìn Bassegoda Amigò
64 *Gaudí y el simbolismo masònico* in www.freimaurer-wiki.de https://www.freimaurer-wiki.de/index.php/Es:Gaud%C3%AD_y_simbolismo_mas%C3%B3nico

[65] Matamala S. 41
[66] Tarragona in www.antonigaudi.org/alumno-indisciplinado-582.html
[67] Torras/Vilanova S. 12
[68] Bassegoda i Nonell in www.gaudiclub.com/esp/e_equipo/cg/familia_gaudi.asp
[69] Hensbergen S. 48
[70] Tarragona S. 60
[71] Mercader S. 104
[72] Thiolay, Boris
[73] Farré, Natàlia, El Periodico online 12.06.2018
[74] Mercader S. 110
[75] idem S. 123f
[76] Briesemeister S. 31
[77] Férrin S. 182ff
[78] idem
[79] Tarragona in www.antonigaudi.org/curso-1876-1877-ayudante-de-joan-martorell-608.html
[80] Mercader S. 143f
[81] Tarragona S.72f
[82] Hensbergen S. 51
[83] Tarragona S. 63
[84] idem S. 49
[85] Mercader, S. 72f.
[86] idem
[87] Bassegoda S. 124
[88] Bastos, Claudio
[89] Matamala S. 42
[90] Bergòs S. 21
[91] Tarragona in www.antonigaudi.org/pere-santalo-i-castellvi-1849-1931-590.html
[92] Hadjiabadi, Maikel
[93] Lluis et al.
[94] Wächter S. 64
[95] Puig-Boada S. 152
[96] Mercader S. 50f
[97] Pla S. 8. Er bezieht sich auf das Buch von Feliu Elías von 1913 *Simó Gómez - Historia verídica d'un pintor del Poble Sec*
[98] Bassegoda, *El mestre* S. 136ff
[99] Voccoli S. 339
[100] Férrin S. 136
[101] Castellar-Gassol S. 81
[102] Crippa S. 21
[103] Zerbst S. 39
[104] Hensbergen S. 61
[105] Puig-Boada S. 100

[106] Hensbergen S. 65
[107] Bassegoda S. 149ff
[108] Hensbergen S. 64
[109] www.casavicens.org/ca/blog/qui-era-el-senyor-vicens
[110] Roe *Antoni Gaudí* S. 108
[111] Puig-Boada S. 152
[112] Ràfols S. 10
[113] Mercader S. 165 – 175 inkl. Fußnoten
[114] Bassegoda S. 145
[115] idem
[116] Férrin S. 48
[117] Hensbergen S. 121f
[118] Férrin S. 187
[119] Navarro Arisa S. 85
[120] Tarragona *Máximo Díaz de Quijano* 2006 in www.antonigaudí.org, http://www.antonigaudi.org/maximo-diaz-de-quijano-146.html
[121] Bergòs S. 54
[122] Bassegoda S. 275
[123] Navarro Arisa S. 92
[124] Ràfols S. 44f
[125] Pla S. 18
[126] Tarragona S. 90
[127] Martínez Sistach Lluís S. 22
[128] idem
[129] idem
[130] Tarragona S. 99
[131] Doespiritusanto, Marcos
[132] Soler i Fonrodona, Rafael
[133] Castellar-Gassol S. 67f
[134] Pla S. 58
[135] Soler i Fonrodona, Rafael
[136] Férrin S. 95 ff
[137] Contreras/Gonzàlez S. 30
[138] Hensbergen S. 90
[139] Ratzinger, *Jesus I*, S. 36
[140] Férrin S. 173f
[141] Tarragona S. 116
[142] Hensbergen S. 92
[143] N.N. Palau Güell (pdf) in www.palauguell.cat/sites/palauguell.cat/files/pdf/palauguellangles.pdf
[144] Fuentes Milà, Sergio
[145] Matamala S. 54f
[146] Lupercio Cruz S. 11
[147] Serra, Catalina
[148] Bassegoda S. 288

[149] idem S. 286
[150] idem
[151] Hensbergen S. 93
[152] idem S. 105
[153] idem S. 101
[154] Navarro Arisa S. 115
[155] Mercader S. 209
[156] Bassegoda S. 300
[157] idem
[158] Matamala S. 64
[159] Tarragona in www.antonigaudi.org/el-pabellon-de-la-c-trasatlantica-en-la-exposicion-de-1888-697.html
[160] Jakob, Markus
[161] Alcalá/Barraycoa S. 138
[162] Puig-Boada S. 252 Zit. Bergós
[163] Castro S. 213
[164] PrinzS. XXX
[165] Mühlstedt, Corinna
[166] Férrin, S. 202
[167] Tarragona S. 124
[168] Férrin S. 205
[169] Tous Carbó S. 157
[170] Matamala S. 79
[171] Bassegoda *Mestre* S. 169
[172] Gómez Serrano, J.V. et al.
[173] Matamala S. 80ff
[174] Hensbergen S.113
[175] Massot, Lluís C. S. 7ff
[176] N.N. in www.artehistoria.com/contextos/la-colonia-guell
[177] Férrin S. 152f
[178] Zerbst S. 226f
[179] Bassegoda S. 331
[180] Puig-Boada S. 129f
[181] Zerbst S. 226
[182] Puig-Boada S. 115 Zit. Bergós
[183] Balagué/Gonzàlez Moreno-Navarro S. 7f
[184] Tarragona S. 147
[185] Bassegoda S. 327
[186] Puig S. 146f Zit. Bergós
[187] Gallo, S. www.lanuevacronica.com
[188] Hensbergen S. 221
[189] https://blog.sagradafamilia.org/es/divulgacion/gaudi-y-sus-colaboradores-artesanales/
[190] Férrin S. 335
[191] Tarragona S. 152

[192] Balius Juli S. 139
[193] Capdevila, Jaume
[194] Curti, Chiara S. 10
[195] Férrin 232 f
[196] Badr, Benajiba
[197] Mata, Jordi
[198] Navarro Arisa S. 126f
[199] Pinyol i Torrents
[200] Navarro Arisa S.119
[201] Puig Boada S. 261
[202] Férrin S. 211
[203] Engels S. 5
[204] Navarro Arisa S. 129ff
[205] Hensbergen S. 293
[206] idem S. 187
[207] Férrin S. 394
[208] idem S. 238 Zit. Amós Salvador (1879 – 1963)
[209] Tarragona S. 165f
[210] Wächter S. 43
[211] Michel, Kai
[212] Matamala S. 120
[213] idem
[214] Matamala S. 122
[215] Alvarez Junco, José
[216] Tarragona S. 175
[217] Pla S. 184
[218] idem S. 189
[219] Calosse S. 16
[220] Hensbergen, S. 111
[221] Hensbergen *The Sagrada Familia* S. 84 f
[222] Hensbergen S. 114
[223] Navarro Arisa S. 134
[224] Crippa S. 39
[225] Zerbst S. 98ff
[226] Férrin S. 249
[227] Bassegoda S. 360
[228] Wächter S. 65
[229] Serrallonga i Gasch S. 265
[230] Graefe, Rainer S. 26. Graefe gehörte zur Gruppe der Studierenden, die das Modell nachbauten.
[231] Bassegoda S. 387ff.
[232] Lacusta/Gonzàlez S. 356ff.
[233] Crippa S. 54 f
[234] Bassegoda S. 390ff.
[235] Puig-Boada S. 169 Zit. Bergós

236 Zerbst S. 128
237 Wächter S. 49
238 Férrin S. 253
239 Rius 182
240 Álvarez Izquierdo S. 106
241 Bassegoda S. 435
242 Tarragona S. 294
243 Álvarez Izquierdo S. 145f
244 idem
245 Puig-Boada S. 205
246 Tarragona S. 213
247 Bassegoda S. 415
248 Hensbergen S. 148f
249 Zerbst S. 159
250 Bassegoda S. 412f
251 Santamaria, Antonio
252 Bassegoda *Gaudí, Architettura dello Spirito* S. 107
253 Zerbst S. 144 ff.
254 Bassegoda S. 415
255 Lupercio Cruz S. 62
256 Blanch, Josep
257 Hensbergen S. 128 f
258 Kunze, Gabriele
259 Segura Blazquez S. 23
260 Puig-Boada S. 102
261 Puig-Boada S. 96 und 153 Zit. Bergós
262 Bauçà de Mirabò Gralla, Concepció S. 179
263 Llabrés/Puig/Vivas S. 77
264 Muscheler S. 196
265 Bauçà de Mirabò Gralla, Concepció S. 177
266 idem S. 140
267 Llabrès/Puig/Vivas S.111
268 idem S. 39f
269 Hensbergen S. 133
270 Matamala S. 159
271 Llabrés/Puig/Vivas S. 27
272 Matamala S. 159f
273 idem
274 Tarragona S. 214
275 Prota/Rondena S. 48
276 Steffahn S.111
277 Férrin S. 377
278 Puig-Boada S. 148
279 Hensbergen S. 82

[280] N.N., 19.12.2018 blog.sagradafamilia.org/es/divulgacion/modelos-reales-de-la-fachada-del-nacimiento/
[281] Fondevila, Mariàngels
[282] Puig-Boada, S. 143
[283] Matamala S. 213
[284] Tarragona S. 225f
[285] N.N. *Un amigo poeta: Joann Maragall,* in www.equipoagora.es/Un-amigo-poeta-Joan-Maragall-A373.html
[286] Hensbergen S. 212
[287] Bassegoda S. 431
[288] Puig-Boada S. 95
[289] Bassegoda S. 475
[290] Tarragona S. 236
[291] Minguet i Batllori, Joam M. S. 99ff.
[292] Hensbergen S. 126
[293] Matamala S. 125f
[294] Crippa S. 65
[295] Férrin S. 281
[296] Giordano *Biografia* S. 100
[297] Puig-Boada S. 97
[298] N.N. Blog Sagrada Familia, blog.sagradafamilia.org/es/divulgacion/gaudi-y-sus-colaboradores-artesanales/
[299] Bassegoda S. 502f
[300] Hensbergen S. 216
[301] Bassegoda in www.gaudiclub.com/esp/e_equipo/cg/e_mani.asp
[302] Navarro Arisa S. 183ff.
[303] Hensbergen S. 189
[304] Navarro Arisa S. 186 f
[305] Matamala S. 171
[306] Bassegoda S. 513
[307] Linares, S. 214
[308] Zerbst S. 184
[309] Crippa S. 71f
[310] Hensbergen S. 168
[311] Bassegoda S. 201
[312] idem S. 170f
[313] Navarro Arisa S. 193
[314] Bassegoda S. 514
[315] Alcalá/Barraycoa S. 105
[316] Bassegoda S. 522
[317] Picarol war eines der Pseudonyme von José Costa Ferrer (1876–1971)
[318] Tarragona in www.antonigaudi.org/mosen-gil-pares-i-vilasau-barcelona-1880-1936-294.html
[319] Llonch Casanovas, Montserrat S. 137
[320] Casasús, Josep Maria

[321] Bassegoda S. 431
[322] Matamala S. 214
[323] idem S. 216
[324] Tarragona S. 247
[325] Dendle, Brian S. 161
[326] Zarranz, Juan José
[327] Puig-Boada S. 256f
[328] Matamala S. 279
[329] Puig-Boada S. 254
[330] idem S. 205
[331] Navarro Arisa S. 193
[332] Mercader S. 164
[333] Bassegoda S. 533
[334] Over There (Fringe) Warner Bros. 2010 Episode 22.2
[335] Stamm/Schreiber S. 145ff.
[336] Puig-Boada S. 100
[337] Zerbst S. 108ff.
[338] Hensbergen S. 232
[339] Puig-Boada S. 92
[340] idem Zit. Bergós S. 91
[341] Baumgartner, Barbara
[342] Ràfols S. 195
[343] Zerbst S. 119f
[344] Hensbergen S. 235
[345] idem S. 234
[346] Hensbergen S. 208
[347] Navarro Arisa S. 198ff.
[348] Tous Carbó S. 228
[349] Farràs, Andreu
[350] Bernecker S. 77f
[351] Hensbergen S. 211
[352] Tous Carbó S. 273f
[353] Bassegoda S. 547
[354] Bassegoda i Nonell, Joan *Boletín de la Real Academia de Bellas Artes* S. 160
[355] Matamala S. 347f
[356] Hernandez, Leonardo H. (and ARTE)
[357] Casamartina i Parassols
[358] Bassegoda S. 416
[359] idem S. 551
[360] Puig-Boada S. 102f Zit. Martinell
[361] idem
[362] Pla S. 67
[363] Bergós S. 29
[364] Navarro Arisa S. 207
[365] Hensbergen S. 237

[366] Tarragona S. 273
[367] Tous Carbó S. 172
[368] Tarragona S. 278
[369] Bassegoda i Nonell, Joan *La Vanguardia*, 2000
[370] Puig-Boada S. 232 Zit. Bergós
[371] idem. 255 Zit. Bergós
[372] Hensbergen S. 42
[373] Puig-Boada S. 111 Zit. Bergós
[374] Férrin S. 364
[375] Matamala S. 312f
[376] Amiguet, Teresa *Joan Maragall*
[377] Puig-Boada S. 132f
[378] Tarragona 284f
[379] Tarragona in www.antonigaudi.org/montserrat-rius-camps-una-religiosa-que-atendia-a-gaudi-1021.html
[380] Matamala S. 309 f
[381] Hensbergen S. 238
[382] Matamala S. 311
[383] idem S. 314
[384] Tarragona S. 309
[385] Hensbergen S. 247f
[386] Althammer, Beate
[387] Bergós S. 45
[388] Navarro Arisa S. 218
[389] Tarragona S. 298
[390] Puig-Boada S. 261 Zit. Bergós
[391] idem S. 188
[392] Sella, Antoni www.sapiens.cat
[393] Bassegoda S. 560
[394] Krause, Tilmann
[395] Puig-Boada S. 106
[396] idem S. 107
[397] Rotzler, Willy
[398] Tarragona S. 324
[399] Wächter S. 74
[400] Gustems-Carnicer, J. /Calderón-Garrido, D. /Arùs-Leita, E. S. 83
[401] Tous Carbó S. 255
[402] Santana Roma, Galdric S. 12ff.
[403] Bassegoda S. 30ff.
[404] Tarragona S. 304
[405] idem S. 301
[406] Bassegoda S. 557f
[407] Bergós S. 45
[408] Gonzàlez-Cremona S. 52
[409] idem

[410] idem S. 310
[411] Tarragona S. 321
[412] Grafl, Florian
[413] Tribelhorn, Marc
[414] Theros, Xavier El País Catalunya
[415] Tarragona S. 324
[416] Stamm/Schreiber S. 148ff.
[417] Die Zitate Gaudís und Linders stammen von dessen Aufsatz von 1949, in Stamm/Schreiber S. 152 ff.
[418] Zerbst S. 204ff.
[419] Puig-Boada S. 93 Zit. Bergós
[420] Stamm/Schreiber S. 156ff.
[421] idem
[422] Serrallonga, Blog Sagrada Familia
[423] Prota/Rondena S. 12-16
[424] Bergós, Joan, *Quadernos de arquitectura* S. 43
[425] Soriano-Montagut i Jené UPC Escòla Politecnica S. 38
[426] Hensbergen S. 256
[427] idem Zit. Matamala
[428] Tarragona S. 339
[429] idem S. 333
[430] Tous Carbó S. 201
[431] Tarragona S. 348
[432] Hensbergen S. 260
[433] Tarragona S. 351
[434] Puig-Boada S. 260 Zit Bergs
[435] Férrin S. 412
[436] Tarragona S. 351
[437] Matamala S. 350
[438] Roe *Gaudí* S. 66
[439] Hensbergen S. 261
[440] idem S. 264
[441] Vega y March, Manuel S. 13
[442] idem S.266
[443] Hensbergen *The Sagrada Familia* S. 25ff.
[444] idem
[445] Bernecker S. 84ff.
[446] Hensbergen *The Sagrada Familia* S. 131
[447] Hensbergen idem S. 133 ff.
[448] Orwell, George
[449] Oliva Sala, Antonio
[450] Hensbergen *The Sagrada Familia* S. 138
[451] Bustamante, José Manuel
[452] idem S. 150f
[453] N.N. *Miró y Gaudí* in fundacionantoniogaudi.org/miro-y-gaudi/

[454] Sotoo/Almuzara S.13
[455] idem S. 90
[456] Hensbergen S. 160f
[457] Gonzàlez-Cremona S. 41f
[458] idem S. 68f
[459] Papst Benedikt XVI, 2010

# LITERATURVERZEICHNIS

## Bücher


ALCALÁ, César/BARRAYCOA, Javier, 2002. *Tradicionalismo y espiritualidad en Antoni Gaudí.* Madrid: Actas.

ÁLVAREZ IZQUIERDO, Rafael, 2004. *Gaudí Arquitecto de Dios.* Madrid: Testimonios.

ASCHMANN, Birgit, 2021. *Beziehungskrisen: Eine Emotionsgeschichte des katalanischen Separatismus.* Göttingen: Wallstein Verlag.

BASSEGODA NONELL, Joan, 1989. *El Gran Gaudí.* Barcelona: AUSA.

--- 2009. *Gaudí, l'architettura dello spirito.* Mailand: Ares.

--- 2010. *El mestre Gaudí.* Lleida: Pagès editors

BERGÓS, Joan, 1999. *Gaudí, el hombre y la obra.* Barcelona: Lunwerg

BERNECKER, Walther L., 2015. *Spanische Geschichte. Vom 15. Jahrhundert bis zur Gegenwart.* München: C.H. Beck

BERSANELLI, Marco, 2018. *Il grande spettacolo del cielo.* Milano: Pickwick

BRIESEMEISTER, Dietrich, 2004. Spanien aus deutscher Sicht. *Beihefte zur Iberoromania, Bd. 20,* Max Niemeyer Verlag Tübingen

CALOSSE, Jp. A., 2011. *Picasso.* New York: Parkstone.

CASTELLAR-GASSOL, J., 2015. *Gaudí - Das Leben eines Visionärs.* Barcelona: Edicions de 1984

CASTRO, Angel Rubio., 1992. *Obra y pensamiento de Enrique de Osso.* Toledo: I.T. San Ildefonso

CONTRERAS LACUESTA, Raquel & GONZÁLEZ TORAN, Xavier, 2019. *Eusebi Güell i Bacigalupi – Poder, catalinitat, cultura, art.* Barcelona: Diputació Barcelona

CRIPPA, Maria Antonietta, 2015. *Antoni Gaudí, von der Natur zur Baukunst.* Köln: Taschen

DOMÈNECH GIRBAU, Lluís, 2018. *Domènech i Montaner: Un home universal.* Barcelona: La Magrana

ENGELS, Friedrich, 1873. *Die Bakunisten an der Arbeit, Denkschrift über d. letzten Aufstand in Spanien im Sommer 1873.* Leipzig: Genossenschaftsbuchdruck 1873.

FÉRRIN, Ana María, 2001. *De piedra y fuego.* Barcelona: Jaraquemada

GIORDANO, Carlos & PALMISANO, Nicolás, 2017. *Antoni Gaudí, Das Gesamtwerk des genialen Architekten..* Barcelona: Dos de Arte Ediciones

GIORDANO, Carlos & PALMISANO, Nicolás, 2016. *Basilika Sagrada Familia. Die unvollendete Kirche. Ein Kunstwerk von Weltgeltung.* Barcelona: Dos De Arte Ediciones

GIORDANO, Carlos u.a., 2016. *Biografia illustrata di Antoni Gaudí.* Barcelona: Dos de Arte Ediciones

GONZÀLEZ-CREMONA, Juan Manuel, kein Datum *Hacia la Beatificación de Antoni Gaudí desde 1992.* Barcelona: Asociació pro beatificació d'Antoni Gaudí

HAVELOCK, Ellis, 1908. *The Soul of Spain.* London: Archibald Constable.

HENSBERGEN VAN, Gijs, 2002. *Gaudí.* London: Harper Collins.

—. 2018. *The Sagrada Familia: Gaudí's Heaven on Earth.* London: Bloomsbury Publishing.

LLABRÉS, Pere-Joan/PUIG, Jordi/VIVAS, Pere, 2005. *Gaudí in der Kathedrale von Mallorca.* Triangle Postals

MARTÍNEZ SISTACH, Lluís, 2014. *Gaudí. l'uomo l'artista il cristiano.* Vatikan: Libreria Editrice Vaticana

MATAMALA FLOTATS, Juan, 2011. *Antoni Gaudí, Mi itinerario con el arquitecto.* Barcelona: Claret.

MERCADER, Laura, 2002. *Antoni Gaudí. Escritos y documentos.* Barcelona: El Acantilado 54.

MUSCHELER, Ursula, 2009 *Sternstunden der Architektur: Von den Pyramiden bis zum Turmbau von Dubai.* Beck'sche Reihe. München: Beck.

NAVARRO ARISA, Juan José, 2003. *Gaudí – l'architetto di Dio.* Milano: Ed. Paoline.

PEVSNER, Nikolaus, 1963. *Europäische Architektur.* München: Prestel

PLA, Josep, 2005. *Die blauen Augen von Barcelona.* Berlin: Berenberg

PRINZ, Alois, 2014. *Teresa von Ávila, Biographie.* Berlin: Insel-Verlag

PROTA, Silvio/RONDENA, Alessandro, 2014. *La Sagrada Família, un percorso dello sguardo.* Siena: Cantagalli

PUIG-BOADA, Isidre, 2004. *El pensament de Gaudí.* Barcelona: Dux Editoral.

RÀFOLS FONTANALS, Josep F./FOLGUERA GRASSI, Francesc, 2011. *Gaudí 1928.* Barcelona: ed. Universidad Politecnica de Cataluña.

RATZINGER, Joseph – Benedikt XVI., 2007. *Jesus von Nazareth Erster Teil.* Freiburg i.B.: Herder.

RIUS, Carles, 2014. *Casa Bellesguard as the Key to his Symolism.* Barcelona: Universitat de Barcelona.

ROE, Jeremy, 2012. *Antoni Gaudí.* New York: Parkstone/Confidential Concept USA.

—. 2006. *Gaudí.* London: Parkstone Press.

SEEWALD, Peter, 1996, 7. Aufl. *Salz der Erde.* Stuttgart: Deusche Verlags Anstalt

SERGI, Doria, 2013. *Das Barcelona von Carlos Ruiz Zafón: Spaziergänge durch eine erzählte Stadt.* Frankfurt: Fischer

SOTOO, Etsuro/ALMUZARA, José Manuel, 2007. *Dalla pietra al Maestro.* Siena: Cantagalli.

STAMM, Rainer,. 2004. *Gaudí in Deutschland, Lyrik des Raums.* Köln: Wienand.

STEFFAHN, Harald, 1984/2009. *Das Albert Schweitzer Lesebuch.* München: Beck.
TARRAGONA I CLARASÒ, Josep M., 2016. *Gaudí, el arquitecto de la Sagrada Família, biografia breve.* Barcelona: Torsimany Books.
TORRES DOMÈNECH, Joan, 2018. *El Gaudí que no es han explicat.* Valls: Cossetània Ed.
TOUS CARBÓ, Enric, 2015. *L'arquitectura i la vida.* Barcelona: Universidad Politècnica de Catalunya.
ZERBST, Rainer, 2005. *Gaudí, 1852–1926, Antoni Gaudí i Cornet – ein Leben in der Architektur.* Köln: Taschen.

## Beiträge in Print-Medien

ALTHAMMER, Beate, 1993. Frauenarbeit und Frauenprotest in der Textilindustrie Barcelonas um 1913. *Schweizerische Gesellschaft für Wirtschafts- und Sozialgeschichte,* Bd. 11, S. 73ff
ALVAREZ JUNCO, José, 1987. Corpus de sangre. *El Pais,* 20 06
AMIGUET, Teresa, 2016. ¿Cómo y por qué murió Antonio Gaudí?. *La Vanguardia,* 10. 06.
AMIGUET, Teresa, 2011. Joan Maragall, el maestro de las emociones delicadas. *La Vanguardia,* 20. 12.
AULET AMELA, Jaume, 2013. Apunts sobre la recepció de l'arquitectura modernista per part de la literatura noucentista. In La literatura catalana contemporània: intertextos, influèncias i relaciones. *Societat Catalana de Llengua i Literatura UAB,* S. 26 ff.
BASSEGODA I NONELL, Joan, Secundo semestre de 1994, número 79. Las escuelas provisionales de la Sagrada Familia. *Boletín de la Real Academia de Bellas Artes de San Fernando,* S. 151–173
BASSEGODA I NONELL, Joan, 2000. Gaudí murió millonario. *La Vanguardia,* 27. 12., S. 35
BAUÇÀ DE MIRABÒ GRALLA, Concepció, 2021. Antoni Gaudí y Joan Rubió. Naturaleza y paisaje en las vidrieras de la Catedral de Mallorca. *Anales de Historia del Arte,* Nr. 31, S. 173–194
BERGÓS, Juan, 1966. *Francisco de P. Quinatana Vidal: La bienhechora campechania,* Cuadernos de arquitectura, Barcelona
BLANCH, Josep, 2018. El cemento que financió a Gaudí. *La Vanguardia,* 09. 07.
BLASCO BARDAS, Anna M., 2003. Els articles de Maragall i de Pijoan sobra la Sagrada Família. *Quaderns de la Fundació Joan Maragall*N. 63
BLOCK, Philippe & RIPPMANN, Matthias, 2013. Das katalanische Gewölbe. *Detail: Zeitschrift für Architektur + Baudetail, ETH Zürich,* 5, S. 528–536
BOFFI, Emanuele, 2007. Etsuro Sotoo, il costruttore di cattedrali. *Tempi,* 22 03, S. 44–48

CALVERA, Anna, 1997. Acerca de la influencia de William Morris y el movimiento Arts & Crafts en Cataluña. Primeros apuntes y algunas puntualizaciones. *D'art*, Nr. 23, S. 231–252

CAMPUZANO RUJZ, Enrique. & CASTILLO ARENAL, L., 1989. Gaudí: »El Capricho« y su restauración. Comillas (Cantabria). *Buletí de la Reial Acadèmia Catalana de Belles Artes de S. Jordi,* Vol. 3, S. 53–59

CASAMARTINA I PARASSOLS, Josep, 1998. San Gaudí y el delirante Jujol. *El País*, 15. 07.

CASASÚS, Josep Maria, 2021. Enllà i la generació noucentista (1906). *Abans d'Ara*, 16. 02.

CASINOS, X., 2017. El Gaudí »clonado« de Sant Felip Neri. *La Vanguardia*, 29. 07.

COSANO, R., 2010. El doctor Aleu es testigo vivo de Antoni Gaudí. Recuerda su encuentro en la Sagrada Familia un mes antes de que muriera. *Diari de Tarragona*, 09. 11.

DENDLE, Brian J., 1989. Unamuno en Barcelona: Una entrevista desconocida de 1906. *Cuadernos de Investigación Filológica (Logroño) XV*, S. 159–62

DOESPIRITUSANTO, Marcos, 2010. El gallego que transformó Barcelona. *El Pais*, 25. 11.

FELIS, Clara, 2014. Los dos muertes del general Prim. *El Mundo*, 31. 10.

GONZÁLEZ LÓPEZ, Palmira, 2001. Los quince primeros años del cine en Cataluña. *Artigrama* Nr. 16, S. 39–74

GRAEFE, Rainer, Bd. 70 (1983). Zum Entwerfen mit Hilfe von Hängemodellen. *Werk, Bauen + Wohnen* S. 24–28

GRAFL, Florian, 2014. Lied und populäre Kultur. *Jahrbuch des Zentrums für Populäre Kultur und Musik, Waxmann, Münster,* S. 107

HAUPT, Florian, 2018. Der Mann, der die FCB-Farben nach Barcelona brachte. *Tageswoche*, 16. 01.

KAI, Michael, 2002. Antoni Gaudís Wunderwerk beflügelt die Architektur. *FAZ*, 25. 06.

KNIPP, Kersten, 2007. Oden an das Vaterland. *NZZ*, 06. 10.

KRAUSE, Tilmann, 2014. Vor dem Krieg kam der ästhetische Kahlschlag. *Die Welt*, 23. 05.

KUNZE, Gabriele, 2014. Gaudí, Campins und die Revolution in der Kathedrale. *Mallorca Magazin*, 26. 03.

LLONCH CASANOVAS, Montserrat, 2004. Jornada, salarios y costes labores en el sector textil catalán (1891–1936). *Revista de Historia Industrial*, No. 26: 101–139

LÖHNDORF, Marion, 2015. Schönheit als Grundbedürfnis. *NZZ*, 27. 06.

JAKOB, Markus, 2002. Kein einsames Genie. *NZZ*, 18. 07.

MASSOT, Dolors, 2001. Gaudí y el conde de Güell. *ABC*, 22. 03.

MASSOT, Lluís C, 2008. Els Güell de Torredembarra i la Colònia Güell de Santa Coloma de Cervelló. *Recull de Treballs* (Centre d'Estudis Sinibald de Mas) S. 7–23.

MICHEL, Kai, 2002. Antoni Gaudis Wunderwerk beflügelt die Architektur. *FAZ*, 25. 06.
MINGUET I BALLORI, Joam M., 1988. La Sala Mercè de Lluís Graner (1904–1908): Un epigon del modernisme? *D'Art Revista Barcelona*, S. 99–118
MONTAÑÉS, José Ángel, 2018. Gaudí alumno revolucionario y mal estudiante. *El País*, 09. 05.
N.N., 2002. *Barcelona im Wandel, NZZ* Zürich, 14. 09.
N.N., 2011. Etsuro Sotoo, il costruttore di cattedrali. *Tempi*, 10. 10.
PESCHKE, Mark, 2006. Dämonen und Himmelswächter. *NZZ*, 18. 06.
RAGUER I SUÑER, Hilari, 2013. El cristiano Joan Maragall: tres artículos sobre la semana trágica. *Hispania Sacra* LXV, S. 173f
RIBAS I PIERA, Manuel, 1966. Consideraciones sobre Gaudí, a través de sus obras urbanísticas. *Cuadernos de arquitectura*, Nr. 63, S. 20–33
ROTZLER, Willy, 1966. Antoni Gaudí 1852–1926. *DU Atlantis*, Nr. 26, S. 2.
SANCHO, Jesus, 2011. La suciedad en Barcelona, la otra historia de la ciudad. *La Vanguardia*, 11. 02.
SANTANA ROMA, Galdric, 2009. La campana de la torre de sant Bernabé de la Sagrada Família. *Temple* Nr. 6, 02. 11., S. 12–15
SEGURA, Cristian, 2015. L'amic alsacià de Lluís Millet. *El País Catalunya*, 26. 10.
SERRA, Catalina, 2008. El Palau Güell tendrá un uso social centrado en actividades musicales. *El País*, 25. 08.
SOLER I FONRODONA, Rafael, 2022. Els Moreu de Mataró. *Fulls del Museu Arxiu de Santa Maria*, Nr. 74, S. 18ff.
SUBIRANA, Jaume, 2010. Joan Maragall: Que no hay tal muerte. *La Vanguardia*, 10. 11.
THIOLAY, Boris, 2007. Quand les nazis cherchaient le Graal. *L'Express*, 10. 05.
TRIBELHORN, Marc, 2018. Vor hundert Jahren wütete die Spanische Grippe. Bis heute bleibt sie ein Rätsel. *NZZ*, 16. 03.
VEGA Y MARCH, Manuel, 1926. El entierro de Gaudí. *La Vanguardia*, 13. 06.
VILJES, Jorge, 2017. Prat de la Riba, el hombre que antepuso Cataluña a Dios. *La Razón*, 29. 10.
ZARRANZ, Juan José, 2018. La enfermedad neurológica de »Raimundìn« en la biografia de Miguel Unamuno. *Neurosciences and History*, 6 (2): 53–60

## Beiträge auf Online-Portalen

BADR, Benajiba, 2016. La Sagrada Tánger-Antonio Gaudí http://teawithanarchitect.over-blog.com/la-sagrada-tanger-antonio-gaudi.html
BALAGUÉ CASALS, Albert & GONZÀLEZ MORENO-NAVARRO, José Luis, 2002. El edificio Botines de León. Cómo se hizo. *Informes de la Construcción, Vol. 54 nr. 481–482*, https://www.researchgate.net/publication/26524495_El_edificio_Botines_de_Leon_Como_se_hizo

BALIUS JULI, Ramon. Ricard Opisso: art, història, humor i esport. *Apunts: Medicina de l'esport*, 2009, Vol. 44, Núm. 163, S. 138–147, https://www.raco.cat/index.php/Apunts/article/view/141306

BASTOS, Claudio, Gaudí e a agua. *Arquitextos*, São Paulo, ano 10, n. 114.01, Vitruvius, nov. 2009, https://vitruvius.com.br/revistas/read/arquitextos/10.114/10

BAUMGARTNER, Barbara, 2016. *Sagrada Familia Die Unvollendete*. Zeit online, 29.10., https://www.zeit.de/entdecken/reisen/merian/sagrada-familia-antoni-gaudi-barcelona-katalonien

BENN, Roland, 2017. *Modernisme, Zurück in die Zukunft*, 20.05. https://www.zeit.de/entdecken/reisen/merian/modernisme-kunstbewegung-architektur-katalonien

BERNAL, Mauricio, 2019. Picasso no era pintor, era un pintor poeta. *elperiodico.com*, 06. 11., https://www.elperiodico.com/es/ocio-y-cultura/20191106/museu-picasso-explora-rostro-poetico-maestro-malagueno-obra-escrita-relacion-paul-eluard-7717215

BÖTTRICH, Christfried, 2015. *Das wissenschaftliche Bibellexikon im Internet* https://www.die-bibel.de/ressourcen/wibilex/autoren/christfried-boettrich

BUJ BUJ, Antonio, 2003. Vivienda salubre. El saneamiento de poblaciones (1908) en la obra del ingeniero militar Eduardo Gallego Ramos. *Scripta Nova Revista electrónica de geografía y ciencias sociales*, 01. 08., Vol. VII, núm. 146 (012) https://www.ub.edu/geocrit/sn/sn-146(012).htm

CASALS, Victòria & Torregrossa, Iris, 2015. Adéu cotilla. L'evolució de la moda feminia a Catalunya (1875–1925), https://www.bnc.cat/El-Blog-de-la-BC/Adeu-cotilla.-L-evolucio-de-la-moda-femenina-a-Catalunya-1875-1925

CURTI, Chiara, 2017, 19 e 20 ottobre. Il lavoro di Gaudí nella Sagrada Familia. Roma, Pontificia Università della Santa Croce e MCE, https://www.pusc.it/sites/default/files/teo/conv2017/doc/Curti.pdf

FARRÉ, Natàlia, 2018. Gaudí, 71,5 horas dibujando Montserrat, *El Periódico online*, 12. 06., https://www.elperiodico.com/es/ocio-y-cultura/20180612/planos-gaudi-monestir-montserrat-6870857

FARRÉ, Natàlia, 2017. El mistero del número 6 de la calle de la Ribera. *El Periódico online*, 04. 07., https://www.elperiodico.com/es/barcelona/20170704/casa-museu-lluis-plandiura-6148057

HARTMANN, P.W., 1996. Symbole in der Kunst (Eintrag: Die Schildkröte). *Eskala.de*, http://www.eskala.de/kirchentraum/symbole_kunstlexikon.pdf

LLORDÉS, Teresa (Museo Nacional de la Ciència i la Tècnica de Catalunya), kein Datum. Depósito de las Aguas del Parque de la Ciutadella. *Mapa del patrimonio industrial de Catalunya*, https://150elements.mnactec.cat/es/company/deposito-de-las-aguas-del-parque-de-la-ciutadella/

LLUIS i Ginovart, J., COSTA-JOVER, A., COLL-PLA, S. und LÓPEZ, 2016. Layout of Catenary Arches in the Spanisch Enlightenment and Modernism. *Nexus Network Journal Architecture and Mathematics, Kim Williams Books,* https://patriarq.wordpress.com/2017/02/10/layout-of-catenary-arches-in-the-spanish-enlightenment-and-modernism/

MASSÓ, Jaume, 2015. Antoni Gaudí i el santuari de Misericòrdia. *Reus digital*, 9. 11., https://reusdigital.cat/noticies/digues-la-teva/antoni-gaudi-i-el-santuari-de-misericordia

MATA, Jordi kein Datum. Les dones de Jacint Verdaguer.*Sapiens*, https://www.sapiens.cat/revista/sapiens-214/dones-verdaguer_203268_102.html

N.N., 2002. Cuando Manhattan llamó a Gaudí. *ABC Internacional*, 06 09, https://www.abc.es/internacional/abci-cuando-manhattan-llamo-gaudi-200209060300-127580_noticia.html

NOGUERA, Jaime, 2017. Trotski y su destierro de España por tener ideas »demasiado avanzadas«. *Russia Beyond*, 24. 04., https://es.rbth.com/cultura/historia/2017/04/24/trotski-y-su-destierro-de-espana-por-tener-ideas-demasiado-avanzadas_749048

OLIVA SALA, Antonio, kein Datum. Doce postulados mártires del Templo Expiatorio de la Sagrada Familia. *Hispania Matyr*, https://www.hispaniamartyr.org/martires-1936/73-martires-julio-1936/388-doce-postulados-martires-del-templo-de-la-sagrada-familia.html

ORWELL, George, Mein Katalonien (1938). *Nemesis.Sozialistisches Archiv für Belletristik*, https://nemesis.marxists.org/orwell-mein-katalonien1.htm

PINYOL I TORRENTS, Ramon, 2019. Biografia Jacint Verdaguer i Santaló. *Societat Verdaguer*, https://societatverdaguer.cat/biografia

PONS, Marc, 2020. Los primeros coches catalanes y la reacción del poder español. *El Nacional.Cat.* 31. 05., https://www.elnacional.cat/es/cultura/marc-pons-primeros-coches-catalanes-poder-espanol_508671_102.html

RAMIS I CORIS, Joaquim, 2015. Alfons Trias i Maxencs. Biografia. *Galeria de metges catalans, Collegi Oficial de Metges de Barcelona*, https://www.galeriametges.cat/galeria-fitxa.php?icod=HJM

SANTAMARIA, Antonio, 2021. Martí Trias (1862–1914), advocat i escriptor. *iSabadell.* 27. 06., https://www.isabadell.cat/sabadell/historia/marti-trias-1862-1914-advocat-i-escriptor/

SCHILLIG, Christiane, 2005. Die Weinbergschnecke, Auch ein Ostertier. *Monumente. Magazin Deutsche Stiftung Denkmalschutz*, https://www.monumente-online.de/de/ausgaben/2005/2/auch-ein-ostertier.php

SELLA, Antoni, 2018. La Mancomunitat: la costrucció d'un país modern. *Sapiens*,17.12., https://www.sapiens.cat/revista/sapiens-135/mancomunitat-construccio-pais-modern_17224_102.html

TORRAS, Feliu, und VILANOVA OMEDAS, Antoni (ed.), 2011. *La Barcelona de ferro. A propòsit de Joan Torras Guardiola.* Museu d'Historia de Barcelona, https://www.barcelona.cat/museuhistoria/sites/default/files/torras_guardiola.pdf

N.N. 2022. Homenaje al Orfeó Català 1925. Barcelona-CE Júpiter. Football Citizens, 04.07, https://footballcitizens.com/homenaje-al-orfeo-catala-1925-barcelona-ce-jupiter-football-citizens/

ZINT, Paul Gerhard. 2008. Chronologie der Bibel, https://www.zeitundzahl.de/Download/Chronologie.pdf

## Online-Literatur/Dissertationen/Kongressakten

ARRECHEA, F., 2014. Los suizos y el FC Barcelona, primera parte, *Cuadernos de futból CIHEFE.* [Online] https://www.cihefe.es/cuadernosdefutbol/2014/07/los-suizos-y-el-fc-barcelona-primera-parte/

BENEDIKT XVI, Papst, 2010. Apostolische Reise nach Santiago de Compostela und Barcelona (6.-7. November 2010).Predigt von Papst Benedikt XVI, *Der Heilige Stuhl online,* https://www.vatican.va/content/benedict-xvi/de/homilies/2010/documents/hf_ben-xvi_hom_20101107_barcelona.html

BUSQUETS, Joan & COROMINAS, Miquel, 2009. *Dossier de treball.Cerdà i la Barcelona del futur, exposició.* Ajuntament de Barcelona. www.cccb.org/rcs_gene/Cerd_.pdf

BUSTAMANTE, José Manuel, 2019. *Arquitecto a cargo de la obra de Gaudí en Rancagua se reunió con Decano con miras a sumar a la FAU al proyecto.* Fakultad de Architectura y Urbanismo, Universidad de Chile, https://fau.uchile.cl/noticias/151372/arquitecto-a-cargo-de-obra-de-gaudi-en-rancagua-se-reunio-con-decano

CAPDEVILA, Jaume, 2017. Ricard Opisso i Sala (1880–1966). *Tebeosfera* (2016, ADYT) - 3° epoca -2 11.03.2017, https://www.tebeosfera.com/documentos/ricard_opisso_i_sala_1880-1966.html

FARRÀS, Andreu, 2019, Iglesias quemadas y un chivo expiatorio, *Catalunya Plural,* 10.10.,
https://catalunyaplural.cat/es/iglesias-quemadas-y-un-chivo-expiatorio/

FONDEVILA, Mariàngels, 2021. Ricard Opisso: recuerdos y anéctodas agridulces de Gaudí. *Blog Museu nacional d'art de Catalunya,* 31.12., https://blog.museunacional.cat/es/ricard-opisso-recuerdos-y-anecdotas-agridulces-de-gaudi/

FUENTES MILÀ, Sergio, 2013, Nr. 10/nov. El Órgano Eléctrico de Aquilino Amueza para la Exposición Universal de Barcelona (1888). *El Artista,* https://dialnet.unirioja.es/servlet/articulo?codigo=4685457

GALLO, S., 2018. Joya de museos bajo tierra. La Nueva Crónicaonline, 20. 01., https://www.lanuevacronica.com/joyas-de-museo-bajo-tierra

GARCIA CASAS, Luis, 2014. Spanien 1914: Der Papierkrieg, *Deutsche Welle online,* 23.04., https://www.dw.com/de/spanien-1914-der-papierkrieg/a-17582650

GÓMEZ DORA, Nicolás, 1992. Contribución a la biografía del segundo director de la Escuela de Arquitectura di Barcelona: Francisco de Paula del Villar y Lozano. *Butlletí de la Reial Acadèmia Catalana de Belles Arts de Sant Jordi,* vol. 6, pp. 159–165, https://raco.cat/index.php/ButlletiRACBASJ/article/view/219133

GÓMEZ SERRANO, José, COLL GRÍFOL, Jordi , FONT I COMAS, Joan, und ANILA I CASADEMONT, Genís. 2000, Nr. 09. La reconstrucción virtual del Obrador de Gaudí. *Universitat Politècnica de Catalunya. Departament d'Estructures a l'Arquitectura,* S. 30–43, https://upcommons.upc.edu/handle/2117/19789

GRAU I FERNÁNDEZ, Ramon, und LÓPEZ GUALLA, Marina 1984. La gènesi del Parc de la Ciutadela: projectes, concurs municipal i obra de Josep Fontserè i Mestre (1868-85). *El Pla de Barcelona i la seva història. Actes del I Congrés d'Història del Pla de Barcelona, 1982, https://www.academia.edu/44800779/La_g%C3%A8nesi_del_Parc_de_la_Ciutadella_projectes_concurs_municipal_i_obra_de_Josep_Fontser%C3%A8_i_Mestre_1868_85_*

GUSTEMS-CARNICER, J., CALDERON-GARRIDO, D. y ARÚS-LEITA, E., 2018. El Aliento Invisible: Música y Sonido en la Obra de Gaudí. *Brac. Barcelona Research Art Creation*, 6(1)72–89. doi: 10.17583/brac.2018.2385 http://dx.doi.org/10.17583/brac.2018.2385

HADJIABADI, Maikel, WS 2016/2017. Die Kettenlinie. *Johannes Gutenberg Universität Mainz*, https://download.uni-mainz.de/mathematik/Algebraische%20Geometrie/Lehre/Sem-Ausgewaehlte-hoehere-Kurven-WS2016-17/Hajiabadi%20Maikel_Die%20Kettenlinie_090217.pdf

HERNANDEZ, Leonardo H. (and Arte). 2015. El binomio Antoni Gaudí - Josep Maria Jujol. *Andarte - Arte, cultura, patrimonio.* www.andartearte.com/binomio-antoni-gaudi-josep-maria-jujol/

HERRÁIZ GARCIA, Carlos. kein Datum. López Bru, Claudio. Segundo marqués de Comillas (1853–1925), *MCNBiografias.com*, https://mcnbiografias.com/app-bio/do/lopez-bru-claudio-segundo-marques-de-comillas

INFIESTA, Maria, 2013. Francisco Viñas Dordal. Mucho más que un tenor wagneriano. *Wagneriana Castellana*, Nr. 103, www.associaciowagneriana.com/pdfarticles/876187360338.pdf

LÀZARO ALHAMBRA, 2011. Francesc X. *Mirant sempre cap endavant - Blog.* 28. Mai. http://webfacil.tinet.cat/fxlazaro/8361

LINARES, Marina, 2017. Modernismus in Barcelona: Antoni Gaudí. Ein Gestaltungswille durchdringt den Raum. ICOMOS · Hefte des Deutschen Nationalkomitees LXI, S. 211–220, https://journals.ub.uni-heidelberg.de/index.php/icomoshefte/article/view/46895

LUPERCIO CRUZ, Carlos, 2013. Aleix Clapés (1846-1920) y Manuel Sayrach (1886-1937). *Tesis doctoral.* Barcelona: Universitat Politècnica de Catalunya - Departement de Composició Arquitectònica, 03. 07., https://tdx.cat/handle/10803/129415#page=1

MARAGALL, Joan. 1904. *Una calaverada Obres completes / Escrits en prosa I/ Una calaverada.* Wikisource.org, https://ca.wikisource.org/wiki/Obres_completes_d%27en_Joan_Maragall_-_Escrits_en_prosa_I/Una_calaverada

MARCHI, Maria Bárbara. 2011. *Cercle Artístic de Sant Lluc 1993–2009: Història d'una institució referent per a la cultura barcelonina. Tesis doctoral.* Universitat de Barcelona, https://www.tdx.cat/bitstream/handle/10803/22653/MBM_TESI.pdf?sequence=1

MERKEL, Patricia, 2017. *Das Wirken Enrst Neuferts in den Jahren von 1920 bis 1940,* Dissertation. Wiesbaden: Springer Fachmedien, https://link.springer.com/book/10.1007/978-3-658-16857-5

MÜHLSTEDT, Corinna, 2015. Auf der Suche nach innerer Freiheit - Die Mystik Teresas von Avila. *Deutschlandfunk*, 30. 09., https://www.deutschlandfunk.de/auf-der-suche-nach-innerer-freiheit-die-mystik-teresas-von-100.html

N.N. 2011. *La revolución del agua en Barcelona*. Museu d'Historia de Barcelona, Ausstellungskatalog. http://www.bcn.cat/museuhistoriaciutat/docs/revol_agua_bcn_es.pdf.

N.N. 2014. Primeras escuelas Montessori en Barcelona. *Montessori para todos*, https://montessoriparatodos.es/blog/primeras-escuelas-montessori-en-barcelona

SEGURA BLAZQUEZ, Albert. 2019. *Jaume Llongueras i Badia Practicas socioculturales en la Barcelona del noucentisme y su impacto sobre las artes aplicadas e interiores diseñados*. Barcelona: Universidad Pompeu Fabra, http://hdl.handle.net/10230/43867

SERRALLONGA I GASCH, Jaume. 2003. *Geometria i mecànica en els models de Gaudí*. Doctoral Thesis. Universitat Politècnica de Catalunya Barcelona. Departament d'Estructures a l'Arquitectura, https://upcommons.upc.edu/handle/2117/93847

SERRALLONGA, Jaume, 2018. Las columnas de doble giro: geometría, mecánica y simbolismo. *Blog Sagrada Familia*. 21. 11. https://blog.sagradafamilia.org/es/especialistas/las-columnas-de-doble-giro

STUDER, David, 2003. *Maturarbeit Glocken, Kantonsschule Wettingen*, nicht mehr online

TORRAS, Feliu, und VILANOVA OMEDAS, Antoni (ed.), 2011. *La Barcelona de ferro. A propòsit de Joan Torras Guardiola*. Museu d'Historia de Barcelona, https://www.barcelona.cat/museuhistoria/sites/default/files/torras_guardiola.pdf

VOCCOLI, Ottobrina, 2009. *La rinascita dell'arte musiva in epoca moderna in Europa. La tradizione del mosaico in Italia, in Spagna e in Inghilterra*. Tesi di Dottorato, Universitat de Barcelona, http://hdl.handle.net/2445/35607

WÄCHTER, Teresa, 2005/06. *Aufwertung der Ästhetik - In den Spuren Gaudís*. Diplomarbeit. Nanopdf.com, https://nanopdf.com/download/aufwertung-der-sthetik_pdf#.

## Webseiten allgemein:

ERIH European Route of Industrial Heritage e.V. www.erih.net

FERRIN, Ana Maria, *Gaudí y más …*, https://amf2010blog.blogspot.com

https://blog.sagradafamilia.org

https://casavicens.org/blog

*Katechismus der katholischen Kirche*, www.vatican.va/archive/DEU0035/_INDEX.HTM

TARRAGONA I CLARASÓ, Josep M. 2013–2016 www.antonigaudi.org

www.artehistoria.com

www.arthistoricum.net

www.barcelofilia.blogspot.com/
www.barcelonamemory.com
www.enciclopedia.cat
www.equipoagora.es
www.filosofiacatalana.cat
www.freimaurer-wiki.de
www.fundacionantoniogaudi.org
www.gaudiallgaudi.com
www.gaudiclub.com
www.heiligenlexikon.de
www.hispaniamartyr.org
www.jujol.org
www.mataro.cat
www.myheritage.it
www.palauguell.cat
www.wikipedia.com

## Videos/Filme

*Over There (Fringe)*, 2010, Part 1, Season 2, Episode 22. Regie: Akiva Goldsman. Warner Bros.

*Sagrada Familia. Antoni Gaudís Meisterwerk.* Arte Dok-Film, 2022. Regie: Mark Jampolsky und Marie Thiry

# ABBILDUNGSNACHWEIS

S. 18: © Kathrin Benz; S. 44: © mauritius images / The History Collection / Alamy / Alamy Stock Photos; S. 62: public domaisn; S. 72: © Manuel Cohen / akg-images; S. 76: © mauritius images; S. 87: © mauritius images / The History Collection / Alamy / Alamy Stock Photos; S. 98: © mauritius images / Danvis Collection / Alamy / Alamy Stock Photos; S. 101: © akg-images / Manuel Cohen; S. 106: © akg-images / Album / Ramon Manent; S. 135: © mauritius images / Ken Welsh / Alamy / Alamy Stock Photos; S. 158: © Kathrin Benz; S. 159: © Kathrin Benz; S. 192: © akg-images / Album / Oronoz; S. 215: public domain; S. 287: © akg-images / Album / Gaudi Research Institute; S. 289: © mauritius images / Historic Images / Alamy / Alamy Stock Photos; S. 319: © akg-images / Album / Gaudi Research Institute; S. 324: © akg-images / Album / Gaudi Research Institute; S. 343: © akg-images / UIG / Sergi Reboredo / VWPics Sergi Reboredo.

## Farbtafeln:

© Michele Falzone / GettyImages; © akg-images / UIG / Sergi Reboredo / VWPics Sergi Reboredo; © getty images; © akg-images / Album / Ramon Manent; © akg-images / Bildarchiv Monheim; © Kathrin Benz; © Kathrin Benz; © mauritius images / Konrad Zelazowski / Alamy / Alamy Stock Photos; © akg-images / Manuel Cohen; © akg-images / Album / Prisma; © akg-images / Album / Anna Oswaldo Cruz / Muhba 2010; © margouillat photo - shutterstock_2258398625; © margouillat photo - shutterstock_2258398625; © akg-images / Manuel Cohen; © Kathrin Benz; © akg-images / Bildarchiv Monheim; © Kathrin Benz; © Kathrin Benz.

# NAMENSINDEX


Aleu, Miquel 295
Alfonso XII. 67, 95
Alfonso XIII. 41, 120, 135, 155, 234, 296, 302, 315
Almenara Alta, Herzogin von 96
Almuzara, José Manuel 339, 346
Alsina Bonafont, Claudi 157, 279
Amadeus von Savoyen 45
Amatller i Costa, Antoni 235
Amezua, Aquilino 123
Appel, Monica 340
Aranda, Angélico 333
Aribau, Bonaventura, Carles 20, 21
Artigas Alart, Joan 216, 351
Artigas, Senyor 184
Artus 65
Astor, Fam. 256
Augustinus 38, 233
Averlino, Antonio di Pietro 308

Bach, Johann Sebastian 83, 201, 308
Bacigalupi, Francesca 76, 122
Badia, Domingo Francisco Jorge 168
Badia i Miarnau, Josep und Lluís 102
Badia Ripio, Pau 239
Bakunin, Michail 45
Balcells, Ramon 332
Bardier Pardo, Juliàn 198
Bassegoda i Nonell, Joan 262
Batllevell i Arús, Juli 209
Batlló i Casanovas, Josep 8, 235, 236, 237, 254
Bayó i Font
- Jaume 242
- Josep 231, 236, 242, 243
Bellvehí
- Adelina 118
Beltran, Joan 195, 244
Benediktinermönche von Almerìa 99
Benedikt v. Nursia, hl. 145
Benedikt XVI. 39, 341, 342
Berenguer, Francesc 26
Berenguer i Mestres
- Francesc 118, 119, 121, 152, 173, 178, 248, 250, 251, 252, 255, 270, 290
- Francesc jr. 290
Bergós, Joan 290, 292, 312, 313, 320, 339
Bernat, Familie 254
Bernhard von Clairvaux 311
Bersanelli, Marco 337, 338
Birkigt, Marc 199
Bocabella i Puig, Francesca 171
Bocabella i Verdaguer, Josep Maria 31, 32, 33, 44, 97, 108, 109, 110, 112, 113, 131, 161, 162, 171, 284, 327, 331, 333
Bofarull, Antoni de 27
Bonet i Armengol
- Jordi 333, 337
- Lluís 333
Bonet i Garí, Lluís 292, 333
Bonet i Savé, Ramon 227
Bordàs i Salellas, Joan 270, 271
Brueghel, d.Ä., Jan 164
Bru, Luisa 67
Burry, Marc 338
Busquets, Jaume 305, 306, 334, 336

Caballol, Joaquim 143, 144, 172
Calvet
- Eduard 190
- Pere jr. 190
- Pere Màrtir 190, 191, 254
Campderrós, Josep 154

Campins, Catalina 223
Campins i Barceló, Pere 213, 214, 217, 221, 297, 356, 370
Canaleta i Cuadras, Josep 242, 245
Cardellach Alivés, Fèlix 259
Cardenal, Salvador 154
Carles Gordó, Ricardo Maria 340
Carlos de Borbón 23, 60
Carmelites de Sant Josep 254
Carner, Josep 204
Carrel, Alexis 25
Casañas i Pagès, Salvador 203
Casas i Bardés 148
Casas, Ramon 174
Cascante i Colom, Cristòfor 104
Català, Jaume 169, 171
Cerdà, Ildefons 34, 47
Christus 39, 60, 111, 112, 136, 146, 210, 231, 238, 278, 286, 314, 342
Clapés i Puig, Aleix 124, 125, 162, 214, 270
Clavé, Josep Anselm 53
Cleveland, Grover 126
Coll, Clodomir 331
Collins, George R. 84
Comellas, Esteban 75
Cornet, Ursula 45, 281
Costa Ferrer, José 362
Couturier, Marie-Alain 329
Cunill i Bastús, Francesc Xavier 332

Dalì, Salvador 9, 294
Dalmases i de Riba, Manuel de 171, 250, 316
Dalmases, Joan de 171
David, König 121, 183, 184
de Unamuno
- Miguel 251, 252, 257, 280, 370, 371
- Raimundo 251
Díaz de Quijano y Fernàndez de San Juan, Máximo 102, 103, 358
Diéguez
- Francisco 332
- Mercedes 332
Domènech i Montaner, Lluís 48, 70, 78, 82, 126, 135, 235
Domingo de Guzmán, hl. 184
Dominikus, hl. 185
d'Ors, Eugeni 248
d'Ossó, Enric 137, 138, 140, 141, 142, 350
Dostojewski, Fjodor 8

Egea i Ferrer, José 37
Egea i Gaudí, Roseta 62, 63, 91, 92, 117, 145, 173, 249, 250, 253, 254, 272, 281, 320
Eichendorff, Joseph von 203
Einstein, Albert 291
Elisabeth von Thüringen 112, 125
Engels, Friedrich 131, 171
Espérandieu, Henri 57
Euripides 308

Fajula, Francesc 238
Falqués, Pere 191
Feliu Prats, Antoni 244
Ferdinand VII. 22
Fernández Fernández, Simon 155
Ferrà, Miquel 22
Filarete 308
Flotats i Llucià, Joan 130, 131
Folguera i Grassi, Francesc 292
Fontbona, Emili 227
Font i Gumà, Josep 268
Fontserè i Mestre, Josep 46, 47, 53, 57, 58, 59, 61, 64, 70, 104
Forns Curulla, Antonio 332
Forteza, Guillem 282
Fortuny, Marià 92
Franco, Francisco 144, 218, 330, 332, 333, 334
Fransitorra Luque, Javier 339

Gabriel, Erzengel 32, 130, 193, 246
Gamper, Joan 318, 319
Garcia Fària, Pere 35
Garcia i Torres, Francesc V. 89
Garibaldi, Giuseppe 32

Gaudí
- Josep 286
- Plàcido 18, 281
- Rosa 21
Gaudí i Cornet
- Antonia 22, 62, 63, 64, 281
- Familie 91
- Francesc 22, 26, 28, 52, 61, 281
- Francesc, der Ältere 22
- Maria 22
- Rosa 22, 33, 37, 56, 61, 62, 63, 91, 281
Gaudí i Serra, Francesc 21, 62, 78, 91, 175, 250, 281
Gaudí, Josep 250, 262
Gaugin, Paul 98
Gaya Nuño, Juan Antonio 9, 179
Gayón Barrie, María 132, 167
Genesius, hl. 191
Georg, hl. 61, 161, 182, 202, 236
Gessler, Hermann 172
Gibert i Soler, Joan 90
Girona, Manuel 99
Girossi de Sanctis, Enrique 74
Gitchell, Albert 301
Godó, Amàlia 235
Goethe, Johann Wolfgang 53, 203, 308
Goetz Maurer, Eduard 195
Gonzàlez-Luna, Mariano Andrés 155
Graner i Arrufí, Lluís 233
Grau i Vallespinós, Joan Baptista 91, 127, 128, 129, 137, 145, 170, 200, 239, 350, 356
Gropius, Walter 303
Guardiola Angulo, Lola 240
Guardiola i Grau, Josep 58, 239, 240, 241, 373, 376
Güell i Bacigalupi
- Eusebi 8, 75, 77, 82, 90, 96, 100, 105, 119, 122, 124, 126, 132, 151, 154, 155, 194, 197, 198, 199, 203, 207, 209, 224, 262, 270, 274, 298
Güell i Ferrer, Joan 76
Güell i López
- Claudio 154
- Isabel 123, 203, 204
- Santiago 154
Guéranger, Dom Prosper 144, 145
Gutiérrez, Ziegenhirte 228

Haeckel, Ernst 232, 233
Händel, Georg Friedrich 315
Herkules 66, 105, 108
Hesperis, Göttin 66, 105
Himmler, Heinrich 65
Homs i Botinás, Joan 155
Howard, Ebenezer 196
Humperdinck, Engelbert 206

Ignatius von Loyola 64
Irurita, Manuel 329
Isabel de Borbón \ 130
Isabel II. 22, 33

Jaime I.. Jakob I.
Jakob I. 61
Jesus-Maria-Schwestern 91, 92
Johannes der Täufer 112
Johannes Paul II. 185, 339, 341
Johannes vom Kreuz, hl. 276, 277, 314
Jonas 164
Jordi. Siehe Georg, hl.
Josef, hl. 32, 33, 39, 45, 113, 236, 337
Josep, Wächter 228
Judas Iskariot 177, 185, 228, 296
Jujol i Gibert, Josep Maria 268, 269, 271, 272, 288
Junceda, Joan 246

Kandinsky, Wassily 303
Karl der Grosse 20
Katharina von Siena, hl. 184, 185
Klee, Paul 303
Kneipp, Sebastian 175, 176, 177, 253
Kolumbus, Christophorus 66

Labória
- Frederic 250
- Rosina 250

La Calderera. Siehe Gaudí, Rosa
Laguarda, Joan Josep 287
Lamartine, Alphonse de 203
Le Corbusier 9, 293, 294, 336
Lenin, Wladimir Iljitsch 301
Leopold von Hohenzollern-Sigmaringen 44
Leo XIII. 174
Lerroux, Alejandro 261, 263
Lincoln, Abraham 54
Linder, Paul 303, 304, 305, 306, 308, 309, 310
Lleó i Morera, Albert 235
Llimona
- Joan 279, 290
- Josep 279
Llonch i Solá, Jaime 332
Llongueras i Badia, Jaume 218
Llull, Ramon 216
López Bru, Claudio, 2. Markgraf von Comillas 77, 83, 102, 132, 133, 134, 167, 168, 169, 171, 262
López Bru, Isabel 119, 125, 126, 193
López Bru, Luisa 77
López y López, Antonio 67, 68, 83, 95, 96, 119
Löwengard, Kurt 304
Lucas, George 275
Lukas, Evangelist 174
Lysipp 160

Manent, Marià 299
Manich i Elias, Josep Maria 254
Mani i Roig, Carles 238, 239
Manjón, Andrés 266
Manyanet i Vives, Josep 38, 39
Maragall, Joan 42, 53, 136, 202, 203, 206, 229, 248, 263, 264, 280, 281, 288
Maria Cristina
- de Habsburgo-Lorena, Regentin 120, 135
Maria Salome 231
Maritain, Jacques 329
Martí Matlleu, Joan 292
Martinell i Brunet, Cèsar 110, 176, 258, 262, 292, 325, 356, 363
Martinez Sistach, Lluìs 341
Martin I., König 200
Martorell, Joan 68, 69, 99, 105, 108, 109, 113, 114, 171, 349
Marx
- Eleonor 50
- Karl 50
Mas, Agustí 332
Mas Ginestà, Adolf 195
Matamala i Flotats, Joan 146, 148, 224, 249, 252, 255, 256, 266, 279, 284, 321, 322, 325
Matamala i Pinyol, Llorenç 59, 71, 95, 100, 104, 146, 147, 160, 161, 162, 165, 182, 183, 227, 228, 249, 250, 251, 271, 283, 285, 286, 302, 320
Mateu i Bisa, Damià 199
Matmala i Flotats, Joan 279
Matthäus, Apostel 121, 295
Maura, Antonio 234
Maxencs, Anna 209
Meier-Graefe, Julius 256, 257, 303, 304
Mendelssohn Bartholdy, Felix 203
Mestre, Ramón 183, 184
Mies van der Rohe, Ludwig 328
Milà i Camps, Pere 239, 240, 241, 242, 243, 244, 246, 267, 274
Millet i Pagès, Lluís 136, 300, 315
Miralles, Ermenegild 214
Miralles i Sbert, Josep 326
Mir, Joaquim 39, 187, 323
Miró, Joan 336
Montessori, Maria 266, 291, 376
Morera i Ortiz, Francesca 235
Moreu
- Agostí 117
- Agustina 116
- Antoni 116
- Josepa \ 115, 116, 117, 118, 143, 144, 172
- Josep Maria 116, 117
- Magdalena 116

- Margarita 172
Morgades, Josep 203
Morris, William 49, 50
Munné i Seraní, Joan 195
Munné, Josep 74

Napoleon Bonaparte 31, 172
Napoleon, Fotostudio 233
Nebukadnezar, König 126
Neri, Philipp, hl. 175, 279, 323
Neufert, Ernst 303, 304
Nietzsche, Friedrich 39, 203
Noble, Clara 229
Noria, Antonio 14
Novalis 203

Oliva, Antonio 124
Oliveras, Camilo 125
Oñós, Joan 101, 102, 124
Opisso Cardona, Alfred 220
Opisso, Ricard 165, 166, 173, 174, 188, 189, 220, 225, 227, 247, 250
Oriol Canals, Dolors 228
Orsini, Felice Graf von 172
Orwell, George 331, 373

Pacian, hl 81
Padrós & Borrás 63
Pagès, Salvador 54, 55, 73, 74, 79, 115, 116
Palau
- Gabriel SJ 274
- Joan 116, 117
- Rafael 26
Palestrina, Giovanni Pierluigi da 308
Pardo i Casanovas, Josep 198
Parés, Francesc 332
Parés, Gil 16, 17, 247, 262, 264, 266, 277, 286, 295, 316, 329, 331, 332
Parés i Vilasau
- Ramón 332
Pascual i Rodés, Iu 218
Paul VI. 140
Pellarin, Luigi 82
Pérez, Ramón 15
Pevsner, Nikolaus 9, 179, 335
Picarol 247
Picasso, Pablo 120, 188
Picó Campamar, Ramón 126
Pi i Margall, Francesc 205, 206
Pintó, Juliana 190
Pius IX. 27, 31, 33, 39, 40, 44, 45, 163
Pius X. 155, 217
Pius XII. 43
Pla, Josep 31, 109, 110
Planas & Queraltó 148
Pontius Pilatus 228, 230
Prat de la Riba, Enric 254, 287, 291
Prim, Joan 33, 45, 370
Primo de Rivera, Miguel 17, 315
Puig i Boada, Isidre 228, 292, 325, 333, 337, 352
Puig i Cadafalch, Josep 235
Puig i Llagostera, Josep 152
Puig i Querol, Consol 330, 331
Puigjaner, Lluís 131
Pujol, Francesc 295
Pujol i Bausis 83, 91
Puntí, Eduald 56, 69, 71, 75, 82, 95, 96, 104, 124
Pyrene 67

Quintana, Francesc de Paula 302, 312, 313, 316, 330, 333, 334, 337

Rafael 92
Ràfols i Fontanals, Josep Francesc 51, 100, 109, 292, 325, 356, 358, 363
Ragonesi, Francesco 297
Ratzinger, Joseph 39, 342
Rector de Vallfogona 89
Ribera i Sans, Josep 28, 30, 40, 41, 90
Ribó Sebastián 269
Rius Camps, Montserrat 282
Rockefeller, Fam. 256
Rodin, Auguste 227, 238
Rogent, Elies 46, 48, 277
Roig, Antonio 14
Rossini, Gioachino 172

Rubió, Joan 152, 173, 191, 201, 202, 242, 247, 248
Rusiñol, Santiago 174
Ruskin, John 49, 50

Sagasta, Práxedes Mateo 136
Sagués i Molins, Maria 200
Salomo, König 184, 185
Santaló
- Francisca 17, 78
- Joan 250
- Pere 17, 18, 78, 120, 173, 182, 214, 248, 250, 275, 276, 277, 278, 283, 286, 320, 323
Schumann, Robert 203
Segarra Bañeres, Ignasi 339
Segimon i Artells, Roser 239, 240, 241, 246
Sentmenat i Sentmenat, Carlos 203
Serrano de Casanova, Eugenio 114
Smith, Ismael 246
Soler i Perejoan, Gaietà 273
Soler i Regàs, Agustí 116
Sophokles 308
Sotoo, Etsuro 189, 337, 338, 339
Subirachs, Josep Maria 278, 336, 338, 339
Suger von Saint-Denis 311
Sugrañes i Gras, Domènec 16, 202, 242, 269, 283, 302, 328, 333

Tarragona, Josep Maria 339
Tarragó, Raimunda 18
Tarrats, Joan 27
Tell, Wilhelm 172
Teresa von Avila, hl. 138, 139, 140, 141, 144, 276
Tewes, Rudolf 256
Tiffany, Louis Comfort 219
Toda, Eduard 26, 27, 28, 30, 41, 82, 90
Torras i Bages, Josep 174, 175, 176, 177, 187, 188, 189, 263, 264, 272, 298, 299
Torras i Guardiola, Joan 58, 70, 79, 80, 81, 82, 124
Torres i García, Joaquím 218
Trias, Anna 209
Trias i Domènech, Martí 209, 262, 373
Trias Maxencs, Alfons 275, 313, 316, 325

Ullar Roca, Francesc 115
Umberto I. 126
Utrillo, Miquel 256, 257

Valdivia, Carlota 120
Valls i Riera, Lluís Maria de 175
Velàzquez, Diego 92
Verdaguer, Jacint 66, 67, 90, 105, 108, 125, 168, 169, 204
Veronese, Paolo 92
Vicens i Montaner, Manuel 83, 84, 85, 91, 100, 102, 103, 134, 157
Vicenta, Haushalthilfe 249, 253, 282
Vidal, Francesc 314
Vidal, Josep 144
Vilaplana Pujolar, Joaquim 273
Vila Rocafiguera, Concepció 272
Vilarrubias, Gaspar 154
Vilarrubias Valls, Vicenç 13, 195, 281, 282, 321, 323
Villar y Lozano, Francisco de Paula del 61, 64, 65, 68, 70, 97, 104, 108, 109, 110, 111, 113, 146, 150
Vilumara, Isabel verh. Bergós 320, 321
Viñas i Dordal, Francesc 136
Viollet-le-Duc, Eugène 51, 277
Vives, Amadeu 136
von Eschenbach, Wolfram 65
von Kempen, Thomas 283

Wagner, Richard 53, 136, 203

Xanthos 55

Zacharias 112